Vito Mancuso

Eu e Deus

Um guia para os perplexos

Paulinas

Dados Internacionais de Catalogação na Publicação (CIP)
(Câmara Brasileira do Livro, SP, Brasil)

Mancuso, Vito
    Eu e Deus : um guia para os perplexos / Vito Mancuso ; [tradução Jaime A. Clasen]. – São Paulo : Paulinas, 2014. – (Coleção Kairós)

    Título original: Io e Dio : una guida dei perplessi.
    ISBN 978-85-356-3686-4

    1. Vida humana - Religião - Deus - Teologia cristã   I. Título.   II. Série.

13-13469   CDD-231.7

                      Índice para catálogo sistemático:
                      1. Vida humana : Deus : Teologia cristã   231.7

Título original da obra: *Io e Dio: Una guida dei perplessi*
© 2011, Garzanti Libri s.p.a., Milano

Direção-geral: *Bernadete Boff*
Editores responsáveis: *Vera Ivanise Bombonatto e Afonso Maria Ligorio Soares*
Tradução: *Jaime A. Clasen*
Copidesque: *Anoar Jarbas Provenzi*
Coordenação de revisão: *Marina Mendonça*
Revisão: *Ruth Mitzuie Kluska*
Gerente de produção: *Felício Calegaro Neto*
Diagramação: *Manuel Rebelato Miramontes*

Nenhuma parte desta obra pode ser reproduzida ou transmitida por qualquer forma e/ou quaisquer meios (eletrônico ou mecânico, incluindo fotocópia e gravação) ou arquivada em qualquer sistema ou banco de dados sem permissão escrita da Editora. Direitos reservados.

Paulinas
Rua Dona Inácia Uchoa, 62
04110-020 – São Paulo – SP (Brasil)
Tel.: (11) 2125-3500
http://www.paulinas.org.br
editora@paulinas.com.br
Telemarketing e SAC: 0800-7010081
© Pia Sociedade Filhas de São Paulo – São Paulo, 2014

> "Acreditarei na existência de Deus
> e numa vida futura, e tenho a certeza
> de que nada poderá jamais enfraquecer esta fé."
> *Immanuel Kant*

> "Qual é o conhecimento de Deus mais vital?
> Aquele que deriva da experiência que tenho d'Ele
> como vontade ética."
> *Albert Schweitzer*

*Em memória de
Immanuel Kant
Königsberg, 22.4.1724 – Königsberg, 12.2.1804
e de
Albert Schweitzer
Kaysersberg, 14.1.1875 – Lambaréné, 4.9.1965*

Sumário

Advertências 11

Prólogo 13

I. Perplexidade 19
    1. Um não crente muito particular 19
    2. Alguém diz que voltou 24
    3. Uma religião sem cultura 30
    4. Uma civilização sem religião 35
    5. Dez perguntas, vinte respostas 37

II. *Instrumenta laboris* 41
    6. Vida 41
    7. Sagrado 49
    8. Religião 54
    9. Fé 60
    10. Deus 65

III. Provas, demonstrações, argumentos 73
    11. O dogma católico 73
    12. Os argumentos em apoio à existência de Deus 76
    13. Nenhuma prova, nenhuma demonstração, só argumentos 86
    14. Disputa imaginária com o cardeal Ruini 91

15. O que se pode conhecer de Deus mediante a razão 97
16. O mundo das provas racionais da existência de Deus 99
17. Uma invenção humana 102
18. Sobre os diversos ateísmos e sobre a relação fé-ciência 105
19. Excurso: A teoria das cordas e a existência de Deus 116

IV. Condições e estilo 121
20. Limpeza da mente 121
21. Livre-arbítrio 124
22. Ek-sistência 125
23. Sentimento 128
24. Mistério 134
25. Os quatro tipos possíveis 139
26. Projeção-projeto 140
27. Verdade e beleza 145
28. Graça 153

V. O meu Deus 155
29. "Quem era aquele que devia matar o seu filho por ordem de Deus?" 155
30. Guardar o amor 163
31. Filantropia 167

VI. Não é a Igreja 171
32. Do princípio-autoridade ao princípio-autenticidade 171
33. A necessidade de ter (e de atualizar) uma visão do mundo 179
34. Uma conta particularmente salgada 182
35. Liberdade religiosa e Santa Inquisição 183
36. Liberdade de imprensa e "Índice dos livros proibidos" 197
37. "A Bíblia na fogueira" 209
38. Outras declarações históricas importantes 216
39. O primado da espiritualidade 218

VII. Não é a história 221
- 40. História da salvação? 221
- 41. Os acontecimentos históricos da Bíblia hebraica 224
- 42. Jesus-Yeshua e Jesus-o-Cristo 242
- 43. Aprofundamento crítico: os estudos históricos sobre Jesus-Yeshua 256
- 44. A historicidade da ressurreição 278
- 45. Os Evangelhos e o longo processo para chegar até nós 290
- 46. Qual revelação 305

VIII. Uma doutrina que não anda 313
- 47. O papel da autoridade 313
- 48. Estatuto da verdade e síndrome de primeiros da classe 315
- 49. A construção autoritária da fé 319
- 50. O grande mas inútil trabalho da teologia contemporânea 322
- 51. Pouca clareza sobre o ato de fé 325
- 52. *Analysis fidei* 328
- 53. O mal, o problema dos problemas 331
- 54. Um cisma não mais submerso e destinado a crescer 338
- 55. Avaliação teológico-espiritual 345

IX. Itinerário da mente para Deus 349
- 56. A primeira pessoa do singular 349
- 57. "Mas não sem ele" 353
- 58. Por que creio 355
- 59. A vida como pergunta 359
- 60. Ética → religião 362
- 61. Pensar pela metade, pensar por inteiro 365
- 62. Uma pessoa de bem 368
- 63. Resumo conceitual em doze passos 371

X. Uma fé mais humana 385

    64. Sobre a inteligência que se submete espontaneamente à beleza
    e à verdade...385

    65. A fé não dogmática..391

    66. A verdade é maior que a doutrina 395

    67. Ser homens 397

Bibliografia 401

Índice onomástico 425

Advertências

As regras da boa ensaística preveem que o autor dê uma explicação da estrutura do livro, dizendo por que o primeiro capítulo é o primeiro, o último é o último, e qual é a lógica daquilo que está no meio. Mas, como o leitor sempre acha particularmente aborrecidas estas explicações e as salta, limito-me a dizer que os dez capítulos estão estruturados nas três partes seguintes:

– capítulos 1-3: fenomenologia da situação atual e dos conceitos especulativos;
– capítulos 6-8: análise crítica ou *pars destruens*;
– capítulos 4-5 e 9-10: proposta pessoal ou *pars construens*.

O leitor descobrirá por si mesmo por que a estrutura não é totalmente linear.

Outras advertências são as seguintes:

– as passagens bíblicas citadas, onde não houver outra indicação, são tomadas da Bíblia de Jerusalém e/ou da Bíblia da Editora Vozes;
– a sigla NT corresponde a Novo Testamento. Não usei outras abreviações bíblicas para evitar tecnicismos;
– a sigla DH representa os sobrenomes de dois jesuítas alemães, Denzinger e Hünermann, e remete à obra iniciada pelo primeiro em 1854 e organizada pelo segundo para a edição atual, a 40ª, que contém os principais documentos doutrinários da Igreja Católica: DENZINGER, Heinrich, *Enchiridion symbolorum definitionum et declarationum de rebus fidei et morum*, organizada

por Peter Hünermann, traduzida por José Marino e Johan Konings, São Paulo, Paulinas/Loyola, 2007;
- os termos latinos e gregos são usados segundo os dicionários disponíveis. Os termos gregos são transliterados;
- os itálicos, nas citações, devem ser entendidos como obras dos mesmos autores citados;
- escrevi Islã em maiúsculo, de modo diferente das outras religiões, não porque atribua um primado a essa religião, mas porque o termo indica também toda uma civilização e compreende fenômenos institucionais que, para o mundo cristão, escrevi em maiúsculo (Igreja, Magistério...);
- eu, em minúsculo, é o escritor; em maiúsculo, é o sujeito humano.

Prólogo

Elevo-me com a mente a um ponto acima do planeta e o olho do alto, como se fosse a primeira vez, como quando vejo um filme e me pergunto qual é a sua mensagem. Qual é a mensagem da vida dos homens na terra? Com a mente lá no alto, livre dos costumeiros esquemas mentais, nua diante do mistério do ser, nesse momento, imagem de todo outro momento da história, olho os homens meus semelhantes em luta com o mistério da existência.

Vejo seres humanos que nascem e seres humanos que morrem, submetidos, como toda outra forma de vida, ao ciclo do devir; vejo dois jovens que se beijam e se sentem imortais, e um velho sozinho que ninguém mais quer e ninguém mais conhece; vejo uma mulher que me escreveu dizendo que sofre há muitos anos de uma paralisia sempre mais devastadora e que agora quer apenas morrer o mais depressa, e vejo outros seres humanos alimentados artificialmente e que respiram artificialmente, mas que nem por isso perderam a vontade de viver e de continuar a existir. Vejo homens que se apressam como formigas nos passeios das metrópoles, e outros que estão sós em lugares desertos. Vejo comércios sexuais de todo tipo, por amor, por dinheiro, por ruindade, por tédio ou apenas pelo desejo muito natural do prazer. Vejo crianças que se empanturram de comida artificial e outras que morrem de fome. Vejo uma mesa feita com esmero, a toalha recém-lavada, os talheres no seu lugar, os copos da água e do vinho, os guardanapos brancos, e uma mulher que se alegra em poder servir o almoço aos entes queridos. Vejo uma garota que toca Bach ao violoncelo e jovens que ouvem sons que não é possível definir como música, porque nada têm a ver com as Musas. Vejo lutas pelo poder, ditadores assassinos, terroristas igualmente assassinos, vejo que se bate e se morre pela justiça, mártir da liberdade. Vejo campos de concentração e campos de extermínio, *lager, gulag, laogai*, onde seres humanos são privados de toda dignidade e exterminados com a mesma atenção meticulosa e menosprezo soberano com que se eliminam os piolhos do cabelo, e vejo hospitais e casas de saúde onde seres humanos são cumulados de toda dignidade e lavados, alimentados, acariciados com a mesma atenção meticulosa e afeto mais delicado que se reservam aos filhos. Vejo ritos milenares e liturgias arcanas ao lado de blasfêmias raivosas e outras ditas assim, como se diz, "vá lá". Vejo aproveitadores indignos do nome de Deus, outros que são um reflexo luminoso, alguns que permanecem totalmente indiferentes. Vejo o bem e o mal que os homens e as mulheres são capazes de fazer e que, muitas vezes, é quase impossível distinguir; vejo o passar do tempo que corrói toda coisa, e o prodígio de obras humanas capazes até de vencer o tempo. Vejo uma história sem sentido que se alimenta do sangue de seres humanos e de animais, e vejo um progresso indubitável em termos de bem-estar e de justiça. Vejo a beleza e a deformidade, vejo uma natureza que é mãe e, às vezes, é madrasta, um céu estrelado que atrai e ao mesmo tempo apavora, com o seu frio infinito.

Vejo tudo isso e muitas outras belezas e muitas outras deformidades, e me pergunto se há um sentido unitário nesse teatro, e qual é. Esta vida, para a qual nascemos sem saber por quê, tem mil razões para ser uma graça e outras mil para ser uma desgraça; mas qual é a verdade? O que é uma graça ou uma desgraça?

Depois, vejo os meus mortos. Cada um tem os seus mortos. Avós, pais, amigos, irmãos. Há seres humanos a quem é dado viver a morte de um filho, e não existe dor maior. E na presença dos mortos, diante dos quais não se pode mentir, levanto a questão da verdade: é um bem ou um mal que tenham existido, que tenham vivido, que tenham aparecido neste mundo? Se no fim, de qualquer maneira, se deve morrer, é melhor nascer ou não nascer, ter existido ou nunca ter existido, ser ou não ser? E me pergunto que fim eles levaram, exatamente eles, cada um diferente do outro, irrepetível, com a sua voz, o seu sorriso, a luz singular dos olhos. Poderei descrever todos eles, um a um, os meus mortos, como cada um poderia descrever os seus, porque estão dentro de nós e ninguém nunca nos separará deles. Mas qual é a verdade, no fim, para mim e para eles, sobre essa vida que vai ninguém sabe para onde?

Responder a esta pergunta significa falar de Deus. De Deus enquanto fundamento e direção do ser, princípio e porto de todas as coisas. O problema, porém, é que hoje não apenas o *falar*, mas o próprio *pensar* Deus se tornou quase impossível, sobretudo se, falando dele ou pensando sobre ele, não se quer fazer isso *contra* o mundo ou *prescindindo* do mundo. Hoje o pensamento acerca de Deus, que ainda sobrevive, subsiste muitas vezes como contraste e inimizade para com o mundo, ou como sonho ou ilusão de um mundo separado, totalmente diferente do mudo real e, por isto, consolador e tranquilizante. Por este motivo se percebe em todos os que pensam, não crentes, mas também crentes, a necessidade de "uma destruição do ídolo metafísico e imperial que trocamos por Deus".[1]

Ter ao mesmo tempo um pensamento responsável acerca de Deus e um pensamento correto sobre o mundo hoje quase não é mais possível. Pois há quem escolhe Deus por desprezo ou, mais frequentemente, por medo do mundo, e há quem escolhe o mundo por desprezo ou, mais frequentemente, por aborrecimento de Deus. Alguns, porém, não escolhem nem um nem outro, talvez porque estejam privados daquela exigência radical da alma que alguém chamava de "fome e sede de justiça".

Este livro nasce da consciência da gravidade do tempo que o Ocidente está vivendo. Falo de gravidade porque toda grande civilização foi grande apenas à medida que soube alcançar a harmonia entre saber de Deus, ou do divino, enquanto sentido abrangente do viver, e hierarquia dos valores, e saber do mundo, enquanto experiência concreta da natureza e da história. Toda grande civilização se funda sobre a harmonia entre sentido último das coisas e experiência concreta da vida, entre síntese vital e vontade analítica. Por isso, uma religião imposta a uma sociedade se torna simplesmente inútil; e sempre por isso uma sociedade sem enraizamento na religião se torna presa do caos, é corroída pelo

---

[1] Paolo de Benedetti, *Quale Dio? Una domanda dalla storia*, Brescia, Morcelliana, 1996, p. 9.

niilismo e, pior ainda, pelo comercialismo. Hoje não se cultivam mais as utopias da modernidade sobre a sociedade perfeita que teria nascido da união entre a ciência e a nova política. Hoje as utopias morreram, mas com elas, infelizmente, parece que morreram também os ideais. Às vezes vem disso uma espécie de depressão coletiva da esperança e da imaginação social e, ainda pior, uma desconfiança de fundo acerca da humanidade em si mesma. Interpreto neste sentido o desejo dos homens de fugir do seu ser humano e chegar à nova fronteira do *pós--humanismo*. Seja o que for que este conceito – que alguns proferem com gélida satisfação sem se dar conta de que talvez estejam serrando o galho no qual estão sentados – queira exprimir, é preciso saber que a aposta no conceito clássico de *humanism* é a liberdade. Neste livro, defendo a liberdade, que é o conceito decisivo que está em jogo por trás do pronome pessoal Eu. *Eu e Deus* poderia ser intitulado, do mesmo modo, "A liberdade e Deus", porque no fim o que pretendo fazer com o conjunto do meu trabalho é uma teologia da liberdade, da liberdade que se realiza como amor. Este livro defende a liberdade contra a dupla ameaça do autoritarismo religioso e do cientificismo negador do livre arbítrio. Contra quem quer reprimir a liberdade a partir do alto e contra quem a quer negar a partir de baixo sustento que a nossa riqueza irrenunciável de ser *human* consiste na capacidade de conseguirmos ser livres.

    Este livro nasce da consciência da gravidade do momento presente e da exigência interior de refundar na presença das perplexidades atuais o pensamento de Deus, entendido como verdade da vida e do mundo. Por séculos, no Ocidente, a fundação do pensamento de Deus foi realizada a partir da Igreja e a partir da Bíblia. Ainda hoje, a postura dominante segue este duplo caminho, Igreja + Bíblia ou, no caso do protestantismo, Bíblia + Igreja. O presente volume segue um caminho diferente, pretende falar de Deus a partir do Eu, e pretende fazê-lo não dentro dos muros de uma instituição, mas no ar livre da liberdade de pensamento, na convicção de que "só os pensamentos que *surgem em movimento* têm valor".[2] O objetivo fundacional torna este livro uma

---

[2] Friedrich Nietzsche, *Crepúsculo dos ídolos ou como filosofar com o martelo* [1888] [trad. bras.: http://www.espacoetica.com.br/midia/livros/idolos.pdf, p. 5 (Sentenças e setas n. 34)].

obra de teologia fundamental no sentido próprio do termo, na medida em que tenciona refletir sobre o *fundamento* do discurso humano acerca de Deus. Mas o fato de conduzir tal trabalho teológico a partir de um Eu colocado ao ar livre o torna diferente, diria *ecológico*: um dos seus principais objetivos é fazer tábula rasa, segundo aquele procedimento que a escolástica denominava *pars destruens*.

A teologia fundamental está tradicionalmente estruturada em três grandes pilares: fé, revelação, Igreja. Qual é o mais importante? É a fé, porque dela depende a aceitação da revelação e da Igreja. Ao dizer "fé", remete-se, porém, não a uma dimensão apenas, mas a duas: aos conteúdos doutrinais cridos e ao ato pessoal do sujeito que os crê. O que é mais importante, a dimensão objetiva-doutrinal ou a subjetiva-pessoal?

Como mostrarei neste livro, a postura católica oficial não deixa dúvidas: é mais importante a dimensão objetiva-doutrinal da fé, definida e conservada pela Igreja. Daí se segue que o fundamento do catolicismo (que deveria ser a fé) acaba sendo outro: é o poder eclesiástico, precisamente o pontifício, com o seu *Magisterium*. Por isso, hoje ser católico equivale a prestar obediência ao papa. Por isso o *status* oficial da fé católica assumiu no tempo um caráter intelectualístico, bastante autoritário, bem pouco libertador.

Com este livro, tenciono colocar outro fundamento, muito mais íntimo, totalmente interno a nós mesmos, jogando o jogo da vida e do seu sentido como um encontro entre Mim e Deus. É a partir disto que se desenvolverá a *pars construens* deste trabalho, cujo núcleo central se estrutura sobre o sentimento do mistério que circunda a vida e sobre o "milagre" do bem (milagre entre aspas, porque remete ao uso kantiano do termo, como o leitor descobrirá mais adiante). O meu objetivo é contribuir para fazer com que a mente contemporânea possa tornar a pensar *juntamente* Deus e o mundo, Deus e Eu, como um único sumo mistério, o da geração da vida, da inteligência, da liberdade, do bem, do amor. É para mim a única modalidade autêntica de sermos fiéis a ambos, a Deus e ao mundo, e alcançarmos aquela serenidade interior que é o verdadeiro tesouro no céu, "onde nem a traça nem a ferrugem corroem, onde os ladrões não arrombam nem roubam". Porque, prosseguia o mestre, "onde estiver o teu tesouro, aí estará também o teu coração".

I. Perplexidade

1. UM NÃO CRENTE MUITO PARTICULAR

Na sua longa vida, Norberto Bobbio se definiu sempre distante da fé, às vezes explicitamente não crente: "Não sou um homem de fé, sou um homem de razão e desconfio de todas as fés... Não sou um homem de fé; ter fé é algo que pertence a um mundo que não é o meu... Eu não creio".[1] Num texto particularmente delicado, porém, denominado *Últimas vontades* e publicado no jornal *La Stampa* em 10 de janeiro de 2004, no dia seguinte à sua morte, o grande filósofo turinense chega a escrever: "Não me considero nem ateu nem agnóstico. Como homem de razão, não de fé, sei que estou imerso no mistério que a razão não consegue penetrar até o fundo, e as várias religiões interpretam de vários modos".[2] Penso que é inevitável perceber um sentimento de incerteza, se não de confusão: como definir um homem que diz explicitamente que não crê, mas que ao mesmo tempo rejeita definir-se ateu ou até apenas agnóstico?

A condição de um dos mais importantes pensadores do nosso tempo sobre a sua relação com o divino é sintomática, diria um médico. É o sintoma de algo incomum com respeito à fisiologia da mente: não de

---

[1] Norberto Bobbio, *Religione e religiosità*, "MicroMega. Almanacco di filosofia", 2/2000, p. 7 e 9.
[2] Norberto Bobbio, *Ultime volontà*, agora em *Cronologia*, organizado por Marco Revelli, em Norberto Bobbio, *Etica e política. Scritti di impegno civile*, projeto editorial e introdução de Marco Revelli, Milano, Mondadori, 2009, p. cxxv.

um erro lógico, não de uma imperfeição moral, mas certamente de uma anomalia. Indica uma condição na qual reina a perplexidade. Assim já vinha descrita pelos célebres versos do *Fausto*: "Quem se atreve a dizer: em Deus creio? Ou quem pode, sentindo-o no seio, não há Deus, temerário afirmar?"[3] A diferença é que, ao passo que Goethe constituía uma exceção no seu tempo, a situação de Bobbio hoje reflete a situação de muitos. A grande parte dos homens, de fato, sente que não pode mais crer como as gerações precedentes fizeram e como ainda hoje propõem as doutrinas oficiais das religiões instituídas, mas sente, ao mesmo tempo, que não pode renunciar ao ímpeto vital e ao gosto positivo do mundo que está por baixo da dimensão religiosa que desde sempre acompanha a caminhada da humanidade. A dogmática eclesiástica não representa mais a tensão espiritual da alma contemporânea, mas nem por isso tal alma pretende perder a confiança abrangente na vida que a fé num Deus conserva e aumenta. Por isso, hoje nos sentimos "leigos", mas, ao mesmo tempo, não nos sentimos "nem ateus nem agnósticos", se ser isso significa apagar o sentimento de viver "imersos no mistério".

Qual é o resultado? É o de se encontrar numa espécie de terra de ninguém, na incômoda condição de ser "a Dio spiacenti ed a' nemici sui [repelido por Deus e odiado por seus inimigos]" (*Inferno* III, 63), como disse de mim um senhor ao término de uma conferência, não me lembro se com tom elogioso ou depreciativo. Mas a situação é esta, e é inútil darmos as costas, é preciso ter a coragem de encará-la. "Perplexidade" indicaria um termômetro hipotético da temperatura espiritual, comparável àqueles enfadonhos 37 graus que ainda não são febre, mas também não são saúde. Uma condição, penso eu, que não pode ser vencida por nenhuma prédica ou encíclica ou grande evento mediático, nem por nenhuma conferência ou experimento ou equação; uma condição com a qual aprender a conviver, a aceitar como "sinal dos tempos" e da qual partir para encontrar o caminho certo para proceder na vida.

---

[3] Johann Wolfgang Goethe, *Faust* [1831], *Marthens Garten* (Quintal de Marta), v. 3435, tradução em www.culturabrasil.pro.br/zip/fausto.pdf, p. 174 [é a célebre tradução de Antônio Feliciano de Castilho (1800-1875)].

Afinal, não é a primeira vez que a humanidade enfrenta uma situação do gênero.

Moisés Maimônides nasceu em 30 de março de 1138 em Córdoba, naquela Andaluzia muçulmana frequentemente celebrada como lugar da perfeita convivência das três religiões monoteístas e da qual, todavia, a sua família teve de fugir por causa das perseguições dos novos dominadores muçulmanos, os Almóadas, muito menos tolerantes do que os dominadores anteriores, os Almorávidas (o que demonstra como, muitas vezes, as religiões podem assumir tendências muito diversas com base no caráter e nos interesses de quem as professa). Entre 1180 e 1190, ele escreveu a sua obra-prima, o *Guia dos perplexos*, um título que me causou impacto de imediato, pois senti que ele corresponderia ao sentido abrangente da existência humana, desde sempre em busca de um ponto firme para vencer a perplexidade da mente sob o domínio das ondas da vida. Maimônides explica assim o motivo que o levara a escrever o *Guia dos perplexos*: "Quanto à presente obra, dirijo-me com ela a quem praticou a filosofia e conhece verdadeiramente as ciências, mas crê também na Lei e está perplexo diante dos seus significados".[4] Com o seu livro ele se dirigia a alguns eruditos judeus que, em fidelidade ao seu tempo, tinham se aberto aos novos conhecimentos filosóficos e científicos, mas ao mesmo tempo queriam permanecer fiéis à Torá; dirigia-se, pois, a poucos privilegiados que, tendo entrado em contato com o saber mais avançado, não conseguiam mais conciliar com ele a imagem bíblica do mundo. Há mais de oito séculos de distância, a situação da mente ocidental apresenta relações de força opostas, porque hoje é majoritária a condição daqueles poucos privilegiados de um tempo. Hoje é a maioria dos crentes que não se encontra mais com os ditames da fé e da moral oficial, e a perplexidade, que no tempo de Maimônides interessava a um círculo restrito de eruditos, hoje invade a consciência da maioria.

Para entender quem são os perplexos aos quais este meu livro se dirige, é suficiente uma breve consideração etimológica. "Perplexo" é um termo antigo que, como a grande parte das palavras que usamos,

---

[4] Mosè Maimonide, *La guida dei perplessi*, 6,10, "Introduzione alla parte prima", organizado por Mauro Zonta, Torino, Utet, 2005, p. 75.

provém dos nossos antepassados latinos, os quais indicavam com *perplexus* aquilo que aos seus olhos resultava "intricado, sinuoso, tortuoso". A raiz do verbo *plectere*, que significa "trançar, tecer", com referência imediata à arte da tecelagem. Quando os fios de um tecido eram bem entrelaçados, os nossos antepassados diziam que estavam *plexi*; quando, porém, estavam mal entrançados e ficavam emaranhados e confusos, diziam que estavam *perplexi*. Daqui o termo tomou o sentido figurado comumente em uso nos nossos dias nas principais línguas europeias, em referência a seres humanos "incertos, duvidosos, indecisos".

Indagando a mim mesmo, dialogando com os meus amigos, lendo livros e jornais, parece-me poder sustentar que a perplexidade de muitos nasce do fato de que os fios do quadro mental apresentam uma proveniência dupla: de um lado, o patrimônio doutrinal e ético de crer em Deus e no divino (que existencialmente falando, como argumentarei em seguida, se traduz no primado ontológico do bem e da justiça), do outro lado a experiência do mundo como vida cotidiana e como saber. Na mente de quem experimenta esta dupla exposição à fé no Sumo Bem e à experiência concreta do mundo se entrelaçam fios muito diversos, por vezes contrastantes. O resultado são pensamentos que relutam a ser *plexi* no tecido da mente, os "pensamentos duplos" de que falava Italo Mancini, que acrescentava, citando Dostoievski: "É terrivelmente difícil lutar contra esses pensamentos duplos".[5]

Resolver o problema não seria, afinal, tão difícil; bastaria excluir uma das origens dos fios do quadro mental. Por exemplo, raciocinando assim: "Deus? Jesus? A Igreja? Bem? Justiça? desperta, rapaz! Abre os olhos, sê grande. Onde está esse Deus onipotente e justo de quem falas? Onde está o teu Jesus ressuscitado, com as suas promessas de estar sempre perto de ti e de voltar um dia do céu? Desperta, rapaz, é hora de entenderes que o mundo é apenas matéria governada pela força, nada mais, também a tua Igreja é isso, uma coisa muito material e muito amiga do poder e da força, não lês os jornais? E é hora de acabares com essa hipostatização e essa retórica das maiúsculas, não há o

---

[5] Italo Mancini, *Frammento su Dio*, organizado por Andrea Agusti, Brescia, Morcelliana, 2000, p. 118, onde o autor cita *O idiota* de Fyodor Dostoievski.

Bem, há apenas diversos e provisórios bens, não há a Justiça, há apenas tentativas opacas de justiça; deves abandonar esses fumosos conceitos abstratos, herança da ridícula metafísica do passado". Ou, ao contrário, raciocinando assim: "O mundo? Os tempos modernos? As outras religiões? Uma justiça apenas humana que não seja fecundada pela graça de Cristo nascida do sacrifício da cruz? Tudo isto não tem nada a ver com a verdadeira fé católica que nos é transmitida na sequência ininterrupta dos séculos pela tradição apostólica. Lembra-te de que não se pode amar a Deus e amar o mundo, e que está escrito que quem quer ser amigo do mundo se torna inimigo de Deus. Ecumenismo? Diálogo? Confronto? Há uma só salvação, aquela que vem da cruz de Cristo, que chega a nós nos sacramentos da Igreja Católica. Temos uma tradição de vinte séculos às costas, que condenou muitas vezes os pensamentos como os teus rotulando-os como heresias, e quem crês que és, agora, para colocá-la em dúvida? A verdadeira fé em Deus é apenas a fé católica, e a fé católica se encontra lá onde está o papa: *ubi Petrus ibi Ecclesia*".

Existem pessoas que raciocinam deste modo. São os crentes e os não crentes honestos, gente de fé granítica e de não fé igualmente granítica. Por ativos e zelosos que sejam, trata-se de minorias. Em todo o Ocidente, a maioria não renunciou a crer em Deus e nos valores da vida espiritual, visto que 75,4 por cento dos europeus se declaram crentes e 83% dos estadunidenses,[6] de modo que a grande parte da população introduz fios celestes no tecido mental; nem por isso, porém, a maioria renuncia ao exercício autônomo da razão quando se trata de avaliar as coisas da vida, inclusive as questões morais e filosóficas, e por isso introduz fios terrestres no tecido mental. O resultado é uma mente constelada de pontos de interrogação e de reticências.

---

[6] Tiro o dado europeu da "European Values Study", edição de 2008, e o estadunidense do ótimo verbete "Religion in the United States" da Wikipedia English. No tocante à Itália, os dados são surpreendentes. Segundo as duas últimas pesquisas de Eurispes, em 2005, 87,8% dos italianos se declaravam católicos (*Corriere della Sera*, 18.1.2006), ao passo que em 2010 o dado total dos crentes seria de 76,5%, sempre um pouco superior à média europeia, mas pavorosamente menos do que cinco anos antes. A mesma tendência de baixa, ainda que menos acentuada, se registra nos dados de oito por mil destinado à Igreja Católica (89,82 em 2005; 86,05 em 2006; 85,01 em 2007; os dados à minha disposição, tirados de "Repubblica" de 11.6.2010, ficam por aqui).

Sustento que tal condição impõe à teologia proceder com grande rigor, analisando de modo aprofundado todo conceito, também aqueles bem consolidados como fé, religião, Deus. Antes, porém, penso que seja oportuno procurar entender qual é hoje a situação do título "Deus" na Bolsa de Valores do mundo.

2. Alguém diz que voltou

Na sua autobiografia, Bobbio relata que numa parede do metrô de Nova York apareceu um dia escrito: "God is the answer!" (Deus é a resposta). E que no dia seguinte, debaixo dela aparecia outra: "What was the question?" (Qual era a pergunta?).[7] Foi sorte que Martin Heidegger não passou por lá, porque não teria perdido a ocasião de escrever uma frase que teria dito tudo: "É mais sábio renunciar não apenas à resposta, mas à própria pergunta".[8]

Os seres humanos, porém, tratam bem de seguir o conselho do severo filósofo da Floresta Negra, que, aliás, não é seguido nem por ele, visto que quatro anos depois, numa entrevista ao semanário *Der Spiegel*, declararia: "Agora só um Deus pode ajudar-nos a encontrar uma saída".[9] Exatamente como Heidegger, os seres humanos continuam a fazer perguntas e a pretender respostas sobre Deus na esperança de encontrar uma saída.

Antes, parece exato que hoje o interesse para com Deus e pela religiosidade (que nem sempre coincide com o interesse pela Igreja e pela religião instituída), ao contrário do que se pensava até poucas décadas atrás, está aumentando. Assim declara uma testemunha insuspeita e bem informada como é o diretor de *La Repubblica*, Ezio Mauro:

---

[7] Norberto Bobbio, *Autobiografia*, organizada por Alberto Papuzzi, Roma-Bari, Laterza, 1997, p. 138.
[8] Martin Heidegger, conferência de 31 de janeiro de 1962 em Freiburg im Breisgau com o título *Zeit und Sein*, in *Zur Sache des Denkens*, Tübingen, 1969, p. 21; tomo a citação de Hans Küng, *Dio existe? Risposta al problema di Dio nell'età moderna*, trad. de Giovanni Moretto, Milano, Mondadori, 1979, p. 554.
[9] *Martin Heidegger intervistato dallo "Spiegel"*, in *Scritti politici (1933-1966)*, organizado por François Fédier, ed. italiana organizada por Gino Zaccaria, Casale Monferrato, Piemme, 1998, p. 283-284.

"Devemos dizer que nestes anos assistimos, não só na Itália, à grande volta da religião no discurso público e no espaço político, depois de parecer confinada a uma dimensão privada".[10] Faz mais de quinze anos que Gianni Vattimo, depois de ter acentuado que "Deus é de novo um termo tão central da nossa cultura", oferecia uma explicação filosófica para o fenômeno: "O fato é que o fim da modernidade, ou pelo menos a sua crise, trouxe consigo também a dissolução das principais teorias filosóficas que afirmavam ter liquidado a religião: o cientificismo positivista, o historicismo hegeliano e, depois, marxista. Hoje não há mais plausíveis razões filosóficas fortes para ser ateu, nem mesmo para refutar a religião".[11]

Talvez se explique também assim o aumento paralelo da hostilidade para com ela manifestada por autores como (em ordem alfabética) Dawkins, Dennet, Harris, Hitchens, Odifreddi, Onfray e outros, inclusive nos automóveis que circulavam entre o final de 2008 e o início de 2009 em algumas cidades como Londres, Washington, Barcelona, Gênova, com as frases:

– versão inglesa, a original: "There's probably no God. Now stop worrying and enjoy your life" (Provavelmente Deus não existe. Agora para de preocupar-te e goza a tua vida);
– versão americana, a mais tolerante: "Why believe in a God? Just be good for goodness' sake" (Por que acreditar em Deus? Sê bom apenas por amor à bondade);
– versão castelhana, a mais fiel ao original: "Probablemente Dios no existe. Deja de preocuparte y disfruta la vida" (Provavelmente Deus não existe. Deixa de preocupar-te e goza a vida);
– versão catalã, na mesma linha da versão espanhola: "Probablement Déu no existeix. Deixa de preocuparte i gaudeix la vida" (Provavelmente Deus não existe. Deixa de preocupar-te e goza a vida).

---

[10] Ezio Mauro e Gustavo Zagrebelsky, *La felicità della democrazia. Un dialogo*, Roma-Bari, Laterza, 2011, p. 131.
[11] Gianni Vattimo, *Credere di credere*, Milano, Garzanti, 1996, p. 16-18.

– versão italiana, a mais complicada: "La cattiva notizia è che Dio non esiste. Quella buona è che non ne hai bisogno" (A má notícia é que Deus não existe. A boa é que não se precisa dele).

Esses automóveis ainda estão em circulação? Não sei, a publicidade custa e pelo que parece as uniões ateias pelo mundo afora não recebem ofertas suficientes. Também neste caso, porém, a campanha ateia foi apenas a resposta a uma iniciativa religiosa anterior de alguns grupos fundamentalistas, para os quais evidentemente não bastavam as igrejas e os outros lugares destinados ao anúncio religioso e assim tomaram a infeliz decisão de introduzir a religião no tráfego.[12] De qualquer modo, agrade ou não, a religião cresce, e cresce como ela quer, não como eu desejaria.

A fonte principal na qual me baseio para falar do crescimento da religião é o livro de dois jornalistas do semanário *The Economist*, John Micklethwait e Adrian Wooldridge: *God is Back*, "Deus voltou", subtítulo: "Como o reavivamento global da fé mudará o mundo".[13] Privilegio esta fonte pela autoridade dos autores e por certa garantia de objetividade, visto que um dos dois é católico e o outro ateu.

Micklethwait e Wooldridge observam que até poucas décadas atrás havia no panorama mundial uma clara predominância dos partidos políticos no tocante ao ateísmo: a União Soviética e os outros países do Pacto de Varsóvia (Albânia, Bulgária, Checoslováquia, Alemanha Oriental, Polônia, Romênia, Hungria), a Iugoslávia de Tito, a China de Mao Tse-tung. Também entre os países mais tradicionalmente característicos do ponto de vista religioso havia regimes que poderiam ser definidos como laicistas: a Turquia de Kemal Atatürk, a Índia de Jawaharlal Nehru, o Egito de Gamal Abdel Nasser, o Irã do xá Reza Pahlevi. Hoje o cenário mudou. A União Soviética não existe mais, e a Rússia tem um líder como Putin, que, além de exibir vistosas cruzes ortodoxas, cultiva uma aliança estratégica com o patriarcado; ademais, a religião foi reintroduzida no ensino escolar e, segundo uma sondagem de 2006, depois

---

[12] Tomo a notícia de Hans Küng, *Ciò che credo* [2009], trad. de Chicca Galli, Milano, Rizzoli, 2010, p. 39.
[13] John Micklethwait e Adrian Wooldridge, *God is Back. How the Global Revival of Faith Will Change the World*, New York, Penguin, 2009.

de mais de setenta anos de um regime que perseguiu sistematicamente os crentes, 84% dos russos declaram crer em Deus. Entre os países da ex-Iugoslávia se destaca a hipercatólica Croácia, mas também na Sérvia voltou-se, depois de meio século, ao ensino da religião nas escolas. Na Turquia, a despeito da laicidade desejada por Atatürk, está no poder um partido islâmico. O mesmo vale para o resto do mundo muçulmano, onde, a começar pela revolução islâmica de 1979 no Irã, os movimentos religiosos voltaram a ter uma atuação determinante. No estado de Israel, fundado originalmente sobre raízes leigas e muitas vezes em contraste com a ortodoxia religiosa, os rabinos e os partidos religiosos assumiram uma importância cada vez mais decisiva em nível político. Sem esconder a sua amarga surpresa, assim escreveu a respeito Abraham B. Yehoshua no início de 2011: "Quem jamais teria pensado que na minha cidade natal, Jerusalém, seria introduzida a separação entre mulheres e homens em algumas linhas de transporte urbano? Quem teria pensado que os ultraortodoxos 'conquistariam' quarteirões inteiros, em várias cidades, proibindo que seus seguidores alugassem apartamentos aos árabes? A volta ao judaísmo não se exprime apenas com o estudo de textos antigos, mas também com a existência de dois partidos políticos controlados por velhos rabinos que dão ordens e instruções a membros do Knesset e a ministros do governo sobre como se comportar e como votar".[14]

Na Índia, nos últimos anos, esteve no poder o Partido Nacionalista Hindu, expressão de uma ideologia dita *hindutva* (literalmente, "indianidade"), que sublinha com tal força a identidade hindu que cria às vezes fenômenos de intolerância para com expoentes de outras religiões, como testemunham os incidentes de 2008 na região do Orissa. Até na China, país ainda formalmente comunista, a religião desempenha um papel sempre maior: os dois jornalistas do *Economist* citam uma sondagem de 2006 segundo a qual apenas para 11% dos chineses a religião é uma falsidade (como foi ensinado por anos pelo regime comunista), ao passo que 31% declaram que ela desempenha um papel importante ou

---

[14] Abraham B. Yehoshua, *I giorni bui di un Israele nazionalista*, "La Stampa", 24.1.2001.

muito importante na sua vida. Segundo outra pesquisa, esta de 2005, seriam até 56% aqueles para quem a religião é importante.

No tocante à Europa, não pode não surpreender que Nicolas Sarkozy, antes de se tornar presidente do Estado símbolo da laicidade, tenha escrito um livro com o título *La République, les religions, l'espérance*, publicado em 2004 pela editora Cerf, propriedade dos dominicanos, no qual sustenta que é preciso reconhecer para a religião uma atuação maior no espaço público. No discurso por ocasião da visita de Bento XVI a Paris em 12 de setembro de 2008, o presidente francês declarou que é preciso abandonar a *laïcité negative*, preconceituosamente hostil à religião, para passar para uma *laïcité positive*, baseada em diálogo entre Estado leigo e tradições religiosas: "A laicidade positiva, a laicidade aberta, é um convite ao diálogo, à tolerância e ao respeito..., e é legítimo para a democracia dialogar com a religião".[15] A isto se acrescenta a fé declarada da atual chanceler alemã Angela Merkel e dos primeiros ministros ingleses trabalhistas Tony Blair, que se converteu ao catolicismo, e Gordon Brown, que permaneceu anglicano. Quanto ao *Prime Minister* do Reino Unido, o conservador David Cameron, numa entrevista concedida quando ainda estava na oposição, chegou a declarar: "Sou cristão, vou à igreja, creio em Deus", ainda que tivesse de deixar claro que a sua política não tinha finalidades explicitamente religiosas. Mas a coisa interessante é outra. Respondendo à pergunta se a sua fé já fora posta à prova, Cameron respondeu fazendo referência ao nascimento do seu primeiro filho, Ivan Reginald Ian, em 2002, com uma grave doença genética e que por isso morreria menos de dois anos depois da entrevista (a entrevista é de 26 de julho de 2007, Ivan Reginald Ian Cameron morreu em Londres em 25 de fevereiro de 2009). "Você se pergunta se há um Deus, para poder acontecer uma coisa como esta", disse Cameron. Então lhe perguntaram se aquela doença o levara a duvidar da fé, e ele responde: "De algum modo ela acabou por reforçá-la".[16]

---

[15] Nicolas Sarkozy, Discurso de 12 de setembro de 2008. Cf. também *La République, les religiosns l'espérance*, Paris, Cerf, 2004, ed. ital. *La Repubblica, le religioni, la speranza*, Conversazioni con Thibaud Collin e padre Philippe Verdin, Roma, Nuove Idee, 2005.

[16] A entrevista de David Cameron ao *Daily Mail* se encontra em http://www.dailymail.co.uk/news/article-471083/The-birth-disabled-son-tested-faith-Cameron.html

Neste cenário, não surpreende que nos Estados Unidos, onde a religião nunca esteve em declínio, o componente religioso do eleitorado conte sempre mais, tanto entre os republicanos como entre os democratas. Os presidentes estadunidenses, aliás, sempre prestaram muita atenção à religião, e até John Adams e Thomas Jefferson, que mais que outros tiveram de polemizar contra as igrejas, fizeram-no em nome de uma fé mais pura em Deus, que reconheceram no credo unitário. Permanecendo em nossos dias, todos os mais recentes presidentes estadunidenses manifestaram a sua fé religiosa de modo explícito: Richard Nixon, Jimmy Carter, Ronald Reagan, George Bush, Bill Clinton, George W. Bush, Barack Obama.

Na sua autobiografia, Obama se apresenta como cristão convicto, que chegou à fé já adulto, por decisão pessoal, visto que seus pais não o tinham educado na religião. Na entrevista de 27 de setembro de 2010, ele diz: "Sou cristão por escolha. A minha família não era cristã – francamente, não eram do tipo que ia à igreja toda semana. Minha mãe foi uma das pessoas mais espirituais que conheci, mas não me levava à igreja. Por isso cheguei tarde à minha fé cristã, e o fiz porque me foi revelado que os preceitos de Jesus Cristo correspondiam exatamente ao tipo de vida que eu queria levar – apoiar os meus irmãos e as minhas irmãs, tratar os outros como gostaria de ser tratado. Além disso, penso que compreender que Jesus Cristo morreu por meus pecados revela a humildade que todos devemos ter como seres humanos... Tudo o que devemos fazer é ver Deus nas outras pessoas e dar o melhor de nós para ajudá-las a encontrar a sua graça. É por isto que eu luto. É isto que peço cada dia".[17]

Poder-se-ia objetar a esta altura que a fé pessoal de um líder político não atesta nada sobre a religiosidade de todo um país. Mas o problema não é tanto a fé pessoal dos políticos individuais (da qual só Deus sabe), como a exibição *pública* de tal fé, exibição que um político

---

[17] Barack Obama, "I am a Christian by Choice" (Sou cristão por escolha), ABC News, 29 set. 2010, citado no verbete "Barack Obama" da versão inglesa da Wikipédia. Cf. também Barack Obama, *L'audacia della speranza. Il sogno americano per un mondo nuovo*, Milano, Bur, 2008, e, do mesmo autor, *La mia fede. Come riconciliare i credenti con una politica democratica*, Venezia, Marsilio, 2008.

daquele nível jamais faria se não fosse para tirar algum benefício em termos de consenso dos cidadãos. Portanto, é legítimo considerar as declarações de fé dos vários líderes mundiais como indícios de um aumento do interesse pela religião.

E a Itália? Deixando de lado toda consideração sobre os atuais líderes políticos, registra-se o sucesso surpreendente de público de alguns acontecimentos recentes:

- a exposição dos restos mortais de padre Pio em San Giovanni Rotondo de abril de 2008 a setembro de 2009 com 6 milhões de visitas;
- a exposição do Sudário em Turim de 10 de abril a 23 de maio de 2010 com 2 milhões de visitas;
- a exposição do corpo de Santo Antônio na basílica de Pádua de 15 a 20 de fevereiro de 2010 com 200 mil visitas em cinco dias;
- a beatificação de João Paulo II em Roma no dia 1º de maio de 2011 com um milhão e meio de peregrinos.

Esta situação geral explica o cenário exposto pelos dois jornalistas de *The Economist* citando um estudo sobre a tendência da adesão mundial às quatro maiores religiões (cristianismo, Islã, budismo e hinduísmo):

- ano de 1900 = 67 por cento;
- ano de 2005 = 73 por cento;
- ano de 2050 = 80 por cento.

Se se acrescentarem as outras religiões (xintoísmo, taoísmo, judaísmo, jainismo, siquismo...), parece obrigatório concluir que dentro de algumas décadas o planeta será quase inteiramente habitado por pessoas que declaram ter uma religião. *God is back*, concluem Micklethwait e Wooldridge. Mas Deus voltou mesmo?

3. UMA RELIGIÃO SEM CULTURA

Admitindo que Deus tenha voltado, é preciso perguntar *qual* Deus voltou. Além dos dados sociológicos e da dimensão quantitativa, além do fato de que hoje as religiões têm indubitavelmente um valor geopolítico maior com relação a alguns anos atrás, além desse nível horizontal, podemos dizer verdadeiramente, olhando o mundo que se apresenta diante dos nossos olhos, que *God is back*? E onde estaria esse Deus que voltou entre nós? Nos ônibus que lotam os lugares de peregrinação e os santuários? Nas multidões dos eventos papais, das beatificações e dos *dias mundiais da juventude*? No fato de os parlamentares votarem leis mais atentas aos interesses da instituição Igreja e que os políticos que antes se casavam com o rito celta e veneravam a ampola com a água do deus Pó hoje preferem falar de crucifixos e raízes cristãs? Ao meu parecer, nesses casos quem voltou é, na realidade, o Deus *humano demasiado humano* que é apenas uma invenção do homem, um bom rótulo social, funcional ao poder da política.

Na realidade, o Deus da tradição não pode mais voltar. O Deus que orientou a consciência ocidental por quase dois milênios, o Deus que guiava os exércitos e em cuja presença celebrava-se a missa com o triunfal *Te Deum* depois das vitórias militares, o Senhor da história que estava por trás de todo acontecimento, o Deus da Providência que escolhia os reis e os imperadores de acordo com a afirmação de São Paulo ("Não há autoridade que não venha de Deus", *Romanos* 13,1), o Deus da *De civitate Dei* de Santo Agostinho, que guiava os destinos dos povos para a plena submissão à Igreja de Roma: esse Deus não pode mais voltar. Depois dos milhões de inocentes massacrados na mais total indiferença celeste, é simplesmente impossível falar ainda de um Deus da Providência histórica. Primo Levi escreveu: "Somente pelo fato de um Auschwitz ter existido, ninguém deveria hoje em dia falar de Providência".[18] E, a propósito da "cidade de Deus", há ainda alguém que ache provável a cristianização do mundo, ou antes, a catolicização do mundo? Ou seja, que mais de um bilhão de muçulmanos se tornem fiéis do papa de Roma, e os hindus, com uma religião dez séculos mais antiga, e os judeus, com uma religião oito séculos mais antiga, e os budistas, com uma religião cinco séculos mais antiga, se tornem católicos romanos? Todos católicos romanos? Alguém ainda acha sensato cultivar sonhos deste tipo? E, sobretudo, acha *justo*? Se por "cidade de Deus"

---

[18] Primo Levi, *Se questo è un uomo*, Torino, Einaudi, 1989 (1ª ed. 1947), p. 140.

se entende a reunificação do gênero humano na Igreja romano-católica, como quer a tradição católica, penso que se deve mudar o mais rápido o programa. O mundo já o fez.

 Tampouco pode voltar o Deus dominador da natureza, aquele que acampa na mente dos criacionistas, que tomam ao pé da letra os relatos da criação de *Gênesis* 1–2, com base nos quais o mundo existiria há menos de seis mil anos, de modo que 2013 é na realidade o ano 5773 da história do universo, segundo o calendário religioso judeu, que conta os anos desde o primeiro dia da criação (mas um bispo irlandês do século XVII, James Ussher, conseguiu estabelecer, depois de análises aprofundadas dos textos bíblicos, que o ano da criação foi, na realidade, o de 4004 a.C., exatamente no dia 23 de outubro). Também não pode voltar o Deus que governa as pequenas coisas do dia a dia, aquele Deus que conta os nossos cabelos e sem cuja vontade não cai ao chão sequer um dos passarinhos do céu, como pensava Jesus: "Não se vendem dois pardais por uma moedinha de cobre? E nenhum deles cai por terra sem a vontade do vosso Pai. Quanto a vós, até mesmo os cabelos todos da cabeça estão contados. Portanto, não tenhais medo. Valeis mais do que muitos pardais" (*Mateus* 10,29-31). Hoje em dia chegamos a saber de doenças incuráveis que se abatem sobre pequenos e grandes sem nenhuma distinção moral, de acidentes e fatalidades de todo tipo, uma avalanche de notícias de filhos que matam os pais, de pais que matam os filhos, de mortos na rua, no trabalho, no mar, na montanha, por toda parte. Quem pode olhar o mundo e sustentar com veracidade e honestidade intelectual a ideia de um governo previdente e justo sobre os indivíduos humanos da parte de Deus, inclusive o cuidado dos seus cabelos? Quando era garoto, vi pela primeira vez a minha avó sem cabelos após a quimioterapia. A mãe de minha mãe, cujo nome era Leonarda Santannera, sempre tivera belíssimos cabelos negros, compridos até as costas, mesmo se comumente os tinha presos em cima da cabeça com grampos para formar o que no seu dialeto ela chamava de *tuppo* (francesismo para topete), cabelos que às vezes eu via soltos em todo o seu comprimento, quando minha avó os penteava. Minha avó Leonarda, religiosíssima, com os seus livros de oração e o seu rosário, que eu como rapaz via sem cabelos... Não só o Deus dos grandes cenários históricos e naturais, também o Deus "das pequenas coisas", que para todos nós são a realidade mais concreta que há, está em condições de voltar.

Para rebater estas observações comuns tiradas da vida de todos os dias, penso que o melhor seja o argumento usado principalmente pela consciência religiosa de todos os tempos, ou seja, o costumeiro recurso ao "mistério", o mais clássico *refugium theologorum*. Como se verá mais à frente, o mistério desempenha um papel decisivo no meu pensamento, mas só sob a condição de distingui-lo cuidadosamente do enigma e, sobretudo, de não utilizá-lo repetidamente contra a inteligência. Ademais, se a hierarquia da Igreja Católica não estivesse seriamente embaraçada diante da perda de consenso em relação à sua doutrina e à sua visão do mundo, não teria criado um novo organismo para procurar conter a situação, como aconteceu em 21 de setembro de 2010 com a criação do Pontifício Conselho para a Promoção da Nova Evangelização. É pena que de *novo*, até agora, além do ministério vaticano, haja apenas o adjetivo que está na sigla. Tenhamos esperança no futuro.

Enfim, está em curso um renascimento religioso ou, talvez melhor, espiritual, mas, aqui está o ponto, a qualidade da religião que vai geralmente se difundindo não é capaz de interpretar o mundo real e por isto não sabe produzir cultura. Cultura não no sentido de erudição, mas como visão e sentimento do mundo, sob forma de filosofia, música, arte, literatura; cultura como visão e sentimento da natureza e da história, em condições de conciliar o saber e o crer, de fundar o crer sobre o saber e o saber sobre o crer, naquele círculo virtuoso que no passado fez o Ocidente grande e que vinha tradicionalmente expresso pelas fórmulas agostinianas *credo ut intelligam* (fundação do saber sobre o crer) e *intelligo ut credam* (fundação do crer sobre o saber). Esta falta de fundamento e esta incapacidade de elaboração cultural tornam a religiosidade vitoriosa instável e insegura: como uma casa fundada sobre a areia, diria Jesus. Por isso, a religião hoje é geralmente vivida como fechamento e como defesa, e tem um timbre conservador, integralista, fundamentalista. Incapaz de dialogar com a cultura e com o saber, ela se exprime comumente em dois modos: ou se fecha em si proclamando o evangelho como *escândalo* e louvando o *paradoxo* como dimensão constitutiva do crer, quase gozando a sua total alteridade com respeito à vida real, ou procura elaborar o saber de si mesma com a pretensão de ser ela quem define o que é conforme a *reta razão*, por exemplo, o que são o início e o fim *natural* da vida, como se deve combater e não combater a AIDS, como deve ser ensinada e não ensinada a educação sexual nas escolas, e assim por diante (ver a este respeito o discurso de Bento XVI ao corpo diplomático de 10 de janeiro de 2011[19]). A triste realidade é que o crescimento da religião é geralmente oposta à cultura contemporânea, e muitas vezes até *como* oposição à cultura contemporânea, como refúgio identitário contra a insegurança gerada pelo imenso crescimento do saber e pela tecnologia à disposição do homem.

Que haja bons motivos para ter medo da força tecnológica conseguida pelo homem, unida a uma fraqueza sapiencial muitas vezes desarmadora, é um dado real sob os olhos de todos. Os desenvolvimentos da ciência e da tecnologia não podem não levantar a pergunta sobre a identidade humana e sobre os cenários futuros daquela que alguns já chamavam de era do *post-humanism*. Estamos realmente entrando nela? É certo fazer isso? É racional que o *human* produza o *post-human*? Se é, o que será então do humano, do sentimento e da paixão de ser homens, daquela mais preciosa peculiaridade, única em todo o universo conhecido, que é a liberdade? Não tenho nenhuma possibilidade de verificar, mas creio que o anúncio de Craig Venter, em 20 de maio de 2010, sobre a criação da primeira forma de vida artificial tenha suscitado no mundo mais inquietações obscuras do que esperanças luminosas. Do sentimento de um mundo que parece sempre menos hospitaleiro cresce nos seres humanos o desejo da religião enquanto *outro mundo*.

Desde o seu surgimento, a religiosidade contemporânea se encontra marcada pelo conflito com *este mundo* e com o saber produzido por ele, com a consequência quase inevitável de criar medo e hostilidade para com a ciência, a técnica, a economia e, às vezes, também contra as outras religiões, consideradas como uma ameaça por serem diferentes da sua identidade. De fato, não faltam perseguições de fiéis de uma religião por parte dos fiéis de outra religião. Assim, o crescimento do

---

[19] http://www.vatican.va/holy_father/benedict_xvi/speeches/2011/january/documents/hf_ben-xvi_spe_20110110_diplomatic-corps_po.html [N.T.].

progresso tecnológico é acompanhado pelo aumento da instabilidade emotiva, que gera as religiões, e o crescimento das religiões é acompanhado pelo crescimento da desconfiança para tudo o que é novo e diferente: as religiões, que nascem da instabilidade, contribuem, por sua vez, para aumentar a instabilidade, num círculo que não é propriamente virtuoso e que pode ter consequências muito negativas sobre as nossas vidas (é natural a referência ao 11 de setembro de 2001 e tudo o que se seguiu após ele).

Em conclusão, reforçada a ambiguidade do fenômeno religioso e o dever de toda pessoa responsável de promover em seu interior as forças positivas e dialógicas, parece-me que a religião permaneceu hoje como o único pensamento forte politicamente significativo, entendendo como pensamento forte a energia intelectual que, além de encher a mente, toca a vida, esquenta o coração, alimenta a paixão, move os povos. Por isso, a religião é hoje, para o bem e para o mal, a principal fonte da identidade, não só geopolítica mas também pessoalmente. É fonte também para quem a rejeita. Significativamente, um não crente como Eugenio Scalfari intitulou a sua autobiografia – *O homem que não acreditava em Deus* –, escolhendo definir a si mesmo, ainda que negativamente, sempre em referência à dimensão religiosa.[20]

4. UMA CIVILIZAÇÃO SEM RELIGIÃO

A consequência de uma religião sem cultura é uma civilização sem religião, ou seja, sem coesão interna. Se por séculos o Ocidente viu a sua civilização enriquecer-se e permanecer unida graças à contribuição do cristianismo, agora não é mais assim: hoje, que o fermento espiritual do cristianismo não consegue mais penetrar na massa do mundo, essa massa não pode senão ficar sem fermento. Estou dizendo, fora de metáfora, que o mundo sem religião se encontra sem coesão interna, esmagado sob uma dimensão só, em poder de um egoísmo que sabe apenas calcular, muito próximo do cinismo, às vezes do desespero.

---

[20] Eugenio Scalfari, *L'uomo che non credeva in Dio*, Torino, Einaudi, 2008.

É o que diz um personagem de um romance de Singer: "Os valores da nossa cultura são estes. Tudo é homicídio, mentiras, fornicação. Compro um jornal, e está cheio de massacres e sacanagens. Ligo o rádio, abro um livro, e aí está de novo... no teatro, no cinema, em toda parte para a qual nos voltamos. Aquilo que se define como arte é uma porcaria, da mesma maneira que aquele lixo que se define como literatura. Alta sociedade e bandidos vivem da mesma maneira. Juízes e criminosos frequentam os mesmos lugares noturnos para escutar as mesmas obscenidades. Casa-se e duas noites depois marido e mulher vão ver uma comédia que ridiculariza um chifrudo. A cultura moderna é um emaranhado de sadismo. Gerou o nazismo, o comunismo e tudo o que é mau". O interlocutor pergunta: "E a ciência?". Resposta: "Serve aos assassinos e justifica massacres de todo tipo. Esta é a verdade". A conclusão: "Aquilo que definimos como cultura americana ou europeia é na realidade a cultura do submundo. Baseia-se no princípio da gratificação imediata. Apesar de toda a sua linguagem florida, tal cultura reconhece um só poder: o poder".[21]

Talvez o personagem de Singer exagere um pouco, mas não há dúvida de que é preciso reencontrar a aliança entre o Ocidente e a dimensão religiosa. Isto vale para o cristianismo, mas também para a nossa civilização. Quero dizer que, se, por um lado, sem um acordo com a ciência e a filosofia, a religião nunca estará à altura da dignidade intelectual que compete a uma pessoa responsável (quem é sinceramente religioso, mas é incapaz de dialogar com a cultura justificando as suas ideias, está inevitavelmente destinado a parecer ingênuo ou a ficar sectário e agressivo), por outro lado, uma civilização tecnocrática sem a contribuição sapiencial da religião nunca estará em condições de produzir e sustentar aquela ética baseada no princípio responsabilidade capaz de unir os homens entre eles, de que o nosso tempo tem necessidade urgente. Sem religião, uma ética e uma espiritualidade são, sem dúvida, possíveis no nível dos indivíduos, mas não no nível de sociedade e de povos inteiros. Intuindo a necessidade dessa harmonia entre ciência

---

[21] Isaac Bashevis Singer, *Ombre sull'Hudson* [1958], trad. de Mario Biondi, Milano, Longanesi, 2000, p. 493 e 597-598.

e sabedoria, Einstein proferiu estas célebres e luminosas palavras: "A religião sem a ciência é cega, a ciência sem a religião é coxa".²² Alguns anos antes, outro grande cientista, Alfred North Whitehead, escrevera: "Se considerarmos aquilo que para a humanidade representam a religião e a ciência, não é exagerado dizer que o curso da história futura depende das decisões da nossa geração com respeito à relação entre elas...; encontramo-nos diante das duas mais intensas forças gerais que influenciam os homens".²³

5. DEZ PERGUNTAS, VINTE RESPOSTAS

Penso que agora esteja mais claro o problema levantado no metrô de Nova York. *Deus* é a resposta para qual pergunta? Se a pergunta não for esclarecida, a resposta Deus pode se tornar simplesmente um dos tantos instrumentos de poder excogitados pela política para manter os povos bons e unidos, ou um dos muitos passatempos cultivados pelos seres humanos para não se aborrecerem no tempo livre, ou um psicofármaco da mente, talvez um pouco antiquado, mas ainda bastante em uso e não sem algum efeito agradável. A este respeito há quem sustente, por exemplo, que a prática da fé diminui os estados de ansiedade, reduz a frequência respiratória, melhora a oxigenação do sangue, normaliza a pressão, regulariza os batimentos cardíacos e tem outros efeitos benéficos a nível físico.²⁴ Será verdade? Creio que sim, mas creio também

---

[22] A frase (no original inglês: "Religion without science is blind, science without religion is lame") é de uma intervenção de 1941 no simpósio "Science, Philosophy and Religion", publicada pela Conference on Science, Philosophy and Religion in Their Relation to the Democratic Way of Life, Inc., New York, 1941, agora em *Out of My Later Years*, New York, 1956 (ed. ital. *Pensieri, idee, opinioni*, trad. de Lucio Angelini, Roma, Newton Compton, 2006, p. 29). O contexto mais amplo é este: "A ciência pode ser criada apenas por quem é completamente chamado para a liberdade e a compreensão. Esta fonte emotiva, no entanto, brota da esfera da religião. A ela pertence também a fé na possibilidade de que as regras válidas para o mundo da existência são racionais, ou seja, compreensíveis pela razão. Não consigo imaginar um cientista genuíno que careça de tal fé profunda. Podemos exprimir a situação com uma imagem: a ciência sem a religião é coxa, a religião sem a ciência é cega".
[23] Alfred North Whitehead, *La scienza e il mondo moderno* [1926], trad. ital. de Antonio Banfi, Torino, Bollati Boringhieri, 2001, p. 197.
[24] Cf. Harold G. Koenig, *Medicine, Religion and Health*, West Conshohocken, Pennsylvania, Templeton Foundation Press, 2008.

que os mesmos efeitos benéficos sobre o organismo podem ocorrer num ateu sereno que repete para si mesmo a sua fé negativa como um mantra seráfico: "Não existe deus, não existe deus, não existe deus", e a sua ânsia de pecados mortais e de julgamentos futuros desaparece, a sua respiração se torna mais profunda, o sangue se oxigena melhor, o coração bate regular. Já Epicuro, no século III a.C., dizia que, se quisermos viver bem, é melhor não pensar muito nos deuses, os quais, para ele, existiam mas estavam felizes no Olimpo sem se preocuparem com os seres humanos. O nosso bem-estar físico e social nunca poderá constituir a pergunta para a qual Deus seria a resposta. Antes, para qualquer fanático religioso, um belo tratamento à base de dúvidas céticas e refutações racionalistas poderia ser o ideal para a saúde física e mental, sua e dos que estão a sua volta.

Volta, portanto, a pergunta: *What was the question*? Qual era a pergunta? Ou melhor, qual *é* a pergunta para a qual Deus deveria ser a resposta?

Elenco possíveis perguntas para as quais a resposta pode ser Deus:
1. Qual é o sentido da vida?
2. Quem criou o mundo?
3. Quem está na origem da fina sintonização entre as constantes do universo que permitiu a origem da vida?
4. Quem governa o mundo fazendo a natureza e a história seguirem de modo evolutivo?
5. Quem representa *id quo maius cogitari nequit*, "aquilo do qual não se pode pensar nada maior", que conquistou a mente de alguns dos filósofos mais insignes?
6. Quem nos ensina como viver para sermos verdadeiramente felizes?
7. Quem se revelou na história vencendo as trevas do gênero humano?
8. Quem morreu por nós revelando-nos um amor que o mundo não conhece e venceu a morte com a sua ressurreição?
9. Quem está sempre presente ao nosso espírito de modo que nunca estejamos sós?

10. Quem pode salvar-nos da morte e satisfazer o nosso desejo de vida?

A todas estas perguntas, e às outras que ainda poderiam ser formuladas, pode-se responder "Deus". Mas basta refletir para ver que essas perguntas admitem também respostas totalmente diversas.

1. Se para um o sentido da vida é Deus, para outro pode ser a pesquisa científica, a arte, o prazer, a aventura, a riqueza, a justiça, o poder, a sabedoria, ou todas estas coisas juntas num leque de ventilador de sentidos, que no final não tem nenhum sentido se ele não girar.

2. Se para um o mundo só pode ter sido criado por Deus, para outro ele se fez por si mesmo num processo de criação e de geração espontâneas.

3 e 4. Se para um a natureza e a história como se apresentam aos seus olhos são a manifestação de uma ordem que remete necessariamente a um Ordenador, para outro são a prova de uma tal desordem e de uma tal injustiça que seria até melhor que Deus não existisse, visto que, se existisse, deveria ser aberto um processo de Nuremberg em escala cósmica.

5. Se para um a ideia de um ser perfeito implica necessariamente a existência de Deus, porque do contrário não seria perfeito, para outro se podem ter todas as ideias que se quiserem, inclusive aquela de ter os bolsos cheios de dinheiro, mas se os bolsos estão vazios, vazios permanecem – exemplificação da objeção de Kant ao argumento ontológico da existência de Deus formulado por Anselmo de Aosta [ou de Cantuária] e aceito por Descartes, Leibniz, Hegel, objeção segundo a qual "cem táleres régios contêm algo mais do que o mero conceito deles", quer dizer, não basta pensá-los para fazer com que existam.[25]

6. Se para um a revelação de Deus é o caminho para a moral mais pura, para outro a moral tem um fundamento completamente

---

[25] Immanuel Kant, *Crítica da razão pura*, B 630, A 602 {1781} (ed. ital. org. por Pietro Chiodi, Torino, Utet, 2005, p. 483).

autônomo, e fazer o bem porque Deus ordena é menos digno de mérito do que fazê-lo só por amor do bem.
7. Se para um a revelação judeu-cristã depositada na Bíblia é a atestação do cuidado particular de Deus pelo gênero humano, para outro a Bíblia é um dos muitos livros sagrados da humanidade com algumas páginas interessantes, outras chatas e outras até imorais.
8. Se para um Jesus é o homem perfeito, o Filho de Deus encarnado com a mesma substância do Pai, que deu voluntariamente a sua vida por nós destruindo o pecado e ressuscitou dos mortos destruindo a morte, para outro é apenas um dos tantos profetas e sábios da humanidade com ideias e feitos dignos de interesse, que não queria morrer de jeito nenhum, mas foi morto pelos poderosos de então. Quanto à sua ressurreição, no melhor dos casos se trata de uma autossugestão de algumas mulheres transmitida aos discípulos.
9. Se para um Deus está tão próximo que o sente, fala com ele, conta-lhe o que faz, pede ajuda a ele em qualquer circunstância, e Deus aquece o seu coração, e ele de fato nunca está só, para outro a realidade é apenas o silêncio divino diante dos dramáticos pedidos de ajuda e da morte dos inocentes.
10. Se para um Deus é aquele que tomará a sua alma entre os seus braços no momento da morte e a conduzirá ao seu reino de alegria infinita, para outro a morte é o fim de tudo, sequer querendo que seja o início de qualquer coisa.

Penso que fica claro a todos quão difícil é responder à questão de qual é "a pergunta" cuja resposta seria *Deus*. E não é um problema recente, porque, como escrevia um filósofo leigo com forte sentido espiritual como foi Benedetto Croce, "uma instituição morre quando não satisfaz mais nenhuma necessidade, ou à medida que diminui a quantidade das necessidades que ela satisfaz".[26] Isso vale também para a religião e para Deus, para o sentimento e para a visão do mundo, para a filosofia de vida, contidos no pensamento da religião e de Deus.

---

[26] Benedetto Croce, Perché non possiamo non dirci "cristiani" [1942]; in *La mia filosofia*, org. por Giuseppe Galasso, Milano, Adelphi, 1993, p. 46.

II. *Instrumenta laboris*

6. Vida

"A vida é um hospital onde cada doente anseia por mudar de leito... Parece-me que estarei sempre bem lá onde não estou, e discuto incessantemente com minha alma este problema da mudança". Primeiro o autor propõe Lisboa, mas a alma não responde; depois Roterdã, mas a alma não responde; depois Batávia, Tornio, no extremo cabo do Báltico, mas a alma não responde. "Afinal a minha alma explode, e sabiamente grita para mim: 'Não importa onde! Não importa onde! Contanto que seja fora deste mundo'!".[1] É o que diz Baudelaire a propósito da vida do homem na terra. A vida como um hospital, a vida como contínuo desacordo com o mundo e, portanto, consigo mesma.

Um filósofo do século passado, Gabriel Marcel, expoente daquele existencialismo cristão iniciado com Kierkegaard (e continuado por Dostoievski, Berdiaev, Ricoeur e, na Itália, com Prini e com Pareyson), escreveu que "um espírito é metafísico enquanto a sua posição em relação ao real lhe parece fundamentalmente inaceitável".[2] Com o termo *metafísico* Marcel se refere ao pensamento que busca e se abre à *transcendência*. Nesta perspectiva, o conceito de transcendência, isto é, de uma

---

[1] Charles Baudelaire, *Lo Spleen di Parigi. Piccoli Poemi in Prosa* [1865], ed. ital. org. por Bruno Nacci, Milano, Mursia, 1990, p. 179.
[2] Gabriel Marcel, *Journal Métaphysique* [1927], citado por Pietro Prini no verbete "Gabriel Marcel", em *Lessico dei teologi del secolo XX, Mysterium Salutis / Supplemento*, org. por Piersandro Vanzan e Hans Jürgen Schultz. Brescia, Queriniana, 1978, p. 363.

dimensão do ser tradicionalmente chamada Deus-divindade-divino, parece surgir em oposição à vida, como protesto em comparação com o hospital inóspito que é a vida, como sonho, ou nostalgia, de um lugar no qual a nossa alma cessaria de protestar porque se sentiria finalmente em casa.

Há, sem dúvida, verdade nesta posição, no entanto, sinto que omite algo essencial. De fato, basta dar-se conta, ainda que apenas superficialmente, do que é a vida do ponto de vista físico para mudar radicalmente a percepção dela como de um hospital. Paul Davies, astrofísico britânico de fama internacional, escreveu: "No universo, surgiram muitos fenômenos fascinantes: monstruosos buracos negros com peso de um bilhão de sóis que comem as estrelas e vomitam jatos de gás; estrelas de neutrônios que giram sobre si mesmas a mil voltas por segundo, cuja matéria está comprimida a um bilhão de toneladas por centímetro cúbico; partículas subatômicas tão inapreensíveis que poderiam penetrar anos luz de chumbo sólido; ondas gravitacionais cuja fraca passagem não deixa nenhuma marca perceptível. Contudo, por maravilhoso que possa parecer tudo isso, o fenômeno da vida é mais extraordinário do que todos os outros colocados juntos".[3]

Podemos ficar apavorados pensando na vastidão e inospitalidade do cosmo dentro do qual estamos, mas exatamente sobre a base do conhecimento do cenário que nos circunda se torna fonte de maravilha absoluta a percepção de que existe um fenômeno tão complexo, tão rico e tão frágil como a vida: "Existe uma infinidade de estrelas, pelo menos 10 quatrilhões. Mas este número é de pequenez insignificante com relação às enormes probabilidades contrárias até só de uma simples molécula proteica". Davies passa depois a considerar a teoria do acaso como explicação da origem da vida, a teoria do acaso químico: "As probabilidades contrárias à síntese puramente casual de só uma proteína são de cerca de $10^{40.000}$, o que significa o algarismo 1 seguido de quarenta mil zeros, um número que, escrito por extenso, ocuparia um capítulo inteiro deste livro. Em comparação, ganhar mil vezes seguidas

---

[3] Paul Davies, *Da dove viene la vita* [2000], trad. de Giovanni Sabato, Milano, Mondadori, 2000, p. 6.

no pôquer é brincadeira de criança. É conhecida a observação do astrônomo britânico Fred Hoyle, segundo o qual as probabilidades de um processo espontâneo montar um ser vivo são análogas à de uma tromba de ar, que passa por um depósito de sucata, produzir um Boeing 747 que funciona perfeitamente".[4]

Vida como hospital, certo; mas também como catedral cósmica, da qual a mente humana pode se tornar o sacerdote que celebra a sua maravilha numa liturgia do espanto e do agradecimento. Penso que isso seja devido ao entrelaçamento desestabilizador de duas posições, ambas verdadeiras e, no entanto, opostas, de que "a fé é inata no gênero humano desde que apareceu", como escrevia Plutarco de Queroneia em *Ísis e Osíris* há quase dois mil anos.[5] O *homo sapiens-sapiens* é, de fato, desde sempre, também *homo religiosus*. Basta considerar que "a arte das cavernas é arte sacra, as cavernas decoradas são santuários antiquíssimos onde se realizavam ritos e cerimônias".[6] Os seres humanos sempre sentiram, como Bobbio, que estão "imersos no mistério".

Na época moderna se pensava que a religião fosse provocada pelas condições socioeconômicas injustas e era utilizada pelo poder político como instrumento para o controle das massas. As ideologias novecentistas como o comunismo e o fascismo estavam convencidas de que a política e a economia eram a chave do ser humano e que, uma vez instaurada uma nova política e uma nova economia, a religião se dissolveria automaticamente. Com efeito, houve e ainda há muitas impurezas, interesses, baixa política, em muitas manifestações da religião, mas, reconhecido isso, permanece o fato de que a política e a economia não resolvem o ser humano. A sua vida é muito mais vasta, muito mais profunda, mais complexa, do que apenas a dimensão política e a dimensão econômica. A existência da religião, que desde sempre acompanha os seus passos, exprime e conserva a frágil complexidade da vida do homem.

Também se pensava que a religião era provocada pela ignorância da ciência e que com o progresso científico ela desapareceria

---

[4] Ibid., p. 100.
[5] Plutarco, *Iside e Osiride* 23, 360 A, ed ital. org. por Vicenzo Cilento, Milano, Bompiani, 2002, p. 45.
[6] Fiorenzo Facchini, *E l'uomo vienne sulla terra*, Cinisello Balsamo, San Paolo, 2005.

inexoravelmente. Hoje, porém, apesar de haver quem continue pensando desse modo, vemos que não é assim. A ciência abre incessantemente novos horizontes e resolve muitos problemas (na realidade cria alguns), mas nem por isso a religiosidade deixa de existir. Parece até que o contrário é verdadeiro, que quanto mais cresce o poderio científico e tecnológico, mais os seres humanos sentem a necessidade de algo que não seja redutível à tecnologia. Vêm à mente algumas palavras de Ludwig Wittgenstein no final do *Tractatus logico-philosophicus*: "Sentimos que, até na hipótese de que todas as possíveis perguntas científicas tenham sido respondidas, os nossos problemas vitais nem sequer foram tocados".[7] Muitos grandes cientistas, aliás, foram e são crentes. Mais adiante retomarei o discurso a este respeito, por ora me limito a citar algumas palavras de um dos protagonistas da ciência contemporânea, o físico alemão Max Planck: "Ciência e religião não estão em oposição, mas uma precisa da outra para se completar na mente de cada homem que reflete seriamente. Não é certamente por acaso que exatamente os maiores pensadores de todos os tempos também foram profundamente religiosos, embora não revelassem de boa vontade o sacrário do seu espírito".[8] Os dois grandes ideais da época moderna, a política e a ciência, não fizeram desaparecer a religião como expressão e guarda da dimensão espiritual da vida, do "segredo divino eternamente insondável que mora em nosso peito".[9]

Volta, porém, a pergunta: por que o ser humano é *homo religiosus*? Por que desde sempre os povos tiveram uma religião? A tese que sustento é a seguinte: a religião, nas suas múltiplas e contraditórias manifestações, é a tentativa de descobrir o mistério da vida na sua globalidade, a tentativa de captar a sua selvagem beleza (catedral) e de não ser esmagados pela sua perturbadora imponderabilidade (hospital). Se desde sempre o homem sentiu a necessidade da religião, é porque se encontra

---

[7] Ludwig Wittgenstein, *Tractatus logico-philosophicus* 6.52 [1921], em *Tractatus logico-philosophicus e Quaderni 1914-1916*, trad. ital. de Amedeo G. Conte, Tornio, Einaudi, 1998⁶, p. 108.
[8] Max Planck, Legge di causalità e libero arbitrio [1923], em *La conoscenza del mondo fisico*, trad. de Enrigo Persico e Augusto Gamba, Torino, Bollati Boringhieri, 1993, p. 155-156.
[9] Ibid., p. 156.

cercado, assediado, quase oprimido, pelo mistério da vida, que o fascina e que ao mesmo tempo o angustia.

Hans Jonas, em 1961, escreveu um ensaio intitulado *Homo pictor und die differentia des Menschen*. Partindo do fato de que nenhum animal jamais produziu ou produzirá imagens por causa da sua inutilidade biológica, Jonas sustenta que "um ser que cria imagens tem finalidades além da biológica", ou que a existência de imagens "é prova suficiente da liberdade humana", e que o fato de o homem produzir gratuitamente imagens constitui um "hiato metafísico" entre ele e o resto do mundo animal: o nosso ser *pictor* intui a nossa radical *differentia*.[10] Os mitos e as crenças religiosas, os nomes de deuses e deusas, de paraísos e infernos, de mundos subterrâneos e de mundos celestes são outras tantas imagens produzidas pelos seres humanos. Não imagens materiais, mas nem por isso menos incisivas. Goethe achava até que a fonte da arte fosse o imaginário religioso: "Os homens são produtivos em poesia e arte só enquanto são religiosos; depois se tornam simplesmente imitadores e repetidores; como nós em relação com a antiguidade, cujos monumentos foram todos obra de fé e podem ser por nós imitados apenas por fantasia".[11]

Tomemos as figuras mitológicas gregas das Moiras, as três Moiras vestidas de branco, que respondem pelos nomes de Cloto, Láquesis e Átropos. Cloto é a que fia o fio da vida, Láquesis quem o mede, Átropos quem o corta. Átropos é a mais terrível, como aparece já pelo nome, que significa "que não se pode evitar". As Moiras, cujo nome significa "parte" e que são três como três são as partes da vida do homem, não são filhas de Zeus, ou seja, da ordem da qual ele é a garantia tendo vencido os símbolos do caos (os Titãs e os Gigantes);[12] nasceram por

---

[10] Hans Jonas, Homo pictor: della libertà del rafigurare [1961], em *Organismo e libertà. Verso una biologia filosofica*, org. por Paolo Becchi, Torino, Einaudi, 1999, p. 206, 222 e 223. O título italiano perde o sentido do original alemão, *Homo pictor und die differentia des Menschen*, tão mais forte pelo latim escolhido por Jonas, sentido que foi mantido na fiel tradução inglesa: *Homo pictor and the Differentia of Man*.

[11] Palavras de Goethe referidas pelo secretário Friedrich Wilhelm Riemer e citadas por Hans Urs von Balthasar, *Chi è il cristiano?* [1965], trad. de Giovanni Viola, Brescia, Queriniana, 1977, p. 15-16.

[12] Cf. Bruno Snell, *La cultura grega e le origini del pensiero europeo* [1944], trad, de Vera Degli Alberti e Anna Solmi Marietti, Torino, Einaudi, 19798, p. 61. O título original alemão é *Die Entdeckung des Geistes*, literalmente, "A descoberta do espírito".

partenogênese da Grande Deusa Necessidade (*Ananque*), com a qual nem sequer os deuses ousavam rivalizar e que é chamada "a poderosa Moira".[13] O que são essas Moiras, presentes também na cultura latina com o nome de Parcas? De onde vêm? Por que foram inventadas? Respondem a qual exigência? São imagens produzidas pela consciência para dizer a superioridade imponderável, dominadora, cega da vida.

As figuras das Moiras e as outras produzidas pela imaginação religiosa impõem-se ao ser humano porque ele já as contém em si, elas são o fruto do seu impacto com a vida. Hegel diz: "O espírito do homem é grande e vasto, a um verdadeiro homem pertencem muitos deuses, e ele encerra no seu coração todas as potências que estão espalhadas nos círculos dos deuses; todo o Olimpo está contido no seu peito".[14] Por estas palavras percebo a profunda ideia da nobreza do homem, do seu não ser redutível a um fenômeno natural entre tantos, ou "gene egoísta", ou simples consumidor. A infindável produção de mitos e mitologias, de ritos e liturgias, de hábitos e cerimônias, de livros e edifícios sagrados, testemunha a grandeza e a labuta da alma defronte da trágica maravilha da vida.

As imagens religiosas, porém, não são uma produção gratuita. Tanto para a religião como para a filosofia podem ser dados dois inícios diferentes. Pode nascer da maravilha, como escreve Aristóteles: "Os homens começaram a filosofar, agora como na origem, por causa da maravilha".[15] Ou pode nascer da dor, como escreve Hegel: "A cisão é a fonte da necessidade da filosofia".[16] O pensamento que nasce da maravilha se pergunta, feliz, por que há algo e não o nada, e o faz alegrando-se de ser, prefigurando um pensamento que não é diferente na sua essência do agradecimento. A língua alemã manifesta a ligação entre pensamento e agradecimento com a assonância, mais de uma vez posta à luz por Heidegger, entre *denken* (pensar) e *danken* (agradecer), presente tam-

---

[13] Cf. Robert Graves, *I miti greci* [1955], trad. de Elisa Morpurgo, Milano, Longanesi, 1983, p. 39-40.
[14] Georg W. F. Hegel, *Estetica* [1823-1826], ed. ital. org. por Nicolao Merker, trad. de Nicolao Merker e Nicola Vaccaro, Torino, Einaudi, 1997, vol. I, p. 266.
[15] Aristótles, *Metafísica* I, 982 B.
[16] Georg W. F. Hegel, Differenza tra il sistema filosofico di Fichte e quello di Schelling [1801], em *Primi scritti critici*, org. por Remo Bodei, Milano, Mursia, 1971 e 1981, p. 13.

bém no inglês *to think* e *to thank*. O pensamento que nasce da dor, ao contrário, se pergunta por que a vida acaba com a morte e por que a injustiça domina na terra; é um pensamento intrinsecamente trágico, que pode determinar-se como pedido de salvação ou assumir os traços do protesto e da invectiva. Ele nasce porque a situação do mundo não suscita nenhuma maravilha, mas gera, pelo contrário, uma sede radical de justiça. E é por isso que Sergei Bulgakov descreve "aquilo que inevitavelmente acompanha a vida religiosa" como "antítese", como "oposição entre Deus e o mundo".[17] A religião nasce do laço entre maravilha e dor que a vida suscita, e às vezes aprofunda, no peito dos homens. Mas não há simetria perfeita entre esses dois polos: o mais forte é o segundo, é a dor e a morte, e por isso a religião é antes de tudo busca de salvação.

Dois grandes pensadores da primeira metade do século XX, Pavel Florenski e Franz Rosenzweig, ambos de forte sentimento religioso, deram origem às suas respectivas obras-primas a partir da pressão da dor da vida. Nas páginas iniciais de *A coluna e o fundamento da verdade*, Florenski escrevia: "Parece que a alma se reencontra na presença da morte... A morte, de fato, me circunda; não nos meus pensamentos, não a morte em geral, mas a morte dos meus entes queridos, perdidos nestes anos: como folhas amarelecidas vieram a faltar, um a um... Não existem mais, entre mim e eles abriu-se o abismo... Tudo dá voltas, tudo desliza no abismo da morte... Na vida, tudo se agita, tudo vacila em imagens de miragem, mas da profundeza da alma se ergue a necessidade inevitável de apoiar-se na coluna e no fundamento da verdade".[18] Poucos anos depois, enquanto se encontrava nas trincheiras do fronte balcânico durante a Primeira Guerra Mundial, Franz Rosenzweig escrevia aquilo que se tornaria o *incipit* de *A estrela da redenção*: "Da morte, do medo da morte, começa e se eleva todo conhecimento acerca do Tudo. Rejeitar o pavor que atenaza o que é terrestre, arrancar da morte

---

[17] Sergej Bulgakov, *La luce senza tramonto* [1916], trad. de Maria Campatelli, Roma, Lipa, 2002, p. 21.
[18] Pavel Florenski, *La colonna e il fondamento della verità* [1914], trad. de Pietro Modesto, Milano, Rusconi, 1998, p. 44-45.

o seu aguilhão venenoso, tirar do Hades o seu miasma pestilento, disto se pretende capaz a filosofia".[19]

Florenski e Rosenzweig estavam ligados a uma antiquíssima tradição, que já encontrara expressão em Ésquilo, no "conhecimento através da dor" cantado pelo coro do *Agamenon*.[20] Platão, enquanto descreve no mito de Er a escolha da vida futura por parte das almas que ainda estão no céu, escreve que nessa escolha é decisiva "a prova da dor", no sentido e que quem sofreu, quem conheceu os sofrimentos próprios ou alheios, não faz uma escolha precipitada.[21] A partir da dor que envolve a vida, os seres humanos criaram as suas religiões para buscar nelas consolação, refúgio, ainda que apenas um gole de água nos lábios secos.

A religião nasce do entrelaçamento assimétrico de maravilha e de dor que a superioridade da vida provoca nos seres humanos. Dentro desse entrelaçamento, a presença das imagens produzidas pela dor é mais forte: dos 150 salmos, mais de um terço – 56 – são súplicas, ao passo que apenas 15 são agradecimentos. Tampouco é certo um caso em que a primeira manifestação da religião tenha sido o culto dos mortos, e os túmulos tenham sido os primeiros lugares de culto. As religiões se determinam assim, sobretudo, como ofertas de salvação, "soteriologias", caminhos para a vida verdadeira. Pode haver religiões que passam sem Deus enquanto ser pessoal, como o jainismo e o budismo (não porque o excluam teoricamente, mas porque o consideram não essencial com respeito à atividade prática da existência), mas não existe religião que não seja oferta de salvação, proposta de um caminho diferente com respeito à vida comum para a Realidade Suprema, de uma alternativa existencial com relação à dimensão ilusória na qual vive a maioria. A percepção existencial da necessidade de ser de algum modo tirado para fora da rede de dor que aperta este mundo é o componente mais forte da experiência religiosa.

---

[19] Franz Rosenzweig, *La Stella della redenzione* [1921], ed. ital. org. por Gianfranco Bonola, Genova, Marietti, 1996³, p. 3.
[20] Ésquilo, *Agamenon* 177; ed. ital. Eschilo, *Le tragedie*, org. de Monica Centanni, Milano, Mondadori, 2003, p. 407.
[21] Platão, *República* X, 619 D.

Hegel escreveu: "Os animais vivem em paz consigo mesmos e com as coisas em redor deles, mas a natureza espiritual do homem produz o dualismo e a divisão em cuja contradição ele se afana".[22] Pelo fato de o homem ter uma natureza espiritual que o leva a ter consciência e, portanto, a maravilhar-se do fato de viver, pelo fato de querer a vida não só para si, mas também para os outros, e identificar essa vontade de vida com o bem, por tudo isso, quando se encontra diante da dor e da injustiça, nasce nele a contradição da qual se origina a religião.

7. SAGRADO

Sustentei que a religião nasce do excedente da vida com respeito à capacidade de controle por parte do homem. A diferença entre o todo no qual o homem está inserido e o que desse todo ele consegue dominar é o espaço da religião. Ela é a tentativa de chegar a um acordo com uma zona do ser fora do controle das forças humanas normais e que por isso é denominada comumente *mistério* ("sei que estou imerso no mistério"). Essa realidade *off limits*, na qual todos estão mergulhados, constitui a fonte da religião. Ao longo da ilimitada história que nos precede, os seres humanos deram voz a essa dimensão mais ampla que os circunda e os domina mediante o nome de "sagrado". O sagrado é a essência da religião.

O ponto de referência obrigatório a este respeito é o célebre livro de Rudolf Otto, intitulado exatamente *Das Heilige* [*O sagrado*].[23] Edmund Husserl, para quem provavelmente o livro fora indicado por Martin Heidegger, então seu assistente, escreveu assim ao autor depois de tê-lo lido: "O seu livro sobre o sagrado teve uma forte influência sobre mim, como quase nenhum outro livro há anos tinha tido".[24]

---

[22] Hegel, *Estetica* [1823-1826], ed. ital. cit., p. 114.
[23] Rudolf Otto, *Il sacro. L'irrazionale nell'idea del divino e la sua relazione al razionale* [1917], trad. ital. de Ernesto Buonaiuti, Milano, Feltrinelli, 1989; a primeira edição italiana é de 1926 pela editora Zanichelli. Há tradução em português pelas Edições 70 (1992) e pela Editora Vozes (2007).
[24] A carta, conservada no Rudolf-Otto-Nachlass na biblioteca universitária de Marburgo, é citada por Franco Volpi na "Advertência do organizador da edição italiana" a Martin Heidegger,

A tese da obra de Otto é de que a essência íntima de toda religião está contida no conceito de *sagrado* (hebraico: *qadosh*; grego: *hagios*; latim: *sacer*), o qual é claramente distinto da esfera apenas posterior da santidade. O sagrado vem antes do santo, *hagios* é anterior a *hieros*, *sacer* é anterior a *sanctus*. Dado que o alemão tem um só termo para dizer tanto sagrado como santo (*heilig*), Otto procura um equivalente para sublinhar a primordialidade do sagrado, identificando-o no "numinoso". Numinoso vem do substantivo latino *numen*, por sua vez derivado do verbo *nuo*, "acenar com a cabeça", de onde vem o verbo "anuir", e quem o compreende diz sim ao sinal que lhe foi feito. *Numen* é o aceno da cabeça que a vida dirige a cada um de nós, um gesto que se transforma em aviso, muitas vezes em comando. *Numen* então significa o querer divino enquanto potência primordial e última, senhoria absoluta, providência que tudo dispõe.

A vida, noutros termos, vem muito antes da moral. O sagrado exprime a potência que o homem sente sobre si, um sentido pré-definido de destino que o domina, uma força que se impõe a ele. O homem percebe que é dependente de algo maior, e esse seu sentimento de dependência se explicita em duas percepções diversas e opostas: como *mysterium tremendum*, que gera medo e repulsa, e como *mysterium fascinans*, que gera fascínio e atração.

O divino pode ser visto como *tremendum*, gerúndio do verbo latino *tremere*, que indica exatamente aquilo diante do qual é preciso tremer. Trata-se do terror na presença de uma majestade numinosa da qual se percebe o poder, a insondabilidade, às vezes até a ira, e diante da qual nunca se está seguro, e que gera a consciência de se encontrar na presença de um poder incompreensível, "totalmente Outro".[25] Por isso o temor e tremor tão eficazmente expresso por Søren Kierkegaard no seu tenebroso comentário ao sacrifício de Abraão, intitulado exatamente *Temor e tremor*, e publicado em Copenhagen em 1843. A Bíblia hebrai-

---

Fenomenologia della vita religiosa, org. por Matthias Jung, Thomas Regehly e Claudius Strube, ed. ital. org. por Franco Volpi, trad. de Giovanni Giurisatti, Milano, Adelphi, 2003, p. 18.

[25] Otto, *Il Sacro*, cit., p. 35. A expressão cunhada por Otto se tornou célebre após Max Horkheimer, *La nostalgia del totalmente Altro* [*Die Sehnsucht nach dem ganz Anderen*, 1970], org. por Rosino Gibellini, Brescia, Queriniana, 19904.

ca exprime perfeitamente tudo isso num versículo do profeta Isaías: "Eu sou o Senhor e não há outro. Eu formo a luz e crio as trevas, eu faço a felicidade e crio a desgraça, eu, o Senhor, faço todas estas coisas" (45,7). Com a consequente conclusão: "Na verdade, tu és um Deus escondido, Deus de Israel" (45,15). *Vere tu es Deus absconditus.*

Este sentimento da inapreensibilidade e da esmagadora superioridade do divino gera na consciência um sentido do nada e da insignificância ("Somente um sopro são os filhos de Adão, se subissem na balança, juntos seriam menos que um sopro", *Salmo* 62,10), mas também tensão, obediência, ascese, zelo. Há também uma forte positividade neste sentimento do divino como aquilo diante do que se deve tremer, expressa por estas palavras de Hegel: "O temor de Deus é o pressuposto do verdadeiro amor. Aquilo que é verdadeiro em si e por si deve parecer ao espírito como algo independente, no qual ele renuncia a si e só através dessa mediação, através do restabelecimento de si mesmo, adquire a verdadeira liberdade".[26]

Mas o divino, na sua sacralidade, pode ser vivido também como *fascinans*, termo que provém da raiz *Faz*, que, em latim, significa "palavra divina", "dever sagrado", de onde os adjetivos *fastus* e *nefastus*. Nesta perspectiva, o sagrado é experimentado como sentimento de felicidade e de salvação pela benignidade da divindade cuja clemência, misericórdia, proximidade, piedade, compaixão e amor se percebem. Nesta perspectiva, pode-se chegar até o sentimento da *henosis*, da unidade com Deus, que pode ser expressa ou como absorção da personalidade em Deus ou como divinização (*theosis, deificatio*) no sentido que o homem mantém a sua personalidade, mas muda de natureza, torna-se divino, seja o que for que isso possa significar. Nesta segunda perspectiva, o senso de amizade divina infunde no crente uma consciência do valor imenso da vida sua e dos outros.

Em todo caso, ou como sentimento do mistério que gera medo, ou como sentimento do mistério que fascina, de qualquer modo é a

---

[26] Georg W. F. Hegel, *Lezioni sulla filosofia della religione* [1821-1831], trad. ital. de Elisa Oberti e Gaetano Borruso, Roma-Bari, Laterza, 1983, vol. II, p. 259-259.

excedência da vida que gera no homem o sentimento de estar inserido (imerso, às vezes submerso) numa dimensão maior da qual ele depende.

A religião é a transposição dessa experiência primordial e por isso ela é capaz de amor e é capaz de morte, uma ambiguidade que sempre acompanhou o fenômeno religioso e continua a verificar-se tal qual nos nossos dias. Não por acaso o adjetivo latino *sacer* significa tanto "consagrado", no sentido de "venerado", como o oposto, "maldito", de onde o português "execrado" ou "execrável". É portanto exato, embora também parcial, o que diz Lucrécio a propósito do sacrifício de Ifigênia por parte do pai Agamenon: "Levar a tão grande crime pôde a religião" (*tantum religio potuit suadere malorum*).[27] A Bíblia não foge de tal ambiguidade: Ifigênia encontra o paralelo na jovem filha do juiz Jefté, a qual o pai sacrificou ao Deus dos exércitos como agradecimento por uma vitória militar (cf. *Juízes* 11,30-40), sem, aliás aparecer um anjo do céu para impedir o delito como acontecera no caso de Isaac. Até no livro dos Salmos, o texto por excelência da oração, se encontram afirmações que fazem a gente se arrepiar. O Salmo 137, com o célebre *incipit* "junto aos rios da Babilônia sentamo-nos a chorar, lembrados de Sião", termina assim: "Filha da Babilônia, devastadora, feliz quem te der a paga de quanto nos fizeste! Feliz de quem agarrar teus filhinhos e os esmagar contra o rochedo" (v. 8-9), que lembra o final do Salmo 58: "O justo se alegrará ao ver a vingança; lavará seus pés no sangue do ímpio" (v. 11).

Por causa desta ambiguidade, é decisivo que a consciência chegue a formular critérios de autenticidade dentro da experiência primordial do sagrado, a fim de poder distinguir o que nele há de bom e, ao contrário, o que há de mau. A religião, de fato, está a serviço da vida; não é a vida que deve estar a serviço da religião. O que as diversas religiões indicam como sagrado (objetos, tempos, lugares, ritos, hierarquias, instituições, doutrinas, leis, livros) tem valor humano apenas à medida que remete à sacralidade primordial da vida, a respeitar sempre em todas as

---

[27] Tito Lucrécio Caro, *De rerum natura*, I, 101 (citado segundo a ed. ital. *La Natura*, trad. de Balilla Pinchetti, Milano, Bur, 1989[8], p. 53, com tradução modificada de minha parte porque considero mais correto traduzir *religio* exatamente por "religião" e não por "superstição", como acontece na tradução citada).

suas formas, plantas, animais, homens. A fé está a serviço da vida, não vice-versa.

Este sentido da sacralidade da vida em toda a sua forma (à medida que é dado a um ser humano observar) parece hoje ainda mais fundamentado à luz daquilo que a ciência comunica com vistas à vida e à sua origem, o mistério por excelência. Se forem consideradas as probabilidades contrárias a ocorrer vida no cenário cósmico, e ao mesmo tempo ao dado de que, no entanto, há vida, e que é uma maravilha de relações, penso que não se pode não falar de mistério e chegar a alimentar um arcano senso do sagrado diante dela. Exatamente esta é a experiência decisiva que ainda hoje torna legítimo falar de sagrado: a vida e a sua ocorrência, a *natura-physis*, a *physis optima deitas* de Giordano Bruno, a *natura naturans* de Spinoza e, antes ainda, de João Escoto Erígena. Ao dizer estas coisas entre os cristãos se corre o risco de ser considerado panteísta, esotérico, *new age*, sincretista… Não concordo com isso. Penso, de fato, que aqui tocamos num ponto delicadíssimo, a tarefa imensa que se impõe ao nosso tempo de conciliar o antropocentrismo (típico do cristianismo ocidental) com o reto sentimento do cosmo que deveria estar na mente de quem crê que Deus é o criador de todas as coisas e que tal criação não se refere a um momento inicial distante, mas é um processo contínuo que acontece um dia depois do outro, um minuto depois do outro. Uma das mais altas expressões deste sentimento é o *Cântico das criaturas* de Francisco de Assis. A nossa época conheceu algo muito semelhante e igualmente alto nos escritos, e ainda antes na vida, de Albert Schweitzer, teólogo, músico, médico missionário, Nobel da Paz em 1952, o teórico cristão mais profundo do "respeito pela vida", ou talvez melhor, da "reverência pela vida", como indica a expressão original alemã *Ehrfurcht vor dem Leben*.

Penso que posso resumir o discurso feito até aqui através de três teses.

- Primeira tese: O senso do sagrado nasce quando a gente se percebe na presença de algo maior do que se é, vendo-se envolto pela majestade do ser; ele supõe a seguinte experiência: "Ser > Eu" (ou também "Vida > Eu", ou ainda "Verdade > Eu").

– Segunda tese: Senso do sagrado e reto exercício da razão olhando na mesma direção: quanto mais se utiliza a razão, mais aumenta o senso do sagrado.
– Terceira tese: À medida que o senso do sagrado codificado pelas várias religiões está a serviço do sagrado original, que é a vida, é positivo; à medida que é fim para si mesmo, é negativo.

8. Religião

A raiz "lg"

A etimologia mais autorizada deriva a palavra religião do verbo latino *religare*, e religião significa "ligadura". A religião pretende ligar, coligar, relacionar, o indivíduo. Objeção: mas por que um homem livre deveria aceitar uma atadura? Resposta: porque a ligação-relação é a lei constitutiva da vida.

A ciência nos ensina que as coisas que vemos em nosso redor, tanto os seres móveis como os seres vivos ou imóveis como os objetos inanimados, consistem apenas como associação de elementos. Este livro que você está lendo, suas mãos que o seguram e os olhos que correm pelas linhas, e qualquer outra coisa que você pode ver e pensar, e você mesmo enquanto ser pensante, tudo é o resultado de uma agregação de elementos. Max Planck, um dos pais da física quântica, diz: "Como físico que dedicou toda a sua vida à ciência mais sóbria, ao estudo da matéria, sou certamente livre da suspeita de ser um sonhador. E, depois de minhas pesquisas sobre o átomo, vos digo: a matéria em si não existe. Toda matéria nasce e consiste só mediante uma força, aquela que leva as partículas atômicas a vibrar e que as mantêm juntas como o mais minúsculo sistema solar".[28] A matéria em si não existe (*es gibt*

---

[28] Max Planck, *Das Wesen der Materie* [A essência da matéria, conferência de 1944], em *Archiv zur Geschichte der Max-Planck-Gesellschaft*, Abt. Va, Rep. 11 Planck, n. 1797. Planck continuava: "Desde o momento, porém, que em todo o mundo físico não existe nem uma força inteligente nem uma força eterna – a humanidade não conseguiu ainda inventar o tão desejado *perpetuum mobile* – devemos supor por trás dessa força um espírito consciente inteligente. Este espírito é o fundamento de todas as coisas materiais".

keine Materie an sich). Mas, se a matéria vem à existência, como de fato acontece, é porque é o resultado de uma ligadura que a mantém junta, porque está ligada.

A lógica que emerge do fundo do ser como é atestada pela ciência, a lógica que move o ser-energia do qual brotam os fenômenos e as objetivações da matéria, em particular daquela admirável matéria viva que chamamos "natureza" (*natura*, abreviação de *nascitura*, particípio futuro do verbo latino *nasci*, "nascer"), é uma lógica relacional. Essa lei constitutiva dos fenômenos naturais é identificada pela física quântica na união das partículas-matéria ditas *férmions* (em honra ao físico italiano Enrico Fermi) mediante as partículas-força ditas *bósons* (em honra ao físico indiano Satyendra Nath Bose). É interessante notar que esta lógica relacional é identificada pela grande filosofia clássica, em particular pelo estoicismo, mediante a intuição do *lógos*. *Lógos* do qual vem *lógica*. Da filosofia grega, o conceito de *lógos* passou ao cristianismo, no qual desempenha um papel igualmente central, perfeitamente posto à luz por Joseph Ratzinger: "No alfabeto da fé, no lugar de honra está a afirmação: 'No princípio era o *Lógos*'".[29]

Lógos vem da raiz "lg", que em grego gerou o verbo *lego*, infinito *legein*, que significa "ajuntar, recolher" (por exemplo, um pouco de lenha para fazer um molho de lenha) e depois também "dizer, falar" porque, ao falar, as palavras são colocadas junto; e engendrou o verbo *logizomai*, calcular, e o substantivo *logismós*, cálculo, porque ao calcular os números são colocados junto. A mesma raiz em latim deu origem ao substantivo *Lex*, genitivo *legis*, a lei, na medida em que é ela quem liga os homens no nível civil; e deu origem ao substantivo *legio*, genitivo *legionis*, a legião enquanto conjunto ordenado de soldados e por isso mais forte que um bando desordenado e sem disciplina; e deu origem ao verbo *lego*, infinito *legere*, cujo primeiro significado, como em grego, é "colher, recolher" no sentido de ajuntar, e que depois significa "ler", porque, ao ler, os diversos sons das palavras são ligados junto. O

---

[29] Joseph Ratzinger, La teologia e il magistério della Chiesa. Un contributo alla discussione e comprensione della "Instruzione sulla vocazione ecclesiale del teologo" [1990], em *Natura e compito della teologia. Il teologo nella disputa contemporanea. Storia e dogma*, trad. de Riccardo Mazzarol e Carlo Fedeli, revisão de Elio Guerriero, Milano, Jaca Book, 1993, p. 91.

significado original do grego *lego-legein* deu origem também ao termo "antologia", que em primeira instância significa exatamente "colheita de flores" (*anthos* + *lego*) e, com o passar dos séculos, deu origem à palavra italiana *silloge* (também da raiz "lg", que se traduz por 'coletânea', 'seleta', 'antologia') de trechos literários.

O *lógos* ou ligação relacional exprime, portanto, a grande lei que traz à existência os fenômenos enquanto relações ordenadas, a lei que mantém juntos os elementos minúsculos que constituem a matéria (sejam eles ondas ou partículas), fazendo emergir da sua união níveis de ser cada vez mais complexos e organizados. Cada um de nós existe graças a tal lei relacional, e por isso é totalmente natural que os seres humanos desde sempre tenham querido relacionar-se com a lógica abrangente do mundo, ou seja, quiseram desde sempre uma *religião*. O substantivo *religio* deriva, por sua vez, da raiz "lg" e significa, em primeira instância, "escrupulosidade, consciência, conscienciosidade, exatidão, pontualidade, lealdade", e depois "sentimento religioso, devoção, piedade, temor de Deus, fé", e, em sentido pejorativo, "superstição". Como o *lógos*-discurso liga as palavras, como o *logismos*-cálculo liga os números, como a *lex*-lei liga os seres humanos numa comunidade civil, assim, por sua vez, a religião pretende ligar, coligar, unir, relacionar. Como e o que depende, naturalmente, do tipo de religião, mas para todas elas o escopo fundamental é idêntico.

A religião é a tentativa por parte dos seres humanos de ligar a si mesmos ao sentido de um mundo que os supera, exatamente como faz o encadernador de livros que de muitas folhas esparsas produz um volume. E as folhas esparsas são os nossos dias, as nossas vidas que se vão, que vão para onde foram os que nos precederam: vidas como folhas esparsas, vidas como folhas que caem. A *Ilíada* já escrevia: "Tal qual a estirpe das folhas é a estirpe dos homens".[30]

Diante da superação que o homem sofre por parte da vida, a religião se apresenta sob duas formas: explicação (enquanto mito) e gestão (enquanto rito e lei).

---

[30] Homero, *Ilíada* VI, 146.

O mito

Se a religião nasce como tentativa de dar um sentido ao mistério da vida, o primeiro instrumento com o qual trabalha nessa sua tentativa é o *mito*. O mito é a linguagem do sagrado. Tomemos a árvore do conhecimento do bem e do mal de Gênesis 2–3. Essa árvore existe ou não? Certamente, não existe, nunca existiu. Quer dizer então que é falsa, um engano? O fato de ser um elemento mítico dentro de um relato mítico não significa que não seja digno de verdade como um evento historicamente acontecido; significa que é, e mais ainda. O mito é mais verdadeiro que a história. O que é histórico aconteceu realmente uma vez, o que é mítico acontece realmente todo dia. O mito é a forma mais original que o pensamento humano elaborou para exprimir a intuição da verdade da vida, aquela verdade que nos circunda e que, por um lado, é diferente da outra, e que o que acabou de nos fazer ver que era *branco* logo depois nos diz que é *preto*, aquela verdade que é muito mais do que simples exatidão e que coincide com a lógica que move a vida. Talvez o primeiro na época moderna a ter intuído e desenvolvido filosoficamente tudo isso tenha sido um italiano, o napolitano Giambattista Vico, na *Scienza nuova*.[31]

O rito e a lei

A religião, porém, na maioria das vezes não é desinteressada; só o é no seu vértice, na mística. Na grande parte dos casos a religião é prática, responde a exigências humanas precisas para as quais pretende oferecer soluções práticas como curas, bênçãos, maldições, encantamentos, exorcismos, modificações dos estados de vida; estrutura o tempo com os calendários, constrói templos, desenha hábitos, chapéus, roupões de todo tipo e medida. No início, a religião não se distingue da magia e da ciência, é com elas um todo só, é *teurgia*, ou seja, arte do contato direto com a divindade, não por amor desinteressado, mas a fim de partilhar

---

[31] Giambattista Vico, *La scienza nuova* [1725-1744], ed. ital. org. por Paolo Rossi, Milano, Bur, 1982².

do poder. O instrumento principal com o qual ela atua nessa tentativa de gestão prática da vida é o *rito*, sobretudo sob a forma do *sacrifício* em todas as suas diferentes tipologias: sacrifícios em que a vítima era inteiramente queimada (holocaustos), sacrifícios em que se queimavam à divindade apenas algumas partes (de modo que o oferente podia reter um pouco para si), ofertas votivas, doações aos templos e aos sacerdotes. A história das religiões registra também sacrifícios humanos, presentes também na Bíblia (cf. *Juízes* 11). Vêm depois as liturgias, coletivas por definição, porque liturgia significa "obra do povo". E depois práticas pessoais como jejuns, exercícios ascéticos, meditações, peregrinações, esmolas...

A lei é a codificação de tudo isso. A motivação fundamental da lei não é a moral, mas antes a exigência percebida como dever de obedecer a uma potência vital da divindade, que personifica a potência esmagadora da vida.

As imagens religiosas são mito, porque pertencem à esfera teórica do conhecimento, e são rito e lei, porque pertencem à esfera prática da ação. A religião, toda religião, nunca é apenas teórica nem apenas prática: dogmática, ética, direito e liturgia estão sempre estreitamente correlatos.

A regra de ouro

O vértice de todas as grandes tradições espirituais mediante as quais se realiza o movimento da *religio* (relação harmoniosa dos seres humanos com a divindade e relação harmoniosa dos seres humanos entre eles) é a chamada "regra de ouro". Ela consiste naquela direção fundamental da energia interior que, ligando-nos a um sentido maior de nós mesmos, nos leva a reter o nosso Eu não como a coisa mais importante que há, e a viver de acordo no respeito e na solidariedade recíproca.

Todas as grandes religiões conhecem a regra de ouro:
– Hinduísmo: "É preciso não se comportar com os outros de modo que não seja agradável a nós mesmos: esta é a essência da moral" (*Mahabharata* XIII, 114.8).

- Jainismo: "O homem deveria comportar-se com indiferença para com as coisas mundanas e tratar todas as criaturas do mundo como ele mesmo gostaria de ser tratado" (*Sutrakritanga* I, 11.33).
- Religiões chinesas: "Aquilo que não desejares para ti, tampouco o faças para outros homens" (Confúcio, *Diálogos* 15, 23).
- Budismo: "Uma condição que não é agradável ou prazerosa para mim não o deve ser também para ele; e uma condição que não é agradável ou prazerosa para mim, como posso impô-la ao outro?" (*Samyutta Nikaya* V, 353.35-354.2).
- Judaísmo: "Não faças aos outros o que não queres que eles façam a ti" (Rabi Hillel, *Shabbat* 31 a).
- Cristianismo: "Tudo o que desejais que os homens vos façam, fazei-o também vós a eles" (*Mateus* 7,12; cf. *Lucas* 6,31).
- Islã: "Nenhum de vós será um verdadeiro crente, até que deseje para o seu irmão o que deseja para si mesmo" (*Os quarenta hadit* [ditos], hadith n. 13).

Qual é a condição transcendental que torna possíveis estas afirmações e estes comportamentos? É ter-se ligado a algo maior que a si mesmo, é ter transcendido o simples interesse natural onde reinaria "o gene egoísta".[32] Este é o verdadeiro significado, em sentido físico e não metafísico, do sobre-natural: não o sobrenatural, termo que se refere a inexistentes cenários metafísicos; mas sobre-natural, termo que diz a superação da lógica do interesse para entrar na lógica do *inter-esse*, do ser-junto, da relação harmoniosa. Neste sentido, a religião é sobre-natural, porque introduz uma lógica desconhecida ao gene egoísta e à lógica do poder.

A reflexão sobre a existência da regra de ouro na base de todas as grandes tradições espirituais da humanidade nos ajuda a compreender que a origem da espiritualidade (como rendição de si mesmos a uma Realidade Suprema diferente da imediatez atestada pelos sentidos) não brota apenas de uma fraqueza estrutural da condição humana que sente

---

[32] Cf. Richard Dawkins, *Il gene egoísta* [1976], trad. ital. de Giorgio Corte e Adriana Serra, Milano, Mondadori, 1995.

depender de uma ou mais forças, percebendo o que Friedrich Schleiermacher chamava de "sentimento de dependência" (*Gefühl der Abhängigkeit*). Aliás, há o oposto, não menos importante, que se poderia chamar de "sentimento de independência" (*Gefühl der Unabhängigkeit*). Plotino procede dessa maneira ligando o conhecimento de Deus com a consciência da nobreza original que o conhecimento de si dá ao ser humano, a uma espécie de sentimento de independência com relação ao mundo natural e à sua necessidade. Ele escreve: "A causa da total ignorância de Deus é o desprezo de si mesmos". E continua: "Quem se põe debaixo das coisas que nascem e morrem e se julga a coisa mais desprezível e caduca, nunca saberá pensar no seu espírito, nem na natureza nem no poder de Deus".[33] Quinze séculos depois, uma operação análoga é realizada por pensadores do iluminismo alemão, em particular Lessing e Kant, e depois pelos expoentes do idealismo, em particular Fichte, Hegel e Schelling, os quais, com argumentos diferentes, mas sempre na mesma perspectiva, ligam a consciência de Deus ao trabalho mais alto e mais nobre do homem na sua espiritualidade.

9. FÉ

A experiência da fé pode ser encontrada em âmbitos vitais tão numerosos e decisivos que se deve concluir que a vida humana enquanto tal é vida na fé.

1) O primeiro âmbito vital ao qual nos referimos com o termo *fé* é, obviamente, a experiência religiosa. Aqui ocorre uma distinção entre:
- *fides qua creditur* (literalmente, "a fé com a qual se crê", ou seja, o ato pessoal com que se adere a Deus, a fé como confiança);
- *fides quae creditur* (literalmente, "a fé em que se crê", ou seja, os conteúdos doutrinais, a fé como crença).

Dentro do mesmo termo "fé" estão, portanto, contidos dois significados diferentes: a confiança subjetiva e a crença objetiva. O ato subjetivo ou *fides qua* faz de um homem um fiel ou um crente, ao passo que

---

[33] Plotino, *Eneadas* V, 1, 1, 20.

os conteúdos objetivos ou *fides quae* especificam qual tipo de crente ele é. Naturalmente, o nexo entre as duas dimensões é decisivo, mas não é absolutamente garantido ter a dimensão subjetiva, que vive de impulso e espontaneidade e que é sempre viva na interioridade do sujeito, junto com a dimensão objetiva, que impõe fidelidade a uma longa e articulada tradição do passado feita de doutrinas, dogmas e proibições decididas por outros, e muitas vezes hoje nem sequer plenamente compreensíveis.

2) O segundo âmbito vital no interior do qual se faz experiência de fé são as relações humanas, desde as mais íntimas como o amor e a amizade, até aquelas totalmente exteriores como são a economia e a finança. Sobre as primeiras penso que não é preciso especificar mais, porque todos intuem quanto a fé-confiança recíproca é constitutiva do amor e da amizade. Mas a dimensão econômico-financeira merece que se gastem mais algumas palavras. Em meados de 2009, no auge da crise mundial que estourou em 2008, pediram-me que desse uma contribuição para o anual "Relatório sobre as classes dirigentes" promovido pela Universidade Luiss Guido Carli e por Fondirigenti através da Associazione Management Club. Tendo imprudentemente aceito, coube-me ler uma série de documentos sobre a crise econômica e financeira com análises sobre os principais países europeus, inclusive a Itália. Fiquei surpreso porque emergia quase unanimemente que a verdadeira raiz da crise não era só econômica, não era só financeira, não era só jurídica, não era só ética, mas, mais radicalmente, humana: uma crise devida à falta de confiança. Marco Onado, professor de economia dos intermediários financeiros na Bocconi de Milão, dizia: "Só 5% das pessoas declaram hoje ter confiança nos bancos e nos mercados financeiros, ao passo que a média ao longo dos anos é em torno de 30%, chegando a 40% em meados dos anos 1970. O ponto é de extrema importância, porque a confiança é o bem fundamental da indústria financeira, que tem por objeto a troca de promessas de crédito, ou seja, de contratos que na própria raiz latina (*credere*) remete à relação fiduciária entre as partes em questão".[34]

---

[34] Marco Onado, *I comportamenti e la responsbilità della grande finanza*, em *Quarto rapporto generare classe dirigente. Un capitale di fiducia da ricostruire per la élite europee*, Roma, Luiss University Press, p. 204-205. Cf. Hans Küng, *Onestà. Perché l'economia ha bisogno di un'etica* [2010], trad. de Chicca Galli, Milano, Rizzoli, 2011.

3) O terceiro âmbito vital dentro do qual se faz experiência de fé é o pensamento filosófico. Para dar-se conta disso, é suficiente tomar qualquer manual de história da filosofia do ensino médio e folhear as páginas de Tales até nossos dias. A filosofia, que quer proceder apenas com base na razão, se apresenta como uma série desordenada e nada harmonizável de visões múltiplas e contrastantes. Além disso, o procedimento racional se mostra totalmente inadequado para fundamentar conceitos decisivos nos respectivos sistemas filosóficos como o *apeiron* de Anaximandro, o *nous* de Anaxágoras, o *lógos* de Heráclito, o *mundo das ideias* de Platão, a *enteléquia* de Aristóteles, o *hegemonikon* de Marco Aurélio, a *natura naturans* de Erígena, a *mônada* de Leibniz, o *sentimento do dever* de Kant, o *espírito absoluto* de Hegel, a *noluntas* de Schopenhauer, o *eterno retorno* de Nietzsche, a *Lichtung* de Heidegger, a *Umgreifende* de Jaspers. Para cada um desses conceitos há argumentos racionais a favor e argumentos racionais contra. A realidade é que, como toda religião vive de um tipo peculiar de fé, o mesmo acontece para toda filosofia. Se há, com efeito, um ensinamento que é possível trazer 2.500 anos de história da filosofia ocidental, é porque o exercício rigoroso da razão filosófica levou a resultados diferentes e opostos. A razão filosófica não consegue ser a mesma para todos porque na origem não está ela, a razão, mas a vida, um mar que nos domina e do qual cada um tem a imagem que melhor lhe corresponde ao fazer dela o ponto firme sobre o qual estruturar a compreensão do real. E a razão, diligentemente, se coloca ao serviço dessa escolha existencial, dessa fé. Mas, se as coisas são assim, existe um critério para distinguir a fé autêntica ou estamos destinados a um relativismo cínico? Eu penso que existe um critério e que o seu nome é "bem", entendido em sentido conteudístico e ainda mais formal, e sobre ele me deterei mais adiante.

4) O quarto âmbito dentro do qual se faz experiência de fé é a pesquisa científica, no sentido da mais alta pesquisa que só alguns poucos grandes cientistas estão em condição de fazer, rompendo paradigmas longamente consolidados e afirmando outros. Deixo a palavra com Max Planck, um desses raros cientistas: "Quando os grandes mestres do passado fizeram à ciência o dom das suas ideias, Nicolau Copérnico tirando a terra do centro do mundo; Johannes Kepler, formulando as

leis que levam o seu nome; Isaac Newton, descobrindo a gravitação universal; Christian Huygens, fundando a teoria ondulatória da luz; Michael Faraday, criando as bases da eletrodinâmica (e a lista poderia ainda continuar); não foram certamente os pontos de vista econômicos que, sobretudo, os colocaram na luta contra conceitos tradicionais e autoridades insignes. Não, foi a sua fé inabalável na realidade da sua imagem do mundo, estivesse ela fundada em base artística ou em base religiosa".[35] No trecho citado, Planck falava de outros cientistas; no trecho que segue, ainda que de forma discreta, fala de si mesmo: "Quem verdadeiramente colaborou para construir uma ciência sabe por experiência interior própria que no limiar da ciência está um guia aparentemente invisível, mas indispensável: a fé que tinha antes". E ainda: "A fé é a força que dá eficácia ao material científico reunido, mas ainda se pode dar um passo a frente e afirmar que também na coleta do material a fé previdente e presente em nexos mais profundos pode ser muito útil. Ela indica o caminho e aguça os sentidos".[36] E ainda: "A ciência, repito, apresenta no seu íntimo um núcleo irracional que a mente mais aguda nunca poderá dissolver e do qual, não obstante algumas tentativas recentes, nunca poderemos nos desembaraçar com uma definição, nem sequer limitando convenientemente o campo da ciência. Quem se maravilha ou se aflige com isso pensa que não pode ser de outro modo".[37]

Pelo menos por estes quatro motivos se deve, portanto, falar da fé como de uma dimensão essencial da vida humana, que além da dimensão religiosa toca a vida concreta e as mais altas criações da mente, filosóficas, artísticas e até científicas. Por isso a fé não é redutível à crença que diz respeito ao intelecto, à *fides quae* ou *depositum fidei*. A fé diz respeito a todo o ser humano, que, além de ser inteligência, é também vontade e sentimento. A questão verdadeira expressa pelo ato de fé na plenitude das suas dimensões é, pois, a seguinte: que homem quero ser? Que faço da minha liberdade? A questão teórica da fé é funcional a esse problema prático.

---

[35] Max Planck, L'unità dell'immagine fisica del mondo [1908], em *La conoscenza del mondo fisico*, trad. de Enrico Persico e Augusto Gamba, Torino, Bollati Boringhieri, 1993, p. 64-65.
[36] Max Planck, *Scienza e fede* [1930], p. 261 e 263.
[37] Max Planck, *Origine ed effetti delle idee scientifiche* [1933], p. 311-312.

Se a fé é um ato humano integral que diz respeito a todas as dimensões de um ser humano, ela exprime mais radicalmente o nosso sentir a vida, em particular se se deve ter *fidúcia* (confiança) nela ou não. Fé e fidúcia, de fato, estão estreitamente correlacionadas, na raiz são até a mesma coisa, dado que ambas vêm do verbo latino *fidere*, ou seja "pôr fidúcia, dar confiança, fiar, confiar, crer". *Fides* é antes de tudo "fidúcia".

Comumente se pensa que *antes* vem o saber como estão as coisas e *depois* a fidúcia, ou seja, que primeiro se verifique, depois se reflita e, enfim, confiemos ou não. Com efeito, é assim ou deveria ser para as circunstâncias que se podem dominar com a mente, mas, quando está em jogo a vida na sua inteireza, as coisas são diferentes, porque é a mente que é dominada. De fato, vivemos a vida no próprio momento em que tentamos indagá-la, estamos já desde sempre contidos na vida, e todo tipo de verificação ou de acerto sobre ela já é um fenômeno vital que se enraíza numa experiência que o modela e o orienta. A vida não é um objeto do qual se pode tomar distância e objetivar. Desde sempre a vida está em nós, é ela que nos atravessa e nos leva, coincide conosco e ao mesmo tempo é maior do que nós. Pensamos a vida apenas enquanto a vivemos, e exatamente por isso o primeiro e imprescindível ato é o *sentimento* da vida, a sensação de fundo que ela gera em nós.

É por isso que os artistas e os músicos são os que mais do que qualquer outro nos dão a emoção produzida pela vida sobre nós. Ao entrar em contato com as suas obras, vemos que a vida suscita nos seres humanos os sentimentos e os estados de espírito mais variados, talvez mais bem expressos pela gama dos tempos que o discurso musical pode assumir: *allegro, allegro assai, allegro moderato, allegretto, moderato, andante, andantino, presto, lento, adagio, largo...* Qual é o tempo mais adaptado à música da vida? Cada um sabe que a sua vida compôs e compõe muito mais do que um só movimento, numa sucessão que pode conhecer também mudanças improvisadas, viradas pouco coerentes, agudos inesperados, e, portanto, resultar num quadro muitas vezes desarmônico. Permanece, porém, que dessa travessia da vida pode nascer dentro de cada um de nós um sentimento unificante e sintético, que resume todos os outros e que se torna tema musical da existência: é o que comumente chamamos de "estilo" e que torna reconhecível tanto o traço de um grande artista como a existência singular concreta (como o modo de falar, de mexer com as mãos, a risada característica, o brilho dos olhos). *Le style c'est l'homme.* Então, a fé-fidúcia é estilo, disposição de fundo, forma. Em particular a fé em Deus (ou Realidade Suprema, ou Absoluto) é fé-fidúcia no ser e na vida. O verdadeiro homem de fé é aquele que confia na vida e, portanto, sorri para ela, de onde o permanente sorriso que caracteriza os espirituais, o chamado "meio sorriso".

10. Deus

Martin Buber conta que um dia um senhor idoso o censurou duramente por ter usado demasiado frequentemente o termo Deus: "Que outra palavra da linguagem humana foi tão maltratada, contaminada e deturpada? Todo o sangue inocente derramado em seu nome tirou o seu esplendor. Todas as injustiças que foi obrigada a encobrir ofuscaram a sua clareza. Toda vez que ouço chamar o Altíssimo com o nome de 'Deus', me parece uma imprecação".[38]

E assim para muitos. Em nós estão acumulados séculos de disputas teológicas, filosóficas e científicas, além de uma história da Igreja de mais de um milênio e muitas vezes inglória, para a qual em referência a Deus é como se tivéssemos a mente cheia de escombros, detritos, entulhos. Na Itália, quando se fala de Deus se pensa imediatamente no papa e na cúria romana; é uma espécie de reação mecânica que devemos à nossa longa história à sombra da Cúpula de São Pedro, e não são poucos os que dizem que não têm Deus apenas porque, na realidade, querem libertar-se do papa e da cúria. Por isso a urgência da pergunta: qual é a experiência primordial que se tem no pensamento ao dizer o nome *Deus*? Estamos, com efeito, convencidos de que há sempre uma experiência concreta por trás de toda afirmação verdadeira e de que, do contrário, se não se pode encontrar nenhuma, a afirmação fica vazia. Se quisermos ter dignidade conceitual, toda afirmação deve ser traduzível no plano experiencial. Também o conceito de Deus.

---

[38] Martin Buber, *L'eclissi di Dio. Considerazioni sul rapporto tra religioe e filosofia* [1953], trad. de Ursula Schnabel, Milano, Mondadori, 1990, p. 21.

Nos primeiros meses de 1916, Ludwig Wittgenstein, voluntário no exército austríaco, se encontrava na Galícia, na frente oriental, no regimento que tinha a finalidade de deter o maior ataque inimigo, a chamada Ofensiva Brusilov. Em meio a grandíssimas perdas, a ação dele deve ter sido de certo destaque, visto que em 1º de junho foi promovido a cabo e no dia 4 do mesmo mês foi condecorado por bravura militar. Poucos dias depois, em 11 de junho, aquele que se tornará um dos maiores lógicos e filósofos do século XX, anotava no seu caderno: "O sentido da vida, isto é, o sentido do mundo, podemos chamá-lo de Deus".[39] O seu biógrafo Ray Monk sublinha que exatamente a partir daquele dia verificou-se uma mudança qualitativa no trabalho de Wittgenstein que, de um interesse exclusivamente lógico, começou a notar a urgência de refletir sobre a ética e sobre o sentido abrangente da vida.[40] Nas trincheiras do Fronte, Wittgenstein, além de lógico, se torna também filósofo. No dia 8 de julho escrevia assim: "Crer num Deus quer dizer compreender a questão do sentido da vida. Crer num Deus quer dizer ver que os fatos do mundo não são tudo. Crer em Deus quer dizer ver que a vida tem um sentido".[41]

Essa experiência vital é em seguida traduzida por Wittgenstein na proposição 6.4312 do *Tractatus logico-philosophicus*, uma das frases de que eu mais gosto: "A solução do enigma da vida no espaço e no tempo está *fora* do espaço e do tempo".[42] No cursivo com que Wittgenstein escreveu *fora* (em alemão, *ausserhalb*) está contido o espaço conceitual de Deus. A experiência primordial formada pelo termo "Deus" consiste, portanto, no conjunto destes três elementos:

– percepção do caráter misterioso da vida (enigma, *Rätsel*, neste caso sinônimo de mistério);
– esperança de que tal mistério se oriente para o polo positivo (solução, *Lösung*);

---

[39] Ludwig Wittgenstein, *Quaderni 1914-1916*, em *Tractatus logico-philosophicus e Quaderni 1914-1916*, org. de Amedeo G. Conte, Torino, Einaudi, 1998, p. 217.
[40] Cf. Ray Monk, *Ludwig Wittgenstein. Il dovere del genio* [1990], trad. de Piero Arlorio, Milano, Bompiani, 2000, p. 144-149.
[41] Wittgenstein, *Quaderni 1914-1916*, cit., p. 218.
[42] Wittgenstein, *Tractatus logico-philosophicus*, cit., p. 107.

— certeza de que tal solução está necessariamente além do espaço-tempo (*ausserhalb*, além).

Eis o texto original do *Tractatus logico-philosophicus* 6.4312: "Die Lösung des Rätsels des Lebens in Raum und Zeit liegt *außerhalb* von Raum und Zeit".*

Tal experiência primordial da vida, o sentimento de uma profundidade e de uma largura da existência bem maiores do que atestam os sentidos comuns, gerou na mente humana o conceito "Deus". Ele remete a uma espécie de seio primordial do ser e dos fenômenos que dele saem, ao mesmo tempo fonte e porto, origem e fim, *exitus* e, ao mesmo tempo, *reditus*, alfa e ômega, de todas as coisas do mundo, visíveis e invisíveis, e de cada um de nós entre elas.

Esse sentido primordial, que subjaz à vida (expressa pelos termos "fonte, origem, *exitus*, alfa") e à morte (expressa pelos termos "porto, fim, *reditus*, ômega"), esse sentido abrangente do mundo, é expresso por Tomás de Aquino como *principium universitatis*, "princípio de todas as coisas".[43] Há que se distinguir cuidadosamente esse *principium* do mero início, porque não é apenas a fonte, mas também o porto de todas as coisas, ou seja, é a forma que acompanha desde sempre um fenômeno porque ele é tal e porque, se e quando vier a faltar, faz o próprio fenômeno desaparecer. Dou um exemplo esperando deixar mais clara a diferença entre início e princípio. O início pode ser comparado ao som da campainha antes da aula, a qual, uma vez iniciada, não tem nada a ver com o evento exterior que deu início a ela. O início é o tiro que faz os atletas partirem na corrida de cem metros, o apito do árbitro antes da partida, o toque de despertar que toda manhã abre o dia. O princípio, porém, acompanha sempre o fenômeno. O melhor exemplo a respeito é o amor entre um homem e uma mulher, que é o *princípio* da sua união no sentido de que é a sua causa inicial, mas é também a força que os sustenta no tempo e a meta para a qual caminham. Do mesmo modo, ao dizer "Deus", referimo-nos ao princípio do ser-energia, quer dizer:

---

* Em http://www.bazzocchi.net/wittgenstein/tractatus/deu/6_431.htm se pode ler o texto em italiano, alemão e inglês [N.T.].

[43] Tomás de Aquino, *Summa contra gentiles* I, 1.

- àquilo que constitui a sua nascente;
- àquilo que representa o seu princípio ordenador que equilibra a tendência à ordem e ao caos;
- àquilo que prefigura a sua meta, uma espécie de atrator cósmico para o qual a evolução do ser-energia inconscientemente tende com estruturas de sempre maior complexidade e informação.

Ao dizer "Deus", damos o nome não só da fonte e do porto do ser-energia, mas também da fonte da informação que permite que a energia se estruture em matéria organizada de modo que se torne vida, vida inteligente, vida como espírito criativo. A religião é verdadeira e digna de um ser humano responsável à medida que relaciona o indivíduo a tal *principium de todas as coisas*.

Desde a antiguidade, a mente humana viu a presença de uma lei organizadora do mundo que dá forma ao ser-energia do mundo, que in-forma o mundo, e que por isso seu poder formativo foi chamado, a partir de Aristóteles, de "causa *formal*" (comparável ao que hoje é dito *informação* pela física). Os gregos chamavam essa presença de *lógos*, os hebreus *hokmá*, os egípcios *maat*, os chineses *tao*, os japoneses *shin*, os indianos *dharma*. Essa lei cósmica fundamental é o que dá origem aos fenômenos diferentes, fazendo-os viver e fazendo-os morrer. Ela governa o mundo e também a nossa mente.

Este *lógos* intrínseco ao processo evolutivo deu vida a um *plano* que não sei se é lícito chamar de *inteligente*, mas que com certeza a partir dos gases primordiais gerou a inteligência. Esse plano não desce do alto, como sustentam a tradicional teologia do passado e os atuais defensores do *Intelligent Design*, porque contém demasiadas imperfeições, absurdos, doenças, para poder ser pensado como procedente diretamente de uma mente divina inteligente que o aplicaria ao nosso mundo. Trata-se antes de um plano que sai com dificuldade a partir de baixo, *bottom up*, que a própria natureza vai planejando com dificuldade desde o instante inicial chamado comumente de *Big Bang*, que, segundo a astrofísica, aconteceu há 13,7 bilhões de anos.

Nesta perspectiva, é decisivo conceber a inteligência e a liberdade que daí promana (inclusive o que na linguagem tradicional se chama de "alma espiritual") não em oposição ao mundo, mas como o fruto mais alto do trabalho do mundo. Desejo citar a respeito algumas palavras de Schelling: "A conexão do conceito de liberdade com a representação completa do mundo permanece sempre objeto de uma investigação necessária, pois sem a sua solução o próprio conceito de liberdade estaria periclitante, e a filosofia seria inteiramente sem valor".[44] Já há dois séculos Schelling declarava a necessidade de restabelecer a antiga aliança entre ciência da natureza e ciências humanísticas. Nos nossos dias se trata de uma tarefa vital, e não penso que exagero ao defini-la como uma questão de vida ou de morte para a nossa civilização.

Mas voltemos a Deus. O erro mais comum ao pensar Deus – e que impede que se compreenda a efetiva realidade em jogo em tal conceito – é associar imediatamente ao termo "Deus" um ser pessoal, pensando que toda busca neste sentido seja necessariamente uma busca dessa identidade pessoal: Deus como um ente, como uma coisa distinta de todas as outras coisas, por superlativa que seja. Trata-se do erro mais difundido, com base no qual a maioria acha que Deus é um nome próprio, como Estêvão ou Catarina. É este o conceito que está alojado em nossas mentes; com ele crescemos e pensamos inevitavelmente nisto toda vez que ouvimos ser pronunciado ou nós mesmos pronunciamos o termo Deus. Mas é preciso retroceder mais se se quer verdadeiramente compreender a efetiva realidade que entra em jogo no conceito de Deus enquanto Absoluto (e não, portanto, uma entidade singular, por superlativa que seja, distinta de todas as outras entidades e, portanto, limitada por elas).

"Deus é um termo relativo" (*Deus est vox relativa*), escreve Isaac Newton no *Escólio geral* no final da sua obra-prima os *Princípios matemáticos da filosofia natural*, de 1687. O termo Deus subentende e exprime uma relação: "Deus é uma palavra relativa e se refere aos servos; e a divindade é o senhorio de Deus... O termo Deus significa sempre senhor".[45] Justino, um dos primeiros pensadores cristãos, sustentava a

---

[44] Friedrich W. J. Schelling, *Ricerche filosofiche sull'essenza della libertà umana e gli oggetti che vi sono connessi* [1809], trad. de Susanna Drago Del Boca, revista por Giuseppe Semerari, Roma--Bari, Laterza, 1974, p. 9.

[45] Isaac Newton, *Principi matematici della filosofia naturale* [1687], org. por Alberto Pala, Torino, Utet, 1965, p. 792.

mesma perspectiva: "Pai, Deus, criador, senhor, dono, não são nomes, mas atributos… A denominação 'Deus' não é um nome".[46]

Deus não é um nome próprio como os nomes de nosso pai e de nossa mãe, que são compreendidos por si ao serem referidos a pessoas de carne e osso; tampouco é um nome de coisa concreta, como água ou casa ou ferro; nem sequer é um nome de conceito abstrato, como justiça ou beleza ou harmonia. O termo Deus é, sobretudo, um termo *relativo*, exprime uma relação, designa uma relação, vive de uma união. Dizer Deus, de fato, equivale a dizer "senhor", escreve Newton (que não fala obviamente de *mister*, mas de *Lord*), ou ainda "soberano", "rei", "presidente", todos termos que surgiram para exprimir uma relação particular, a relação de domínio (vista de cima) e a relação de dependência (vista de baixo).

Exatamente por isso, mas sem o mundo, e mais ainda sem os homens nele, Deus não é *deus*, porque não tem o termo com o qual relacionar-se constituindo-se como deus (o senhor, o presidente). Se o termo *Deus*, de fato, é relativo aos homens, se diz o senhorio percebido por eles, segue-se também que a humanidade é constitutiva da divindade. Sem os homens e a sua consciência, e o seu sofrer, amar, esperar, não poderiam surgir as condições de possibilidade do divino (no sentido fundamental do termo *deus* enquanto termo relativo que significa senhor e que, portanto, supõe um senhorio). Haveria um absoluto, ou seja, uma única substância do todo sem relações, mas não um Deus. Seria "a noite em que todas as vacas são pardas",[47] a noite em que tudo é, mas nada existe. Neste sentido, portanto, a criação do mundo coincide com a criação de Deus, ou seja, com a passagem do Absoluto enquanto Uno ao Deus enquanto senhor do mundo e dos homens nele.

Agora deverei iniciar um discurso muito articulado sobre os diversos modelos teológicos da relação Deus-mundo, dado que é precisamente este o nó da questão, e falar do teísmo, do deísmo, do panteísmo, do panenteísmo. Dentro da reflexão cristã contemporânea, alguns teólogos

---

[46] Justino, *Segunda apologia* 6, 1 (trad. ital. em *Gli apologeti greci*, org. por Clara Burini, Roma, Città Nuova, 1986, p. 157).
[47] Georg W. F. Hegel, *Fenomenologia dello spirito* [1807], trad. ital. de enrico De Negri, Firenze, La Nuova Italia, 199210, p. 13.

sustentam o teísmo tradicional (a maior parte), ao passo que outros pretendem reformá-lo (a minoria, à qual pertenço), mas em qual direção? Mas o objetivo deste livro não é a doutrina sobre Deus (a teologia sistemática) e sim as condições do discurso acerca de Deus (a teologia fundamental) e, portanto, devo adiar o tratamento para um próximo trabalho. Limito-me a declarar que a minha fé em Deus é determinada como fé num Deus certamente pessoal, dado que, enquanto *princípio de todas as coisas*, Deus é também o princípio da personalidade que, portanto, não deve e não pode ser excluída do seu ser; simultaneamente, porém, creio que se deve falar de um Deus pessoal em sentido bem diferente da modalidade antropomórfica que comumente está nas mentalidades quando se nomeia o termo "pessoa". Deus é pessoal só à medida que é também impessoal, pois é o *principium* também das coisas impessoais. O qual, aliás, é a única modalidade concreta com a qual arrisco pensar em que sentido se pode dizer dele que é, ao mesmo tempo, uno e trino.

III. Provas, demonstrações, argumentos

11. O DOGMA CATÓLICO

A doutrina católica sustenta a cognoscibilidade de Deus mediante a razão. Especifica, até, que o nível de conhecimento é tal que a certeza pode ser alcançada. É o que declara o Concílio Vaticano I na Constituição dogmática *Dei Filius*, de 24 de abril de 1870: "A santa mãe Igreja sustenta e ensina que Deus, princípio e fim de todas as coisas, pode ser conhecido *com certeza* pela luz natural da razão humana, a partir das coisas criadas" (DH 3004, o itálico é meu). Não se trata de um aspecto secundário (um *opcional* se diria, em se tratando de um automóvel) porque o Vaticano I sanciona com a excomunhão quem não aceita este seu ensinamento. O cânon é o seguinte: "Se alguém disser que o Deus uno e verdadeiro, criador e Senhor nosso, não pode ser conhecido *com certeza* pela luz natural da razão humana, por meio das coisas criadas: seja anátema" (DH 3026, itálico meu).

Nem todos os católicos estiveram sempre convencidos dessa posição, tanto antes como depois da definição dogmática do Vaticano I. Pelo que diz respeito ao período ante-Vaticano I, cito, entre muitos, o caso de Louis Eugène Marie Bautain, médico, filósofo, sacerdote francês que, tendo sustentado nas suas lições no seminário de Estrasburgo a incapacidade da razão de realizar o que a doutrina católica oficial atribui a ela, em 1835 foi obrigado pelo seu bispo a assinar seis artigos, o primeiro dos quais inicia assim: "O raciocínio pode provar com certeza a existência de Deus" (DH 2751). Em 1840, Bautain teve de subscrever de novo as seis proposições ligeiramente modificadas, de modo que o texto citado ficava assim: "O raciocínio pode provar com certeza a existência de Deus e a infinidade das suas perfeições" (DH 2751; cf. também DH 2765, 2812). Pelo que diz respeito ao período pós-Vaticano I, foram sobretudo os teólogos modernistas que criticaram o conhecimento certo da existência de Deus mediante a razão, e foi na luta contra eles que Pio X instituiu, em 1910, um juramento ao qual obrigou todos os professores e educadores católicos, cujo primeiro artigo rezava: "Professo que Deus, princípio e fim de todas as coisas, pode ser conhecido com certeza e, portanto, também ser *demonstrado* à luz natural da razão, 'por meio das coisas que foram criadas' [*Romanos* 1,20], como a causa por seus efeitos" (DH 3538, itálico meu). No *Juramento antimodernista* se passa do conhecimento certo de Deus diretamente para a sua "demonstração".

Poder-se-ia perguntar como Pio X podia conciliar a obrigação de jurar, à qual submetia milhares de pessoas, com estas palavras de Jesus: "Pois eu vos digo: Não jureis de maneira alguma, nem pelo céu, pois é o trono de Deus; nem pela terra, pois é o suporte de seus pés; nem por Jerusalém, pois é a cidade do grande rei. Nem tampouco jures por tua cabeça, pois não poderás tornar branco ou preto nenhum de teus cabelos" (*Mateus* 5,34-36; cf. também *Tiago* 5,12). Talvez alguém pudesse pensar que Pio X não tivesse os Evangelhos em grande consideração, mas não é assim, pois obrigava a jurar exatamente sobre eles, portanto, o enigma permanece. De qualquer modo, o *Juramento antimodernista* ficou em uso até 1967, quando foi abolido por Paulo VI, mas isto não significa que tenha sido abolida a obrigação para todos os fiéis católicos de considerar verdadeiro que a existência de Deus pode ser conhecida com certeza pela razão a partir da realidade do mundo. O Catecismo atualmente em vigor apresenta, de fato, tal e qual a doutrina do Vaticano I: "A santa Igreja, nossa mãe, sustenta e ensina que Deus, princípio e fim de todas as coisas, pode ser conhecido com certeza pela luz natural da razão humana a partir das coisas criadas" (n. 36).

III. Provas, demonstrações, argumentos

Visto o imenso poder que o Magistério atribui à razão, penso que é natural verificar se a razão está realmente em condições de cumprir a tarefa da qual se diz que é capaz. A razão, com efeito, não pode acolher a atribuição de tal poder com base apenas na autoridade que lhe é comunicada; seria um clamoroso contrassenso, seria como dizer a um rapaz: "Você tem futuro no futebol", e depois impedir que ele o verifique no campo, ou como dizer a uma moça: "Você tem talento teatral excepcional", e depois impedir que ela o verifique no palco. O que o Magistério diz da razão deve ser verificado pela própria razão no confronto com o que dela dizem outros magistérios, em primeiro lugar o da experiência pessoal. A razão é quem deve verificar se é realmente possível conhecer a existência de Deus a partir da reflexão sobre a realidade natural, chegando a um conhecimento tão evidente que gere "certeza" a ponto de poder ser exibida como "demonstração".

Trata-se de uma questão que o pensamento ocidental debate desde sempre; já Platão acalentava o projeto de uma "tentativa de convencer-nos de e de ensinar-nos com muitas provas confiáveis que os deuses existem",[1] cuja exposição adequada exigiria muito mais espaço. Neste trabalho posso apenas apresentar uma espécie de inventário dos diversos argumentos propostos ao longo dos séculos com respeito à existência de Deus, definidos ora como provas, ora como demonstrações, ora como argumentos. De minha parte prefiro chamá-los sempre e apenas de "argumentos", porque acho, como mostrarei em seguida, que com referência a Deus não podem ser dadas provas ou demonstrações, nem para provar a sua existência nem para provar igualmente a sua inexistência, entendendo com o termo Deus o que entende a doutrina católica, ou seja, o Deus pessoal distinto do mundo. Específico ademais que tais argumentos foram e são ainda hoje designados de vários modos pelos diversos intérpretes e que eu os menciono referindo-me quase sempre à terminologia kantiana, porque é a Kant que o meu pensamento sobre esta matéria complexa mais se refere.

---

[1] Platão, *Leis* X, 885 E (citado segundo a trad. ital. de Roberto Radice em: Platone, *Tutti gli scritti*, Milano, Rusconi, 1994⁴, p. 1673).

12. Os argumentos em apoio à existência de Deus

1) *Argumento ontológico*

Procede *a priori*, do pensamento puro. A mente encontra dentro de si o conceito de Deus como *id quo maius cogitari nequit* (aquilo do qual não se pode pensar nada maior) e daqui chega a demonstrar a existência real de tal ente supremo, antes apenas pensado. O fulcro da demonstração consiste em captar que "aquilo do qual não se pode pensar nada maior" não pode por definição estar privado de nada, portanto, nem sequer da existência e, portanto, existe necessariamente. Foi formulado pela primeira vez por Anselmo de Aosta [de Cantuária] em *Proslogion* II, 4 (obra escrita em 1078, cujo título significa literalmente "discurso", e ao longo dos séculos foi sempre criticado e aceito de maneira igual. Entre os críticos lembro o monge Gaunilo, contemporâneo de Anselmo; Tomás de Aquino, a escola dominicana, os tomistas e os neotomistas, entre os quais Sofia Vanni Rovighi, aliás, grande estudiosa de Anselmo; Kant, com a célebre página dos cem táleres. Entre os sustentadores está Boaventura e a escola franciscana, Descartes, Leibniz, Hegel, e entre os teólogos contemporâneos Karl Barth. Um dos maiores lógicos do século XX, Kurt Gödel, formulou uma versão articulada da obra em 28 passagens, publicada postumamente em 1987. O Magistério católico não gostou muito.

2) *Argumento ontologista*

É uma variante do argumento ontológico em versão mais radical e sustenta uma visão imediata, embora não temática, do Ser divino, concebida como condição essencial do conhecimento em geral. O seu representante mais conhecido é o filósofo francês, sacerdote oratoriano, Nicolas Malebranche, que publicou em 1675 *De la recherche de la vérité* [*Da procura da verdade*], reelaborado e ampliado até 1712, a três anos da morte. Nessa obra se lê: "A mais bela prova da existência de Deus, a mais alta, a mais consistente, a primeira prova, ou seja, aquela que pressupõe menos coisas, é a ideia que temos do infinito. É manifesto, com efeito, que o espírito percebe o infinito, embora não o compreendendo, e que tem uma ideia muito distinta de Deus, que lhe pode vir só pela união que tem com ele". Para Malebranche, não é concebível que a ideia do infinitamente perfeito seja criada pelo homem, para o qual o próprio fato de que se dá tal percepção mental do infinito é uma prova de que há Deus; pelo simples fato de se pensar no Deus infinito, ele existe, porque "não se pode ver a essência de um ser infinitamente perfeito sem ver a sua existência". Conclusão: "Portanto, se se pensa, deve existir".[2]

O maior representante italiano dessa posição foi Vincenzo Gioberti. O Magistério católico se mostrou ainda menos favorável ao argumento ontologista do que foi para com a prova ontológica de Anselmo, chegando à sua condenação formal por parte do Santo Ofício em 1861 (cf. DH 2841-2847).

3) *Argumento físico-teológico*

Entramos no domínio dos argumentos que não procedem mais *a priori* do pensamento puro, mas *a posteriori* da realidade natural do mundo.

Nesta perspectiva, o argumento físico-teológico se caracteriza por proceder do mundo natural no seu conjunto, captando a sua harmonia abrangente, a beleza, a ordem que globalmente o pervade. É um argumento que nasce da maravilha gerada pela beleza e pela força da natureza, que tanto alegra, fascina e cativa a mente, e cuja *ordem* é captada como referência a um *princípio ordenador*. Dessa argumentação, Kant, que a julgava privada de certeza apodítica e, portanto, não adequada para *provar* a existência de Deus, escreve na *Crítica da razão pura* que "é sempre digna de ser mencionada com respeito; é a mais antiga, a mais clara e a mais idônea para a razão humana comum"; para prosseguir dizendo "não ter nada em contrário a tal procedimento, tendo em vista a

---

[2] Nicolas Malebranche, *La ricerca della verità* III, 2, 6 e IV, 11, 3, ed. ital. org. por Maria Garin, Roma-Bari, Laterza, 2007, p. 316 e 423.

sua racionalidade e utilidade e preferindo recomendá-lo e encorajá-lo".[3] No Prefácio à segunda edição de 1787 acrescenta que "a ordem soberana, a beleza e a providência que se revelam por toda parte na natureza, fizeram o mesmo para a fé num sábio e grande *criador do mundo* – fé que encontra difusão no público porque repousa sobre fundamentos racionais".[4]

No tocante à antiguidade do argumento citada por Kant, considere-se que Platão, ao sustentar a existência de uma sabedoria ordenadora, se referia, por sua vez, a quem o precedera: "Protarco [este é o nome do interlocutor do diálogo], devemos afirmar que todas as coisas no seu conjunto e o que é chamado de inteiro são sustentadas pela força do irracional, do causal e do fortuito ou, pelo contrário, como diziam os nossos predecessores, eram governados por uma inteligência e uma admirável sabedoria ordenadora?"[5] Eu penso que a quinta das cinco vias de Tomás de Aquino pode ser classificada como versão desse argumento. Diferente das primeiras quatro, ela não parte de uma característica particular do mundo, mas do mundo no seu conjunto, enquanto dotado de governo, e por isso é denominada por Tomás de *ex gubernatione rerum*, "do governo das coisas"; também poderia ser chamada da ordem finalizada da natureza. O filósofo estadunidense do século XIX Ralph Waldo Emerson escreveu que "a natureza é sempre aliada da religião: coloca à disposição do sentimento religioso toda a sua magnificência e as suas riquezas. Profetas e sacerdotes, Davi, Isaías e Jesus beberam profundamente dessa fonte".[6] Nos nossos dias é possível inserir neste âmbito as reflexões sobre o *fine-tuned universe* (universo finamente sintonizado) de não poucos cientistas, entre os quais, antes de tudo, os teóricos do princípio antrópico John Barrow e Frank Tipler e, depois, Arthur Peacocke, Ian Barbour, John Polkinghorne, Francis Collins, George Coyne, Martin Nowak, Ugo Amaldi; as reflexões de teólogos

---

[3] Immanuel Kant, *Crítica da razão pura*, B 651 A 623 para a primeira citação e B 652 A 624 para a segunda (ed. ital. org. por Pietro Chiodi, Torino, Utet, 2005, p. 496-497).
[4] Ibid., p. 54 (o itálico é de Kant).
[5] Platão, *Filebo*, 28 D.
[6] Ralph Waldo Emerson, *Natura* [1836], em *Teologia e natura*, org. por Pier Cesare Bori, Genova-Milano, Marietti, 2010², p. 36.

como Wolfhart Pannenberg, Wolfgang Moltmann, Alister McGrath e, na Itália, do filósofo genovês Roberto Timossi.

4) *Argumento cosmológico a partir do movimento*

As "cinco vias" propostas por Tomás de Aquino no início da *Summa theologiae* não são simples vias ou itinerários para dispor-se a pensar, mas ambicionam o *status* de verdadeiras provas, segundo o que declara explicitamente o seu autor: "Que Deus existe pode ser provado com cinco vias".[7] Para cada uma delas, e mais particularmente para as primeiras quatro, o dinamismo do raciocínio é de tipo ascensional: parte-se de uma característica do mundo natural atestada pelos sentidos e daí se vai até Deus como única explicação racional de tal característica. O eixo especulativo consiste na negação do *regressus in infinitum*, ou seja, na negação de que se possa remontar ao infinito na busca de:
– primeiro motor (primeira via),
– primeira causa (segunda via),
– primeiro necessário (terceira via),
– primeira perfeição (quarta via).

O postulado não expresso, mas decisivo, é de que deve haver algo "primeiro" do qual tudo procede. Tomás repete regularmente: *non est procedere in infinitum* (não se pode proceder ao infinito), colocando em ato um procedimento que supõe o desejo de ordem da sua mente e a consequente necessidade de um mundo como cosmo e não como caos. Por isso, compreende-se a grande desestabilização que, três séculos depois, o pensamento de Giordano Bruno (aliás, de escola dominicana) causará a uma Igreja dominada pelo tomismo. Giordano inserirá na filosofia e na teologia as novas perspectivas cosmológicas abertas pelo sistema copernicano e ainda mais radicalizadas por ele ao falar de "mundos infinitos".

---

[7] Tomás de Aquino, *Summa theologiae* I, 1. 2, a. 3, resp.; texto original: *quod Deum esse quinque viis probar potest*. [A *Summa theologiae* está disponível na internet em latim e inglês: http://www.logicmuseum.com/authors/aquinas/Summa-index.htm (N.T.)]

Começando pela primeira via de Tomás, tecnicamente dita *ex parte motus*, ela procede do dado de fato do movimento que pervade o mundo: ora, argumenta o *doctor angelicus*, sendo "necessário que tudo o que se move seja movido por outro (*omne autem quod movetur, ab alio movetur*)", e visto que tal procura "não pode proceder ao infinito", "é, portanto, necessário chegar a um primeiro motor que não seja movido por outro: e todos reconhecem que ele é Deus". Para Tomás, tal argumento constitui a via "mais evidente" para provar a existência de Deus.

5-6-7) *Argumentos cosmológicos a partir da causa, do possível e do necessário, dos graus de perfeição*

O procedimento da segunda via de Tomás (dita *ex ratione causae efficientis*) consiste em duas premissas e uma conclusão: dado que "é impossível que uma coisa seja causa eficiente de si mesma", e dado que "um processo ao infinito nas causas eficientes é absurdo", segue-se que "é preciso admitir uma primeira causa eficiente, que todos chamam de Deus".

Também pela terceira via, dita *ex possibili et necessario*, às vezes também *ex contingentia*, há duas premissas e uma conclusão. A primeira premissa é que todas as coisas que existem na natureza são apenas possíveis, não necessárias, quer dizer, são contingentes, tanto podiam como não podiam existir, e por isso a sua existência remete a algo necessário porque "o que não existe não começa a existir a não ser por algo que é" e, portanto, "é preciso que na realidade haja algo necessário". À luz da segunda premissa, segundo a qual na busca da primeira necessidade "não se pode proceder ao infinito", Tomás chega a dizer que "é preciso concluir a existência de um ser que seja *de per si* necessário... e este todos dizem que é Deus".

A quarta via oferecida por Tomás é dita *ex gradibus* e parte da constatação de que em todas as coisas naturais se encontra o bem, o verdadeiro, o nobre e outras perfeições semelhantes, mas sem que se dê a plenitude destas qualidades. Tomás conclui, por isso, que "há alguma coisa que para todos os entes é causa do ser, da bondade e de qualquer perfeição, e isto todos chamam de Deus".

8) *Argumento histórico ou etnológico*

Depois do argumento ontológico e da variante ontologista que procedem totalmente *a priori* do pensamento puro, e depois dos cinco argumentos *a posteriori* que partem do mundo natural, agora é a vez dos quatro argumentos antropológicos que sustento que podem ser identificados ao longo da reflexão ocidental. De modo diferente das argumentações precedentes, que pretendiam "provar" a existência de Deus, os argumentos antropológicos, como é evidente já desde o ponto de partida, nunca tiveram a ambição de se apresentarem como provas para demonstrar Deus; preferem apresentar-se como sendas plausíveis sobre as quais caminhar para refletir sobre a existência do divino a partir do aparecimento dentro da natureza de um fenômeno tão único como é o fenômeno humano, perguntando-se do que esse seu aparecimento é sinal, desejo, referência.

O mais antigo dos argumentos antropológicos se apoia no fato de que desde sempre e em toda parte os seres humanos acreditaram na existência de uma ou mais divindades às quais se relacionaram mediante as diversas religiões. Este argumento é comumente dito *consensus gentium*, "consenso das gentes ou dos povos". Já Platão escrevia que "todos os povos gregos e bárbaros acreditavam na existência dos deuses".[8] Cícero acrescentava que no tocante aos deuses "o argumento mais seguro para induzir-nos a crer na existência deles é que não existe gente tão selvagem, não existe homem tão cruel, em cuja mente não esteja infiltrada a ideia da divindade", pelo que "a unanimidade do consenso deve ser considerado uma lei da natureza".[9] E Plutarco afirmava: "Se percorreres a terra, poderás encontrar cidades sem muros, sem letras, sem rei, sem casas, sem riquezas, sem moedas, sem teatros e ginásios; mas ninguém nunca viu nem nunca verá uma cidade sem templos e sem deuses".[10]

---

[8] Platão, *Leis*, X, 886 A.
[9] Marco Túlio Cícero, *Tusculanae disputationes*, I, 13, 30 (trad. ital. de Lucia Zuccoli Clerici, Milano, Bur, 20045, p. 89). Cícero, ainda, em *De natura Deorum*, II, 5, 13, anota que "a existência dos deuses é uma noção inata e por assim dizer esculpida na mente de todos".
[10] Plutarco, *Adversus Colotem*, XXXI, 4-5.

Na época moderna, até David Hume, um dos pontos de referência do ceticismo e do ateísmo contemporâneo, escreveu: "*A ignorância é a mãe da devoção*: é uma máxima proverbial, que a experiência geral confirma. Mas procurai um povo inteiramente sem religião. Se o encontrardes, ficai certos de que vos parecerá pouco superior aos brutos".[11] O filósofo alemão Karl Jaspers, um dos maiores pensadores do século XX, escreveu: "Se a opinião de que Deus não existe fosse correta, então é um fato maravilhoso que uma ilusão tenha inspirado, através de milênios, homens de altíssima categoria; ou seja, que uma ilusão tenha se tornado origem das criações mais grandiosas do espírito, origem até daquilo que chamamos humanidade".[12] O fato de que a fé no divino é compartilhada por todas as civilizações humanas de todos os tempos e de todos os lugares não prova nada de modo apodíctico, mas é um dado sobre o qual todo homem responsável deveria meditar com atenção, sem liquidá-lo apressadamente reduzindo tudo à ignorância daqueles que nos precederam.

9) *Argumento antropológico positivo*

Procede da dimensão espiritual como dimensão mais elevada da vida humana, na convicção de que alcançar o espírito que habita a interioridade humana significa alcançar o divino (depois configurado de maneiras diversas segundo as várias tradições religiosas). Já a grande filosofia clássica chegava ao reino do divino a partir da grandeza da alma humana. Sócrates falava de uma voz interior que se manifestava a ele desde criança, por ele denominada *daimon* (literalmente "demônio") e interpretada como de natureza divina, "um sinal de Deus".[13] Para Platão, o mundo natural pode ser um cosmo ordenado de natureza divina (*Timeu*), mas também uma caverna que aprisiona (*A República*), enquanto apenas a mais alta dimensão da natureza humana coloca em

---

[11] David Hume, *Storia naturale della religione* [1775], trad. ital. de Umberto Forti, revisão de Paolo Casini, Roma-Bari, Laterza, 2007, p. 148.
[12] Karl Jaspers, *Cifre della trascendenza* [1970], ed. ital. org. por Giorgio Penzo, Torino, Marietti, 1974, p. 46.
[13] Platão, *Apologia de Sócrates* 31 D e 40 A.

contato diretamente com o ser divino: "O ser que realmente é, sem cor, sem figura e não visível, pode ser contemplado apenas pelo guia da alma, ou seja, pelo espírito". E é por isto que ele dirige a oração ao deus Pã e aos outros deuses para se tornar "belo por dentro, e que todas as coisas que tenho fora estejam de acordo com aquelas que tenho dentro".[14] Para Aristóteles, é suficiente pensar que a mais alta dimensão da vida humana é denominada por ele *nous poietikos*, expressão traduzida comumente por "intelecto ativo", mas que na minha opinião se traduz melhor por "espírito criativo", respeitando, ademais, tanto a peculiaridade de *nous* (que, além de uma faculdade humana, exprime a inteligência ordenadora do cosmo) como o significado do verbo *poieo* (literalmente "fazer", "produzir", "criar") que denomina atividade. Não é por acaso que Aristóteles opõe ao *nous poietikos* o *nous pathetikos*, que indica passividade. Pois bem, do espírito criativo que habita o ser humano o filósofo declara que é "imortal e eterno", referindo-se exatamente às qualidades por excelência do divino.[15] Entre os estoicos, lembro Marco Aurélio: "Escava dentro de ti; dentro de ti está a fonte do bem, e pode jorrar sem parar, se continuares a cavar".[16]

Na época moderna, foi o humanismo italiano que recuperou o otimismo antropológico do pensamento clássico. Sobre isso, é impossível não citar o nome de Giovanni Pico della Mirandola, com a sua admirável *Oratio de hominis dignitate*, na qual se lê que cabe ao homem, mediante o exercício da liberdade, chegar a "regenerar-se nas coisas superiores que são divinas".[17]

Na mesma direção se coloca o iluminismo alemão, em particular Lessing. Quanto ao idealismo, na primeira das onze lições proferidas na Universidade de Berlim em 1806, depois de ter estabelecido que "o centro da vida é sempre o amor" e que, portanto, "a vida verdadeira ama o uno, o imutável e o eterno", Fichte continua dizendo: "Esse

---

[14] Platão, *Fedro* 247 C e 279 C (trad. ital. de Giovanni Reale, em Platone, *Tutti gli scriti*, cit., p. 556 e 583; modifiquei a primeira citação traduzindo *nous* não por "intelecto", mas por "espírito").
[15] Aristóteles, *Da alma* 430 A.
[16] Marco Aurélio, *Pensamentos* VII, 59.
[17] Giovanni Pico della Mirandola, *Oratio de hominis dignitate* [1486], ed. ital. org. por Eugenio Garin, Pordenone, Edizioni Studio Tesi, 1994, p. 9.

sujeito amado pela vida verdadeira é o que designamos com o nome de Deus".¹⁸ Concluo a apresentação deste argumento deixando a palavra a Hegel: "Todos os homens têm, pois, uma consciência de Deus, da *substância* absoluta, como da *verdade* tanto de cada coisa quanto de *si mesmos*, de todo o seu ser e fazer, e consideram esta ocupação, este saber, este sentir de Deus como a *sua* vida *mais alta, a sua verdadeira dignidade* – como o *domingo* da sua vida".¹⁹

10) Argumento antropológico negativo

Em oposição direta ao otimismo antropológico do argumento precedente, há pensadores que, para fundamentar o discurso sobre Deus, põem o seu ponto de apoio na miséria e na negatividade que atravessa a vida humana, seja na dimensão social, seja na dimensão do indivíduo. No âmbito cristão, essa perspectiva conheceu o seu esplendor máximo exatamente na época moderna, exatamente quando mais se celebravam as conquistas da razão emancipada. "Ridícula razão que o vento dobra em todas as direções", anotava Pascal nas cartas destinadas a uma apologia da religião cristã que ficou incompleta e das quais nasceram os seus imortais *Pensamentos*. E continuava: "O homem é, portanto, feito de modo tão feliz que não tem nenhum princípio justo do verdadeiro, mas muitos excelentes do falso... Não é senão um sujeito cheio de erro natural e inapagável sem a graça. Nada lhe indica a verdade. Tudo o engana. As duas fontes de verdade, a razão e os sentidos, além do fato de faltar sinceridade, se enganam reciprocamente".²⁰ Estas palavras provêm de um dos mais ilustres gênios da matemática (teoria da probabilidade), da física (demonstração experimental da existência do vácuo), da engenharia (construção da primeira calculadora, a célebre

---

[18] Johann G. Fichte, *L'iniziazione alla vita beata ovvero la dottrina della religiosne* [1806], trad. de Giovanni Moretto, em *La dottrina della religione*, org. por Giovanni Moretto, Napoli, Guida, 1989, p. 249.

[19] Georg W. F. Hegel, *Lezioni di filosofia della religione* [1821-1831], Parte I: *Introduzione. Il concetto della religione*, org. por Walter Jaeschke, ed. ital. org. por Roberto Garaventa e Stefania Achella, Napoli, Guida, 2008, p. 63-65.

[20] Blaise Pascal, *Pensamentos*, n. 41 (ed. ital. org. por Bruno Nacci, Milano, Garzanti, 1994, p. 14 e 17).

"Pascalina"), bem como da filosofia e literatura da humanidade e que, portanto, conhecia bem as glórias que a razão podia alcançar. O quadro que daí resulta é a contradição: "Que quimera é, pois, o homem? Que novidade, que monstro, que caos, que sujeito de contradições, que prodígio? Juiz de todas as coisas, obtusa minhoca, depositário do verdadeiro, cloaca de incerteza e de erro, glória e refugo do universo".[21] É por isso que a razão não pode decidir nada, nem a favor nem contra a existência de Deus, e é preciso, diz Pascal, "apostar": "Ou Deus existe ou não existe; mas de que lado estaremos? A razão nada pode decidir. Há um abismo infinito que nos separa. Diante desta infinita distância se joga um jogo no qual sairá cara ou coroa. Em qual apostaríeis? Com a razão não podeis escolher nem uma coisa nem outra, com a razão não podeis negar nenhuma das duas".[22]

A *aposta* de Pascal, concebida contra o racionalismo teológico dos jesuítas e do seu tomismo clássico, pode ser ligada ao *salto* de Søren Kierkegaard, concebido pelo filósofo dinamarquês em oposição direta ao otimismo hegeliano. Para Kierkegaard, o homem está muito longe de poder chegar ao hegeliano "domingo da vida", mas está antes sujeito a uma série de segundas-feiras, com a angústia e o desespero da existência, e para fugir dela não pode de modo algum apoiar-se na força do seu espírito, mas apenas abandonar-se à fé mediante um verdadeiro salto que não conhece mediação alguma. Outro grande espírito cristão que pode ser citado nesta perspectiva é Fyodor Dostoievski. Gosto de recordar aqui Sergio Quinzio, o qual um dia em sua casa me disse que, se o cristianismo não morrera na época moderna, tinha sido por causa de três grandes cristãos leigos, e deu o nome do católico Pascal, do luterano Kierkegaard e do ortodoxo Dostoievski.

11) *Argumento moral*

Depois de ter demolido os argumentos provenientes da pura lógica e do mundo natural, Kant escreve no final da *Crítica da razão pura*: "A

---

[21] Ibid., n. 122, ed. cit., p. 44.
[22] Ibid., n. 397, ed. cit., p. 152.

fé num Deus e num outro mundo está a tal ponto entrelaçada com o meu sentimento moral, que não corro um perigo maior de perder a fé do que corro de perder este sentimento".[23] Aqui surge um argumento que, para introduzir o discurso sobre Deus, se refere à ética. É a perspectiva partilhada por mim e amplamente argumentada na continuação deste livro.

13. NENHUMA PROVA, NENHUMA DEMONSTRAÇÃO, SÓ ARGUMENTOS

Os onze argumentos apresentados acima podem ser distinguidos em três grandes tipologias de acordo com o seu ponto de partida: da pura lógica (1-2), do mundo físico (3-7), da interioridade humana (8-11). Entre eles, porém, existe uma distinção ainda mais fundamental: embora os argumentos antropológicos nunca tenham sido entendidos como provas da existência de Deus (nem poderiam, na medida em que permanecem simplesmente antropológicos), os argumentos lógicos e cosmológicos foram e são ainda apresentados pelos seus defensores como verdadeiras formas de conhecimento certo da existência de Deus e, portanto, como provas em sentido estrito. Tomás de Aquino, por exemplo, no artigo da *Summa theologiae* que precede a exposição das cinco vias se pergunta "se é demonstrável que Deus exista" (*utrum Deu esse sit demonstrabile*) e responde do seguinte modo: "A existência de Deus pode ser demonstrada por meio dos efeitos conhecidos por nós".[24] E é para sustentar esta tese que elabora a argumentação das cinco vias.

Na realidade, penso, não obstante a excomunhão ameaçada pelo Magistério eclesiástico, que os argumentos apresentados no capítulo anterior não constituem o conhecimento certo da existência de Deus e muito menos a sua demonstração, e que não existe nenhuma garantia teórica que preserve do fato de que os milhões de seres humanos que

---

[23] Kant, *Crítica da razão pura*, B 857 A 829 (ed. ital. cit., p. 621).
[24] Tomás de Aquino, *Summa theologiae* I, q. 2, a. 2, resp.; texto original: *Deum esse demonstrabile est per effectus nobis notos*.

acreditaram e que creem em Deus, inclusive eu, poderiam ser vítimas das suas ingenuidades, projeções, ignorância, medo de viver.

Quando a razão reflete sobre o absoluto, seja pelos seus limites intrínsecos, seja pela incomensurabilidade do objeto, está destinada a chocar-se necessariamente com uma série de contradições inextricáveis. Ver e aceitar este fato significa instituir a *antinomia*, ou seja, o choque entre duas leis, ambas legítimas, mas uma em contradição com a outra. É a grande lição de Immanuel Kant a propósito da dialética da razão, a cujo respeito escreveu Pavel Florenski: "Kant teve a ousadia de pronunciar a grande palavra 'antinomia', que destruiu o *decoro* da pretensa unidade. Só por isso ele já mereceria glória eterna".[25] Mas Kant, sem o saber, introduziu na razão especulativa aquela dialética ignorada pela teologia oficial dominada pelo racionalismo (pelas razões que mostrarei no parágrafo 16), mas que a sabedoria mística do cristianismo conhece desde sempre. Assim, Dionísio Areopagita: "Não se deve crer que as negações se opõem às afirmações".[26] João da Cruz diz: "A luz espiritual de Deus é tão imensa e transcende tanto o intelecto natural, que, quando se aproxima demais dele, cega e ofusca".[27]

Diante das questões últimas (a origem do mundo e da vida, a existência da alma e da liberdade, a existência e a ação de Deus), a razão não tem elementos convincentes para se decidir; vê a verdade de uma asserção, mas vê dialeticamente também a verdade da outra, e, se não escolhe unilateralmente, mas continua a mover-se sem se fechar nem às razões da tese nem às da antítese, entra necessariamente na antinomia, na oposição entre duas leis, ambas válidas (porque depende do ponto de vista), mas em contradição entre elas. Tomar consciência dessa situação significa encontrar-se preso ao princípio da antinomia, ao qual a razão pura está inevitavelmente destinada toda vez que quiser erguer o olhar e passar da física (isto é, de um fragmento individual de vida) à

---

[25] Pavel Florenski, *La colonna e il fondamento della verità* [1914], trad. de Pietro Modesto, Milano, Rusconi, 1998, p. 206.
[26] Dionísio Areopagita, *Teologia mística* [século 5], I, 2, 1000 B (ed. ital. em *Tutte le opere*, trad. de Piero Scazzoso, Introdução, prefácio, paráfrase, notas e índices de Enzo Bellini, Milano, Rusconi, 1997³, p. 407).
[27] João da Cruz, *Noite escura* [1580], II, 16, 11.

meta-física (ou seja, à vida no seu conjunto, à vida como um todo). Não é uma situação da qual se alegrar, pois "uma antitética da razão pura em geral nos é algo triste e deprimente", lembra Kant.[28] Mas não há nada a fazer. Por isso, a entrada na obscuridade, mas também na fecundidade, do mistério.

O mistério não é dado pelo empobrecimento das experiências vitais, como se poderia superficialmente pensar, explicando a sua origem com base na ignorância ou na opressão e reduzindo-o ao enigma. A quem pensar assim cito esta frase de Niels Bohr, pai da mecânica quântica: "Há dois tipos de verdade: as verdades simples, onde os opostos são claramente absurdos, e as verdades profundas, reconhecíveis pelo fato de que o oposto é, por sua vez, também uma verdade profunda".[29] Hegel já afirmara isso a propósito da verdade governada pela contradição: "*Contradictio est regula veri, non contradictio falsi*" (a contradição é a regra do verdadeiro, a não contradição do falso).[30] Este horizonte nos remete à concepção da verdade como vida, como expressão da lógica da vida à medida que incrementa a sua ordem e harmonia. O verdadeiro não coincide com o exato, o verdadeiro coincide com o justo e com o bom, antes de tudo no sentido físico do termo, ou seja, enquanto incremento da organização vital (onde é preciso considerar que às vezes, para incrementar a ordem, é necessário introduzir a desordem, e para melhorar o cosmo, dar espaço ao caos).

O mistério, portanto, surge da excedência da vida com as suas múltiplas e contraditórias manifestações, que se tornam tanto mais contraditórias quanto mais se sobe na qualidade de vida, até alcançar o máximo da contradição no reinado do espírito. Exatamente por isto,

---

[28] Kant, *Crítica da razão pura* B 768 A 749 [1781] (ed. ital. c it. p. 567).
[29] Texto em inglês: "There are two sorts of truth: trivialities, where opposites are obviously absurd; and profound truths, recognized by the fact that the opposite is also a profound truth". A fonte: Hans Bohr, "My Father", publicado em *Niels Bohr: His Life and Work as Seen by His Friends and Colleagues*, ed. por S. Rozental, Amsterdam, North Holland Publishing Co.; New York, John Wiley, 1967, p. 328.
[30] Georg W. F. Hegel, *Habilitationsthesen* [1801], em *Jenaer Schriften 1801-1807*, Frankfurt am Main, Suhrkamp, 1986, p. 533.

para citar mais uma vez Florenski, "quanto mais nos aproximamos de Deus, tanto mais claras ficam as contradições".[31]

Exatamente por isso as provas da existência de Deus nunca têm funcionado em nível prático. No Prefácio à segunda edição da *Crítica da razão pura*, Kant perguntava "ao mais obstinado dos dogmáticos" se a prova da existência de Deus "obtida pelo conceito de um ser realíssimo" (argumento ontológico) ou "pela contingência do mutável e pela necessidade de um primeiro motor" (argumento cosmológico), ao qual ele associa as provas da imortalidade da alma e da liberdade do querer, "jamais alcançaram o público influindo sobre as suas convicções".[32] Pergunta retórica para Kant, e também para mim, porque a resposta é um solene e incontestável não. A exceção é o argumento físico-teológico, do qual, aliás, o próprio Kant sublinha o favor popular, mas não enquanto "prova", e sim apenas como "argumento" que mostra a plausibilidade racional de sustentar a existência de Deus.

Realmente, é preciso sublinhar que o argumento ontológico de Anselmo e as cinco vias de Tomás não são raciocínios errôneos; são corretos e até plausíveis; tampouco estão errados os raciocínios opostos, também eles corretos e até plausíveis, tanto que não é difícil que um ser humano se encontre em um momento da vida a pensar de um modo e em outros de modo oposto. O resultado é exatamente aquele aos olhos de todos, ou seja, a Babel da reflexão humana, consequência inevitável da incomensurabilidade da vida. É por isso que, não obstante a pretensão do dogma católico, Deus não pode ser conhecido com certeza mediante a razão.

A razão pode conhecer com certeza apenas o que consegue dominar. Segue-se uma consequência precisa: que, se ela pudesse conhecer com certeza a existência de Deus, ter-se-ia paradoxalmente a prova da não existência de *Deus*, mas apenas da existência de um ente finito que entra nas coordenadas do tempo, do espaço e da causa.

Nem sempre concordo com Santo Agostinho, mas quando escreve *"si cepisti, non est Deus"* (se compreendeste, não é Deus), ou ainda

---

[31] Florenski, *La colonna e il fondamento della verità*, cit., p. 205.
[32] Kant, *Crítica da razão pura*, B XXXII [1787] (ed. ital. cit., p. 53).

"si comprehendere potuisti, aliud pro Deo comprehendisti" ("se pudeste compreender, compreendeste outra coisa em vez de Deus",[33] estou perfeitamente de acordo com ele: se compreendêssemos Deus com a nossa razão, a nossa razão o com-preenderia, o prenderia-com, o agarraria dominando-o, e ele não seria verdadeiramente aquilo que o termo *Deus* supõe, ou seja, o Princípio subjacente a todas as coisas (inclusive à nossa razão). O sentido inerente em todo ato de compreensão é evidenciado pela própria etimologia do verbo *captar*,* visto que o latino *capere* significa, em primeiro lugar "tomar, pegar, prender, agarrar, ocupar um lugar" e tem um importante valor militar no sentido de "tomar posse, conquistar, saquear", de tal modo que do particípio passado *captum* deriva o substantivo *captivus*, "cativo, prisioneiro". Captar é sempre compreender, prender-com, tomar, agarrar e, portanto, submeter, como exprime bem também o inglês *understand*, que se refere a uma ação que põe sob, *under*. Além de dominar, *capire* é sempre também "conter, caber", sentido que tem também, embora não tão expresso, o português *captar*. Nós não podemos captar Deus, pelo simples fato de que nós é que somos "captados", no sentido físico de compreendidos e contidos, pela sua realidade. Encontramos uma das mais belas expressões a este respeito nos Atos dos Apóstolos, no discurso de São Paulo no areópago de Atenas: "É nele que vivemos, nos movemos e existimos" (*Atos* 17,28). Trata-se de uma frase decisiva para conceber de modo menos inadequado possível a dimensão ontológica à qual remete o termo Deus. Só sob a condição de entrar nessa concepção do divino, mar amplo do ser-energia no qual todos nadamos, se fala sensatamente da realidade ontológica que se leva no pensamento ao dizer "Deus", apenas sob a condição de conceber tal dimensão do ser que engloba todas as coisas, que está por baixo de todas as coisas, que leva e mantém na existência todas as coisas.

---

[33] Agostinho de Hipona, *Sermones*, 52, 6, 16. Fonte: http://www.augustinus.it/latino/discorsi/index2.htm

* O texto em italiano fala do verbo *capire* (perceber, entender, compreender; caber) que tem no verbo *captar* sentidos equivalentes. Mas é bom lembrar que do verbo italiano *capire* vem o verbo brasileiro *capiscar*, que significa compreender, entender [N.T.].

É exatamente por essa impossibilidade de com-preender Deus que é incorreto falar de "provas" da existência de Deus. A existência de Deus é por definição inatingível pela mente humana, porque em caso contrário estaríamos diante de um objeto finito, e não com a dimensão infinita à qual remete o termo Deus. Não se pode prender o Deus vivo, não se pode reduzi-lo ao cativeiro captando-o e, portanto, também não se pode "conhecer com certeza". Segue-se que a afirmação dogmática da Igreja proclamada no Vaticano I, reforçada por Pio X e ainda presente no Catecismo atualmente em uso, é falsa, e não há ameaça de excomunhão que possa torná-la verdadeira. Além do mais, a sabedoria espiritual da grande mística cristã sempre sustentou o contrário. É o que diz são João da Cruz, doutor da Igreja: "É impossível que o intelecto possa compreender Deus por meio das criaturas, tanto celestes como terrenas".[34]

14. Disputa imaginária com o cardeal Ruini

Desta situação se deram conta a seu modo também personagens de primeiro plano da hierarquia eclesiástica. De 10 a 12 de dezembro de 2009 realizou-se em Roma um encontro internacional organizado pelo Comitê para o projeto cultural da Conferência Episcopal Italiana com o título *Deus hoje. Com ele ou sem ele muda tudo*. Nesse Comitê, o cardeal Camillo Ruini tem uma forte influência teórica. Não sem se ter prudentemente apoiado em alguém ainda mais alto que ele, o cardeal Ruini, mais para o final de seu estudo chegou a afirmar: "As dificuldades da abordagem metafísica no contexto cultural contemporâneo, juntando-se à aporia que deriva da existência do mal no mundo, são as razões de fundo daquela 'estranha penumbra que pesa sobre a questão das realidades eternas', para usar as palavras do então cardeal Ratzinger. Por isso, a existência do Deus pessoal, embora solidamente argumentável como procuramos fazer, não é objeto de demonstração apodíctica,

---

[34] João da Cruz, *Subida ao Monte Carmelo* [1578], II, 8, 3.

mas permanece 'a melhor hipótese... que exige de nossa parte renunciar a uma posição de domínio e arriscar a da escuta humilde'".³⁵

Uma posição de *domínio*: nessa expressão de Joseph Ratzinger retomada por Camillo Ruini se encontra exatamente o significado principal do verbo *capere*, o de ocupar uma posição que permite *dominar* e, portanto, *captar*. A essa posição de altura, reivindicada nos séculos precedentes pelo Magistério quando falava de "conhecimento certo" e de "demonstração", se diz que é preciso hoje renunciar, limitando-se a falar de "hipótese", embora dizendo que é a "melhor hipótese". Eu, porém, não posso deixar de me perguntar o que provam de fato na sua interioridade Joseph Ratzinger e Camillo Ruini, visto que no início da sua carreira de professores nas faculdades de teologia tiveram de jurar que Deus "pode ser conhecido com certeza e pode também ser demonstrado" (DH 3538), e agora falam de "estranha penumbra", de "renunciar", de "hipótese". O que diria deles São Pio X? O que o senhor pensa disso, cardeal Ruini?

O cardeal provavelmente me olharia com severa benevolência, um pouco como um professor olha para um estudante tomado de uma paixão que não lhe permite captar as coisas com serena objetividade, e me recordaria o que escreveu no texto há pouco citado, isto é, que a "existência do Deus pessoal" é "solidamente argumentável", remetendo-me depois às suas argumentações.

Na ampla relação com o título *As vias de Deus na razão contemporânea*, apresentada no congresso romano, o cardeal Ruini inicia excluindo as vias *a priori* e declarando toda a sua preferência pela abordagem tradicional *a posteriori*. Além disso, especifica que a "passagem racional da realidade objeto de experiência para a realidade de Deus é sempre, no fim, uma passagem filosófica, e mais precisamente metafísica",³⁶ ou não existe, nem sequer para o cardeal Ruini, a possibilidade de observar o mundo físico e de chegar a ele sem solução de continuidade para co-

---

³⁵ Camillo Ruini, *Le vie di Dio nella ragione contemporanea*, em *Dio oggi. Con lui o senza di lui cambia tutto*, com uma mensagem de Bento XVI, org. pelo Comitê para o projeto cultural da Conferência Episcopal Italiana, Siena, Cantagalli, 2010, p. 55. O cardeal Ruini se refere a Joseph Ratzinger, *L'Europa di Benedetto nella crisi delle culture*, Siena, Cantagalli, 2005, p. 115-124.
³⁶ Ruini, *Le vie di Dio nella ragione contemporanea*, cit., p. 36.

nhecer a existência de Deus: para que possa haver esse conhecimento, é preciso passar da física para a metafísica, da observação para a indução, da experiência para o raciocínio. A esse raciocínio físico + metafísico, o cardeal Ruini atribui uma tarefa dupla: "Responder não apenas à pergunta se Deus existe (*an Deus sit*), mas também, pelo menos em certa medida, à pergunta quem, ou o que, ele é (*quid Deus sit*)".[37] É exatamente por isso que ele não fala genericamente da existência de um Deus, mas do Deus "pessoal", e a existência de tal Deus para ele é "solidamente argumentável". Isso é verdade? Eu penso que não e, de fato, nos três percursos racionais para a existência de Deus propostos pelo cardeal Ruini (segundo os três transcendentais clássicos: ser, verdadeiro, bem) não há o menor indício do Deus pessoal.

O primeiro percurso é denominado "ontológico *a posteriori*" e parte da simples existência do mundo, perguntando-se, com uma pergunta que volta frequentemente na filosofia a partir de Leibniz, por que há algo e não o nada. Da maravilha da existência se passa, porém, de repente, para a observação de que tudo o que existe é sempre imperfeito, mutável, transitório, porque não pode ter em si a fonte do seu ser. E aqui está a passagem central do primeiro argumento do cardeal Ruini: "Por isso, a nossa inteligência não pode não se interrogar sobre a origem do ser das realidades que experimentamos e buscá-la numa realidade profundamente diferente, não condicionada e transcendente, à qual o ato de ser pertence em si".[38] *Uma realidade profundamente diferente não condicionada e transcendente*: com o mesmo procedimento ascensional das vias de Tomás de Aquino o cardeal Ruini, a partir do ser que existe, mas que não tem em si a fonte da própria existência, chega a inferir a existência de tal fonte do ser, de tal "âmbito ilimitado" do ser, como ele o chama.[39] Alguém vê algum vestígio do Deus *pessoal*?

O segundo percurso racional para a existência de Deus proposto pelo cardeal Ruini parte da inteligibilidade da natureza, em particular da constatação de que o universo é cognoscível pela mente humana.

---

[37] Ibid.
[38] Ibid., p. 43-44.
[39] Ibid., p. 45.

Entre a mente do homem que aspira a proceder segundo a racionalidade (em particular na matemática) e o mundo externo como é conhecido pelos sentidos, existe um acordo surpreendente, e é precisamente tal acordo que constitui a condição de possibilidade que da matemática se passe para a física e daqui para a tecnologia. A passagem decisiva do cardeal Ruini consiste na afirmação de que tal inteligibilidade intrínseca da natureza "não pode ser senão algo do que a natureza está dotada *de per si* e de maneira autônoma". Por que, Eminência?, permito-me perguntar-lhe. Porque "seria totalmente injustificada e afinal absurda uma inteligibilidade que exista *de per si*, sem ser fruto e expressão de uma inteligência". Daqui a sua conclusão: "Somos remetidos a uma inteligência originária".[40] Alguém vê algum traço do Deus *pessoal*?

Para haver personalidade não basta a inteligência, também o computador no qual estou escrevendo é inteligente sem ser uma pessoa. A ilegitimidade da passagem da inteligência para a personalidade é provada pelo fato de que um dos maiores admiradores da inteligibilidade da natureza, Albert Einstein, que falava de "admiração extasiada das leis da natureza", chegando até a dizer que nelas "se revela uma mente tão superior que diante dela toda a inteligência humana é apenas um reflexo absolutamente nulo", foi um dos mais firmes opositores da ideia de um Deus pessoal: "A principal fonte dos conflitos atuais entre as esferas da religião e da ciência está toda nessa ideia de um Deus pessoal".[41] A partir da inteligibilidade da natureza se chega a *Deum*, não a *Deus*. Também não se encontra aí nenhum traço do Deus pessoal.

O terceiro percurso racional para a existência de Deus proposto pelo cardeal Ruini parte do bem e da capacidade de os seres humanos o porem em prática, isto é, a ética. O bem, afirma o cardeal, se dá à consciência como algo incondicionado, mas – este é o argumento – o "fundamento adequado do valor moral na sua incondicionalidade só pode

---

[40] Ibid., p. 46-47.
[41] Albert Einstein, *Como io vedo il mondo* [1949], trad. de Remo Valore, em *Come io vedo il mondo. La teoria della relatività*, Roma, Newton Compton, 1992, p. 22; a segunda citação reproduz uma intervenção de Einstein no simpósio "Science, Philosophy and Religion", publicado pela Conference on Science, Philosophy and Religion in Their Relation to the Democratic Way of Life, Inc., New York, 1941, agora em *Out of My Later Years*, New York, 1956; ed. ital. *Pensieri, idee, opinioni*, trad. de Lucio Angelini, Roma, Newton Compton, 2006, p. 30.

ser um ser incondicionado".⁴² O que significa isso, Eminência? Talvez que quem não crê em Deus não possa respeitar incondicionalmente os valores morais? Não – me responde o cardeal Ruini. É preciso excluir que o bem deva ser realizado por obediência a Deus e não por si mesmo, ou seja, que Deus é o fundamento *próximo* da ética; é preciso, porém, acrescentar uma coisa importante, ou seja, que o próprio fato da existência da ética enquanto incondicionada remete a uma dimensão mais originária da ética, que é a dimensão de Deus: "Deus é o fundamento *último* do valor moral e da obrigação; sem ele eles existem, mas não podem ser justificados de modo plenamente coerente".⁴³ Neste argumento, talvez haja alguns traços do Deus pessoal, mas estão tão escondidos que ninguém os vê, e o primeiro a se dar conta disso é o próprio cardeal, que conclui observando: "Este percurso tem certamente necessidade de uma formulação e justificação mais amplas e aprofundadas".⁴⁴

Parece-me obrigatório concluir, portanto, que a existência do Deus pessoal não foi de modo algum mostrada como "solidamente argumentável" pelo cardeal Ruini. É provável que, no seu íntimo, o próprio cardeal o perceba, porque só assim consigo entender estas suas palavras: "Segundo a interpretação teológica do Magistério que hoje é amplamente dominante, o conhecimento puramente natural de Deus é 'possível', mas não é dito que seja também atual, isto é, que nunca se tenha verificado em algum sujeito humano".⁴⁵

A esta altura me levanto e pergunto: que bizantinismo digno da mais experiente secretaria política é esse, Eminência? Como pode dizer que uma coisa é *possível*, se o senhor não tem nenhuma evidência de que seja *atualmente* assim, e até admite que talvez *nunca* se tenha verificado?

O cardeal Ruini provavelmente responderia assim à minha pergunta: "Essas suas afirmações, caro Mancuso, são a prova evidente de que o senhor não é um teólogo católico, nem sequer cristão, porque se recusa a aceitar a autoridade da revelação de Deus, na passagem específica de *Romanos* 1,20, base escriturística do Vaticano I e do *Juramento*

---

⁴² Ruini, *Le vie di Dio nella ragione contemporanea*, cit., p. 51.
⁴³ Ibid. (itálico meu).
⁴⁴ Ibid., p. 52.
⁴⁵ Ibid., p. 34.

antimodernista de São Pio X, além da *Humani generis* de Pio XII, da *Dei Verbum* 6 do Vaticano II e dos artigos 36-38 do *Catecismo da Igreja Católica*. Em *Romanos*, 1,20 São Paulo afirma claramente que o conhecimento natural de Deus é possível *per ea quae facta sunt*, isto é, a partir das coisas criadas. O mesmo se lê em *Sabedoria* 13,1. A revelação de Deus ensina isto, e é sobre esta base que eu, como todos os verdadeiros teólogos católicos que me precederam, chegamos a declarar que o conhecimento puramente natural de Deus é *possível*, ainda que reconheça que não é dito que seja atual".

A essa réplica, por mim atribuída ao cardeal Ruini a fim de interpretar a sua distinção entre conhecimento possível e conhecimento atual (esperando ter expressado corretamente o seu pensamento), responderei assim: Eminência Reverendíssima, parece-me que apelar para uma passagem escriturística para sustentar o fundamento puramente racional de uma afirmação é um contrassenso. Quem deve decidir se uma afirmação é conforme a razão deve ser a razão, não uma autoridade externa a ela, nem mesmo a de São Paulo. Ao prescrever que se deve *crer* no poder cognoscitivo da razão, o Vaticano I, na realidade, reprime a razão, a torna serva, a humilha, porque entra na casa dela e lhe ordena o que ela deve fazer. É um pouco o que acontece do lado muçulmano, interpreta-se a Bíblia de determinado modo porque assim diz o Alcorão, por exemplo, sustentando que Jesus não morreu realmente na cruz. Estou certo de que o senhor julga esta perspectiva como uma invasão indevida de campo, porque a Bíblia é interpretada com base na Bíblia e na tradição judeu-cristã, não com base no Alcorão. Em minha opinião, o mesmo vale para a razão: deve ser a razão quem estabelece ao que ela pode chegar, não a autoridade da Igreja baseando-se numa passagem de São Paulo, aliás totalmente descontextualizada e diversamente interpretável. A este respeito, um dos mais autorizados exegetas católicos como foi Heinrich Schlier – muito estimado por Bento XVI, que não deixa de citá-lo frequentemente, e que de certo modo também o senhor, Eminência, conhece e estima – interpreta Romanos 1,20 de modo totalmente diferente do senhor, "não no sentido de que Deus possa ser demonstrado; mas de modo tal que, quando se fala de provas de Deus, devemos nos lembrar de que elas são produzidas *dentro* da reflexão de fé", expressão elegante para dizer que não se trata de provas, porque tais argumentos elaborados *dentro* da fé podem ser comparáveis às provas sob medida que um réu num processo inventa para si. De fato, Schlier conclui dizendo que para Paulo "o homem capta a existência de Deus a partir da realidade criada não com base num procedimento racional", e sim "com a globalidade da existência".[46] É por este motivo, Eminência, que a sua distinção entre possível e atual se torna capciosa para mim.

Certamente, o cardeal Ruini em carne e osso teria ótimos argumentos para replicar brilhantemente a estas minhas observações, e eu não quero certamente me alegrar com uma vitória numa disputa imaginária na qual joguei nos dois lados. Minha única finalidade era ilustrar a insustentabilidade da doutrina católica estabelecida pelo Vaticano I, sem com isso pretender afirmar que a existência de Deus seja ilógica.

Quero concluir dedicando ao cardeal Ruini algumas palavras de Kant. Depois de ter recordado que a situação da razão diante da existência de Deus é tal que nunca chegará o dia em que ela possa alcançar o conhecimento certo da sua existência, e depois de ter acrescentado que, por outro lado, "é apodicticamente certo que nenhum homem jamais estará em condições de sustentar o contrário com a mínima credibilidade", o grande filósofo, dirigindo-se aos crentes, observa: "Mesmo se vos virdes obrigados a desistir da linguagem do *saber*, vos será suficiente a linguagem, que vos resta, de uma sólida *fé*, justificada pela mais rigorosa razão".[47]

15. O QUE SE PODE CONHECER DE DEUS MEDIANTE A RAZÃO

Penso que Anselmo e os outros defensores do argumento ontológico têm razão em dizer que *id quo maius cogitari nequit* existe e que a sua existência é evidente, apenas sob a condição de entender com isso a potência *neutra* do ser-energia (exatamente *id*) dentro da qual todos

---

[46] Heinrich Schlier, *Linee fondamentali di una teologia paolina* [1978], trad. de Enzo Gatti, ed. ital. org. por Mario Masini, Brescia, Queriniana, 20085, p. 28-29.

[47] Kant, *Crítica da razão pura*, B 770 A 742 e B 773 A 745, ed. ital. cit., p. 568 e 570.

viemos à existência, para a qual todos caminhamos e na qual todos com a morte seremos absorvidos. Emergimos do ser-energia como de uma nascente (ver o conceito de ek-sistência no parágrafo 22) e nessa mesma fonte, afinal pensável como *porto*, voltaremos quando a nossa liberdade não existir mais. Isto é um dado certo. Raimon Panikkar usava frequentemente e de bom grado a imagem da gota de água e do mar: nós agora somos uma gota de água que se destacou do mar e que está destinada a voltar ao mar, a ser mar. E é um fato certo que o mar do ser existe e que seja *id quo maius cogitari nequit*. O próprio Deus pessoal, se há, não pode ser maior do que a totalidade do ser-energia que compreende todas as coisas, também a mim, que certamente não sou Deus, também a essa pedra que recolhi numa praia faz alguns anos, e que certamente também não é Deus. Se pusermos Absoluto = Ser, é evidente que o Absoluto existe. O ponto real não é este.

Assim, de fato, não demonstro o que comumente é dito *Deus*, um ser pessoal, antes "o Ser perfeitíssimo Criador e Senhor do céu e da terra" (Catecismo de São Pio X, artigo 2). Assim, chego apenas ao que comumente é dito Ser, ou também Totalidade, Absoluto, Uno, Tudo. Assim, chego não a *Deus*, mas chego a *Deum*, neutro como *id quo maius*. Assim, é claro que Deus existe, é evidente que há. É o Deus de Spinoza sobre o qual se estrutura toda a sua *Ethica more geometrico demonstrata*, a qual encerra com a prefiguração do amor intelectual por Deus como disposição mais alta de um homem livre, amor por Deus que equivale a amor pelo ser, pela vida, por cada manifestação da existência, ato puríssimo da gratuidade mística.

Mas, se se ouvir dizer que *acima* dessa totalidade omnicompreensiva do ser-energia, ou *fora* dessa totalidade, ou *dentro* dela numa dimensão mais profunda ou, quiçá, em outro lugar, haja um ser pessoal ao qual poder dirigir-se dizendo Abba-Pai, então não é mais evidente, não o é de modo algum, que tal *Deus* exista. O consenso dos povos (*consensus gentium*) não por acaso não é extensível a esse Deus pessoal, menos ainda se dele é preciso sustentar que é único e que não há nenhuma outra potência divina fora dele.

Portanto, é preciso especificar atentamente de qual Deus se afirma a existência. Se se trata do *principium universitatis*, ele certamente existe, ainda que fossem apenas as leis da natureza, os seis números por cuja harmonia se explicaria o universo inteiro.⁴⁸ Se, porém, é o Deus bíblico, cuja existência se admite, aquele a quem Jesus se dirige dizendo Abba-Pai, então é preciso estar consciente de que não existe nenhuma prova ou conhecimento certo com base na razão acerca dele. O discurso vale do mesmo modo se substituirmos a equação Deus = Ser pela equação Deus = Bem. É claro que o bem, no sentido de *bonum*, existe, mas esse *bonum* impessoal nunca será cognoscível com certeza racional como *bonus*, como Deus pessoal.

Aquilo cuja existência posso conhecer refletindo seriamente com a minha razão é o que Pascal chamava Deus dos filósofos e que se poderia chamar também de Absoluto, Sumo Bem, Uno, Todo. É a *Gottheit* do Mestre Eckhart, a *coincidentia oppositorum* de Nicolau de Cusa, a *Umgreifende* de Jaspers, a cifra de muitas outras especulações, mas não o terno Abba-Pai de Jesus. A existência deste nunca poderá ser racionalmente conhecida. Sem ofensa ao dogma católico. Mas por que o dogma católico se preocupa tanto em declarar o conhecimento racional, e além do mais certo, de Deus?

16. O MUNDO DAS PROVAS RACIONAIS DA EXISTÊNCIA DE DEUS

A imagem do mundo pressuposta pelo racionalismo teológico da dogmática oficial, e perfeitamente retratado pelas cinco vias de Tomás de Aquino, é o produto de uma *forma mentis* (ou talvez mais propriamente de uma *forma cordis*, de uma forma do coração), que procede da necessidade e que quer a necessidade. Na sua vontade de demonstrar a existência de um fundamento indiscutido e normativo do ser, ela subentende a intenção de ligar a inteligência e a vontade a um mundo onde nada acontece por acaso, onde tudo está sob controle, onde "não

---

[48] Martin Rees, *Just Six Numbers: The Deep Forces That Shape the Universe*, 2000; trad. ital. *I sei numeri dell'universo. Le forze profonde che spiegano il cosmo*, trad. de Emilio Diana, Milano, Rizzoli, 2002; trad. bras. *Seis Números: As forças profundas que controlam o universo*, São Paulo, Rocco, 2001.

se move uma folha sem que Deus queira", de modo a urgir, antes a constranger, a inteligência e a vontade tornando-as servas. Um mundo da necessidade, um mundo imperial, autoritário, totalitário. O mundo do poder, o mundo no qual a ordem física é instrumento da ordem política.

Roberto Timossi elencou perfeitamente os princípios lógico-metafísicos que estão na base das provas da existência de Deus:[49]
- princípio de causalidade;
- princípio de finalidade;
- princípio de impossibilidade de *regressus in infinitum*;
- princípio de razão suficiente;
- princípio de exclusão do nada.

Coloque todos esses princípios juntos no liquidificador da mente, deixe-o funcionar por alguns minutos, e surgirá um mundo sem liberdade, sem fantasia, sem caos criativo, sem transgressão livre, simplesmente sem vida, porque a vida é liberdade, fantasia, caos criativo, transgressão livre. E o é no mal, certamente, como instintivamente é levada a pensar a mentalidade conservadora; mas o é também no bem, porque também o bem é liberdade, fantasia, caos criativo e transgressão livre, antes, sobretudo, o bem o é, porque o mal é, no mais das vezes, banalidade repetitiva. E, se alguém tem dúvidas sobre a natureza livre e também transgressiva do bem, pense em Francisco de Assis.

Os cinco princípios lógico-metafísicos na base das provas racionais da existência de Deus, tão caras ao poder eclesiástico, são a expressão perfeita de uma imagem do mundo (e dos homens nele) segundo o princípio da necessidade e da autoridade, no qual a experiência vital mais alta é a da obediência. Pelo contrário, creio que tudo no mundo está em função da liberdade e do seu exercício responsável e, portanto, segundo o princípio dos valores do totalmente diferentes com respeito à necessidade, força, autoridade, perfeição, e mais semelhantes à gratuidade, fragilidade, autenticidade, processo dinâmico.

---

[49] Roberto G. Timossi, *Prove logiche dell'esistenza di Dio da Anselmo d'Aosta a Kurt Gödel. Storia critica degli argomenti ontologici*, Genova-Milano, Marietti, 2005, p. 41-43.

A visão do mundo na base da experiência vital que produziu as provas racionais da existência de Deus (sejam elas lógicas, físicas ou metafísicas, *a priori* ou *a posteriori*) é a da necessidade que impõe obediência, de uma ordem física que é transformada numa ordem de comando por parte de uma autoridade, e ao sujeito só resta obedecer. A minha visão do mundo é diferente: vejo o mundo como processo que se vai organizando dia após dia, não sem saltos para trás e contradições, mesmo se no seu conjunto orientado para um aumento da harmonia relacional e, portanto, da qualidade do ser-energia. E penso Deus como ativamente envolvido nesse processo cósmico, o penso como inspirador, como atrator, como ordenador não necessitante.

No mundo das provas racionais da existência de Deus, se um fato acontece, deve ter uma causa e deve ter um fim, porque Deus – escreve Agostinho – "conhece e coordena as causas primeiras e as causas segundas".[50] No mundo do princípio de causa + princípio de finalidade, no mundo da razão suficiente, tudo tem uma causa e tudo tem um fim. Trata-se de um mundo que tenho sempre sentido como distante da minha experiência vital e que, quando passei a refletir sobre a dor inocente causada por doenças genéticas, desabou completamente na minha mente, e não há catecismo ou encíclica papal ou página bíblica que a possa pôr de novo em pé.

No mundo das provas racionais da existência de Deus, todo acontecimento deve ter uma razão *suficiente*, no mundo da vida real, porém, muitas coisas apresentam uma razão completamente *insuficiente*, não são explicáveis com base no nada, admitem apenas um rosto como o do grito de Munch.

No mundo das provas racionais da existência de Deus, se acontece alguma coisa, deve ter uma causa, causa segunda, certamente, mas coordenada com a causa primeira, a qual, como a astúcia da razão, acaba num bem maior. Neste mundo, no qual as inumeráveis causas segundas correspondem todas à Causa Primeira, no mundo das provas racionais da existência de Deus, cada coisa se move com base no princípio de

---

[50] Agostinho, *De civitate Dei*, VII, 30 (ed. ital. org. por Luigi Alici, Milano, Rusconi, 1992³, p. 373).

causalidade e no princípio de finalidade. E em ambos os casos não se pode proceder ao infinito: *non est procedere in infinitum*, como repete Tomás de Aquino. E por que não se pode? Porque este mundo é como um jardim fechado, é completo, ordenado, perfeito no sentido do particípio *perfectum*, de *perficere*, "cumprir completamente, acabar, terminar". Um mundo completamente diferente do mundo real, que não é finito, não acaba, não é *perfectum*, mas é um processo sempre em evolução, ser-energia sempre a trabalhar.

Tomás de Aquino, o *doctor angelicus*, estava, então, errado? À luz da cosmologia do tempo não estava absolutamente errado, antes lutava contra a ala conservadora da teologia representada pelos agostinianos exatamente por introduzir também na teologia a visão científica do mundo da época, construindo precisamente a teologia "como ciência".[51] Errou, porém, quem, quando a cosmologia mudou três séculos depois, não soube entender que devia mudar também a teologia e reprimiu no sangue e na fogueira os que sustentavam o contrário. E erra hoje quem repete materialmente as ideias de Tomás de Aquino e trai o seu espírito continuando a promover uma imagem do mundo e da vida há tempo completamente superada.

O mundo das provas racionais da existência de Deus vive deste mote: *no princípio a autoridade*. O mundo real da física e do espírito tem outro lema: *no princípio a liberdade*. E é por isso que Kant lutou contra as provas racionais da existência de Deus. No Prefácio à segunda edição da *Crítica da razão pura*, escreveu assim: "Tive, portanto, de suspender o *saber* para abrir espaço para a *fé*".[52] O saber diz necessidade; a fé, ao contrário, liberdade.

17. Uma invenção humana

Se o Deus pessoal não pode ser racionalmente conhecido, então é verdade o que muitos dizem, repetindo um pensamento que vem desde

---

[51] Marie-Dominique Chenu, *La teologia come scienza nel XIII secolo* [1927-1957]; trad. de Marta Spranzi e Marco Vigevani, Milano, Jaca Book, 1995³.
[52] Kant, *Crítica da razão pura* [1787], B XXX, ed. ital. cit., p. 52.

a antiguidade e foi tematizado por Ludwig Feuerbach, na idade moderna, que fomos nós que inventamos Deus? É verdade no que tange ao *conceito*, mas isto não significa que a *realidade* à qual o termo Deus se refere seja falsa. Fomos nós que inventamos as outras formas mediante as quais toma expressão a dimensão espiritual, como a pintura, a escultura, a dança, o teatro, a poesia, a música..., mas o horizonte aberto por essas disciplinas inventadas pelos homens não é necessariamente falso. É falso para quem não tem ideia do que está em jogo aí, para quem não sente essas dimensões do ser, considerando-as apenas um bizarro passatempo ou um lucrativo investimento. Mas para quem vive para elas, e às vezes por elas passa fome, e a elas dedica toda a sua vida, não existe nada mais real e concreto. Trata-se de invenções, sim, mas no sentido etimológico do termo.

Inventar, na sua raiz latina (*invenire*), significa "topar em alguma coisa, encontrar, descobrir". A invenção é, antes de tudo, descoberta. Quando Alessandro Volta inventou a pilha elétrica, quando Antonio Meucci inventou o telefone, quando Guglielmo Marconi inventou o rádio, realizaram, antes de tudo, uma descoberta, a descoberta de uma dimensão do ser-energia que existira desde sempre e que graças ao gênio deles souberam tematizar. As invenções que duram e que incidem sobre a história são tais porque descobrem uma realidade objetiva que existe desde sempre, sabendo depois utilizá-la mediante a tecnologia em vantagem da humanidade. Acontece o mesmo no mundo do espírito. Quem já teve uma experiência *estética* real sabe que esteve na presença de algo *extático*, algo que o fez sair de si em direção a uma dimensão maior, preexistente, com respeito à qual, no entanto, não se sentiu estranho, mas copertencente.

Que nome dar a essa dimensão maior à qual, no entanto, se sente pertencer: reino da suprema beleza, da harmonia completa, da paz do coração, da luz do ser? Como chamar a experiência de quando se sai de si, sem, no entanto, perder-se, mas encontrando-se num nível mais alto? Como chamar a emoção da inteligência diante da luz puríssima que uma poesia, um quadro, uma música, uma oração, uma carícia faz surgir dentro de nós? O conjunto de termos como "Deus, divino, divindade" encerra os símbolos mais eficazes "inventados" pela mente humana para dar nome a essa realidade envolvente, materna e paterna, que se abre à mente e ao coração em algumas experiências vitais peculiares.

É verdade, portanto, que os homens inventaram Deus, deuses, paraísos e infernos e todas as outras imagens que povoam o universo religioso, mas nem por isso é tudo falso. Se se diz que tais imagens são imperfeitas, é porque procuram levar ao pensamento mediante categorias muitas vezes ingênuas e mitológicas – porque remontam a milhares de anos – uma realidade que existe desde sempre e que é o espírito que brota da profundeza do homem.

Eu disse que Deus, ou a divindade, é um símbolo. Mas atenção: "símbolo" é diferente de "sinal". Sinal é a placa na rua que simplesmente indica a direção, um sinal que em si não tem nada a ver com a realidade assinalada: o que um letreiro em que está escrito "restaurante" tem a ver com um prato de feijão com arroz? Símbolo, ao contrário, é um objeto ou um conceito que contém pelo menos um pouco da realidade à qual remete, como, por exemplo, uma bandeira nacional, com a qual, ao ser içada, se pretende honrar a realidade da nação à qual se pertence. Por isso, destruir um sinal de trânsito é apenas um ato estúpido de vandalismo, ao passo que queimar uma bandeira é uma ameaça a uma nação inteira. Ademais, exatamente por isso o símbolo se chama assim, visto que o substantivo grego *symbolon* deriva do verbo *syn-ballein*, ou seja, "colocar junto, unir, ligar", o mesmo significado do substantivo *religio*: o símbolo coloca junto a realidade simbolizada e o sujeito que faz experiência dela. É, portanto, totalmente legítimo dizer que Deus é o símbolo menos apto inventado pelos homens para exprimir o contato com a inesgotável criatividade do universo que dá a vida, com aquela atividade jamais interrompida que sustenta a vida e que, às vezes, está em condições de remeter a uma dimensão além da simples vida natural. O mesmo vale para a pessoa de Jesus, que é, como escreve o jesuíta Roger Haight, "símbolo de Deus".[53] O mesmo vale para os sacramentos, símbolos de Jesus. Deus, exatamente, é o símbolo daquilo que na vida de cada um desempenha a função preeminente, o princípio hierárquico,

---

[53] Roger Haight, *Jesus Symbol of God*, Maryknoll, Orbis Books, 1999 [ed. bras.: *Jesus, símbolo de Deus*, São Paulo, Paulinas, 2005²].

o princípio a partir do qual ordenamos e hierarquizamos os acontecimentos na nossa existência. Cada um que se perguntar qual é o seu princípio vital, a paixão predominante, descobrirá qual é o seu Deus. De minha parte, responderei mais adiante.

18. Sobre os diversos ateísmos e sobre a relação fé-ciência

Todo ser humano vive para algo maior do que ele e, portanto, tem um Deus seu. Até o egoísta mais frio, que pretende viver apenas para si, na realidade vive para algo maior do que ele, vive para a ideia do seu eu que é sempre maior do que a realização concreta naquele momento preciso. Não há ninguém que não faça a sua vida tender para algo maior do que ele e que, portanto, não seja, neste sentido primordial, diria físico, religioso. Há homens e mulheres que olham com presunção aqueles que dizem que acreditam em Deus, mas que depois cultivam mais ou menos com a mesma veneração um ideal como a ciência ou a política, ou a carreira e o dinheiro, ou até um cantor, um ator, um esportista, e não se sabe, quanto ao sentido de dependência e de submissão, qual é a forma de fé mais intensa. Um grande helenista do século passado, Eric Dodds, escreveu: "Que o culto helenista do monarca fosse *sempre* pouco sincero, que fosse uma montagem política e *nada mais*, ninguém que tenha observado, nos nossos dias, o constante aumento do entusiasmo das massas com relação a reis, ditadores, ou, na falta de algo melhor, de campeões esportivos, acreditará. Quando os velhos deuses se retiram, os tronos vazios invocam em altas vozes um sucessor".[54]

Por isso, à luz do sentido fundamental do termo Deus, que deve ser entendido como *vox relativa*, penso que o ateísmo é impossível. Os antigos deram vida aos deuses para exprimir essa atração das forças, das paixões, dos ideais que sempre de novo dominam a existência humana: o poder que é Zeus, o amor erótico que é Afrodite, a guerra que é Ares, a arte que é Apolo, a inteligência que é Atena, e depois as forças

---

[54] Eric R. Dodds, *I Greci e l'irrazionale* [1951], ed. ital. org. por Riccardo Di Donato, trad. de Virginia Vacca De Bosis, Milano, Sansoni, 2003, p. 297.

da natureza como o mar Posseidon, o vento Éolo, a morte Hades... O comunismo, que quis impor o ateísmo teórico a toda a sociedade, não foi mais que uma nova religião, com os seus dogmas, as suas liturgias, os seus sumos sacerdotes. O mesmo vale para o fascismo e o nazismo, também eles religiões com outros tantos dogmas, liturgias e sumos sacerdotes.

Nesse nível fundamental que toca a existência concreta, a verdadeira alternativa não é entre fé e ateísmo (porque também o ateísmo é uma fé, ainda que negativa), mas entre diferentes tipos de fé. Também cultivar uma determinada filosofia é um ato de fé, visto que a razão pura não está em condições de dar uma reposta satisfatória às perguntas que dizem respeito ao sentido abrangente da vida, para dar respostas às quais é preciso necessariamente sujar a pureza da razão com a paixão da fé.

Estou certo, no entanto, de que para alguns estas minhas considerações parecem fracas, se não risíveis. De fato, há seres humanos que estão prontos a excluir que tenham qualquer tipo de fé. Comumente eles se definem ateus, mas é preciso distinguir bem entre os diversos tipos de ateísmo. Como de fato há diversas religiões, assim há diferentes ateísmos. Um caso é o ateísmo que percebe o sentido do mistério e do desequilíbrio que distingue estruturalmente a vida humana e que, por sua vez, busca em solidariedade com os outros seres humanos, e dos quais padre Turoldo escrevia: "Irmão ateu, nobremente pensativo";[55] outro caso é o ateísmo chamado *bright* (literalmente, "brilhante"), que reduz a pesquisa religiosa e espiritual a um mero fenômeno de ignorância da qual sentir pena e escarnecer. Aconteceu-me mais de uma vez encontrar em debates públicos representantes deste último ateísmo e sempre senti uma grande distância com respeito a eles e à sua visão do mundo. Não porque não creem em Deus, dado que provo uma sensação totalmente diferente quando me acontece discutir oralmente ou por escrito com pessoas que se dizem não crentes, como Eugênio Salfari, Salvatore Natoli, Umberto Galimberti, Orlando Franceschelli e, sobretudo, Corrado Augias, junto com quem escrevi um livro concebido como "disputa", e

---

[55] David Maria Turoldo, *Oltre la foresta*, em *Canti ultimi*, Milano, Garzanti, 1992, p. 205.

que me revelou não pouca comunhão humana com ele. Para não falar de quando leio poetas como Lucrécio e Leopardi, ou filósofos como Ernst Bloch e Max Horkheimer.

Disso constatei que, como há diversos modos de ser crente, assim há diferentes tipos de ateísmo. O cardeal Carlo Maria Martini gostava de citar algumas palavras de Norberto Bobbio: "A verdadeira diferença não é entre quem crê e quem não crê, mas entre quem pensa e quem não pensa". Mas o que significa, neste caso, *pensar*, visto que certamente não se pode dizer que os ateus *bright* não pensam? Ainda Norberto Bobbio: "Um dia eu disse ao cardeal Martini: para mim a diferença não é entre o crente e não crente (o que quer dizer crer? em quê?), mas entre quem leva a sério estes problemas e quem não os leva a sério: há o crente que se contenta com respostas fáceis (e também o não crente, é claro, que se contenta com respostas fáceis!). Alguém diz: 'Sou ateu', mas eu não estou certo de saber o que isso significa. Penso que a verdadeira diferença é entre quem, para dar um sentido à sua vida, se põe com seriedade e empenho estas perguntas e *busca* a resposta, mesmo se não a encontra, e aquele a quem nada importa, a quem basta repetir o que lhe foi dito desde criança".[56]

"Pensar", na perspectiva de Bobbio, equivale, portanto, a *buscar*, como evidencia o itálico introduzido no texto impresso em "MicroMega". E é precisamente esta contínua *pesquisa* que distingue os homens em nível espiritual. Há aqueles que já têm e, por isso, não buscam mais, e que, para valorizar o que têm, tentam afirmar a sua visão sobre todas as outras destruindo toda diversidade, e que por isso são definíveis como "dogmáticos", sejam eles dogmáticos eclesiásticos ou dogmáticos racionalistas. E há aqueles que, ao contrário, ainda buscam: ou porque até agora não encontraram, mas sentem que não são feitos para o nada, ou porque encontraram, mas sentem que ainda há muito mais a descobrir, ou porque o que encontraram é apenas um caminho, bem longe de ser identificado com a meta definitiva, ou porque tinham encontrado e agora sentem que estão perdendo pelo caminho algumas aquisições que parecem não valer mais, ou talvez por outros motivos. A verdadeira

---

[56] Norberto Bobbio, *Religione e religiosità*, "MicroMega. Almanacco di filosofia", 2/2000, p. 8-9.

diferença diante do sentido da vida é entre quem busca, e buscando *aprecia* as pesquisas dos outros, e quem não busca e, ao não buscar, *despreza* as pesquisas dos outros.

Eu acho que o *pensar* a que se referia o Bobbio citado por Martini, e que marca a verdadeira diferença entre os seres humanos sem levar em conta as suas ideias definidas, depende da percepção do *mistério*, da sensação de estar "imerso no mistério": é daqui, de fato, que deriva a contínua busca da mensagem fundamental da vida. Quem não percebe esse sentimento primordial, quem não sabe o que é o mistério que cerca a vida e sorri sarcástico quando ouve falar dele, representa um tipo humano para o qual a pergunta que gera aquela pesquisa inquieta definível como "religiosidade" só pode estar ausente.

A propósito da religiosidade, Norberto Bobbio diz: "Permanece fundamental este sentido *profundo* do mistério, que nos circunda, e que é aquilo que chamo de sentido de religiosidade".[57] Quando me encontro diante de seres humanos que têm uma disposição existencial deste tipo, sejam eles não crentes ou crentes de outras fés com relação à minha, percebo em mim, diante deles, aquela comunhão que pode ser definida como *simpatia* no sentido etimológico do termo, ou seja, partilha do mesmo *páthos*, da mesma paixão, da mesma procura honesta, respeitosa, sofrida. Ao contrário, diante dos dogmáticos de todo tipo, sejam eles dogmáticos *in recto* enquanto crentes identitários, ou dogmáticos *in verso* enquanto não crentes igualmente identitários, sinto nascer em mim aquela "verdadeira diferença" de que falaram Norberto Bobbio e Carlo Maria Martini, porque vejo em ação um tipo humano que, pensando saber já tudo sobre o sentido da vida, quer apenas destruir a pesquisa do outro, uma disposição agressiva, agonística, polêmica, exatamente no sentido etimológico que remete ao termo grego *pólemos*, "guerra".

Quando tal disposição é vivida por quem crê em Deus, produz-se uma fé dogmática. Quando, ao contrário, essa disposição é vivida por quem não crê em Deus, produz-se uma dogmática racionalista e negadora comumente classificada como *cientificismo*. Pode-se definir *cientificismo* como a visão do mundo que, baseada na lógica matemática

---

[57] Ibid., p. 7.

e nos dados científicos, julga poder resolver o mistério da existência, ou seja, aquela perspectiva que nega inteiramente o mistério reduzindo-o a enigma e falando de *acaso*, e para a qual não há exatamente nada além do que se vê e se toca, a não ser objetos por enquanto desconhecidos, mas que de qualquer modo poderão ser vistos e tocados. Esta concepção do mundo pode ser também definida como materialismo, ou reducionismo, ou materialismo reducionista ou, enfim, reducionismo materialista. Stuart Kaufmann, biólogo teórico de fama internacional, fala dele assim: "O reducionismo é a concepção de que toda a realidade *não é nada mais* do que aquilo que está 'lá embaixo' na base atual da física: os *quarks* e as célebres supercordas da teoria das cordas, inclusive as interações entre essas entidades".[58]

Tal perspectiva quer reduzir todas as disciplinas humanistas às disciplinas científicas, e todas as disciplinas científicas à física, e toda a física à mecânica quântica, segundo a convicção de que é possível encontrar a verdade dos fenômenos ao desmontá-los nos seus elementos constitutivos, descendo sempre mais abaixo na obra de redução da realidade aos seus componentes. Trata-se de uma disposição mental que nega consistência última ao trabalho do ser porque identifica a verdade de um fenômeno não na sua unidade sintética, mas nos seus componentes ao desmontá-los e analisá-los singularmente (o homem não é o seu pensamento livre, mas os seus neurônios), negando consequentemente validade cognoscitiva ao sentimento e a todas as disciplinas que daí derivam como a arte, a música, a literatura, a religião. Tal disposição pensa que só a análise é um instrumento adequado de conhecimento e, portanto, divide, decompõe, fragmenta, ao passo que não sabe o que são a síntese, o golpe de vista, a intuição global. Nega que o sentimento possa ser de algum modo uma apercepção verídica da realidade, nega pela raiz o que Pascal chamava de *esprit de finesse* (traduzível como "intuição", visto que Pascal o contrapunha ao *esprit de géométrie*, que é a "dedução") ou também as *raisons du coeur*, as "razões do coração".[59]

---

[58] Stuart Kauffman, *Reiventare Il sacro. Una nuova concezione della scienza, della ragione e della religione* [2008], trad. de Sílvio Ferraresi, Torino, Codice Edizioni, 2010, p. 13.
[59] Blaise Pascal, *Pensamentos*, n. 1 e 146.

Dado que sustenta que a realidade só é corretamente percebida com os sentidos empíricos avaliados pela razão, ou seja, unicamente com a modalidade cognoscitiva da ciência experimental, tal perspectiva é comumente denominada "cientificismo". Contra esta perspectiva apresento os três argumentos seguintes.

1) *Tese do primeiro argumento*: É a própria lógica matemática que estabelece a sua impossibilidade de abraçar e definir o todo da realidade.
Argumentação: A referência obrigatória é o teorema de incompletude de Kurt Gödel formulado em forma dupla em 1931, mediante o qual aquele que é considerado um dos maiores lógicos de todos os tempos demonstrou que dentro de um sistema matemático existem proposições que o sistema não consegue "decidir", isto é, não consegue demonstrar se são verdadeiras ou falsas. Em suma, existem verdades que não são demonstráveis. Isso significa o seguinte: assumindo o mundo como sistema lógico-matemático, o resultado é a legitimidade, se não diretamente a necessidade, de outras linguagens além da lógica matemática para investigar o próprio mundo. É, portanto, a própria lógica matemática retamente exercida que declara os seus limites, tornando impossível o ideal cientista de considerar o mundo como um grande palácio de vidro no qual todos os detalhes são compreendidos com a mente e dominados com a vontade, onde, em suma, não há nada maior do que a exatidão científica. O que foi demonstrado por Gödel já fora intuído por outro grande matemático da história, Pascal: "O último passo da razão consiste no reconhecimento de que há uma infinidade de coisas que a superam. É muito fraca se não o reconhecer".[60]

Um físico certamente não suspeito de simpatias para com a religião como Stephen Hawking escreveu: "O teorema de Gödel, pondo limites insuperáveis à matemática, abalou profundamente a comunidade científica, na medida em que revirou a crença indiscutida segundo a qual a matemática é um sistema coerente e completo baseado num único fundamento lógico". Hawking prossegue comparando o teorema de Gödel com outras duas aquisições da ciência contemporânea: "O

---

[60] Ibid., n. 177.

teorema de Gödel, o princípio de indeterminação de Heisenberg e a impossibilidade prática de seguir a evolução de um sistema determinístico que se torna caótico representam três grandes limites ao conhecimento científico, limites dos quais se deu conta no século XX".[61]

Uma demonstração concreta do ponto de vista humano da validade do teorema de Gödel são os *Principia mathematica*, publicados por Alfred North Whitehead e Bertrand Russell entre 1910 e 1913. Tão unidos no âmbito lógico-matemático que escreveram junto três volumes de uma obra fundadora, os dois autores teriam depois pensamentos muito diferentes, se não opostos, sobre o sentido do mundo como um todo, tornando-se o primeiro um dos mais profundos pensadores metafísicos do século XX, filósofo da religião e inspirador da teologia do processo, e o segundo um dos pais do ateísmo contemporâneo. Whitehead e Russell, de acordo em tudo sobre a lógica matemática, mas em lados opostos quando se trata do sentido da vida, são a demonstração prática do teorema de incompletude de Gödel, quer dizer, de que a vida é maior do que a lógica e do que a matemática.

A síntese pode ser fornecida por estas palavras do matemático e astrofísico inglês John David Barrow no final de um livro intitulado *Theories of Everything*, com o subtítulo *The Quest for Ultimate Explanation*: "A verdade não pode nunca ser presa na rede de um conjunto finito de regras", para a qual "nenhuma descrição não poética da realidade pode ser completa".[62]

2) *Tese do segundo argumento*: Os cientistas, partindo dos mesmos dados experimentais, dividem-se na sua interpretação, apresentando visões muito diferentes sobre o sentido do universo, a origem da vida, a especificidade humana.

Argumentação: O progresso cognoscitivo da ciência está à vista de todos. Hoje se sabe que Giordano Bruno tinha razão ao falar de

---

[61] Stephen Hawking, *L'universo in un guscio di noce* [2001], trad. ital. de Paolo Siena, Milano, Mondadori, 2002, p. 143.
[62] John D. Barrow, *Teorie del tutto. La ricerca della spiegazione ultima* [1991], trad. ital. de Tullio Cannillo, Milano, Adelphi, 1992, p. 376-377 [trad. bras. de Maria Luiza Borges: *Teorias de tudo. A busca da explicação final*, publicado pela Zahar].

mundos infinitos e não o seu inquisidor, o cardeal Belarmino, hoje se sabe que os sustentadores do universo em expansão tinham razão e não os que defendiam o universo estacionário. Quando, porém, se trata de dar um significado humano aos dados experimentais, surgem teorias contrastantes: os mesmos dados mudam de significado na mente de um ou do outro cientista. Tomemos a cosmologia. O astrofísico norte-americano Steven Weinberg (Nobel de Física em 1979) escreveu que, "quanto mais o universo nos parece compreensível, tanto mais nos parece sem finalidade".[63] Exatamente em polêmica direta com ele, o astrofísico canadense Hubert Reeves escreveu: "Quanto mais se compreende o universo, mais ele nos parece vazio de sentido, escreve Steven Weinberg em *Os três primeiros minutos*. Eu o desafio a repetir estas palavras ouvindo, como estou fazendo neste momento, *As Núpcias de Fígaro* de Mozart... Graças ao trabalho dos artistas, a realidade adquire novas dimensões, o universo ganha esplendor e riqueza".[64] Talvez estas palavras sejam demasiado emotivas para alguns. Freeman Dyson, físico teórico há muito tempo professor no Instituto de Estudos Avançados de Princeton, exprime o mesmo conceito com tom mais brando: "Quanto mais o examino e estudo os detalhes de sua arquitetura, tanto mais numerosas são as provas de que o universo, em certo sentido, já devia saber que chegaríamos. Nas leis da física nuclear há alguns exemplos muito singulares de coincidências numéricas que parecem combinadas entre si para tornar o universo habitável".[65]

Registra-se a mesma divisão na interpretação dos dados objetivos entre os biólogos. Tomemos a questão da origem da vida. A partir dos mesmos dados científicos, há quem leia o aparecimento da vida como um acaso sem sentido, como Jacques Monod, Nobel de Medicina em 1965 ("o homem finalmente sabe que está só na imensidade indiferente

---

[63] Steven Weinberg, *I primi tre minuti* [1977], trad. de Libero Sosio, Milano, Mondadori, 1998[10], p. 170 [ed. port. por Gradiva: *Os três primeiros minutos do universo*].
[64] Hubert Reeves, *L'ora di inebriarsi. L'universo ha un senso?*, trad. de D. Cova, Bergamo, Lubrina, 1991, p. 204-205; citado por Roberto G. Timossi, *L'illusione dell'ateismo. Perché la scienza non nega Dio*, Cinisello Balsamo, San Paolo, 2009, p. 75.
[65] Freeman Dyson, *Disturbing the Universe* [1979]; citado por Christian de Duve, *Polvere vitale* [1995], trad. de Libero Sosio, Milano, Longanesi, 1998, p. 474.

do Universo do qual emergiu por acaso"[66]) e quem, ao contrário, como Christian de Duve, Nobel de Medicina em 1974, tira um sentido preciso inscrito na matéria, que tem por fim gerar a vida ao ponto de descrevê-la como "pó vital".[67]

Encontramos a mesma divisão na interpretação dos dados objetivos entre os geneticistas. Os dois protagonistas da decifração do genoma humano, Craig Venter e Francis Collins, são: o primeiro, ateu, e o segundo, crente.[68] Há cientistas para os quais os genes humanos são essencialmente guiados pela lógica do egoísmo, como para Richard Dawkins, biólogo e etólogo; e há outros para os quais os nossos genes são essencialmente orientados para o altruísmo, como Michael Tomasello, codiretor do Max-Planck-Institut de Antropologia evolutiva em Leipzig.[69] Os dados são os mesmos, mas a interpretação é frequentemente variada; não como a interpretação dos candidatos políticos a eleições, mas quase. É evidente, portanto, que na mente dos cientistas estão em jogo outros fatores além dos dados objetivos.

3) *Tese do terceiro argumento*: Os cientistas se dividem na utilização dos conhecimentos adquiridos, praticando filosofias de vida, visões éticas e comportamentos concretos muito diferentes.

Argumentação: Domingo, 17 de outubro de 2010, é publicada em *La Repubblica* uma foto de 1950, que retrata o criminoso nazista Adolf Eichmann e, talvez, junto com ele (é a tese de Giorgio Dragoni, professor de História da Física na Universidade de Bolonha) o físico Ettore Majorana. Eichmann foi um dos principais carrascos da Shoah, fugiu depois da guerra, foi capturado na Argentina por agentes secretos

---

[66] Jacques Monod, *Il caso e la necessità. Saggio sulla filosofia naturale della biologia contemporanea* [1970], trad. de Anna Busi, Milano, Mondadori, 1997, p. 164 [em português: *Acaso e necessidade*, Petrópolis, Vozes].
[67] Christian de Duve, *Polvere vitale* [1995], trad. de Libero Sosio, Milano, Longanesi, 1998, cujo subtítulo original, infelizmente omitido na edição italiana, é *Life as a Cosmic Imperativ*, "A vida como imperativo cósmico".
[68] Francis S. Collins, *Il linguaggio di Dio* [2006], trad. de Corrado Ferri, Milano, Sperling & Kupfer, 2007.
[69] Richard Dawkins, *Il gene egoista* [1976], trad. de Giorgio Corte e Adriana Serra, Milano, Mondadori, 1995; Michael Tomasello, *Altruisti nati. Perché cooperiamo fin da piccoli* [2009], trad. de Daria Restani, Torino, Bollati Boringhieri, 2010.

israelenses, levado a Jerusalém, processado e condenado à morte por enforcamento em 1962 (esteve presente em seu processo Hannah Arendt, que a partir dele redigiu o conhecido ensaio *A banalidade do mal*).[70] Majorana fazia parte dos chamados "Ragazzi di via Panisperna", grupo de cientistas que foi a glória da física italiana do século XX, que incluía Enrico Fermi, Emilio Setrè, Edoardo Amaldi, Oscar D'Agostino, Bruno Pontecorvo. Pontecorvo, então o mais jovem do grupo, contou a Miriam Mafai: "Na hierarquia religiosa de brincadeira do nosso instituto, Enrico Fermi era definido como *o papa* e Majorana levava o título de *grande inquisidor*. Era o único que falava com Fermi num plano de absoluta igualdade, e Fermi o considerava o maior físico teórico do tempo, o admirava e, às vezes, parecia até intimidado diante dele".[71] Ettore Majorana desapareceu misteriosamente em 1938 durante uma viagem por mar de Palermo a Nápoles. Desde então o mistério não acabou. As hipóteses se multiplicaram: suicídio por sentido de culpa (mas seu cadáver nunca foi encontrado), vida de mendigo (mas Paolo Borsellino, que seguiu a pista dele, a desmentiu), clausura num mosteiro misterioso (é o que diz Leonardo Sciascia no romance de 1975, *La scomparsa di Majorana*, mas sem provas documentais). A foto de 1950 entregue à imprensa por Dragoni dá valor a outra hipótese, a via alemã: Majorana escolheu deliberadamente colocar a sua ciência ao serviço da Alemanha nazista, fugindo depois da guerra para a Argentina como Eichmann e outros chefes. A favor desta hipótese há algumas cartas de Majorana à mãe, das quais aparece uma clara simpatia pela Alemanha nazista e acentos antissemitas.

Estamos falando de um dos físicos teóricos mais dotados de todos os tempos, em homenagem do qual a comunidade científica internacional decidiu dar o nome de uma partícula subatômica, chamando-a de "férmion de Majorana" (*Majorana fermion*), conseguindo o efeito de unir assim os nomes de dois grandes físicos italianos, Fermi (do qual "férmion") e Majorana. Mas, a despeito desta união virtual, na vida real

---

[70] Hannah Arendt, *Eichmann em Jerusalém: Um relato sobre a banalidade do mal* [1963]; trad. de José Rubens Siqueira, São Paulo, Companhia das Letras, 1999 [ed. ital. *La banalità del male*. Eichmann a Gerusalemme, trad. de Piero Bernardini, Milano, Feltrinelli, 2001].

[71] Miriam Mafai, *Via Panisperna, verità e bugie*, "Repubblica", 10 out. 2010.

Fermi e Majorana eram muito afastados na orientação ética e política, visto que Fermi escolheu emigrar para os Estados Unidos depois das leis raciais antissemitas do regime fascista, que atingiam diretamente a sua mulher, Laura Capon, judia, e seus filhos, e colaborou com os cientistas norte-americanos nas pesquisas sobre a bomba atômica nos laboratórios de Los Alamos dirigidos por Robert Oppenheimer.

Prescindindo, porém, dos detalhes biográficos, tudo o que eu disse demonstra, na minha opinião, que a ciência não se reduz à ética, porque dois dos maiores cientistas italianos de todos os tempos optaram, no mesmo período, por visões éticas e políticas opostas. Ou: a ação de um ser humano, e mais em geral a sua identidade, não vêm diretamente dos seus conhecimentos científicos. Daí surge a necessidade de um saber, ou, melhor dizendo, de uma sabedoria vital, que remeta ao outro, à liberdade, ao reino do espírito e do não determinado, não conhecido pela ciência e tradicionalmente conhecido como ética.

Há, portanto, três razões: (1) a primeira ligada ao método com o qual a ciência trabalha; (2) a segunda ligada à interpretação dos dados fornecidos por ela; (3) a terceira ligada à vida concreta dos cientistas; com base nas quais é preciso declarar que a pretensão de resolver o discurso sobre a vida e o seu sentido em perspectiva cientista e, portanto, declarar encerrado o discurso sobre Deus e sobre o mundo espiritual porque não é materialmente experimentável, aparece como uma opção que é ditada pela fé, por uma fé filosófica particular marcada pelo materialismo e pelo reducionismo, e por visões do mundo para as quais o que não entra no domínio dos sentidos e dos raciocínios humanos simplesmente não existe. Opção filosófica legítima, mas opção *filosófica*, não teoria *científica*. E, em minha opinião, opção filosófica empobrecedora da realidade humana complexa e estratificada. Eu, de fato, acho que negar a presença no ser humano de uma dimensão ontológica, que vá além do testemunho dos sentidos, significa negar exatamente a sua especificidade, aquela condição estranha do *homo pictor* tão eficazmente posta à luz por Hans Jonas.

19. Excurso: A teoria das cordas e a existência de Deus

A despeito do desejo de unificação que habita desde sempre a atividade científica, em física reinam hoje dois modos fundamentais de descrever a realidade, ambos verdadeiros e funcionando na sua ordem, mas (no estado das coisas) inconciliáveis entre si: de um lado a teoria da relatividade, que se refere à natureza do espaço, do tempo, da energia e da gravitação; do outro lado a mecânica quântica, que estuda os sistemas atômicos e subatômicos. A teoria da relatividade se ocupa com o comportamento dos corpos celestes e das galáxias (o infinitamente grande), a mecânica quântica do comportamento dos átomos e das partículas subatômicas (o infinitamente pequeno). Cada uma funciona no seu âmbito, mas os peritos não conseguem fazê-las funcionar juntas. Eis como o físico norte-americano Brian Greene apresenta a situação: "É fácil apresentar o problema. Os pilares sobre os quais se baseiam os fundamentos da física moderna são dois: a relatividade geral de Einstein, que fornece um quadro teórico de referência do universo em grande escala (estrelas, galáxias, aglomerados, até às imensas extensões do universo inteiro); e a mecânica quântica, que nos permite compreender o universo em escalas menores (das moléculas aos átomos, até às partículas subatômicas como os elétrons e os *quarks*). Em anos e anos de pesquisas, praticamente todas as previsões dessas duas teorias foram experimentalmente confirmadas, com um grau de precisão impensável. Mas as mesmas teorias levam inexoravelmente a uma conclusão preocupante: no modo em que estão hoje formuladas, a relatividade geral e a mecânica quântica *não podem ser ambas certas*. As duas teorias responsáveis pelo progresso extraordinário da física no último século, as teorias que explicam a expansão dos céus e a estrutura da matéria, são incompatíveis entre si".[72]

---

[72] Brian Greene, *O universo elegante. Supercordas, dimensões ocultas e a busca da teoria definitiva*, [1999], São Paulo, Companhia das Letras, 2001 [ed. ital. *L'universo elegante. Superstringhe, dimensioni nascoste e la ricerca della teoria ultima*, org. por Claudio Bartocci, trad. de Luigi Civalleri e Claudio Bartocci, Torino, Einaudi, 2000, p. 5].

Para resolver esse incrível quebra-cabeça (um pouco como ter um primeiro prato excelente, um segundo delicioso, mas um almoço inapresentável), na última parte do século XX foi formulada a chamada "teoria das cordas", que hoje em dia é a mais autorizada tentativa de conciliação, ainda que esteja bem longe de ser aceita universalmente pela comunidade científica. Há até algum "cordista arrependido", como observa Roberto Timossi a propósito do físico norte-americano Lee Smolin.[73]

O meu objetivo, naturalmente, não é apresentar, e muito menos discutir, a teoria das cordas, ou ainda das supercordas, como às vezes se lê, porque não tenho a mínima competência para isso. Interessa-me antes sublinhar a lógica que preside a formulação dessa teoria, uma lógica que procede:

— sob o impulso de um grande desejo de unificação;

— na ausência de qualquer possível dado experimental.

Sublinho *qualquer possível* dado experimental. Também Einstein chegou à teoria da relatividade impelido por um grande desejo de unificação que movera a sua mente, no seu caso querendo unificar a mecânica newtoniana com o eletromagnetismo maxwelliano, mas depois a sua teoria teve a possibilidade de ser verificada experimentalmente (por Arthur Eddington, em 1919, durante um eclipse total do sol, que ele fotografou na Ilha do Príncipe). A teoria das cordas, pelo contrário, no dizer dos seus defensores, nunca terá uma verificação experimental: "Ninguém nunca observou uma corda e é provável (se for excluída qualquer hipótese 'herética') que ninguém jamais a veja, mesmo se a teoria for verdadeira".[74] O resultado para essa teoria científica é um estatuto epistêmico não diferente do estatuto da existência de Deus. As palavras que Lee Smolin dedica à teoria das cordas lembram um raciocínio mil vezes repetido em filosofia e em teologia: "A teoria das cordas não pode ser refutada. Todavia, o oposto também é verdadeiro:

---

[73] Roberto G. Timossi, *L'illusione dell'ateismo*, Cinisello Balsamo, San Paolo, 2009, p. 462.
[74] Brian Greene, *La trama del cosmo. Spazio, tempo, realtà* [2004], trad. de Luigi Civalleri e Adria Tissoni, Torino, Einaudi, 2004, p. 416; citado por Timossi, *L'illusione dell'ateismo*, cit., p. 461 [trad. bras. *O tecido do Cosmo: o espaço, o tempo e a textura da realidade*, São Paulo, Companhia das Letras, 2005].

nenhum experimento jamais poderá demonstrar que é verdadeira... A incompletude da teoria das cordas é tal que a sua própria existência é uma conjetura não demonstrada, mas isto não impede que muitos que se ocupam com ela creiam que seja a única que pode levar ao progresso da física teórica".[75] Deixando de lado as duas últimas palavras – "física teórica" –, o raciocínio serve perfeitamente bem também para a existência de Deus, como aparece retranscrevendo o trecho depois de ter substituído *teoria das cordas* pelo sujeito *existência de Deus*: "A existência de Deus não pode ser refutada. Todavia, o oposto também é verdadeiro: nenhum experimento jamais poderá demonstrar que é verdadeira... A incompletude da teoria das cordas é tal que a sua própria existência é uma conjetura não demonstrada, mas isto não impede que muitos que se ocupam com ela creiam que seja a única que pode levar ao progresso da...", a esta altura cada um introduza o termo que preferir, humanidade, moral, paz do mundo, espiritualidade, ou, se milita em outra frente, ignorância, ilusão, mal-estar interior, conflito social...

Sou levado a sublinhar que a fonte mental que fez nascer a teoria das cordas (a mesma de Kepler, Newton, Einstein, todos grandes unificadores) é a mesma que fez nascer e faz nascer na interioridade de muitos seres humanos a fé em Deus enquanto Deus *pessoal*.

De fato, não é difícil compreender que há uma harmonia cósmica. Bastam apenas alguns conhecimentos científicos elementares e uma capacidade sem prevenções de reflexão. Se for considerado o ponto de partida para o início da expansão do universo 13,7 bilhões de anos atrás e o ponto de chegada hoje, a evolução é espantosa, e a quem fala de *acaso* lembro o que Giordano Bruno escrevia: "Tantas ordens admiráveis não podem ser atribuídas ao acaso, nem a outro princípio que não saiba distinguir e ordenar".[76]

---

[75] Lee Smolin, *L'universo senza stringhe. Fortuna di una teoria e turbamenti della scienza* [2006], trad. de Simonetta Frediani, Torino, Einaudi, 2007, p. xv e xvi; citado por Timossi, *L'illusione dell'ateismo*, cit., p. 462.

[76] Giordano Bruno, *De la causa, principio et uno* [1584], II, 113, ed. ital. em *Opere italiane*, textos críticos di Giovanni Aquilecchia, coord. geral de Nuccio Ordine, Torino, Utet, 2007, vol. I, p. 653.

Essa harmonia cósmica, porém, vai se formando mediante e apesar de uma imensa quantidade de dor e de sofrimento, para o que permanece advertência eterna a rebelião de Ivã Karamazov contra "a eterna harmonia". Estamos, pois, na presença de duas leis, ambas verdadeiras, mas não conciliáveis, antes parecem totalmente incompatíveis, exatamente como a relatividade geral e a mecânica quântica. As duas leis se referem, por um lado, ao infinitamente grande, onde se deve destacar um governo do mundo porque existe uma real evolução tanto na natureza quanto na história e, por outro lado, o infinitamente pequeno, que, porém, não conhece nenhum cuidado pela vida física dos indivíduos, nenhuma atenção pessoal, nenhum poder benigno que tome cuidado da vida de cada passarinho e que conte cada cabelo nosso.

O físico Brian Greene, defensor convicto da teoria das cordas, diz: "Talvez devamos concluir que o universo está cindido, em nível fundamental, e que são necessárias leis para os objetos grandes e outras leis (incompatíveis com as primeiras) para os pequenos? A teoria das supercordas responde com força: não".[77] Do mesmo modo a ideia do Deus pessoal, como a teoria das cordas indemonstrada e indemonstrável, responde com a mesma força que o universo não está cindido em nível fundamental e o unifica no eterno presente de Deus. A mesma tensão para a unificação que produziu na física contemporânea a teoria das cordas conduziu os seres humanos, há muitos séculos, à fé no Deus pessoal. Tal fé unifica a exigência e a vontade de amor da alma humana com a lei dura e impessoal que governa a natureza. Unifica a justiça da harmonia cósmica com a injustiça de que está repleta a terra.

Agora deixo a palavra com Albert Schweitzer: "Há um oceano de água fria e imóvel. Nesse oceano, contudo, passa a Corrente do Golfo, uma massa de água quente que corre do Equador para o Polo. Perguntai a todos os cientistas como se pode conceber do ponto de vista físico que uma corrente de água quente escorra no meio das águas do Oceano, as quais, por assim dizer, formam os seus diques; água em movimento

---

[77] Greene, *L'universo elegante*, cit., p. 6.

dentro da água imóvel, água quente dentro da fria: nenhum cientista sabe explicá-lo. Do mesmo modo há o Deus do amor dentro do Deus das forças universais, unido a ele, no entanto totalmente diferente. Deixemo-nos pegar e arrastar por essa corrente vital".[78]

---

[78] Albert Schweitzer, *Il cristianesimo e le religioni del mondo* [1924], em *Rispecto per la vita*, org. por Charles R. Roy, trad. de Constanza Walter, Milano, Edizioni di Comunità, 1957, p. 150.

IV. Condições e estilo

20. Limpeza da mente

Conta-se que um sábio chinês, querendo ensinar aos seus discípulos a avaliação correta da realidade, pedia aos seus discípulos que descrevessem um peixe morto: "Através de toda uma série de provas, os discípulos se perdiam em voos pindáricos e metafísicos, sempre mais longe daquela realidade deteriorante, e o sábio rejeitava todas aquelas provas, uma depois da outra. Enquanto isso, o fedor do peixe se tornava tão intenso que, afinal, os alunos aprenderam a descrevê-lo".[1]

Descrever a realidade por aquilo que ela é, fedor e apodrecimento incluídos; honestidade intelectual, desencanto, aderência à vida concreta sem fugir dela em busca de consolações baratas, indiferença pelas coisas subjetivas, obediência ao real, atenção para com a contínua revelação da vida aqui e agora, conectar-se com o presente e não com o passado: penso que a teologia cristã tem muito a aprender destes modos de dispor a mente, sobretudo quando o que está em questão é o seu objeto supremo, o próprio motivo do seu existir, ou seja, o ser e o conceito de Deus. Penso que a teologia cristã precisa de empirismo, de fidelidade à experiência real. De fato, os voos pindáricos e metafísicos em que se perdiam os discípulos do sábio chinês ao descrever um peixe morto não são diferentes dos voos dos teólogos cristãos ao falar de Deus. Quantas

---

[1] Cf. Anthony Burgess, "Introduzione" a Marco Polo, *Il Milione*, Milano, Rizzoli, 1981, p. 5.

projeções ingênuas do medo de viver, ilações sem fundamentos lógicos e históricos, cálculos afetados da razão política. Tudo isto (junto, naturalmente, com muita verdade, sabedoria, luz) se pode acompanhar nos dois mil anos de pensamento contidos genericamente sob o rótulo "teologia cristã". Se devêssemos, também, considerar as outras religiões da humanidade do presente e do passado, seria necessário o talento de um escritor de epopeia para fazer o seu balanço. A Deus, de fato, é atribuído tudo e o contrário de tudo, sendo ele descrito ora de uma maneira, ora de outra, como:

- uno e único, mas também trino e tripessoal;
- espírito puro, mas também dotado de voz, de vista, de ouvido;
- ser ou ato de ser, mas também puríssimo nada;
- masculino como um pai, mas também feminino como uma mãe;
- com um nome preciso (ainda que impronunciável), mas também inominado e inominável;
- onipotente, mas também impotente pelo respeito que deve à liberdade da criação;
- onisciente, mas também às escuras das escolhas do homem (sempre pelo motivo acima);
- onipresente, mas também oniausente pela sua infinita transcendência;
- morando no alto dos céus, mas também dentro da interioridade humana;
- impassível, mas também cheio de paixões como, por exemplo, o amor;
- severo e inflexível, mas também misericordioso e pronto a todo instante para o perdão.

À luz desta lista aproximativa, toda pessoa racional vê quão necessários são sobriedade, equilíbrio, capacidade analítica. Como Tácito propunha a si mesmo ao se pôr a narrar a história do principado de Tibério, é preciso proceder *sine ira et studio*, "com absoluta imparcialidade, sem aversão nem simpatia".[2] Antes de julgar, é preciso compreender.

---

[2] Tácito, *Anais*, I, I, 1, 4 (ed. ital. Milano, Mondadori, 2007, p. 7).

Compreender, no entanto, não é uma empresa tão simples, porque, na maioria das vezes, os homens são levados a querer julgar imediatamente na base de suas compreensões em vez de querer compreender a realidade pelo que ela é. Essa disposição provavelmente tem um fundamento na seleção natural, visto que julgar imediatamente significa também agir imediatamente e, portanto, ser mais reativo diante das diferentes situações da existência, ao passo que querer entender com objetividade imparcial pode levar a um impasse da mente e da ação com consequências que podiam resultar fatais nas primeiras fases da nossa evolução, e que nos nossos dias podem criar algum problema, Hoje, porém, a reflexão sobre o divino chegou a tal ponto que não deve temer momentos de vazio e de incerteza, nem sequer de dispersão. Antes, deve aprender a conviver e partir exatamente dali.

É claro que ninguém está privado de pré-compreensões, como eu mesmo não estou, por mais que me esforce por estar e, ademais, Hans Georg Gadamer ensinou que, sem uma pré-compreensão que nos permita ler e enquadrar o fenômeno, nem sequer poderia haver compreensão.[3] De fato, não se compreende um objeto apenas em si mesmo, mas também em referência ao sistema das relações às quais é funcional, segundo uma visão móvel das coisas que as saiba considerar no seu interior e no seu exterior, no seu presente e no seu passado e, talvez, imaginando o seu futuro. É a perspectiva expressa por Hegel mediante a típica terminologia de "em si" e de "para si". Um copo, por exemplo, não é compreendido apenas em si, ou seja, a partir da matéria da qual é composto, ou a partir da dimensão e da forma. É compreendido também em referência aos líquidos que deverá conter e às ocasiões para as quais é pensado. E assim, ao lado dos copos comuns para a água temos diversos cálices para o vinho tinto, outros para o vinho branco, taças para conhaque, canecas para a cerveja, pequenos copos ou cálices para a aguardente, taças para o champanhe... É neste sentido que, para compreender adequadamente um objeto, é necessário ter pré-compreensões:

---

[3] Cf. Hans George Gadamer, *Verdade e método* [1960], trad. Flávio Paulo Meurer, Petrópolis, Vozes, 2005, reimpressão.

se não fosse assim, ele não poderia ser enquadrado no sistema de relações do qual vive e que o constitui.

Mas é igualmente evidente que as pré-compreensões podem ser apenas preconceitos bonitos e bons e nada mais, e é preciso desconfiar deles e, se possível, libertar-se deles, porque constituem uma estreita prisão da mente que impede que se veja o fenômeno pelo que ele é. Mas é possível ou estamos inevitavelmente ligados ao nosso eu e ao *imprinting* que o determinou de uma vez para sempre?

21. LIVRE-ARBÍTRIO

Eu sustento que, embora não seja fácil, a libertação dos preconceitos é possível. Se trabalhar sobre si mesmo, o ser humano está em condição de dar uma espécie de salto para fora da própria mente e considerá-la como que de fora, repensando as suas palavras e as suas ações, refletindo sobre por que costuma dizer algumas coisas e não outras, por que sustenta algumas ideias e não outras, por que assume alguns comportamentos e se abstém de outros. A mente humana é capaz de ver-se, pesar-se e, às vezes, reformar-se. Não somos apenas *sapiens*, somos *sapiens-sapiens*; não somos só conscientes, somos também autoconscientes, cônscios da nossa consciência, e graças a isso em condições de mudar ideias e comportamentos. É daqui que nasce a prática do exame de consciência, do qual, pelo que eu saiba, no Ocidente, foi Pitágoras o primeiro a falar: "Recomendava preocupar-se sobretudo com dois momentos do dia: quando se dorme e quando se desperta. Porque em ambos é preciso submeter a um exame os atos já realizados e aqueles ainda por fazer, dando conta a si mesmo das ações feitas e prevendo as futuras".[4]

Estou sustentando, noutros termos, que somos livres, que gozamos efetivamente do livre-arbítrio e que por ele é possível fazer uma reforma dos nossos pensamentos, aquela *emendatio intellectus* da qual se originaram a grande filosofia e a grande teologia, entendidas ambas não só e

---

[4] Porfírio, *Vida de Pitágoras*, 40; em Pitagoras, *Le opere e le testimonanze*, org. por Maurizio Giangiulio, Milano, Mondadori, 2000, vol. II, p. 279.

não tanto como eficiência intelectual, mas mais profundamente como "prática de vida", como "exercício espiritual", segundo o verdadeiro sentido da filosofia antiga, tornado hoje atual pelos ensaios memoráveis de Pierre Hadot, e segundo o verdadeiro sentido da teologia cristã que sempre colocou o seu sentido último na vida espiritual.[5] Creio que seja possível trabalhar sobre si mesmo e tornar-se pessoa em condições de fazer resplandecer na mente a verdade dos fenômenos vitais, chegando a ter "livre o intelecto, limpa a visão".[6] Trata-se apenas de querer acima de tudo a verdade, levando a sério o ensinamento bíblico: "Luta até à morte pela verdade, e o Senhor Deus combaterá por ti" (*Sirácida* 4,28). Entregar-se à verdade sem nada defender e fazer-se compenetrar por ela significa pôr em ato a primeira condição decisiva para o nascimento da liberdade.

Nesta perspectiva de limpeza e de liberdade da mente, trata-se de enfrentar a objeção hoje mais difundida quando se fala de Deus, ou que tal conceito não é senão uma invenção consoladora inconsciente diante do medo do nada e da morte.

22. Ek-sistência

Uma pedra não tem religião, nem uma planta ou um animal tem religião, só o ser humano a tem. O *Homo sapiens-sapiens* sente desde sempre a necessidade da religião enquanto ligação-coligação-relação com o princípio de todas as coisas. Mas por que os homens são a única espécie natural a não ficar tranquila nos trilhos da Mãe Natureza? Por que o fenômeno animal mais dotado de razão é também aquele que mais entra nos territórios da irracionalidade e da metarracionalidade?

A resposta é simples: porque o homem é o único ser vivo dotado de liberdade. E é exatamente a liberdade, sua característica singular, que o

---

[5] Em particular Pierre Hadot, *Esercizi spirituali e filosofia antica* [1981], org. e prefácio de Arnold I. Davidson, trad. de Anna Maria Marietti, Torino, Einaudi, 2005; e *La filosofia come modo di vivere. Conversazioni con Jeannie Carlier e Arnold I. Davidson* [2001], trad. de Anna Chiara Peduzzi e Lura Cremonesi, Torino, Einaudi, 2008.

[6] Giordano Bruno, *La cena de le Ceneri* [1584], I, 55; em *Opere italiane*, textos críticos de Giovanni Aquilecchia, coordenação geral de Nuccio Ordine, Torino, Utet, 2007, vol. I, p. 458.

faz sentir-se desligado, descoordenado, sem um centro de gravidade. Por causa da sua liberdade, o ser humano "ek-siste", isto é, está fora, vai em frente, está além com respeito à sua condição de objeto físico, de simples e inocente pedaço do mundo. Essa "ek-sistência", esse afastamento entre mim e o mundo, cria a desarmonia da qual nasce a busca espiritual, desenvolvida por várias religiões em duas direções fundamentais opostas:
- promovendo um trabalho espiritual como extinção da "ek-sistência", ou seja, da peculiaridade do Eu com respeito ao mundo, da diversidade do Eu com respeito ao mundo;
- promovendo um trabalho espiritual como extinção "deste mundo", ou seja, da pertença do Eu ao mundo material, para conduzi-lo ao verdadeiro mundo identificado na transcendência.

A liberdade é a geratriz da transcendência. Todo ser humano, nascido entre mil condicionamentos biológicos e ambientais, pode acabar não sendo inteiramente necessitado por tais determinações, pode agir e não apenas re-agir, e dessa sua capacidade peculiar de ação ativa e criadora chamada *liberdade* nasce, como sua invenção-descoberta, a igualmente particular dimensão do ser chamada *transcendência*, ou seja, o experimentar este mundo não como definitivo, mas como passagem, o sentimento de que não chegamos, mas estamos envolvidos numa viagem. Karl Jaspers escreveu: "A transcendência está presente quando o mundo é experimentado e pensado não mais como subsistente por si mesmo, como o ser em si, mas como passagem. Essa transcendência é o ponto ao qual se refere a liberdade humana".[7] Isso pode ser chamado de vários modos: peregrinação, odisseia, vagabundagem, naufrágio... Alguém pensa que chegará à casa tocando a terra; outro que acabará esfacelado nos escolhos; alguém que será absorvido pelo mar e que a meta definitiva seja exatamente o mar, uma pátria líquida, porque não há mais a terra firme, não há mais sequer o sonho de uma terra firme, e a única coisa segura é o processo que nos plasma e que, exatamente enquanto nos plasma, ao mesmo tempo nos leva à destruição. Penso que alguém já observou dentro de si esses múltiplos sentimentos, porque o

---

[7] Karl Jaspers, *La fede filosofica di fronte alla rivelazione* [1962], trad. de Filipo Costa, Milano, Longanesi, 1970, p. 269.

homem, exatamente enquanto livre, não vive para o mundo de uma simples presença, mas "ek-siste", está fora.

A ek-sistência, o poder estar com a mente fora da sua existência, o colocar-se fora com respeito ao seu ser, é o específico humano, o que provoca angústia, dor, medo, aborrecimento nos aspectos negativos, e alegria, amor, amizade, profundidade de pensamento, criatividade artística nos aspectos positivos. A misturada de tudo isso leva às vezes a perguntar por que existo, por que estou aqui, exatamente aqui, com este corpo e com este caráter que são o meu destino e, às vezes, a minha prisão. Por que estou destinado à inquietação gerada por despertar na minha consciência o meu existir? Por que não poderei simplesmente ser, como as árvores que vejo da janela, como as nuvens do céu, como as pedras que piso durante a caminhada, que estão muito mais tranquilas do que eu?

O mito de Gênesis 3, bem mais em profundidade da dogmática cristã tradicional, que o lê moralisticamente em termos do *pecado original* (de modo diferente do judaísmo, que sempre cuidou para não cair nesse equívoco), indica exatamente o amargo, mas necessário, despertar da consciência para a ek-sistência. Comer o fruto da árvore do conhecimento significa chegar a ex-sistir, não encontrar-se mais no círculo fechado do existir, sentir e compreender que, em relação ao próprio existir, se coloca fora, e que nesse expor-se pode também despenhar-se, e a mente de fato, às vezes, percebe que não pode sair, longe do próprio corpo, e também da própria psique, e que pode chegar a não querer mais ser no sentido de não querer mais ek-sistir, quer pôr fim a esse emergir da ponta mais alta da própria energia, quer voltar a conciliar-se com o ser mudo, e ser como uma coisa, como uma pedra, não mais ek--sistir, mas apenas *sistere*, estar; e assim vende a sua liberdade, a *entrega* e, neste sentido, a *trai*, ou, às vezes, até a suprime, suicidando-se. A ek--sistência livre é, por definição, condição inquieta, dramática, às vezes também trágica.

Crer em Deus significa esperar que esta inquietação estranha e não natural gerada pela ek-sistência (o *cor inquietum* sobre o qual escreve Agostinho no início das *Confissões*) não seja uma brincadeira de mau gosto da natureza para fazer uma espécie animal particular sofrer mais do que outras, cumulando-a de medo e de ilusões, mas seja o sinal de uma dimensão ulterior do existir ao qual é possível chegar, e desde já, na normalidade da vida, experimentar (o *requiescere in te*, ao qual Agostinho entrega o *cor inquietum*).

23. Sentimento

A chave do discurso sobre Deus é inata na especificidade humana. Nenhuma argumentação a partir das coisas externas pode falar aos homens do divino absoluto, tampouco podem os argumentos que partem *a priori* do pensamento puro (tão abstratamente puro que se torna externo com relação à vida concreta do homem), nem aqueles que partem *a posteriori* dos fenômenos do mundo. O melhor que tais tentativas podem oferecer é conseguir mostrar que a ideia de Deus não é contraditória com a lógica do pensamento puro e não é contraditória com a experiência do mundo. Mas não vão além disso, ficam no plano lógico, não estão em condições de tocar a realidade viva que move os seres humanos. Os argumentos puramente racionais que aspiram ao estatuto de "prova" nascem como raciocínios feitos num quarto fechado, não são ideias vivas que brotam de emoções ao caminhar ao ar livre. A exceção é o argumento físico-teológico, que nasce do sentimento do mundo e da sua beleza, e que, porém, exatamente por isso, está bem longe de ser uma prova. Ainda mais, porém, do sentimento do mundo, estou convencido de que se pode argumentar a favor de Deus apenas introduzindo a paixão e o sofrimento do mundo *humano*, só a partir daquela dimensão especial que habita em nós e que comumente chamamos de "coração". Estou dizendo, em outros termos, que o órgão privilegiado da fé é o sentimento. Pascal escreveu: "O coração, e não a razão, sente Deus".[8]

A fé nasce como sentimento do *bem* como dimensão última e constitutiva do mundo; a fé nasce como sentimento da *justiça* como dimensão última e constitutiva do mundo. A razão, ao olhar o mundo,

---

[8] Blaise Pascal, *Pensamentos*, n. 148.

se não é ideologicamente determinada, vê sempre e só antinomias: de modo diferente do ateísmo, vê argumentos a favor do primado ontológico do bem e da justiça e, portanto, da existência de Deus, mas ao mesmo tempo, de modo diferente do dogmatismo, vê argumentos contra o primado ontológico do bem e da justiça e, portanto, da existência de Deus. A razão, portanto, se fecha necessariamente na contradição e não sabe oferecer nenhuma energia à vontade: assim também se explica o ceticismo, às vezes o cinismo e até o desespero em que caem alguns intelectuais. O que, então, pode mover a vontade para o bem e a justiça? O sentimento. O sentimento é a força construtiva da vida, a fonte da energia vital, o ímpeto para construir e ir em frente. Talvez não expresso e não tematizado em nível do intelecto, talvez tematizado até de modo diferente com relação à direção fundamental que imprime concretamente, porém é sempre o sentimento que move a vida e a vontade. Escrevi que às vezes o sentimento é tematizado de modo diferente com relação à direção impressa por ele, porque tenho notado que há pessoas que por palavras dizem que não creem no primado ontológico do bem e da justiça (a verdadeira aposta na questão da existência de Deus), mas que depois, na prática, atuam a favor do bem e da justiça; e vice-versa, há os que por palavras dizem que creem em Deus, ou seja, no primado ontológico do bem e da justiça, e que depois, na prática, agem olhando apenas a si mesmos e os seus interesses, às vezes escusos.

Mas a prioridade do sentimento, além de em nível prático, aparece também em nível teórico, onde influencia as obras artísticas e literárias, as construções filosóficas e até a interpretação dos dados científicos e o consequente surgimento de novos paradigmas. Em minha opinião, isto demonstra a precedência do sentimento com respeito à razão. A razão, ainda que importante e necessária, não é o horizonte último da personalidade. Mais importante, mais primordial, mais originário, mais arqueológico é o sentimento. Com ele entendo o sentido global mediante o qual cada um percebe o sabor (ou o gosto, a cor, o som, o perfume) da vida. Ao lado dos cinco sentidos com os quais percebemos os objetos do mundo físico, o sentimento é, de fato, uma espécie de sexto sentido, que diz respeito a uma dimensão diferente com relação ao corpo material e que comumente chamamos de *alma*. O sentimento é o sentir da alma, é a percepção da parte da nossa mais íntima personalidade do sabor da vida (da cor, do som, do gosto, do perfume da vida) na sua globalidade.

Entre os múltiplos sentimentos que a existência humana produz, parece-me que o sentimento que leva a crer em Deus nasce da tensão que nos faz sair do nosso pequeno eu e nos põe em empatia com todos os seres (humanos, mas também animais, vegetais, até inanimados como as pedras e as nuvens), percebendo com eles uma comunhão de fundo, uma espécie de rede que todos contém, um ventre comum do qual todos saímos e ao qual todos estamos destinados a voltar. Ao escrever estas coisas, não posso deixar de notar a minha insuficiência diante da tentativa de compreender o motivo que leva bilhões de seres humanos a crer no que não veem, no entanto intuem que o conceito de Deus nasce para indicar a ideia de uma realidade primeira e última em condições de abraçar todos os seres, de um fundamento original de todas as coisas que é também meta para a qual todas as coisas aspiram, início, presente e fim de toda realidade (pessoalmente, é só assim que consigo compreender o que Jesus disse ao falar de "Reino de Deus"). Recorro à grande poesia de Goethe: "Quem tudo abraça, quem tudo sustém, não abraça talvez e sustém a ti, a mim e a si mesmo? Acaso no alto não se curva o céu? E debaixo de nossos pés não está firme a terra? E que as estrelas surgindo não brilham para nós amorosa luz? Não olha talvez o meu olho no teu, e não se ajunta cada coisa na tua cabeça e no teu coração, atuando visível e invisível em eterno mistério em torno de ti? Disso enches o teu coração, porque é grande; e quando nesse sentimento te encontrares verdadeiramente feliz, chamando-o então como quiseres: chama-o felicidade, coração, amor, Deus; para ele não tenho nenhum nome. *Sentimento é tudo*. O nome é apenas som e fumaça, que ofusca o esplendor do céu".[9]

Quem crê em Deus percebe dentro de si, na profundidade do viver que apoia e que guia a sua razão, o sentimento e, também, o desejo de um sentido abrangente que unifique, abrace e recolha todos os seres, vivos e não vivos. Por isso, quem crê em Deus é habitado por uma nostalgia sutil, mas irresistível. Nostalgia pelas promessas que a vida

---

[9] Johann W. Goethe, *Faust* [1831], *Marthens Garten* (Quintal de Marta), v. 3435-3455.

contém e que ela por si nunca realizará. Nostalgia pela potencialidade de sentido último de que a mente está em busca, e quem, neste "banco de areia da temporalidade" (para citar Shakespeare, citado por Hegel), nunca encontrará.[10] Nostalgia, portanto, sofrimento.

O órgão da fé não é a razão, mas o sentimento, o sentimento da vida que, às vezes, gera maravilha, às vezes, entusiasmo, às vezes, terror, às vezes, desespero, às vezes, nostalgia, às vezes, sofrimento, mas, sempre e de qualquer maneira, *páthos*. E que, sofrendo o sentimento do exílio, põe-se à procura da casa, na confiança de que a casa exista de verdade.

Diante dos mil rostos que a existência pode tomar, a fé, como sentir do coração no fundo de todas as religiões, diz a cada um: "Há um sentido último das coisas que supera o teu pequeno eu e com o qual o teu pequeno eu não pode relacionar-se; o objetivo último do teu viver é tomar consciência de que fazes parte dele e de que a ele podes conscientemente unir-te com a tua liberdade". Toda religião então argumenta ao seu modo sobre esta mensagem fundamental da fé originária, nem será jamais possível harmonizar entre eles os diversos sistemas teóricos e práticos propostos pelas várias religiões. Todas as religiões, porém, estão ligadas por esta convicção decisiva que elas dão a quem as vive: "É uma realidade suprema do mundo, e o objetivo da tua vida é relacionar-se com devoção a ela". Essa Realidade Suprema, ou sentido último, ou princípio de todas as coisas é tradicionalmente chamado de Deus por nós no Ocidente.

Estou consciente de que, se eu tivesse nascido no Egito ou na Índia ou no Japão, pensaria e, portanto, creria de modo diferente, seria muçulmano ou hinduísta ou xintoísta. Sei muito bem que as minhas ideias sobre a divindade ou o mistério último do real me foram transmitidas por uma tradição religiosa particular e, portanto, são necessariamente condicionadas, estruturalmente impossibilitadas de abraçar o divino na sua totalidade. Penso, no entanto, que todas as grandes

---

[10] William Shakespeare, *Macbeth* [1603-1607], ato I, cena 7; citado por Georg W. F. Hegel, *Lezioni sulla filosofia della religione* [1821-1831], trad. de Elisa Oberti e Gaetano Borruso, Roma-Bari, Laterza, 1983, vol. I, p. 4.

tradições religiosas, prescindindo da concretude das suas expressões, caracterizam-se por uma dimensão comum, ou melhor, pela confiança de fundo na possibilidade de que a nossa interioridade mais pessoal possa relacionar-se com a realidade última. Ou na confluência do Eu em Deus, até que Deus seja "tudo em todos" (*ta panta en pasin*), como escreve o apóstolo Paulo em 1 Coríntios 15,28.

Pode-se chegar a essa unidade entre Mim e Deus
- pela via mística, como nas religiões de origem indiana como o hinduísmo e o budismo;
- pela via sapiencial, como na religiosidade chinesa expressa pelo confucionismo e pelo taoísmo;
- pela via profética, como nas religiões semíticas do judaísmo, cristianismo e islamismo.

Mas, prescindindo da via, o que é decisivo é a tensão para essa unidade, verdadeiramente fim último da religiosidade autêntica.

Na vida, porém, não se trata tanto de ter ideias, como se a vida se resolvesse nos discursos e nas profissões de fé. Na vida se trata, sobretudo, de agir, de ter energia para viver e trabalhar, de encontrar coragem para lutar por um mundo mais justo, e também a coragem, muitas vezes mais onerosa, de se tornar um pedaço do mundo mais justo. A vida é ação, trabalho, introdução no sistema mundo de forma e, depois, de re-forma. De onde tirar a energia necessária para essa finalidade? Albert Schweitzer, trabalhador incansável pelo bem da humanidade, disse: "Toda convicção que possuir um valor real é irracional e de caráter entusiasta, dado que não pode ser o produto do conhecimento do universo, mas nasce da experiência da vontade de viver".[11]

Penso que Schweitzer tinha razão, e que quem conhece o verdadeiro rosto do amor e da paixão o compreenderá por si mesmo, no primeiro instante. A energia vital não vem do conhecimento objetivo, que, pelo contrário, pode bloquear a ação esmagando-a sob suas antinomias; a energia vital vem do sentimento, de uma dimensão além da razão. De modo diferente de Schweitzer, porém, não creio que, para caracterizar

---

[11] Albert Schweitzer, *Civiltà ed etica* [1923], em *Rispetto per la vita* [1947], org. por Charles R. Joy, trad. de Constanza Walter, Milano, Edizioni di Comunità, 1957, p. 33-34.

essa convicção interior que move à ação, se deva falar de "irracionalidade"; falaria antes de "metarracionalidade". O termo irracionalidade indica, de fato, algo não conforme à razão e, portanto, irracional; indica que se desviou do caminho reto da razão e acabou saindo do caminho. Metarracionalidade, porém, indica que tal caminho da razão pode ser percorrido até o fundo e agora se foi além, prosseguindo no caminho num terreno inexplorado pela razão, onde ela pode apenas ser conduzida, porque, como se sabe, "a coruja de Minerva levanta voo só depois do crepúsculo".[12]

Primeiro é a vida e o sentimento da vida, depois vem o pensamento da vida que é a razão. Infeliz, portanto, daquela vida que não se deixa examinar e purificar pela crítica da razão (porque seria irracional e, portanto, danosa para si e para os outros); igualmente infeliz, porém, é aquela vida que pretende basear-se apenas na crítica da razão (porque seria estéril e acabaria na mesquinhez que calcula tudo, até os minutos concedidos aos amigos). Não se trata de ser irracionais, mas tampouco de ser irracionalistas. Trata-se de compreender que a vida vem antes da razão, e que se diz, antes de tudo, como coração, paixão, desejo, generosidade. As convicções que nos dão energia vital para prosseguir no caminho da existência não nascem como raciocínios, mesmo se depois remetem ao raciocínio. Como defini-las? Intuições? Talvez. Mas o que é intuição?

É uma forma de inteligência que prescinde da razão. Que vem antes da razão. Enquanto a razão chega ao crepúsculo e sistematiza o que foi adquirido por outros, a intuição se levanta de manhã cedo, se mexe enquanto ainda é escuro, pretende ver quando ainda não há luz. Naturalmente, por causa disso às vezes vê o que não há, e não vê o que há, e, consequentemente, é sempre examinada pela luz da razão. Mas seria um grande erro, por medo de errar, frear a intuição.

Primeiro a intuição, depois a inteligência. Se o processo da intuição for bloqueado, não pode haver compreensão. Mas se a intuição vem antes da inteligência, é guiada por que coisa? Pela emoção, pelo

---

[12] Georg W. F. Hegel, Prefácio a *Lineamenti di filosofia del diritto* [1820], ed. ital. org. por Giuliano Marini, Roma-Bari, Laterza, 1991³, p. 17.

sentimento, pelo sexto sentido da alma. E assim somos levados de volta ao primado do sentimento.

Pavel Florenski afirmou: "O sistema de pensamento é determinado pelo objetivo da nossa vida".[13] Mas, se o nosso pensamento é determinado pelo objetivo pelo qual vivemos, então como é determinado o objetivo pelo qual vivemos? De onde vem, se vem antes do pensamento? Há uma dimensão da vida mais original atestada pelo sentimento, ao serviço da qual a razão está. Há uma música, uma cor, um gosto da vida, que vem antes do pensar e que determina o pensar. Quando em alguém nasce a fé em Deus ou no divino, é porque com o coração percebe que a sua vida está imersa em algo maior do que ele, e essa sua percepção o torna diferente de quem reconduz tudo a si, fazendo unicamente de si o objetivo para o qual vive, gerando um sistema de pensamento que aceita apenas aquilo que compreende e que pode dominar, e que exclui aquilo que não compreende e não pode dominar, um sistema de pensamento no qual ele possa ser o dominador, dominador sobretudo do bem e do mal, que são considerados como não existentes objetivamente, mas como simples convenções que ele, homem superior, pode infringir. Quem vive para algo maior do que ele percebe que a vida se lhe apresenta como algo que vale mais, e quer servir a ela. Este sentimento vital que vence o egocentrismo natural do Eu empírico é a base da experiência ética e espiritual.

24. Mistério

A dimensão experiencial no fundamento da fé é o sentimento do mistério. O mistério foi percebido desde os primórdios da humanidade no duplo sentido de *mysterium tremendum* e de *mysterium fascinans*, e ainda hoje o ser humano faz experiência dele, percebe, retomando a expressão de Norberto Bobbio, que está "imerso no mistério".

O fenômeno físico, a experiência concreta que levou os homens desde sempre a falar de Deus e do divino é esse sentimento do mistério.

---

[13] Pavel Florenski, *La concezione Cristiana del mondo* [1921], ed. ital. org. por Antonio Maccioni, Bologna, Pendragon, 2011, p. 190.

Ele é a condição indispensável para o discurso espiritual, que depois se configura ou como religião, ou como filosofia, ou como ambas as coisas, ou talvez como algo ainda diferente. Sem esta percepção, falta a *conditio sine qua non* da espiritualidade, a qual no seu nascer é expressa por estas palavras de Wittgenstein: "Crer em Deus quer dizer que os fatos do mundo, afinal, não são tudo";[14] e no seu vértice por Albert Schweitzer: "O máximo conhecimento é saber que somos circundados pelo mistério".[15]

Mistério é diferente de enigma. O enigma é um quebra-cabeça de adivinhação que diz respeito apenas à inteligência; o mistério é uma condição existencial que se refere à totalidade da vida. O enigma é plural, porque estamos cercados de coisas que restam por explicar; o mistério é singular, é um só, é a vida em que estamos imersos. O enigma está lá fora, o mistério está aqui dentro e ao mesmo tempo nos envolve. Diante de um enigma, a inteligência aceita o desafio e se lança a resolvê-lo, diante do mistério a vida sente que deve calar-se e escutar. Não por acaso a etimologia mais acreditada do termo grego *mystêrion*, de onde vem o latino *mysterium*, é o verbo *myo*, que significa "fecho-me, estou fechado", dito dos olhos e dos lábios.

A percepção do mistério da vida se dá como inquietação que atravessa a existência e que nos faz sentir que *não estamos* onde deveríamos estar, e ao mesmo tempo como maravilha que também atravessa a existência e que nos faz sentir que *estamos* onde deveríamos estar. Dessa condição existencial nasce a espiritualidade. Noutros termos, a espiritualidade nasce de uma falta de equilíbrio. Essa falta de equilíbrio não é entendida unilateralmente como desarmonia, mas como conjunto de harmonia (*mysterium fascinans*) e desarmonia (*mysterium tremendum*). A espiritualidade não nasce só da desarmonia, porque de outro modo não se teria a alegria e a paz que a habitam desde a origem; e ao mesmo tempo a espiritualidade não nasce só da harmonia, porque senão não se teria a ascese e a luta e o sofrimento que também a acompanham desde

---

[14] Ludwig Wittgenstein, *Quaderni 1914-1916*, em *Tractatus logico-philosophicus e Quaderni 1914-1916*, org. por Amedeo G. Conte, Torino, Einaudi, 1998, p. 218.
[15] Albert Schweitzer, *Il cristianesimo e le religioni del mondo* [1924], em *Rispetto per la vita* [1947], org. por Charles R. Joy, trad. de Costanza Walter, Milano, Edizioni di Comunità, 1957, p. 143.

a origem. A espiritualidade nasce da desarmonia + harmonia, onde a desarmonia é a dimensão que comumente é percebida por primeiro pela consciência, e onde a harmonia é a dimensão que ontologicamente vem antes, porque é só graças a ela que a des-harmonia pode ser percebida como tal.

Harmonia + desarmonia mostram que a experiência da liberdade é atravessada por uma dialética dramática, da qual a liberdade nunca mais poderá se curar. Essa dialética aparece em ação já na natureza: é, de fato, a liberdade de que a natureza goza que produz a evolução após as mutações causais na reprodução dos organismos, uma evolução para cuja produção se dá um número muito maior de variações configuráveis como doenças genéticas. Ainda mais intensa é a dialética que atravessa a liberdade da qual o homem goza, fenômeno único e específico dentro do mundo natural em condição de superar as determinações naturais e de ser criativo, mas exatamente por isso único fenômeno natural em condições de fazer deliberadamente o mal. Mas é apenas dessa liberdade que pode fazer e faz o mal que nasce a generosidade e a criatividade do bem, de novas ligações harmoniosas, de diversas e mais ricas relações, de descobertas inovadoras e invenções, de definições mais adequadas dos direitos e dos deveres, por um conjunto de criatividade ao qual chamamos *civilização*.

No gênero humano que emergiu da evolução, a própria evolução produziu um sentido de incômodo com respeito à crua luta pela sobrevivência. As religiões nascem desta contradição, da maravilha e da perturbação que a vida produz sobre a consciência dos seres humanos. Estou convencido de que, se não houvesse essa contradição, a religião não nasceria. A religião nasce do revés, da crise, do incômodo, da problemática: quando os homens estão bem, comumente não pensam nos valores espirituais, mas em outras coisas, e, se chegam a pensar nos bens espirituais, é apenas porque são acossados pelo negativo da existência.

O negativo sozinho, porém, não basta para explicar a religião, dado que o negativo só é apanhado como tal porque há espera, e antes ainda a realidade, do positivo. Só se pode declarar a patologia à luz de uma fisiologia precedente. É assim para a existência no seu conjunto. Se os homens percebem a sua problemática, é porque dentro deles há a espera da harmonia e do bem, uma espera radicada na sua própria carne, porque é só graças a tal lógica harmoniosa que vieram à existência e permanecem nela. De fato, todo ser humano é um conjunto ordenado de relações: ondas-partículas que formam átomos, átomos que formam moléculas, moléculas que forma células, células que formam tecidos, tecidos que formam órgãos, órgãos que formam o organismo. O ser humano é um sistema extremamente complexo, o mais complexo em todo o universo conhecido, cuja existência e subsistência se devem à lógica da relação harmoniosa entre os elementos constitutivos, os quais, no fundo, não são outra coisa que ondas e, portanto, imagino já desde sempre correlatos. A saúde física e a saúde mental podem exprimir-se como harmonia das relações. Não por acaso, quando definimos um comportamento como *humano*, ou quando dizemos para se comportar com *humanidade*, pretendemos referir-nos àquilo que favorece a harmonia, a solidariedade, a derrubada de barreiras.

É exatamente tal lógica constitutiva da harmonia que nos faz perceber o sentido de incômodo com respeito à injustiça do mundo, devida em grande parte ao comportamento de outros seres humanos. A humanidade concreta parece, portanto, dolorosamente diferente com relação à humanidade ideal; a humanidade concreta às vezes não age com *humanidade*. A partir disso, percebemos que ser verdadeiramente homens é mais do que ser homens como normalmente se é. Percebemos que dentro de nós se move uma lógica que é a promessa de algo mais: mais justo, mais verdadeiro, mais autêntico com relação à nossa existência concreta. A antinomia está enraizada dentro dos nossos ossos. Em minha opinião, foi este desequilíbrio que levou os homens desde as origens a entrever o *mistério*.

O sentimento do mistério, portanto, é, certamente, uma dimensão que diz respeito à inteligência (por exemplo, quando se reflete sobre a origem do universo, da vida, da própria inteligência), mas é muito mais: direi que é aquela condição inevitável da vida que surge assim que se faz a experiência do amor autêntico (o qual, por sua vez, é uma falta de equilíbrio, no sentido de harmonia + desarmonia). O amor introduz algo de novo e de excedente com relação à lógica costumeira da imediatez, e dessa excedência nasce o sentido do mistério. Não é por acaso que muitos daqueles que não creem em Deus sustentam ao mesmo tempo que o amor verdadeiro não existe. Ele tem a sua lógica, porque o que mais faz surgir o sentido do mistério da vida é exatamente o amor, e é o senso do mistério que faz surgir a fé em Deus e na transcendência segundo a seguinte sucessão:

experiência do amor → sentido do mistério → fé em Deus.

Se não houvesse o amor, de fato, tudo daria em nada, nunca teria surgido sentido algum do mistério e se teria razão em falar de "gene egoísta" e de "ilusão de Deus". Se não houvesse o amor, se dois namorados que passeiam de mãos dadas fossem redutíveis a ondas ou partículas em movimento, se um pai e uma mãe que têm o filho nos braços fossem redutíveis à vontade de poder, se um avô ou uma avó que se alegram comovidos com os netos fossem apenas libido mal disfarçada, jamais teria nascido qualquer sentido do mistério. Todo elemento estaria necessariamente ligado àquilo que o precede e produziria o que segue com igual necessidade. Mas o amor existe. E a sua existência inaugura uma nova dimensão do ser, onde a necessidade natural é vencida por uma força mais intensa, a força da generosidade.

A generosidade é entendida no sentido etimológico que remete ao verbo latino *generare*, cujo significado é *gerar*, em português, e que remete, por sua vez, ao verbo *genere* [forma arcaica de *gignere*], de onde o termo "gene". Desde a origem, geração e generosidade foram percebidas como intrinsecamente ligadas. Notou-se, na origem da civilização, que a ocorrência da vida é demasiado grande para ser causada pelo egoísmo, pelo cálculo utilitarista dos genes, mas remete a um movimento mais amplo e mais profundo de generosidade cósmica, uma espécie de música e de energia dentro da qual estamos e que nos leva, nos transporta, nos faz fluir, e da qual nós somos notas, manifestações, centelhas, no mais das vezes inconscientes. O amor humano parece uma suprema manifestação desse ímpeto para a geração-generosidade inerente no próprio fenômeno da vida.

Naturalmente, não há nenhuma possibilidade de convencer quem não experimentou o amor, ou quem experimentou uma profunda desilusão daquilo que acreditava ser amor e agora está convencido de que o amor verdadeiro não existe. Quem acha que a vida é apenas um jogo de força entre os genes egoístas procurará mil argumentos para negar este raciocínio e os encontrará, produzindo raciocínios contrários igualmente consistentes, porque a razão é muito hábil para confeccionar o produto certo para servir à sua senhora, a vontade, que por sua vez depende do sentimento. Mas é também verdade que quem sente e experimenta o amor como sentido da vida buscará, por sua vez, os argumentos certos para motivar esse seu sentir fundamental. Entre todos os argumentos que procuram guardar o sentimento fundamental da vida como amor, a existência de Deus, em particular do Deus anunciado por Jesus, é, pelo que eu saiba, o mais radical, porque faz consistir no amor a própria natureza do princípio primeiro do ser.

25. OS QUATRO TIPOS POSSÍVEIS

Penso que, devidamente exercida, a razão não pode não nos levar para diante do mistério: por um lado, pela maravilha da vida e da inteligência que se desenvolveram num universo inóspito, por outro lado, pela tristeza diante da violência que a vida, para existir, é obrigada a exercer sobre outra vida e diante da humilhação muitas vezes sofrida pela inteligência por parte da estupidez. O mistério se apresenta com o tom alegre da maravilha e com aquele tom triste da desolação, se exprime como alegria de viver até o entusiasmo dos "furores heroicos",[16] e também como tristeza do existir, porque "muitas vezes encontrei o mal de viver".[17]

Não posso deixar de constatar, porém, que não é assim para todos. De fato, alguns usam a razão mais para suprimir o mistério do que para reconhecê-lo e guardá-lo. Essa supressão se dá em duas direções: ou quando se remonta a origem da vida ao acaso insensato de uma combinação fortuita, ou, na vertente oposta, quando ela é remontada a um plano divino pensado nos detalhes que baixam sobre nós infalivelmente

---

[16] Giordano Bruno, *De gli eroici furori* [1585], in *Opere italiane*, cit. [*Gli eroici furori* está disponível na internet em inglês e italiano. N.T.]
[17] Eugenio Montale, *Spesso il male di vivere ho incontrato*, em *Ossi di seppia* [1925], em *Tutte le poesie*, org. por Giorgio Zampa, Milano, Mondadori, 1984, p. 35.

do alto. No primeiro caso, o mistério é suprimido em favor do sem sentido: qual mistério pode nascer da interpretação da vida como saída de modo totalmente fortuito de um número ao acaso entre os bilhões de números possíveis na roda da loteria cósmica? Aqui se tem a redução racionalista do mistério ao enigma. No segundo caso, o mistério é suprimido em favor da necessidade: qual mistério pode nascer da interpretação da vida como desígnio inteligente já programado em todos os detalhes, que se impõe a cada um determinando o seu nascimento, trabalho, amor, morte? Aqui se tem a redução igualmente racionalista do mistério à imperscrutável vontade de Deus. Segundo a perspectiva racionalista ateia, a vida é apenas o resultado primeiro causal e depois necessitado das leis da natureza. Segundo a perspectiva racionalista crente, a vida não é outra coisa que o resultado programado do plano divino, ao qual também os pecados dos homens estão a serviço, já desde o primeiro pecado no jardim do Éden, não por acaso denominado *felix culpa*. Pela mesma razão que percebe e que guarda o mistério, pode, portanto, brotar também o desejo de anular o mistério.

Daqui provêm os quatro tipos humanos delineáveis a partir da relação com o mistério:

- quem o exclui, reconduzindo a vida apenas às leis naturais governadas pelo acaso e pela necessidade: nem religiosidade nem religião;
- quem o admite, mas não encontra maneira de aderir a ele pessoalmente: religiosidade sem religião;
- quem o admite e adere a ele: religiosidade com religião;
- quem o admite, mas depois o acorrenta com os dogmas da sua religião, transformando-o numa série de "mistérios": religião sem religiosidade.

26. Projeção-projeto

Tendo surgido como sentimento do mistério e, portanto, antes de tudo, como passividade, a fé se exerce como ato responsável da liberdade, como projeção-projeto da liberdade: na fé a liberdade se planeja projetando-se para frente. Até certo tempo, recitava-se o "ato de fé"; agora é preciso viver a fé como ato da liberdade.

Os substantivos "projeção" e "projeto" vêm do verbo latino *proiecere*, "lançar para diante" (particípio passado, *proiectum*). Este verbo designa o ato de "construir", de "fazer surgir", e é formado pelo prefixo *pro* e pelo verbo *iacere*, de onde deriva o verbo italiano *gettare*, o francês *jeter*, o português "ejetar": "Lançar, atirar para longe de si". O que a gente lança? A gente lança dados, lança a âncora, mas se lançam também os fundamentos. Quando se trata de construir algo grande, é preciso que o primeiro ato seja um impulso particular, mas forte, diferente do normal: os fundamentos são lançados para isso. A projeção em que consiste o ato de fé é como o primeiro ato fundamental que preside a construção de um grande edifício. A nossa existência é como um grande edifício, e o ato de fé em Deus corresponde ao momento de lançar os fundamentos: diante da vida se tem confiança no terreno sólido do bem e da justiça, se crê no sentido fundamental do cosmo como harmonia e da vida como amor (a verdadeira aposta na questão da existência de Deus) e de acordo com isso se edifica a vida. É o que diz Hans Küng: "Dizer sim a Deus significa optar por *uma confiança fundada e coerente na vida*".[18]

O grande teólogo suíço conta que um dia, em aula, discutia com os estudantes a argumentação do ateísmo de Ludwig Feuerbach, segundo o qual o segredo da teologia é apenas a antropologia projetada pelo homem para fora de si, quando lhe sobrevém uma espécie de iluminação: "De repente entendi: não devo recusar o argumento da projeção, mas generalizá-lo. Porque a projeção acontece em toda parte: não só no ato de conhecer a Deus, mas em todo tipo de conhecimento, também, por exemplo, para uma pessoa amada. A minha força de imaginação age em toda parte, coloco sempre algo de mim mesmo no objeto do meu conhecimento, portanto, projeto algo. Mas a pergunta é: à minha projeção não corresponde o próprio algo na realidade? Naturalmente, uma coisa não existe apenas porque eu a desejo ou anseio por ela. Mas o contrário também vale: *porque* eu desejo uma coisa, nem por isso ela

---

[18] Hans Küng, *Ciò Che credo* [2009], trad. de Chicca Galli, Milano, Rizzoli, 2010, p. 169.

necessariamente *não* existe... Por que uma coisa que eu desejo, espero, almejo não deve, não pode e não tenha a permissão de existir desde o princípio?... Talvez, ao meu desejo de Deus possa corresponder verdadeiramente um Deus autêntico. E vice-versa, exatamente o desejo de um homem de que Deus *não* exista não poderia ser uma projeção cômoda condicionada pelo interesse?"[19]

A fé, portanto, é um ato generativo. Não se trata de obediência, trata-se de criatividade, de geração do espírito que se dá como "luz da luz", diz o *Credo* niceno-constantinopolitano e, ainda antes, dizia Plotino, e Marco Vannini argumenta nos nossos dias.[20] A tradição reconheceu esta dimensão criativa da fé ao falar de "ato de fé", onde o termo *ato* remete exatamente à dimensão ativa da criatividade pessoal. Deus é ato puro, e também o homem, enquanto à sua imagem e semelhança, é ato, ou seja, é capaz de atividade e não apenas de passividade, de agir e não só de reagir. A fé, enquanto *ato* de fé, pressupõe a liberdade e deve tornar-se sempre mais consciente de ser um ato de liberdade criativa. Se, de fato, se tratasse apenas de aderir a uma tradição definida, se se tratasse só de obedecer adquirindo dos outros um pacote de viagem fechado, seria menos próprio o sentido específico da experiência espiritual que é a entrada na dimensão do espírito-liberdade. A fé é geração da luz por parte da alma para viver na dimensão luminosa que é o ser como liberdade suprema. Mas essa geração é uma projeção da psique, objetam. É claro que é, respondo. Mas só podemos projetar alguma coisa para fora de nós se, *antes*, essa coisa existe dentro de nós. O que existe dentro de nós? Existe a relação harmoniosa, desde as ondas-partículas que formam os átomos até os órgãos que constituem o organismo. Experimentamos o nascimento de nós mesmos como filhos de Deus quando se identifica a lógica da relação harmoniosa dentro de nós com a lógica que governa o sentido total do ser. Quando se produz essa *ponte* entre interioridade e exterioridade, nasce-se para a realidade da filiação divina. Tornar-se *filhos de Deus* significa instituir a relação harmoniosa entre o nosso desejo de vida enquanto vida boa (paz, justiça, bem) e o

---

[19] Ibid., p. 139-141.
[20] Marco Vannini, *La religione della ragione*, Milano, Bruno Mondadori, 2007, p. 112.

sentido último do mundo e da vida. Significa pôr harmonia entre a lei moral dentro de nós e o céu estrelado acima de nós, que não aparecem mais como duas dimensões estranhas e até opostas, mas concordantes; antes, a primeira dimensão (as estrelas) parece geradora da segunda (a lei moral).

A fé em Deus é a geração da harmonia entre o sentido da justiça interior e o sentido geral do mundo. Essa ideia não é dada aos sentidos e ao intelecto, porque para eles reina a contradição e a antinomia; ela é mais a intuição de outra dimensão, de "um lugar na terra ou no céu onde não sofreremos e tudo será justo".[21] E, ao gerar essa ideia (ou talvez, melhor, sendo gerados por essa ideia que se encontra dentro de nós como um dom), vive-se de acordo a vida de todos os dias sob o signo da harmonia. Usando as palavras de Jesus, pode-se chegar a chamar de "pai" o sentido último do mundo.

É uma ilusão ou a chegada à Realidade Suprema? Ninguém pode responder com certeza intelectual; pode apenas argumentar a partir do sabor da sua vida e dos frutos que ela dá. Não se trata, porém, apenas de uma dimensão subjetiva, porque também a história da ciência tem algo a nos ensinar a respeito. Já citei o pensamento de Max Planck segundo o qual os frutos do trabalho dos grandes cientistas como Copérnico, Kepler, Newton, Huygens, Faraday ("e a lista poderia continuar ainda", anota Planck) foram devido à "sua fé inabalável na realidade da sua imagem do mundo".[22] Noutro lugar, Planck especifica a propósito de Kepler que tal fé deve caracterizar-se como "fé em leis racionais que regem o universo".[23] Planck afirma que foi com base na ideia da harmonia do mundo, portanto também da harmonia entre a razão humana que quer ordem e justiça e o mundo real, que Kepler unificou as observações de Brahe. Pode-se continuar o raciocínio e dizer que foi sempre com base na mesma fé na racionalidade do cosmo que Newton unificou as três leis de Kepler, que Einstein unificou a mecânica newtoniana

---

[21] Francesco Guccini, *Cirano*, do álbum *D'amore di morte e di altre sciocchezze*, 1966, texto de Beppe Dati, música de Giancarlo Bigazzi.
[22] Max Planck, *L'unità dell'immagine fisica del mondo* [1908], em *La conoscena del mondo fisico*, trad. de Enrico Persico e Augusto Gamba, Torino, Bollati Boringhieri, 1993, p. 64-65.
[23] Max Planck, *Scienza e fede* [1930], em *La conoscenza del mondo fisico*, cit., p. 262.

com o eletromagnetismo de Maxwell, o qual, por sua vez, era habitado por uma forte fé em Deus, assim como era Faraday, a cujos trabalhos Maxwell se refere.

Não ignoro que outros grandes homens de ciência não foram habitados por nada desse sentido de harmonia e não pretendo afirmar que, olhando para a natureza assim como ela é, se salta até Deus, como queria o tomismo. Não é assim. Da natureza se pode saltar até Deus, mas se pode também despenhar no vazio do desespero e do absurdo, ensina Leopardi. Kepler e os outros eram *já* habitados por essa fé na harmonia, que *depois* se revelou produtiva no estudo do mundo natural. Por que, porém, se revelou produtiva? Talvez exatamente porque também o mundo natural é habitado por ela, a quer, a busca, a persegue. De qualquer modo, a ideia da perfeita harmonia não se encontra embaixo, mas é gerada diretamente na alma, na sua ponta mais alta.

Trata-se de uma perspectiva que, seguindo Albert Schweitzer, chamo de "mística ética", diferenciando-a da "mística lógica" das religiões orientais como o hinduísmo, o budismo e o taoísmo, as quais chegam à dimensão mística através da leitura física do mundo, um caminho muito respeitável, mas diferente do meu, diferente da via do Ocidente. Schweitzer escreveu: "Há dois tipos de mística: uma dedutível do princípio de identidade entre espírito universal e espírito individual, a outra que deriva da ética".[24] A via do Ocidente não é supressão do Eu enquanto sede e potência da liberdade pessoal, não é supressão da consciência, não é morte da alma, porque, como prossegue Schweitzer, "na mística ética, o homem possui, como bens inalienáveis, a mais alta espiritualidade e o mais profundo idealismo".[25] A via do Ocidente é mística ética; não é mística lógica ou cosmológica, porque não encontra a harmonia no mundo; é mais mística ética porque a gera dentro de si enquanto ato de fé num Deus pessoal e num Reino de Deus como comunhão dos espíritos livres e, depois, a partir daí, a derrama sobre o mundo (e o mundo parece receptor dessa leitura sob o signo da harmonia e da

---

[24] Albert Schweitzer, *I grandi pensatori dell'India. Studio di filosofia comparata* [1935], trad. de Adele Olivoni, Roma, Astrolabio, 1963, p. 192.
[25] Ibid., p. 193.

unificação). E esse derramar a harmonia no mundo – porque em si não há no mundo essa plenitude (porque de outro modo não teríamos as doenças genéticas e outras catástrofes) – se chama *amor*.

O amor é sempre uma relação assimétrica, não é lógico, não se motiva a partir de baixo. É "sem porquê", *ohne Warum*, diz Angelus Silesius.[26] O amor, porém, que nasce sem porquê, quer um porquê; o amor, que nasce de modo assimétrico, quer simetria; o amor, que é ilógico, quer a lógica, a lógica entrelaçada de relações que oferecem fidelidade e buscam fidelidade. Portanto, o amor trabalha, introduz energia positiva no sistema mundo para torná-lo mais harmonioso, mais justo, mais verdadeiro. O trabalho do amor é eminentemente pessoal, supõe o Eu, a pessoa, o espírito, e torna o espírito "espírito santo", ou seja, liberdade que quer sempre e só o bem. A religião do Ocidente, o cristianismo, união de Jerusalém e de Atenas, crê no homem, no homem enquanto capacidade de amar, de querer, de esperar.

27. Verdade e beleza

Verdade e beleza são experiências primordiais da vida de um ser humano. Penso que cada um de nós, ao aprender a falar quando criança, entre as primeiras coisas que disse estava "que lindo!" e "não é verdade!", com ponto de exclamação em ambos os casos. Provavelmente dizíamos "que lindo!" diante de um brinquedo ou de um sorvete, e "não é verdade!" defendendo-nos das censuras dos adultos ou discutindo com irmãos e irmãs. Crescemos referindo-nos à beleza e à verdade, tendo a beleza e a verdade como metas ideais do nosso percurso, buscando-as mais com a integralidade da vida do que apenas com a inteligência, conosco inteiros e não só com uma parte. Penso que se deva chamar de felizardo quem nunca apaga dentro de si o espírito da infância, quem nunca interrompe a busca confiante da beleza e da verdade; é realmente felizardo quem até o seu último dia está em condições de pronunciar com um sentido de maravilha, e sem desejo de posse: "Que

---

[26] Angelus Silesius, *O peregrino querubínico* [1657] I, 289, trad. de Ivo Storniolo, São Paulo, Paulus, 1996 [o autor cita pela ed. ital. 1992², p. 209].

lindo!"; e ao mesmo tempo está em condições de indignar-se diante das mentiras do poder e da sociedade: "Não é verdade!".

No seu vértice, verdade e beleza coincidem. Coincidem porque a beleza, na sua essência, não é uma construção original do sujeito, mas é antes a resultante da lógica harmoniosa que inerva o mundo físico. A beleza preexiste ao sujeito, é antes de tudo uma propriedade do mundo, que os artistas sabem primeiro sentir e depois exprimir. A beleza, enquanto harmonia, é a verdade do mundo, o qual existe exatamente como relação harmoniosa de elementos.

As experiências primordiais da beleza e da verdade, porém, se tornam obscuras não só quando se tenta comunicá-las, mas ainda antes de pensá-las. Nós, ocidentais pós-modernos, somos velhos, viemos de uma longa história de controvérsias, uma história de tinta e de sangue, que tende a sufocar as experiências primordiais da vida. Por isso, hoje, diante dos conceitos de verdade e de beleza, não se pode não notar o mesmo ceticismo de Pilatos e do jovem Hipólito.

Pilatos era um político de grande importância internacional, porque sem o ser não se teria tornado procurador no império romano no ápice do seu poderio mundial, e tampouco se teria mantido no cargo por dez anos, como foi o seu governo na Palestina entre os anos 25 e 35. Por volta da metade do seu mandato, é levado a ele um idealista que, no processo, respondia às perguntas falando de verdade: "Para isso nasci e para isso vim ao mundo: para dar testemunho da verdade". A resposta de Pilatos passou para a história: "O que é a verdade?" (*João* 18,37-38), depois da qual deixou o réu plantado ali sem esperar a resposta. É evidente que para o procurador romano a pergunta nada tinha de teórico, representava antes um juízo sobre aquele que tinha na sua frente, e, portanto, é lida imaginando Pilatos que move a mão para frente e para trás, com os quatro dedos unidos ao polegar, um sorriso sarcástico, nenhum desejo de ouvir uma eventual resposta complicada. Hoje, no Ocidente, depois de milhares de teorias que fizeram em pedaços o ideal da verdade, só ao ouvir pronunciar o termo, é quase inevitável que ressoe em nós a pergunta cética de Pilatos e que se repita mentalmente o seu gesto.

Se Pilatos é a figura simbólica da desconfiança para com a verdade, para o conceito de beleza entra em cena o jovem Hipólito, um personagem do romance *O idiota* de Fyodor Dostoievski, publicado em 1868. Estamos numa mansão da aristocracia russa da metade do século XIX, numa concorrida festa de aniversário. Hipólito, tuberculoso, ateu e entusiasmado pelo seu ateísmo como só um jovem sabe ser, dirige-se ao festejado, o príncipe Michkin, com estas palavras: "É verdade, príncipe, que uma vez dissestes que o mundo será salvo pela beleza"? Depois, dirigindo-se a todos, quase gritado: "Meus senhores, o príncipe afirma que o mundo será salvo pela beleza! Eu, porém, afirmo que ele tem esses pensamentos frívolos porque está enamorado. Senhores, o príncipe está enamorado... Não fiqueis vermelho, príncipe, senão me causareis piedade". E a esta altura, dirigindo-se de novo ao príncipe, faz a célebre e citadíssima pergunta: "Que beleza salvará o mundo?"[27] Estou convencido de que o tom da voz, o sorriso amargo, o gesto da mão de Hipólito devam ser pensados idênticos ao de Pilatos. Não por acaso, nem Jesus nem o príncipe Michkin respondem, porque entendem que não se trata de uma pergunta, mas de uma corrosiva e sarcástica objeção.

Qual beleza? Qual verdade? Há uma beleza que conduz à plenitude da vida e há uma beleza que conduz à dissolução; há uma beleza que salva, e há uma beleza que leva à perdição. Há uma verdade que guarda e liberta e há uma verdade que oprime, há uma verdade que favorece a vida e uma verdade que não hesita em matar. A história ensina que não são poucas as vítimas mortas em nome da verdade (que se chamasse "doutrina da fé" ou "ideologia de partido" é secundário).

O mais grave é que essa confusão produz na mente a ideia de uma oposição entre a experiência da beleza e a experiência da verdade. Hoje, a verdade se refere à exatidão e, portanto, a um princípio objetivo, ao passo que a beleza se refere ao fascínio sedutor, portanto, a um princípio subjetivo. Poder-se-ia dizer que a verdade é percebida como um princípio de obediência que se impõe ao sujeito e que, em certo sentido, o imobiliza (daqui o ditado: *contra factum non valet argumentum*), enquanto a beleza, pelo contrário, solicita o sujeito, o coroa, deixa-lhe o cetro para declarar o que é belo e o que não é (e neste âmbito o ditado

---

[27] Fiodor Dostoievski, *L'idiota* [1868], parte III, cap. V; trad. de Rinaldo Küfferle, Milano, Garzanti, 19826, p. 478.

citado se inverte: *contra argumentum non valet factum*, ou "o que é belo não é belo, é belo o que agrada"). O resultado desta oposição entre beleza e verdade é que hoje a beleza que mais atrai é a que faz fugir da realidade, ao passo que a exposição à verdade cria desarmonias, oposições, escombros.

Ao dizer estas coisas, não pretendo sustentar que os homens hoje pecam e que o iluminismo foi um mal; em suma, não compartilho a perspectiva que acusa a modernidade de relativismo. Nas coisas humanas se trata, antes de tudo, de compreender, sem aversão nem simpatia, *sine ira et studio*. Qual é o motivo do mal-estar da consciência contemporânea diante da realidade? Realmente, não há dúvida de que hoje se é avesso à realidade, de que as mentes são dominadas pela *fiction*, que por definição é fingimento. Ao contrário da tradição clássica e do renascimento, a arte nas suas múltiplas expressões se tornou, em geral, fuga da realidade, da objetividade natural e social, uma fuga às vezes enraivecida, ressentida, má. Ou, quando se tem a intenção de representar a realidade, ela é carregada de tonalidades unilateralmente negativas, pondo à luz, geralmente, o mal, a guerra, o sangue, o absurdo. Por quê? Porque nos tornamos incapazes de unir verdade e beleza?

Há um tempo não era assim. Há um tempo, para encontrar a beleza, se ia para a verdade, bebia-se na realidade, e havia tanto mais beleza quanto mais se imergia na realidade-verdade. Para as sociedades antigas não havia dúvida de que a beleza brotava da verdade como consequência natural. Abre os olhos, vê a realidade que corresponde à verdade, compreende a sua lógica, aplica-a, pratica-a, e verás que forçosamente te resultará o belo. O real é a terra firme, a realidade é o farol e, ao mesmo tempo, o porto da tua mente. Quanto mais referires a mente ao real, quanto mais te aproximares da verdade, tanto mais brotará de ti a beleza, e tu mesmo serás belo. A estética clássica (grega, romana, renascentista italiana) se decide aqui, nesta confiança incondicionada para com a realidade. A realidade do mundo é correta e harmoniosa, se for reproduzida fielmente, se tem justiça e harmonia, ou seja, beleza.

Naturalmente, nesta perspectiva também a personalidade tem um papel: Leonardo, Rafael, Michelangelo são bem diferentes entre si. Mas o sujeito cria beleza só à medida que *primeiro* se fez compenetrar pela verdade da realidade, que depois ele exprime de novo com todo o seu eu. Não se trata de exprimir simplesmente a si mesmos; trata-se de exprimir a si mesmos à medida que se fez experiência da verdade da realidade, tornando-se obedientes a ela, prestando a ela o máximo de atenção, sendo purificados por ela. Aristóteles escreve: "A arte é uma disposição acompanhada pelo raciocínio verdadeiro" (*meta logou alêthous*, onde o *logos* grego não é só raciocínio, mas também e sobretudo relação).[28] Segundo os antigos e os renascentistas, segundo os maiores criadores de beleza, a condição espiritual para criar beleza é a mais fiel atenção ao real, o amor pela vida.

O discurso poderia deter-se em causas históricas que produziram a ruptura da síntese entre verdade e beleza, partindo de 1543, o ano da publicação da obra de Copérnico *De revolutionibus orbium coelestium*, que o cientista polonês, que era também cônego católico, preferiu prudentemente imprimir em terra protestante, em idade tardia e com uma diplomática dedicatória ao papa do momento, Paulo III (o mesmo que tinha fundado a Inquisição romana). Então, a síntese antiga, medieval e renascentista era uma ilusão? Era uma fantasia ingênua destinada a desaparecer "com o aparecimento da verdade"? Estamos, pois, destinados à divisão entre verdade e beleza, a uma estética sem verdade, arbitrária, subjetiva, caprichosa, não universal, cerebral, intelectualista? E, vice-versa, a uma verdade sem estética, triste, fria, incapaz de gerar entusiasmo e beleza, verdade entendida apenas como fria evidência científica, ou doutrinal e autoritária como a do catolicismo romano?

Volta, por isso, a questão: os antigos fundavam o primado da harmonia na ignorância? A verdade verdadeira conduz necessariamente à desarmonia? Quem cultiva o desejo de harmonia, de beleza, de sentido, é simplesmente um ingênuo destinado a ser atropelado pela verdade? Ou é possível conjugar a fidelidade à verdade com o desejo de graça, de harmonia, de beleza?

Estou convencido de que sem a ciência nunca poderemos resolver a questão. A ciência foi a principal responsável pela demolição da visão do mundo baseada na harmonia que dominava a antiguidade, e

---

[28] Aristóteles, *Ética a Nicômaco*, VI, 4, 1140 A (ed. ital. Milano, Bur, 1986, p. 595).

deve ser ainda a ciência que há de dar a principal contribuição para a reconstrução da harmonia. Mas os dados científicos não são suficientes para ter uma ideia do universo e da nossa vida nele. Os próprios cientistas demonstram que os dados não são suficientes, pois, como já foi documentado atrás, os cientistas se dividem quando se trata de dar um sentido humano aos dados fornecidos pelas suas pesquisas. Os dados objetivos fornecidos pela ciência não esgotam a busca da verdade. Não se pode passar sem eles, é preciso conhecê-los e é preciso que as afirmações filosóficas e teológicas não os contradigam, mas, quando se pensa neles no seu conjunto e no seu sentido, entre os próprios cientistas surgem grandes diferenças.

Isso significa que Aristóteles tinha razão quando dizia que, além da *causa material* e da *causa eficiente*, existem outras duas abordagens do real, igualmente necessárias, que na terminologia aristotélica correspondiam à *causa final* e à *causa formal*. Eu me explico com um exemplo clássico. Para conhecer verdadeiramente uma casa, devo saber não só de que material ela é feita e quem a construiu (causa material e causa eficiente), mas também para que finalidade serve (causa final) e, sobretudo, qual é o seu desenho, o plano arquitetônico que constitui a sua essência (causa formal). Por isso, para mim não basta saber de que matéria é feito o mundo e como chegou a ser como é, mas também para que finalidade existe e qual é a sua essência. E só se a lógica desse ser-energia no qual estamos imersos e do qual nós próprios consistimos é harmoniosa, haverá a possibilidade de conciliar beleza e verdade, de outro modo a beleza não poderá ser senão um sonho destinado a esvanecer, ou uma fuga e uma traição do real. Houve um tempo em que a cosmologia criava na mente um sentido reconciliador de harmonia cósmica e daqui a beleza clássica, mas hoje!

Em minha opinião, são três as aquisições fundamentais que a exploração científica nos transmite e que são pensadas para elaborar uma visão sobre a forma e sobre a finalidade do cosmo, à cuja luz decidir se têm sentido ou não a harmonia e a beleza do ponto de vista da realidade das coisas e portanto, voltar a conciliar verdade e beleza:

– o universo começou a se expandir e continua se expandindo: a expansão cósmica é a lei fundamental;

- nesta sua expansão, o universo tende a perder calor, a degradar a energia da qual consiste e a aumentar em entropia, em desordem;
- nesta sua expansão, o universo aumenta ao mesmo tempo em organização e informação, isto é, aumenta não só a entropia, mas também a neguentropia, não só a desordem, mas também a ordem; por isso o universo consiste num processo que é lícito chamar de *evolução* enquanto passagem de organização menor para organização maior, e cujo fenômeno mais alto é a vida inteligente e livre.

Há um princípio de ordem que opera também mediante a desordem, um crescimento de organização que acontece também mediante o caos, uma evolução que procede também mediante a involução. A modernidade não estava errada em destruir a ideia de uma harmonia preestabelecida, de um universo como um jardim ordenado no qual todo detalhe é cuidado e querido. Não há nenhuma harmonia preestabelecida, não há nenhum plano já pronto que desce do alto (a não ser que se queira atribuir a esse plano que desce do alto também toda a carga de dor e de absurdo que pervade a natureza e a história). Ao mesmo tempo, porém, deve-se afirmar, em minha opinião, que o processo cósmico mostra uma subida de baixo para o alto, uma tendência crescente para a organização. Não sem dor e absurdidade, não sem seleção natural, antes, graças à dor e graças à seleção natural. Há, porém, o crescimento para a organização progressiva: isto é um fato. Daí o único cânone estético hoje disponível, em minha opinião: uma música das lágrimas, um otimismo dramático, uma beleza real, mas irremediavelmente marcada. Como o prato pendurado na parede da cozinha de minha casa, que minha mulher comprou em Istambul, que se quebrou durante o transporte de Istambul e que teve de ser penosamente refeito. Penso que hoje não pode existir beleza que não seja atravessada por uma dolorosa fratura.

Talvez a esta altura possamos divisar um caminho para intuir não tanto para qual fim existe o universo em si, mas pelo menos para que existimos nós, que somos parte do universo. E a partir disso ver que a nossa sede de beleza e de verdade não é uma extravagância, mas é o resultado mais alto do caminho evolutivo. Na obra *A religião dentro dos limites da simples razão*, Kant escreve: "A única coisa que pode fazer de um mundo o objeto do decreto divino e o fim da criação é *a humanidade em toda a sua perfeição moral*".[29] Kant afirma que o fim da criação é "a humanidade em toda a sua perfeição moral" (*die Menschheit in ihrer moralischen ganzen Volkommenheit*). Já na *Crítica da razão pura*, tinha escrito: "O fim último da natureza, sábia e cheia de cuidado em relação a nós no ato de constituir a nossa razão, estava voltado só para o mundo moral".[30] Ao dizer "moral", o filósofo pretende remeter à dimensão espiritual do homem, à sua liberdade. Isto é espantoso: que a atividade cósmica produza a liberdade e a sua consciência. Não tanto que produza o homem enquanto animal, que é apenas o suporte concreto, temporário, e quase sempre imperfeito, no qual se manifestam o espírito e a liberdade. Mas que produza a mente capaz de inteligência e de liberdade. Mais ainda, que produza o *coração*, centro existencial daquilo que entendemos por humanidade. Este é o único fim digno desse imenso processo: a mente que chega a ser consciente de todo o trabalho necessário para levá-la à existência e que, ao se transformar em *coração*, reproduz dentro e fora de si a mesma lógica que tende à organização e à harmonia. Uma reprodução dessa lógica é a estética, outra a ética. Por isso os melhores entre os homens desde sempre buscaram o belo através das artes e da música, e buscaram a justiça e o bem mediante o direito e a espiritualidade. A finalidade do universo é o coração, isto é, a mente consciente e justa; mais ainda, direi boa e, portanto, bela (segundo o cânon grego da *kalokagathia*). Trata-se de chegar a compreender-se e a agir de acordo com essa sabedoria, a qual é a verdade do mundo, intuída pelas grandes tradições espirituais de todos os tempos e expressa de vários modos (*logos, tao, maat, dharma, hokmah*).

Qual beleza salvará o mundo? – perguntava com ironia Hipólito ao príncipe Michkin. A resposta é que se trata daquela mesma beleza

---

[29] Immanuel Kant, *La religione entro i limiti della sola ragione* [1793], B 73; trad. de Pietro Chiodi, em *Critica della ragion pratica e altri scritti morali*, org. por Pietro Chiodi, Torino, Utet, 2006, p. 381.
[30] Immanuel Kant, *Critica della ragion pura* [1781], B 829 A 801, ed. ital. org. por Pietro Chiodi, Torino, Utet, 2005, p. 604.

que fez o mundo, ou melhor, que o vai fazendo dia após dia, minuto após minuto. O mundo não será salvo em algum possível futuro; o mundo é salvo já agora, em todo instante, pela beleza enquanto harmonia, é salvo de despenhar-se no caos dos inícios, no *tohu wa-bohu* do Gênesis 1,2, pelo mesmo princípio de harmonia e de organização que o fez evoluir, aquele princípio que fez com que do primeiro gás primordial, o hidrogênio, nascesse a beleza natural que é a vida e o espetáculo incrível da vida inteligente que sabe e que sente tudo isso. Este plano grandioso, este plano que sobe penosamente de baixo e que por isto produz também tragédias injustificáveis, mas que, de qualquer maneira, sobe, produz em quem o percebe aquele sentimento variado e profundíssimo que é a fonte da criatividade artística, ética e espiritual. E, se alguém quiser um exemplo desse sentimento global, pense no *Cântico das criaturas* de Francisco de Assis. Quanto a mim, termino este parágrafo citando Giordano Bruno: "Com esta filosofia o meu espírito se engrandece e meu intelecto se magnifica".[31]

28. GRAÇA

Nenhuma dúvida, nem sequer uma, sobre o primado da graça. Nenhuma dúvida se a graça for entendida corretamente, quer dizer, não como força mágica e instantânea que desce misteriosamente do alto, mas como atração e fascínio da ideia do bem, do belo, do justo, do verdadeiro, enquanto dotada de consistência ontológica e, portanto, da ideia de Deus; e mais radicalmente ainda como percepção de que na vida a beleza é mais forte que a feiura, de que a harmonia é mais forte que a desarmonia, de que a justiça é mais forte que a injustiça, de que a razão é mais forte que o acaso, de que o sentido é mais forte que o absurdo, de que a vida é mais forte que a não vida, de que o ser é mais forte que o nada: quer dizer, de que Deus reina verdadeiramente. A este respeito a liberdade não pode criar nada; deve apenas reconhecer e, ao reconhecer, dizer sim ao ser aqui e agora, quer dizer, à graça. E toda a existência se mostra eucaristia, agradecimento.

---

[31] Giordano Bruno, *Candelaio. Epistola dedicatoria alla Signora Morgana B.* [1582], em *Opere italiane*, cit. vol. I, p. 263.

V. O meu Deus

29. "Quem era aquele que devia matar o seu filho por ordem de Deus?"

Estabeleci que por *absoluto* entendo a fonte da energia vital, aquilo que regula o pensar e o viver de um ser humano, regula o seu intelecto e a sua vontade, e que se pode dizer também o seu *deus*. Agora chegou o momento de declarar qual é o meu absoluto, qual é, existencialmente falando, o meu deus. Respondo com toda franqueza que o meu absoluto não é Deus, entendido como "ser perfeitíssimo criador e senhor" totalmente distinto do mundo e de mim, e não é sequer Jesus Cristo. O meu absoluto, o meu *deus*, aquilo que preside a minha vida, não é nada externo a mim. O que acontece? Não sou mais crente? Não sou mais cristão? Não sou mais católico? Um momento, "calma e giz", dizem os jogadores de bilhar antes de um golpe delicado, calma e giz.

O meu absoluto é o bem, a ideia e a prática do bem. O meu absoluto é o bem que, dentro dos nossos corpos, exprime a realidade física da relação harmoniosa entre os diferentes elementos que nos constituem e que se diz como *saúde*, e que depois, reproduzindo-se para fora, dá origem à tensão ética que nos leva a introduzir tal lógica harmoniosa também no âmbito muitas vezes desordenado da liberdade, a qual se diz como *justiça*. O meu absoluto é perceber a maravilha de que tudo isto existe em virtude de uma generosidade não devida e inesperada do ser-energia, que na linguagem teológica tradicional é dita *graça*. Acrescento que creio que a existência de tal bem remete a um Bem eterno, subsistente, definível como Sumo Bem, como "Deus" no sentido comum do termo. A partir do bem, creio num Sumo Bem ao qual penso que é atribuída também a personalidade, pois está bem longe de ser identificável com uma pessoa no sentido comum do termo. Nisto concordo com Martim Buber, que depois de ter falado de Deus como *pessoa absoluta*, acrescenta: "Isto significa que Deus 'é' pessoa? O caráter absoluto da sua pessoa, o paradoxo dos paradoxos, proíbe uma afirmação tal".[1]

Neste livro, porém, coloco-me antes de um discurso sobre Deus em si, que remeto para um próximo trabalho. Aqui pretendo mais evidenciar a aposta existencial que está em jogo na figura da fé autêntica, e digo *autêntica* porque estou convencido de que há uma modalidade certa e uma modalidade errada de entender o divino e o seu caráter absoluto. Para explicar-me, refiro-me a um episódio acontecido na minha família faz alguns anos, quando fui obrigado a escolher entre a imagem tradicional de Deus e o bem.

Então morávamos no campo e eu despertava os meus filhos às 6h45m, porque a escola ficava longe. Naquela manhã, Estêvão, o meu filho mais velho então com onze anos, de manhã comumente taciturno, me pergunta: "Papai, quem era aquele que devia matar o seu filho por ordem de Deus?". Comecei a pensar: agora isto, a esta hora, com os olhos remelentos e os cabelos desalinhados, está pensando em quê, talvez tenha tido um sonho. Depois lhe digo que se tratava de Abraão. A esta altura Catarina, que então tinha sete anos e ainda dormia no mesmo quarto que o irmão, me pergunta: "Papai, mas se Deus te manda matar-me, você me mata?". Momento de dificuldade. Não respondo e começo a amarrar os cordões dos seus sapatos. Mas depois sinto dentro de mim que devo uma resposta à minha filha, e digo-lhe sem hesitar: "Não, Catarina, nem se me falasse. Se Deus me mandasse fazer uma coisa dessas, eu lhe diria que não. Fica tranquila, o papai não te trairá nunca". Eu me lembro que o olhar de minha filha ficou brilhante, com

---

[1] Martin Buber, *L'eclissi di Dio. Considerazioni sul rapporto tra religione e filosofia* [1953], trad. de Ursula Schnabel, Milano, Mondadori, 1990, p. 66.

aquela luz que vem da alegria mais íntima, tão difícil de descrever, mas que penso que todos conhecemos. Depois o café da manhã na cozinha, a viagem de carro para a escola, Abraão e todo o resto esquecido. Não de minha parte, porém, que enquanto conduzia o carro, estava tomado por uma série de dúvidas: fizera bem em responder assim seguindo o meu instinto? Não tinha diminuído aos olhos dos meus filhos a majestade de Deus e da Bíblia? Não tinha pulverizado com aquela resposta tão humana, que podia ser *demasiado humana*, uma tradição milenar de temor diante da sacralidade do mistério divino?

A pergunta do meu filho fazia referência ao célebre episódio de Gênesis 22, o chamado sacrifício de Isaac, objeto de inumeráveis obras de arte, desde os mosaicos de São Vital em Ravena até às pinturas de Caravaggio, Rembrandt e outros ilustres pintores. A história é bastante conhecida. Deus põe Abraão à prova: "Toma teu único filho Isaac, a quem tanto amas, dirige-te à terra de Moriá e oferece-o ali em holocausto sobre um monte que eu te indicar". O holocausto era considerado o sacrifício mais precioso, porque se oferecia a Deus a vítima inteira, sem reservar nenhuma parte dela para si, e, de fato, *holocausto* significa, exatamente, "tudo queimado". Sem dizer uma palavra, Abraão obedece: levanta-se à aurora, sela o asno, toma dois servos e seu filho, corta a lenha para o fogo do holocausto e vai. No terceiro dia manda que os servos fiquem e prossegue sozinho com o seu filho. O menino a certa altura pergunta ao pai onde está o animal para o sacrifício, e ele lhe pede para ficar tranquilo, porque Deus proverá. Tendo chegado ao lugar indicado, "Abraão ergueu o altar, colocou a lenha em cima, amarrou o filho e o pôs sobre a lenha do altar. Depois estendeu a mão e tomou a faca para imolar o filho" (*Gênesis* 22,9-10). Quanto tempo terá passado desde o momento em que Abraão começou a amarrar o seu filho até quando ergueu a faca sobre ele? Trinta segundos, um minuto, dois minutos? Quanto se deve amarrar um menino de modo que não se mova quando vir a faca descer sobre ele? Sabe-se lá o que terá pensado naquela série de intermináveis momentos o pequeno Isaac, depois de ter compreendido que o animal para o sacrifício do qual pedira informações ao pai no caminho era exatamente ele. Sabe-se lá que imagens estavam se acumulando naquele momento na mente do garoto, quais imagens de Deus, da vida, do seu pai. Alguém se lembra do rosto com o qual Caravaggio o pintou?*

Todos sabem que Abraão já tinha erguido a faca quando aparece um anjo do Senhor e lhe diz: "Não estendas a mão contra o menino e não lhe faças mal algum". Em seguida Abraão vê num canto um carneiro e tudo termina num triunfo com a voz celeste que proclama: "Juro por mim mesmo – oráculo do Senhor – uma vez que agiste deste modo e não recusaste teu único filho, eu te abençoarei e tornarei tão numerosa a tua descendência como as estrelas do céu e como as areias da praia do mar. Teus descendentes conquistarão as cidades dos inimigos. Por tua descendência serão abençoadas todas as nações da terra, porque tu me obedeceste" (*Gênesis* 22,16-18).

Qual é a substância deste episódio? A obediência total, absoluta, indiscutida. O que, realmente, há de mais precioso para um ser humano do que um filho? Nada, e, além do mais, quando é único, e quando é pequeno, a ternura é absoluta. Pois bem, Deus chega a pedir a Abraão que lhe sacrifique o filho, que o mate e depois o queime inteiramente em sacrifício. Por qual motivo? Para provar a sua fé, para verificar se havia algo que Abraão teria anteposto a ele, para verificar se ele com a sua vontade era realmente o senhor absoluto.

O filósofo luterano Søren Kierkegaard dedicou a Abraão e ao sacrifício do filho Isaac uma obra inteira, *Temor e tremor*, na qual apresenta Abraão como o tipo ideal da fé, "o cavaleiro da fé".[2] Abraão é tal porque, aceitando a ordem divina com relação ao filho, suspende e ultrapassa a universalidade da ética e assim entra numa relação absoluta com Deus. Abraão sai da universalidade da ética e entra na particularidade da religião, a qual, porém – este é o paradoxo kierkegaardiano –, pretende valer mais que a universalidade ética: "A fé é exatamente este paradoxo, ou seja, que o Indivíduo como Indivíduo é mais alto que o geral".[3]

---

* http://pt.wikipedia.org/wiki/Ficheiro: The_Sacrifice_of_Isaac_by_Caravaggio.jpg [N.T.].
[2] Søren Kierkegaard, *Timore e tremore* [1843], em *Opere*, org. por Cornelio Fabro, Casale Monferrato, Piemme, 1995, vol. I, p. 214. Cf. particularmente as p. 251-256 para a contraposição entre herói trágico e cavaleiro da fé.
[3] Ibid., p. 231.

Kierkegaard escreve que Abraão, enquanto cavaleiro da fé, "não duvidou, não se pôs a olhar angustiado para os lados, não importunou o céu com as suas orações. Sabia que era Deus, o Todo-Poderoso, que o punha à prova; sabia que se podia exigir dele o sacrifício mais duro: mas sabia também que nenhum sacrifício é demasiado duro quando é Deus quem o quer – e tirou a faca".[4] A tradição viu nesse episódio o modelo do verdadeiro homem de fé, na medida em que exibe uma obediência absoluta a Deus. A vontade divina pode ser terrível para a consciência, o Deus "totalmente outro" pode ordenar as coisas mais inesperadas, até crimes horríveis, mas não importa: aquilo que conta não é o bem em si, mas apenas a ligação de absoluta devoção e obediência a ele: não a universalidade da ética, mas a relação particular do indivíduo com Deus. Se há esta obediência total, até os crimes mais horrendos se tornam atos heroicos (na linguagem da fé, "sacrifícios"), e quem está disposto a realizá-los se torna o modelo da fé mais pura.

De qual Deus estamos falando? De um Deus cuja essência é vontade absoluta, não determinada por nada a não ser pelo seu querer, e que é lógico que crie na alma dos homens que se aproximam dele um sentido de "temor e tremor". Quantas vezes as Igrejas fizeram uso do medo para falar de Deus, quanto sofrimento e quantas vidas marcadas pela angústia não resultaram daí. Era um tema ao qual Ingmar Bergman (escandinavo como Kierkegaard) voltava frequentemente nos seus filmes. Lembro em particular *O sétimo selo* e o documentário sobre *Fanny e Alexander*. Essa imagem de Deus e, portanto, de fé se encontra, no século XX, na primeira fase da teologia de Karl Barth, na qual o teólogo suíço de tradição calvinista apresenta a ideia de um Deus tão desligado dos valores do bem e da justiça que pode ser "a danação até de um São Francisco de Assis e a absolvição até de um César Bórgia… um Não oposto a todo Sim humano e um Sim oposto a todo Não humano".[5]

---

[4] Ibid., p. 200.
[5] Karl Barth, *L'Epistola ai Romani* [1922²], ed. ital. org. por Giovanni Miegge, Milano, Feltrinelli, 1978, p. 269. A teologia barthiana teve uma virada humanística identificada comumente na conferência de 25 de setembro de 1956 realizada em Aarau, na Suíça, na qual o próprio Barth fala explicitamente de "virada no pensamento da teologia evangélica": Karl Barth, *L'umanità di Dio*, trad. ital. de Saverio Merlo, Torino, Claudiana, 1975, p. 29.

Essa figura arbitrária de um Deus como soberano terrível, que, talvez, por uma vontade insondável pode ordenar que você mate o seu filho e mandar para o inferno Francisco de Assis, é fortemente contrariada pela corrente humanista (também chamada liberal ou dialógica) da teologia cristã, representada durante humanismo e a renascença por Nicolau de Cusa, Marsílio Ficino, Giovanni Pico della Mirandola, Erasmo de Roterdã, Sébastien Castellion; na época moderna por pensadores como Lessing, Kant, Fichte, Hegel, Schelling e pela teologia liberal de Schleiermacher, von Harnack, Troeltsch; no século XX pela teologia de Bonhoeffer e de Tillich, no âmbito protestante, e, no âmbito católico, pelos teólogos na origem do Vaticano II como Teilhard de Chardin, Chenu, Congar, Rahner, Küng, Schillebeeckx; nos nossos dias pela teologia da libertação e pela teologia do pluralismo religioso.

Detenho-me em Kant. Para o filósofo de Königsberg, a "suspensão teológica da ética" de que falará Kierkegaard algumas décadas depois dele é inadmissível. É preciso pensar que qualquer coisa que seja contrária à lei moral não vem de Deus, sendo Deus exatamente o bem, a realidade subsistente do bem, *die Idee des guten Prinzip* (a ideia do princípio bom),[6] e, portanto, não podendo de modo algum querer o mal (e com isso Kant apenas exprime a mesma perspectiva da teologia católica mais pura).[7] Numa das últimas obras de sua vida, *Streit der Facultäten* [*O conflito das faculdades*], exatamente numa das notas de rodapé às quais ele às vezes costumava confiar pensamentos sobre temáticas delicadas (imagino para ter menos problemas com a censura), Kant comenta exatamente Gênesis 22, dizendo que Abraão deveria ter agido bem de outro modo, não só recusando-se a cumprir o que lhe fora ordenado pela voz celeste, mas chegando a colocar em questão que a voz pudesse ser verdadeiramente a de Deus, visto que, estando contrária à moral, não pode vir de Deus. Eis as palavras de Kant: "Pode servir como exemplo o mito do sacrifício que Abraão queria oferecer, por ordem divina, degolando e queimando o seu único filho (o pobre garoto, ainda

---

[6] Immanuel Kant, *La religione entro i limiti della sola ragione* [1973], Introdução e aparato de Massimo Roncoroni, trad. e notas de Vincenzo Cicero, Milano, Rusconi, 1996, p. 156.
[7] Cf. Tomás de Aquino, *Summa contra gentiles*, I, 37-39, 73-74 e 95.

por cima, carregou, sem saber, a lenha). Abraão deveria ter respondido àquela presumida voz divina: 'É absolutamente certo que eu não devo matar o meu querido filho; mas que tu, que te manifestas a mim sejas verdadeiramente Deus, disso não estou nem posso ficar seguro', mesmo se tal voz ressoou do alto do céu (visível)".[8]

Quem, teologicamente falando, tem razão? Quem, entre Kierkegaard e Kant, identifica melhor o rosto autêntico de Deus? Se a resposta é Kierkegaard, eu, naquela manhã, errei em responder à minha filha da maneira que respondi; deveria fazer com que ela compreendesse que, de qualquer maneira, Deus vem antes dela, dizendo-lhe, certamente com tato para não traumatizar a delicada psique infantil, que aquele era um conto antigo expressamente para condenar os sacrifícios humanos e que não há nada a temer da parte de um Deus que não só não pede sacrifícios humanos, mas que se sacrifica a si mesmo por nós na pessoa do filho, e que o primado de Deus não é contra, mas a favor dos homens, e tantas outras coisas do gênero, mas sempre fazendo com que ela compreendesse profundamente que a primazia diz respeito a Deus, ao qual devemos sempre obedecer, e não há nada mais importante do que essa obediência devida. Se a resposta, porém, é Kant, eu não errei naquela manhã. Mas, teologicamente falando, quem tem razão?

Em minha opinião é decisivo o que escreve Martin Buber, alguém que entendia muito de Bíblia. Interrogando-se sobre a legitimidade da proposta kierkegaardiana de qualificar a fé como "suspensão da ética", Buber se detém também em Gênesis 22: "Kierkegaard pressupõe aqui uma coisa que não se pode pressupor nem sequer no mundo de Abraão e menos ainda no nosso. Ele não leva em conta que a problemática da decisão de fé é precedida pela da escuta: Quem é aquele cuja voz se ouve?". Buber está levantando a mesma dúvida de Kant. Depois prossegue na argumentação: "Para Kierkegaard, partindo da tradição cristã em que cresceu, é natural que só pode ser Deus que exige o sacrifício. Para a Bíblia e certamente para o Antigo Testamento, isso não é absolutamente

---

[8] Immanuel Kant, *Il conflitto delle facoltà* [1798], trad. de Andrea Poma, em *Sctitti di filosofia della religione*, org. por Giuseppe Riconda, Milano, Mursia, 1989, p. 272.

evidente".⁹ O exemplo dado por Buber para sublinhar o dever de submeter a discernimento crítico toda presumida voz divina se refere ao recenseamento do povo que o rei Davi quis fazer, que, segundo um livro bíblico (2 Samuel) é querido por Deus, segundo outro (1 Crônicas) é querido por Satã.¹⁰ A essa cautela de ordem objetiva sublinhada por Buber creio que se deve acrescentar outra em consideração da fragilidade da nossa escuta e da nossa capacidade de compreensão, como atestado pela própria Bíblia: "Deus disse uma coisa, duas coisas eu ouvi" (*Salmo* 62,12). É, portanto, por motivos tanto objetivos como subjetivos que se deve desconfiar de toda tendência a pensar como indivíduos (tanto mais se for escrito enfaticamente com maiúscula à la Kierkegaard, Indivíduo) e afastar-se das regras universais. "Poderia acontecer – continua Buber – que um pecador pense que deva sacrificar a Deus o seu filho em expiação". Na realidade, conclui o grande filósofo e teólogo judeu, Deus "não exige nada além de justiça e amor, e que o homem trate humildemente com ele, quer dizer, não pede muito mais que a ética fundamental",¹¹ e Buber faz referência a uma passagem do profeta Miqueias que contém uma clara crítica a Gênesis 22. Eis as palavras de Miqueias, que traduzem primeiro as dúvidas de um homem que se pergunta sobre como relacionar-se adequadamente com Deus: "Com que me apresentarei ao Senhor, e me inclinarei diante do Deus do céu? Poderia apresentar-me com holocaustos ou com novilhos de um ano? Terá o Senhor prazer nos milhares de carneiros ou em dez mil torrentes de óleo. Darei meu primogênito por meu crime? O fruto de minhas entranhas por meu pecado?" E o profeta dá a resposta: "Já te foi revelado, ó ser humano, o que é bom e o que o Senhor exige de ti: nada mais do que praticar o direito, amar a bondade e caminhar humildemente com teu Deus" (*Miqueias* 6,6-8). Aqui não há nenhuma suspensão da ética.

---

[9] Buber, *L'eclissi di Dio*, cit., p. 117.
[10] Eis o texto de 2 Samuel 24,1: "A cólera do Senhor voltou a inflamar-se contra Israel. Ele incitou Davi contra eles dizendo: Vai fazer o recenseamento de Israel e Judá". E o texto de 1 Crônicas 21,1: "Satã levantou-se contra Israel e induziu Davi a fazer o recenseamento de Israel".
[11] Buber, op. cit., p. 118.

Durante anos julguei inaceitável o seguinte ditado rabínico: "Amar a Torá mais que a Deus".[12] Via aí o fanatismo legalista de quem não está disposto a antepor nada ao seu código religioso, de quem, entre o espírito e a letra, estará sempre do lado da letra. Depois, um dia, entendi que não é assim, ou, pelo menos, não é necessariamente assim. Amar a Torá mais do que a Deus significa amar o bem e a justiça, ou seja, o fim perseguido pela Torá, mais do que a própria ideia de Deus, significa recolocar o absoluto no bem e na objetividade, e não num divino numinoso com a sua insondabilidade. Amar a Torá mais do que qualquer outra coisa significa colocar o critério absoluto da sua mente na aliança entre Deus e os homens, no pacto subscrito, nas regras às quais o próprio Deus se vincula para estabelecer verdadeiramente a harmonia da comunhão e não o arbítrio do domínio. Amar a Torá mais do que a Deus significa não ser servos, mas aliados, significa tornar-se "amigos", como diz João 15,15 ("Eu vos chamei de amigos"). E a amizade, como ensinaram Pitágoras e Aristóteles, pressupõe a igualdade ("a amizade é igualdade").[13]

30. GUARDAR O AMOR

O ponto decisivo é compreender qual é a imagem do mundo mais adequada para guardar o amor. Também alguns que se professam ateus ou não crentes admitem o seu primado vital (de modo diferente dos ateus que o são porque atribuem a primazia à vontade de poder, ao gene egoísta, ao prazer, ao nada do nada...).

Bertrand Russell escreveu: "Não estou em condições de demonstrar que o meu ponto de vista sobre a vida reta seja certo; posso apenas formular a minha opinião, esperando que seja compartilhada por muitos. O meu pensamento é este: a vida reta é a vida inspirada pelo amor

---

[12] Cf. Emmanuel Lévinas, *Aimer la Thora plus que Dieu* [1955], em *Difficile liberté. Essais sur le judaïsme*, Paris, Albin Michel, 1976³, p. 201. Cf. também Azzolino Chiappini, *Amare la Torah più di Dio. Emmanuel Lévinas lettore del Talmud*, Firenze, Giuntina, 1999, p. 107.
[13] Aristóteles, *Ética a Nicômaco*, VII 7 1158 A [ed. ital. org. por Marcello Zanatta, Milano, Bur, 1986, p. 723. À p. 1007 Zanatta relata que, segundo Diógenes Laércio (VIII 1 8), este antigo provérbio remonta a Pitágoras.]

e guiada pelo conhecimento. Conhecimento e amor não têm limites, de modo que uma vida, por reta que seja, é sempre suscetível de melhora. O amor sem o conhecimento, ou o conhecimento sem o amor, não pode amadurecer uma vida reta... Embora sejam necessários amor e conhecimento, o amor é, em certo sentido, mais fundamental porque leva a inteligência a descobrir sempre novos modos de ser útil aos seus semelhantes".[14]

Norberto Bobbio escreveu: "Não tirei as satisfações mais duradouras da vida dos frutos do meu trabalho... Tirei-as da minha vida de relação, dos professores que me educaram, das pessoas que amei e me amaram".[15]

Eugenio Scalfari escreveu: "Ainda tenho coisas a fazer, sentimentos e afetos a exprimir no presente, conhecimento de mim e do mundo a enriquecer. Em suma, levar uma vida boa enquanto durar. Estou cercado por muito amor, e o retribuo com igual intensidade; retribuir o amor não dá trabalho, antes o amor verdadeiro dá repouso e felicidade".[16]

Estas três citações sublinham o primado existencial do amor. Também a minha fé, existencialmente entendida, é fé no primado do amor e do conhecimento com uma maior inclinação para o amor, exatamente como a de Russell, que se professava ateu. Para mim o amor é, verdadeiramente, *id quo maius cogitari nequit*, "aquilo do qual não se pode pensar nada maior", como Anselmo de Cantuária definia Deus no *Proslogion*. De modo diferente de Russell, porém, me pergunto: Qual é a imagem do mundo, e dos homens nele, mais adequada para guardar o primado do amor?

Não se trata de construirmos um mundo ao nosso gosto para que as coisas fiquem de acordo com os nossos desejos. Tampouco se trata de ignorar que os nossos desejos têm a ver com o mundo, porque são um produto do trabalho do mundo. Trata-se de evitar, por um lado, o perigo da projeção ingênua no sentido comum do termo, por outro

---

[14] Bertrand Russell, *Il mio credo* [1925], em *Perché non sono cristiano*, trad. de Tina Buratti Cantarelli, Milano, Tea, 2003, p. 42-43.
[15] Norberto Bobbio, *De senectute e altri scritti autobiografici*, org. por Pietro Polito, Torino, Enaudi, 1996, p. 49.
[16] Eugenio Scalfari, *L'uomo che non credeva in Dio*, Torino, Einaudi, 2008, p. 149.

lado, o perigo de não fazer ligação entre homem e mundo, como se o homem, por sua vez, não fosse um produto do mundo e, portanto, não tivesse nada a dizer sobre a lógica do mundo. Se a "luta pela existência", no sentido da *struggle for life* darwiniana, dá testemunho do mundo, por que não deve dar testemunho também aquela luta particular pela existência que se chama *amor*?

É inútil tentar me enganar fingindo que sou neutro. Não sou neutro, não me coloco diante dos trens que passam pronto a pular no primeiro ou no mais confortável de todos sem importar a direção em que vai. Quero, desejo, ordeno a mim mesmo ir numa direção precisa, a direção do bem e da justiça, a direção do amor, de uma vida sob o signo da veracidade e da lealdade. Desejo embarcar no trem que leva para o bem e a justiça, para mim e para o maior número possível de pessoas.

Sei muito bem que existe o perigo, como Lessing faz o seu Natã dizer, de "criar aqueles sonhadores nos quais frequentemente demais o coração faz parte do cérebro e o cérebro faz a parte do coração... Péssima confusão".[17] Por isso, presto atenção às minhas ideias, as indago, as sopeso, as confronto com suas antíteses, lembrando do que Kant me ensinou, de que "é dentro de nós que devemos buscar o adversário".[18] Desejo, todavia, chegar a uma visão do mundo que me permita não sentir-me iludido em cultivar a ideia do primado do amor e do bem, mas que antes me dê mais energia para trabalhar nessa direção; uma visão do mundo na qual Giovanni Falcone e Paolo Borsellino não são os derrotados e os mafiosos assassinos, os vencedores.* Muitos outros exemplos poderiam ser dados. Não sei se terei sucesso nisto, mas desejo que este livro e, em geral, o meu trabalho intelectual, desperte e reforce nos seres humanos o amor pelo bem e pela justiça, e o senso de solidariedade e de fraternidade (a negligenciada *fraternité* da tríade revolucionária) para com os seus semelhantes.

---

[17] Gotthold E. Lessing, *Nathan, der Weise* [1779] I, 1, 135 (ed. ital. *Nathan il saggio*, org. por Leo Lestingi, Bari, Palomar, 2009, p. 63-64).
[18] Immanuel Kant, *Crítica da razão pura*, B 805 A 777.
* Falcone foi o juiz e Borsellino o advogado que levaram a cabo um processo contra a máfia siciliana. O advogado morreu numa armadilha dois meses depois de Falcone ter sido assassinado [N.T.].

O meu deus, no sentido do meu absoluto, é a ideia do Bem, que entendo como ideia reguladora para edificar a minha vida sobre ela. Ideia reguladora? Mas surge a objeção: isso significa que:
- primeiro: ela não é dotada de subsistência ontológica própria;
- segundo: é uma projeção ideal minha;
- terceiro: depende de mim e dos outros que a pensam como eu e, portanto, é simplesmente um ideal filosófico, mas não tem nada a ver com o que comumente se entende por "Deus".

Eu respondo negativamente a estas objeções. Respondo que:
- *ad primum*: essa ideia pode ser reguladora só porque ela, anteriormente a mim, subsiste como lógica verdadeira do mundo, como *logos* que dá forma ao ser-energia, que o in-forma e cria informação;
- *ad secundum*: a minha projeção ideal certamente existe (porque não há ninguém que, dispondo-se diante do sentido global da vida, não "projete"), mas ela só pode ser produtiva se colher uma dimensão do ser que preexiste: a projeção é como uma ponte que me permite aterrissar num terreno que já existe, não como uma varinha mágica que faz aparecer em minha mente a ilha que não existe;
- *ad tertium*: este ideal filosófico tem muito a ver com a ideia que se entende comumente com o termo "Deus", do contrário, a oposição pascaliana entre o Deus dos filósofos e o Deus de Abraão-Isaac-Jacó é um dos mais graves erros teológicos e filosóficos que podem ser feitos: ou o Deus da Bíblia coincide realmente com o princípio divino em ação no mundo e reconhecido universalmente pelas religiões e pelas filosofias, ou é simplesmente um ídolo.

O banco de prova de verdade das afirmações não são as páginas escritas, mas a vida concreta, e dar a primazia à vida concreta significa não querer fazer de si mesmos algo que não esteja já contido no ato criativo que nos trouxe à existência. No que diz respeito a mim, não quero ser cristão, se ser cristão significar ser algo mais e diferente do meu ser natural, uma espécie de roupa sobrenatural que se acrescenta e que cobre o meu ser natural. Não quero pertencer a nada nem a ninguém que não seja esta vida; quero servir em perfeita liberdade, tanto quanto é dado a um ser humano poder viver em perfeita liberdade. Quero ser simplesmente um homem, um homem ao lado de outros homens que crê no bem e na justiça, que crê no amor.

Se sigo o ensinamento de Jesus, e creio no seu Deus reconhecendo-o como o meu Deus, é porque penso, sinto, experimento que isto me faz ser mais homem elevando a minha mente a compreender e a sentir com viva emoção a realidade que mais do que qualquer outra merece o nome de mistério, nome que dou com as palavras de Lucio Dalla: "Ecco il mistero, / sotto un cielo di ferro e di gesso / l'uomo riesce ad amare lo stesso, / e ama davvero, / senza nessuna certezza, / che commozione, che tenerezza".[19]

A via do amor, a via do bem e da justiça é a mais nobre que conheço, a mais límpida, a mais leal, a mais rica de frutos, a mais harmoniosa, a mais simpática.

31. FILANTROPIA

"Filantropia" – terão dito alguns com um tom de altaneiro desprezo depois de ter lido as palavras relatadas acima. Quando essa crítica provém de quem cultiva simpatias mais ou menos claras pela filosofia de Nietzsche, eu a compreendo, ainda que, obviamente, não a aprove. Só a palavra filantropia fazia Nietzsche perder a paciência, e assim só podia ser visto que o seu ideal era "o animal feroz, a magnífica *besta loura*, que anda rondando, ávida de presa e de vitória"; ele falava explicitamente de "repugnância pelo 'homem'" e que a lógica da vida tinha a seguinte convicção: "Falar *em si* de direito e errado é coisa sem nenhum sentido; *em si* ofender, fazer violência, explorar, aniquilar não pode naturalmente ser nada de 'ilegítimo', na medida em que a vida se realiza *essencialmente*, isto é, nas suas funções fundamentais, ofendendo, fazendo violência, explorando, aniquilando, e não pode ser absolutamente pensada sem

---

[19] "Eis o mistério, debaixo de um céu de ferro e de gesso; o homem consegue amar o mesmo, e ama deveras, sem nenhuma certeza, que comoção, que ternura" – Lucio Dalla, *Balla, balla ballerino*, do álbum *Dalla*, 1980.

esse caráter".[20] Que filantropia ou amizade pela humanidade pode haver em alguém que a pensava assim e naqueles que acham o seu pensamento fascinante e convincente, escolhendo-o para mestre de vida?

Quando, porém, o desprezo pela filantropia provém de quem se declara católico, não concordo. A questão é que não são poucos os católicos que olham com presunção, e às vezes até com desprezo, o conceito de "filantropia". O que para mim é o sentimento mais nobre que se pode ter, é denegrido por alguns católicos como uma coisa de pouca valia, ou completamente danosa, como se o seu amor, tão diferente, tão *sobrenatural*, produz efeitos melhores, e não ao contrário, como infelizmente às vezes acontece, abrasadas polêmicas, tons agressivos e, no passado, não poucos episódios de violenta intolerância. Por trás dessa instintiva intolerância pelo conceito de filantropia ouço ecoar as palavras que Lessing faz um personagem do seu poema dramático *Natã, o sábio*, pronunciar, exatamente Sittah, a irmã de Saladin: "Tu não conheces os cristãos, e não queres conhecê-los. O orgulho deles é de serem cristãos e não homens". Pouco depois Sittah continua proferindo estas palavras a propósito da relação dos cristãos com Jesus: "Não as suas virtudes, mas o seu nome deve ser difundido por toda parte, deve ofender e obscurecer os nomes de todos os bons; o nome, só o nome conta para eles".[21]

Exatamente por ter posto em perigo o primado daquele nome, Giordano Bruno foi queimado vivo pela Inquisição em 17 de fevereiro de 1600 em Roma, na Piazza di Campo de' Fiori. Doze anos antes, em 1588, ele tinha composto um texto sobre o amor universal ou filantropia, que hoje é tradicionalmente lembrado como a sua profissão de fé. Transcrevo a sua passagem central: "Por toda parte jaz inobservada a lei de amor difundida sobre toda a terra: uma lei que, enquanto conforme à natureza universal, não foi certamente estabelecida pelo demônio maligno de um povo único, mas é comunicada por Deus, pai de todo homem: ela gera de fato uma filantropia que se estendeu à humanidade inteira, que nos faz amar também os nossos inimigos, para não sermos semelhantes aos brutos e aos bárbaros, mas transfundindo-nos na

---

[20] Friedrich Nietzsche, *Genealogia da moral. Uma polêmica* [1887], I, 11 e II, 11.
[21] Gotthold E. Lessing, *Nathan, der Weise* [1779] II, 1, 867-868 (ed. ital. cit., p. 100).

imagem daquele que faz surgir o seu sol sobre os bons e sobre os maus e faz cair sobre os justos e sobre os injustos a chuva das suas graças. Esta é a religião que observo, seja por uma convicção íntima, seja pelo costume vigente na minha pátria e entre a minha gente: uma religião que exclui toda disputa e não fomenta nenhuma controvérsia".[22]

Naturalmente, estou muito longe de pensar que graças a essa lei da filantropia ínsita na profundeza de cada coração humano a vida seja toda de rosas e flores. Conheço bem o drama e, às vezes, a tragédia que muitas vezes atravessa o ofício de viver. Por isso defino o meu sentimento da vida como "otimismo dramático": quer dizer, vivo na convicção fundamental de fazer parte de um sentido de harmonia, de bem, de racionalidade, e por isso falo de *otimismo*, mas estou também convencido de que tal harmonia se realiza apenas de modo *dramático*, isto é, lutando e sofrendo dentro de um processo do qual não está ausente o negativo e o absurdo. Mas tal negatividade, querendo ou não, está ao serviço de um movimento mais amplo de organização e de crescimento da complexidade racional que costumamos chamar "evolução" e que, por isso, autoriza a falar de otimismo. Em minha opinião, ele reproduz bem a ideia ocidental da história, que, de modo diferente do eterno retorno grego e do yin-yang chinês, conhece um progresso, um crescimento, um desenvolvimento e que, talvez, seja mais bem expresso pela figura da espiral.

São Jerônimo escreveu: "O beato João Evangelista, enquanto passava em Éfeso os últimos anos da sua existência, era levado com dificuldade à igreja no braço dos seus discípulos e não podia falar muito, nem dizer em cada homilia outra coisa além disto: 'Filhinhos, amai-vos uns aos outros'. Até que um dia os irmãos e os discípulos que estavam presentes, aborrecidos de tanto escutar sempre as mesmas palavras, perguntaram-lhe: 'Mestre, por que dizes sempre isso?'. E ele respondeu com uma sentença digna de João: 'Porque é o mandamento do Senhor e, se só isto fosse observado, bastaria'".

---

[22] Giordano Bruno, *Prefazione agli Articoli contro i matematici* [1588]; tomo a citação do ótimo livro de Roberto Celada Ballanti, *Pensiero religioso liberale*, Brescia, Morcelliana, 2009, p. 230.

Devo esta citação a Lessing, que a comenta e a dramatiza no diálogo *O testamento de João*, acrescentando que "mereceria ser escrita em todas as igrejas, no lugar mais visível, em letras douradas".[23] O latim de Jerônimo – *Filioli diligite alterutrum* – é mais bem traduzido no vêneto "Volemose ben" e no dialeto romano "Volemose bene, semo romani", dirigido com surpresa por João Paulo II, já acometido pela doença, aos párocos de Roma, durante a audiência de 26 de fevereiro de 2004. Eu penso que tudo, no fim, na religião, se resolve aqui, e exatamente aqui encontra a sua verificação concreta e absoluta: querer-se bem, querer o bem, nada mais que o bem. Não o dogma, não a Bíblia, não a liturgia. Se chegarmos a querer o dogma, a Bíblia e a liturgia, é apenas na medida em que estão ao serviço e em função do bem. Não há nenhuma suspensão teológica da ética; pelo contrário, há uma suspensão ética da teologia.

Como sei que tenho contra mim uma tradição secular que afirma o contrário, agora passarei a uma análise dos fundamentos dessa tradição, dando início à parte mais crítica, a parte *destruens*, deste trabalho. Primeiro enfrentarei o princípio católico (o dogma eclesiástico ou Magistério), depois o princípio protestante (a Bíblia e a revelação histórica nela contida). Deveria me ocupar também com o princípio ortodoxo, a liturgia, mas não o fiz por dois motivos: porque acho que ele está contido pelo menos em parte na Igreja e na Bíblia, visto que a liturgia é obra da Igreja e celebra o que é narrado na Bíblia; e porque o estatuto comunitário da liturgia não se concilia bem com a minha atenção privilegiada ao Eu na sua singularidade. De qualquer modo, estou seguro de que nem sequer a liturgia, ainda que eu goste muito dela (assim como amo muito a Igreja e a Bíblia), pode ser de algum modo superior à dimensão ética. Não se dá nenhuma suspensão da ética, nem dogmática, nem bíblica, nem litúrgica.

---

[23] Gotthold E. Lessing, *Il testamento di Giovanni* [1777], ed. ital. em *Opere filosofiche*, org. por Guido Ghia, Torino, Utet, 2008, p. 552. A passagem de Jerônimo está na p. 554 e remete ao *Comentário à carta aos Gálatas*, cap. 6.

VI. Não é a Igreja

32. DO PRINCÍPIO-AUTORIDADE AO PRINCÍPIO-AUTENTICIDADE

Frequentemente me perguntam como eu ainda posso me definir católico. A resposta é simples: declaro-me católico e quero permanecer católico porque sinto e sei que a Igreja Católica é a minha comunidade, a minha igreja. Nela nasci para a fé e não posso pensar a minha vida espiritual sem mostrar gratidão pelas testemunhas que por primeiro me abriram o coração para a mensagem do amor e sem desejar viver com elas naquela dimensão comumente dita de "comunhão dos santos". Este é de fato o cristianismo na sua essência eterna: filosofia do amor, visão do mundo à luz do primado do amor, teoria e prática do amor, testemunho de que o sentido da liberdade é o amor. A autenticidade do ser cristão consiste numa vida que deseja *amouriser le monde*, para citar a bela expressão de Teilhard de Chardin tão cara a Arturo Paoli. Se me aconteceu de encontrar e fazer minha essa sublime mensagem de que agora vivo, e que me esforço por defender e argumentar, é graças à Igreja Católica que a transmitiu a mim através de alguns dos seus membros.

Penso antes de tudo em minha mãe Arcangela, na sua fé feita de mansidão, humildade, atividade, orações apenas sussurradas, missas de manhã no canto mais recolhido da igreja paroquial. Penso na alegria exuberante da madre Rita e na benévola severidade de madre Candida, as irmãs canossianas do asilo e do oratório. Penso na minha professora da escola primária, a senhora Meregalli, que levava para a sua casa, de tarde, as crianças que estavam atrasadas em alguma matéria para uma complementação escolar gratuita. Penso no meu primeiro sacerdote do oratório, padre Roberto, e em como me fazia cantar, e penso nos extraordinários padres do liceu, padre Mirko, com olhos de coruja, e padre Valério, com sorriso infinito, e em como me faziam pensar. Fico por aqui porque, se tivesse de continuar dando o nome de todos os religiosos e leigos da minha Igreja aos quais sou devedor, o capítulo não seria suficiente, seria necessário um livro, e não se diz que um dia não o escreverei em honra e glória da comunhão dos santos. Faço uma exceção para Carlo Maria Martini, Franco Brovelli e Giovanni Barbareschi, pais da minha Igreja de Milão, sem cujo amor e cuja inteligência a certa altura talvez me tivesse perdido nos remoinhos da existência. A Igreja Católica, portanto, é a minha família, nela nasci e nela pretendo permanecer.

Mas já faz algum tempo que enfrento um problema: o que fazer se, olhando o mundo, olhando-o com toda a atenção e honestidade com que se é capaz, nos deparamos com alguma diferença entre o que a Igreja na sua doutrina diz do mundo e o que o mundo manifesta de si? O que se deve fazer quando se toma consciência de que a experiência da vida não concorda em tudo, ou às vezes até contrasta claramente, com aquilo que a Igreja ensina da vida? O que fazer quando se veem contradições entre os enunciados doutrinais da fé e a realidade concreta da vida?

Faz alguns anos que li com atenção um livro de Joseph Ratzinger sobre a natureza e a tarefa da teologia, no qual me impressionou uma frase que anotei diligentemente: "A fé não quer oferecer ao homem uma forma qualquer de psicoterapia: a *sua* 'psicoterapia' é a verdade".[1] Sinto um grande amor pela verdade, pelo "esplendor da verdade" (*Veritatis splendor* é o título da encíclica de João Paulo II sobre os fundamentos do ensinamento moral) e penso que a verdade tem realmente um poder

---

[1] Joseph Ratzinger, *Natura e compito della teologia. Il teologo nella disputa contemporanea. Storia e dogma* [1990], trad. de Ricardo Mazzarol e Carlo Fedeli, revisão de Elio Guerriero, Milano, Jaca Book, 1993, p. 91.

terapêutico em âmbito psíquico. Estou, além disso, convencido de que a autenticidade da vida se mede pela sua relação com a verdade, no sentido de que a autenticidade aumenta mais se estamos dispostos a amar a verdade também acima de nós e das nossas convicções, se preciso for deixando-nos refutar, enquanto diminui quanto mais preferirmos as próprias convicções e as próprias conveniências à verdade da experiência. Noutros termos, adiro totalmente à perspectiva clássica da teologia católica formulada por Tomás de Aquino quando diz: "Actus credentis non terminatur ad enuntiabile, sed ad rem" (o ato do crente não se detém no enunciado, mas na realidade). O ato de fé é verdadeiramente tal se chega a tocar a res-realidade, só a qual é a medida de julgamento da autenticidade dos enunciados doutrinais como os dogmas e os artigos de fé, cuja única finalidade ao formulá-los é, continua Tomás de Aquino, "ter conhecimento das coisas, assim na ciência, como também na fé".[2] A vida tem o seu magistério, ele, sim, realmente *infalível*.

Faz tempo que escolhi deixar-me instruir por esse magistério supremo, dispondo-me sem preconceitos diante do mundo, olhando-o com atenção, refletindo sobre aquilo que vejo e repensando o meu ser cristão à sua luz. Apresento o fruto deste processo nos meus livros, seguindo o convite bíblico: "O que vês escreve-o num livro" (*Apocalipse* 1,11). Deste modo, porém, como já me tinha acontecido ao refletir sobre a alma e o seu destino, e antes ainda sobre a incapacidade e o seu porquê, saltaram aos meus olhos não poucas aporias da doutrina da minha Igreja. Eu me dou conta de que entre a verdade da vida e a doutrina da Igreja nem sempre há identidade; às vezes há oposições, nem sempre tão pequenas. Constato que algumas doutrinas eclesiásticas geram distorções da mente e visões erradas das coisas, do que depois surge uma agressividade e um rancor polêmico que não raramente transparecem na linguagem de muitos devotos católicos e que, às vezes, se transformam diretamente em verdadeira violência física infelizmente

---

[2] Tomás de Aquino, *Summa theologiae* II-II, q. 1, a. 2, ad secundum. O texto latino integral é o seguinte: "Actus credentis non terminatur ad enuntiabile, sed ad rem. Non enim formamus enuntiabilia, nisi ut per ea de rebus cognitionem habeamus, sicut in scientia, ita et in fide" ("O ato do crente não se detém no enunciado, mas na realidade. De fato não formamos enunciados senão para ter através deles conhecimento das coisas, assim na ciência como também na fé").

não ausente no cristianismo, apesar do ensinamento de Jesus. E não me refiro apenas ao passado se considerarmos que nos Estados Unidos, "na luta contra o aborto entre 1997 e 2003 foram mortos sete médicos, foram bombardeadas 41 clínicas e foram ateados 168 incêndios dolosos".[3]

O que fazer nesta situação? Eu fiz exatamente o que diz o versículo do Apocalipse citado acima – "o que vês escreve-o num livro" –, que continua: "e manda-o às sete igrejas: Éfeso, Esmirna, Pérgamo, Tiatira, Sardes, Filadélfia e Laodiceia", onde os nomes dessas cidades antigas podem ser substituídos pelos das nossas. Nestas páginas torno pública a minha visão da fé em Deus e do seu fundamento, a visão de um católico que pretende permanecer tal, mas que não pode mais compartilhar integralmente da doutrina oficial e procura motivar o seu porquê.

Desejo em particular promover uma mudança de paradigma: a passagem do princípio de autoridade para o princípio de autenticidade. Por *princípio de autoridade* entendo a perspectiva segundo a qual se aceita aderir a um conceito ou a uma doutrina não por motivos intrínsecos à própria coisa, mas por motivos extrínsecos ligados à identidade de quem a propõe. A representação mais eficaz que conheço de tal princípio foi dada por Inácio de Loyola: "Aquilo que vejo branco creio negro, se a Igreja hierárquica o estabelece".[4]

Esse princípio de autoridade é ainda hoje dominante no catolicismo, a tal ponto que é de fato o dogma primordial do qual todos os outros dependem. Dou um exemplo. Você pode blasfemar, ter problemas com a justiça por questões pouco nobres como fraudes fiscais e prostituição com menores, trair o cônjuge rompendo mais vezes o casamento, ter relações sexuais ilícitas orgulhando-se publicamente de tê-las, mas se der apenas a aparência de crer e respeitar a autoridade da Igreja, você é um católico apreciado pela Santa Sé e ela não deixará de te reconhecer entre os seus filhos, e até as tuas blasfêmias públicas serão

---

[3] Alexander Stille, Il messaggio d'odio che infiamma l'America, *La Repubblica*, 14 jan. 2011. No mesmo dia o mesmo jornal reportava o maravilhoso discurso de Barack Obama feito em Tucson, no Arizona, para comemorar as seis vítimas do atentado de 8 de janeiro de 2011 contra a deputada democrática Gabrielle Giffords, que ficou gravemente ferida e conhecida pelas posições a favor da liberdade de escolha em matéria de aborto.

[4] Ignazio di Loyola, *Esercizi spirituali* [1524], ed. ital. org. por Giuliano Raffo S.I., Roma, Edizioni ADP, 1991, p. 313.

contextualizadas por ilustres arcebispos ("nestes momentos é preciso sempre saber contextualizar as coisas").⁵ Você pode, ao contrário, ser um homem reto, justo, bom, mas se não compartilhar uma norma ética da Igreja e tiver a coragem de declarar isso publicamente, mesmo se chegar a decidir não querer mais viver preso a uma máquina para poder respirar, se fizer isso, se não aceitar a autoridade da Igreja no plano da doutrina e da ética e, sobretudo, se declarar publicamente o dissenso, você não é mais um católico para a Igreja e, quando morrer, os seus chefes chegarão a negar-lhe os funerais religiosos, ainda que você e sua família os tenham pedido porque creem em Deus seriamente (o funeral eclesiástico foi negado a Piergiorgio Welby pelo cardeal Camillo Ruini, então vigário da diocese de Roma, em 22 de dezembro de 2006; dois dias depois foi celebrado um funeral em forma leiga numa praça pública de Roma).

O que faz a diferença? O reconhecimento formal da Igreja. E exatamente nisto a Igreja Católica faz consistir hoje o ser católico, a saber, no reconhecimento da sua autoridade. Também assim se explica o enigma de personagens de dupla reputação que passaram a ser chamados "Cavaleiros de Sua Santidade" (outrora "Camareiros de capa e espada") e o tráfego muitas vezes tenebroso pelos corredores da Cúria Romana.⁶ Assim também se explica o telegrama de parabéns pelas bodas de ouro enviado em 18 de fevereiro de 1993 por João Paulo II ao general chileno Augusto Pinochet (personagem conhecido em todo o mundo pela sua devoção especial à causa do Evangelho!) ao qual o papa recentemente beatificado mandava dizer, por recomendação do cardeal Sodano: "Com grande prazer dou uma bênção apostólica especial".⁷

---

5   Rino Fisichella, arcebispo e presidente do Pontifício Conselho para a Promoção da Nova Evangelização, *Corriere della Sera*, 2 out. 2010, após uma piada com blasfêmia contada no dia anterior pelo premier. Isso vai contra o *Catecismo da Igreja Católica*, n. 1756: "Existem atos que por si mesmos e em si mesmos, independentemente das circunstâncias e intenções, são sempre gravemente ilícitos, em virtude de seu objeto: a blasfêmia e o perjúrio, o homicídio e o adultério".
6   Para quem quiser aprofundar: Gianluigi Nuzzi, *Vaticano S.p.A. Da un archivio segreto la verità sugli scandali politici e finanziari della Chiesa*. Milano, Chiarelettere, 2009.
7   Tomo o texto de *Grandezza e miseria di un pontificato*, org. por Valerio Gigante, em "MicroMega. I Classici", *Karol Wojtyla il grande oscurantista*, Roma, 2011, p. 46.

Curva o teu intelecto à autoridade doutrinal eclesiástica e és católico; se não, não. A vida concreta não conta. Conta a profissão *exterior* de obediência. O Evangelho apresenta palavras diferentes: "Não sejais como os hipócritas, que gostam de rezar em pé nas sinagogas e nas esquinas das praças para serem vistos pelos outros. Eu vos garanto: eles já receberam a recompensa. Mas, quando rezares, entra no teu quarto, fecha a porta e reza ao teu Pai que está no oculto. E o Pai, que vê no oculto, te dará a recompensa" (*Mateus* 6,5-6).

Que se faça consistir a essência da fé católica na obediência à autoridade eclesiástica aparece também no que o cardeal Camillo Ruini declarou a propósito do meu livro *L'anima e il suo destino* ["A alma e seu destino"]: "O sucesso do último livro de Mancuso, muito mais que dos precedentes, é infelizmente, na substância, além das intenções de Mancuso, um caso de ruptura da forma católica". E pouco depois: "O importante é que os teólogos tomem posição, de modo diferente de Mancuso, dentro da fé viva da Igreja".[8] O que o cardeal Ruini entende por "forma católica" e por "fé viva"?

O autorizado cardeal não entende a fé no Deus de Jesus na sua essência profunda (ou seja, a fé no amor como sentido do ser e da vida), que ele sabe que é dada a tantos católicos que não compartilham de todos os princípios dogmáticos e éticos da doutrina oficial. O que o cardeal Ruini entende por "fé viva" não é a fé como relação pessoal com Deus, mas é a fé mediada pela autoridade da Igreja, mais precisamente a aceitação da autoridade da Igreja enquanto guarda e mestra da verdadeira fé. A fé para o cardeal Ruini se torna "viva" apenas graças à autoridade da Igreja que lhe dá "a forma católica". Se a fé não aceita a autoridade da Igreja, não é uma fé viva, é morta. E eu represento um caso de "ruptura da forma católica" porque contestei a autoridade doutrinal da Igreja, e no tocante à fé católica estou morto. Só se pode estar vivo na fé católica se se aceita em tudo a autoridade da Igreja.

As palavras do cardeal Ruini são um exemplo autorizado de como hoje a "forma católica" é identificada exatamente com a autoridade. Quem aceita a autoridade doutrinal da Igreja respeita a forma católica

---

[8] Declarações de Camillo Ruini a Marco Burini em *Il Foglio*, 17 jul. 2008.

e tem a fé viva; quem não aceita a autoridade doutrinal da Igreja rompe a forma católica e tem uma fé morta. Ao escrever estas coisas me vem à mente aquela tarde em que recebi um telefonema de um querido amigo teólogo, um nome muito em vista no panorama eclesial italiano, que me disse que, depois de ter escrito aquilo que pensava no livro sobre a alma, agora deveria "dar um sinal de submissão". Como a dizer: você exprimiu as tuas ideias, mas agora as coloque em segundo plano com respeito à obediência à Igreja. Dando um sinal de submissão, eu reentraria na "forma católica". Não tendo dado o sinal, permaneço fora.

Eu penso, ao contrário, que esse princípio-autoridade deve ser superado e que no seu lugar seja inaugurado o princípio-autenticidade. Sustento, em outros termos, a passagem de uma fé como "dogmática eclesial", para a qual a instância conclusiva é a autoridade da doutrina estabelecida, a uma fé "leiga", não clerical, para a qual a instância conclusiva é a coerência do pensamento com respeito à experiência concreta da vida. Esta é a única disposição que garante a honestidade intelectual, cuja essencialidade para uma fé autêntica é expressa por estas luminosas palavras de Albert Schweitzer: "A sinceridade é o fundamento da vida espiritual".[9]

Fique claro que não estou absolutamente auspiciando o desaparecimento da hierarquia, para a qual até reconheço uma função essencial, porque é muito melhor ter uma hierarquia do que não tê-la, é muito melhor ter uma instituição que tome as decisões do que não tê-la. Auspicio outra coisa, a saber, a superação na mente dos crentes da convicção de que a verdade da sua fé católica se meça pela conformidade com a doutrina estabelecida pela hierarquia, tanto no campo dogmático como no campo ético. Auspicio a introdução na mente dos crentes de uma concepção dinâmico-evolutiva da verdade (verdade = bem) e não mais estático-doutrinária (verdade = doutrina), para que se possa finalmente

---

[9] Albert Schweitzer, *My Life and Thought. An Autobiography* [1931], traduzido por C. T. Campion, London, Guild Books, 1955, p. 198. A versão inglesa é: "Sincerity is the foundation of the spiritual life".

superar o que Simone Weil denunciava ao escrever sobre "ortodoxia totalitária da Igreja".[10]

Faço isto porque estou convencido de que uma fé à altura dos tempos não pode mais se permitir configurar-se como obediência incondicionada ao Magistério eclesiástico. Tomo o título da encíclica de João Paulo II e afirmo que o *esplendor da verdade* deve ser tal que ilumine as sombras e as contradições da doutrina do Magistério. O apóstolo Paulo escreve: "Nada podemos contra a verdade" (*2 Coríntios* 13,8). Ninguém tem poder sobre a verdade, nem mesmo o papa; cada um deve apresentar-se ao esplendor da verdade com a mais radical honestidade intelectual, sem nunca dobrar *a priori* o seu pensamento para justificar decisões cujos fundamentos não controla, transformando-se em zeloso apologeta de palácio e vendendo a própria alma ao poder. Aliás, o verdadeiro cristianismo, religião da profecia, sempre soube dessas coisas. Dante coloca no Inferno quatro papas (Anastácio II em *Inferno* XI, 8 e Nicolau III, Bonifácio VIII e Clemente V em *Inferno* XIX), que se tornam cinco se forem incluídos Celestino V, ao identificar nele "a sombra daquele que fez por covardia a grande recusa" (*Inferno* III, 59-60), e muitos mais se pudessem ser contados os "papas e cardeais em quem a avareza usa o seu excesso" (*Inferno* VII, 47-48); enquanto leva à glória do Paraíso dois teólogos como Joaquim de Fiore ("o abade calabrês Joaquim / de espírito profético dotado" – *Paraíso* XII, 139-141) e Sigério de Brabante ("a luz eterna de Sigério" – *Paraíso* X, 136) já formalmente condenados pelo Magistério quando ele escrevia.[11] Evidentemente, também Dante "rompeu a forma católica".

Na realidade, todo crente deveria repetir dentro de si as palavras de Simone Weil: "Não reconheço à Igreja nenhum direito de limitar as operações da inteligência e as iluminações do amor no âmbito do

---

[10] Simone Weil, *Quaderni*, vol. II [1941-1942], ed. ital. org. por Giancarlo Gaeta, Milano, Adelphi, 1997³, p. 15.
[11] Joaquim de Fiore foi pelo Concílio do Latrão IV, em 1215 (cf. DH 803-806), enquanto Sigério de Brabante em 1270 e em 1277 pelo arcebispo de Paris Tempier e pelo inquisidor da França, Simon du Val, em 1276. Dante inicia a *Divina Comédia* por volta de 1306.

pensamento".¹² A fé deve viver de uma busca espiritual livre, passando do princípio-autoridade ao princípio-autenticidade.

33. A NECESSIDADE DE TER (E DE ATUALIZAR) UMA VISÃO DO MUNDO

A fim de estabelecer a relação entre o indivíduo e o *princípio de tudo*, a religião necessita uma filosofia, uma visão do mundo, a qual, por sua vez, pode ser construída responsavelmente apenas em diálogo com os resultados da investigação científica sobre o mundo natural. Obviamente, não será a ciência que deverá ditar a filosofia de vida e a religião de um ser humano; mas a filosofia e a religião não podem responsavelmente ser concebidas em contradição com a ciência. Para ser adequada à sua tarefa, a religião deve poder sustentar as suas afirmações diante da compreensão científica do mundo natural e resistir à verificação da racionalidade.

No passado, o cristianismo esteve à altura dessa tarefa. O processo de aliança entre religião e visão filosófica e científica do mundo iniciou já no Novo Testamento ao se atribuir a Cristo o papel cosmológico por excelência de princípio criador e ordenador do cosmo ao declará-lo *Logos*, e encontrou a sua consagração na teologia de Tomás de Aquino, que teve a coragem, seguindo as pegadas do mestre Alberto Magno, de repensar o cristianismo à luz do saber do tempo, ou da filosofia de Aristóteles, então considerada síntese perfeita de física, cosmologia, biologia, zoologia, antropologia, política, ética e teologia, tudo sustentado por uma rigorosa base lógica. Depois, como se sabe, o mundo de Aristóteles foi superado; até se pode dizer que a modernidade se qualificou exatamente como oposição ao sistema aristotélico como fora cristalizado ao longo dos séculos, e não por acaso tanto Bruno como Galileu polemizaram fortemente com os escolásticos aristotélicos. Naquele momento a teologia deveria ter seguido o método inovador praticado em seu tempo por Tomás de Aquino, e antes ainda pelo Novo Testamento, e retomar

---

¹² Simone Weil, Confessione di fede [1943], em *Lettera a un religioso*, org. por Giancarlo Gaeta, Milano, Adelphi, 1996, p. 91.

em bases novas a atividade de conciliação entre cristianismo e cultura, mas infelizmente não foi assim: a Igreja Católica, salvo exceções, continuou a defender a superada visão do mundo da antiga filosofia, com o resultado de identificar essa visão com a própria mensagem evangélica e de apresentar-se sempre mais como fechada conservação e hostilidade ao progresso das ideias. As consequências foram e continuam sendo desastrosas.

Gerou-se uma Igreja perenemente em defesa, entrincheirada num mundo que não existia mais, hostil a todo tipo de inovação. Lembremos que até as ferrovias foram proibidas por um papa do tempo, Gregório XVI, que as considerava obras infernais: ele as chamava "chemins d'enfer", certamente orgulhoso com a afetada ironia sobre os termos franceses para inferno (*enfer*) e para estradas de ferro (*chemins de fer*).[13] A democracia, o sufrágio universal, a liberdade de consciência foram regularmente combatidos pela hierarquia católica com um zelo obstinado, mas infelizmente bem pouco "infalível". Até a introdução da instrução pública e obrigatória após a unidade da Itália foi declarada um "flagelo" por Pio IX.[14] Penso que Alessandro Manzoni tinha presente não poucos ilustres prelados e teólogos do tempo quando deu vida ao curioso personagem padre Ferrante, paródia do dogmático fechado a toda evidência de realidade, que no romance acaba morrendo de peste depois de ter apoditicamente negado que a peste pudesse existir, não sendo nem uma substância nem um acidente.[15] Mas a derrota da Igreja era inevitável, porque quando se combate contra a verdade se perde sempre (foi o caso, para dar outro exemplo, daquela loucura coletiva e muitas vezes criminosa que foi o comunismo).

As coisas mudaram agora? Sim e não. O Concílio Vaticano II (1962-1965) marcou indubitavelmente uma virada, que se tornou

---

[13] John N. D. Kelly, *Vite dei Papi* [*The Oxford Dictionary of Popes, 1986*], trad. de Antonella Riccio, rev. de Erio Castellucci, Casale Monferrato, Piemme, 1992², p. 513.
[14] Gustavo Zagrebelsky, *Scambiarsi la veste. Stato e Chiesa al governo dell'uomo*. Roma-Bari, Laterza, 2010, p. 36 e 134. Zagrebelsky remete a um ensaio de 1968 de Alessandro Galante Garrone, *Il flagello dell'istruzione obbligatoria*, comentando: "A palavra que está no centro desse escrito – 'flagelo' – está contida numa carta de 1870 na qual Pio IX protesta contra as reformas escolares do Estado do Risorgimento, acusado de querer 'descristianizar o mundo'".
[15] Alessandro Manzoni, *Os noivos* [1827 e 1840], cap. 37, final.

possível pelo fato de que a história e a política começaram a ser lidas sob o signo da liberdade e não mais da autoridade, permitindo que a doutrina se abrisse ao pluralismo e à tolerância. É preciso, porém, reconhecer que se trata de um processo em grande parte incompleto e que já perdeu o seu impulso propulsor, de modo que sequer se pode excluir a possibilidade de se voltar atrás para o pequeno mundo antigo de um tempo, talvez com liteira, beijo da pantufa, Índice dos livros proibidos, missa em latim e tiara pontifícia. Estamos num momento decisivo: ou se introduzirá também na visão da natureza a mesma liberdade com que hoje o catolicismo lê a história com a consequência de rever amplamente a moral sexual e a bioética, ou o princípio com o qual se continua a ler a natureza, ou seja, a autoridade que controla e dirige do alto, voltará a impor-se por toda parte, também na leitura da história, da sociedade e da vida eclesial, lançando de novo a Igreja Católica na Idade Média. Encontrar-se-ia então ao lado de boa parte do mundo muçulmano, e as cruzadas, que hoje, seguindo Samuel Huntington, se chamam "choque de civilizações", não serão mais uma mera lembrança histórica.[16] Há também quem trabalhe ativamente para favorecer esta perspectiva, por exemplo, os livros de Oriana Fallaci, em particular *La rabbia e l'orgoglio*, de 2001, uma versão contemporânea das pregações de Pedro o Eremita na origem da primeira cruzada.

    Inserido como todos neste presente inquieto, eu não conheço caminho melhor que me referir aos grandes cristãos que antes de mim perceberam estes problemas e procuraram contribuir para resolvê-los, muitas vezes pagando com o corpo. Dietrich Bonhoeffer escrevia do cárcere nazista: "A Igreja deve sair da sua estagnação. Devemos voltar ao ar livre do confronto espiritual com o mundo. Devemos também arriscar a dizer coisas contestáveis, se isto permite levantar questões de importância vital. Como teólogo 'moderno', que, no entanto, leva ainda em si a herança da teologia liberal, eu me sinto obrigado a discutir essas questões".[17] Também eu estou convencido de que a teologia deve correr

---

[16] Cf. Samuel P. Huntington, *Lo scontro delle civiltà e il nuovo ordine mondiale* [1996], trad. de Sergio Minucci, Milano, Garzanti, 2000.
[17] Dietrich Bonhoeffer, *Resistenza e resa. Lettere e scritti dal carcere* [1943-1944], ed. ital. org. por Alberto Gallas, Cinisello Balsamo, San Paolo, 1989 (carta de 3 ago. 1944), p. 458.

o risco de dizer coisas contestáveis, que não deve temer correr nenhum risco na elaboração do pensamento, que deve instituir um renovado confronto espiritual com o mundo. A aposta é realmente demasiado importante para não aceitar o desafio. Vale o mesmo para o Evangelho, para a causa de Jesus enquanto anúncio do Reino de Deus, para a possibilidade de que as suas palavras continuem a soar como "boa notícia" que abrange toda a vida e não como "matéria facultativa" à qual, no melhor dos casos, se dá 0,8% de suas energias, como o "imposto religioso" italiano.

34. UMA CONTA PARTICULARMENTE SALGADA

"O senhor não é católico porque não obedece ao papa!" Por trás dessa objeção está um pressuposto preciso: católico = obediente ao papa; não obediente ao papa = não católico. É o que prescreve o *Código de direito canônico*: "Estão plenamente na comunhão da Igreja Católica os batizados que se unem a Cristo na estrutura visível, ou seja, pelos vínculos da profissão da fé, dos sacramentos e do regime eclesiástico" (cânon 205). Segundo o Magistério pontifício, estar unidos idealmente a Cristo não basta; é preciso estar *vinculados* à instituição visível da Igreja, pensando como ela prescreve, levando a vida espiritual segundo as suas tradições e agindo na vida concreta segundo as suas diretivas. Noto que falta o elemento mais importante para Jesus, a vida moral, e me pergunto como ela não pode ser considerada uma condição essencial para ser católico e não sei responder. Em todo caso, ficando no cânon citado, não é católico quem não vincula:

– a mente à doutrina estabelecida ("profissão de fé");
– a vida espiritual à liturgia estabelecida ("sacramentos");
– a atividade no mundo às diretivas magisteriais estabelecidas ("regime eclesiástico").

A ideia de fundo é que a unidade com a mensagem de Jesus é garantida de maneira suprema pelo Magistério pontifício: basta obedecer à hierarquia para estar com segurança unido a Jesus, basta desobedecer à hierarquia para não estar certamente unido a Jesus.

Há, porém, não poucos acontecimentos históricos dos quais se deduz cabalmente que o Magistério pontifício nem sempre esteve do lado do verdadeiro cristianismo, porque professava princípios teológicos e éticos contrários ao ensinamento de Jesus e, vice-versa, condenava princípios teológicos e éticos conformes ao ensinamento de Jesus. Daí a minha tese: estar unido à estrutura visível da instituição Igreja Católica mediante os vínculos da profissão de fé, dos sacramentos e do governo eclesiástico não garante absolutamente que se siga a mensagem de Jesus; e, vice-versa, criticar a instituição Igreja Católica desobedecendo a algumas diretivas da hierarquia não significa que com isto se está se afastando do verdadeiro cristianismo. Noutros termos, ser católico não significa ser necessariamente cristão. Ser cristão não pode ser reduzido à obediência ao papa. Pode haver uma obediência ao papa que não exprime o verdadeiro cristianismo e pode haver uma desobediência ao papa que exprime o verdadeiro cristianismo. Mais uma vez, não é o princípio exterior de obediência à autoridade que é decisivo, mas o princípio interior de autenticidade.

Eu penso que será a história, desde sempre *magistra vitae*, que mostrará o fundamento da minha tese. Ela evidencia de modo claro como alguns princípios substanciais do verdadeiro cristianismo, como a liberdade religiosa, o respeito pela sacralidade da vida com o não à tortura e à pena de morte, o amor pela verdade acima de toda disciplina de partido, a leitura e o estudo da Bíblia, a separação entre Igreja e Estado, a igualdade de todos os homens e a consequente condenação da escravidão, tudo isto e mais ainda (hoje parte do ensinamento da Igreja) tenha de ter sido afirmado no Ocidente muitas vezes contra as hierarquias vaticanas. E, para evitar proclamas ideológicos vazios, faço falarem os dados e os documentos, na convicção de que *contra factum non valet argumentum*.

35. Liberdade religiosa e Santa Inquisição

Em nossos dias, Bento XVI insiste de modo elogiável sobre o valor da liberdade de consciência em matéria religiosa. Dedicou à liberdade religiosa a "Mensagem para a Jornada Mundial da Paz 2011", na qual se lê que "na liberdade religiosa a especificidade da pessoa humana encontra expressão" e que "negar ou limitar de maneira arbitrária tal liberdade significa cultivar uma visão redutora da pessoa humana". Entre as muitas outras intervenções nesse sentido, no discurso de 21 de setembro de 2007 o papa definiu a liberdade religiosa como "direito fundamental insuprimível, inalienável e inviolável, radicado na dignidade de cada ser humano". E acrescentou: "O exercício dessa liberdade compreende também o direito de mudar de religião, que é garantido não só juridicamente como na prática cotidiana".[18]

De afirmações tão claras parece seguir-se que se trata de um ensinamento tradicional do Magistério pontifício, mas não é nada disso: foi apenas graças ao Concílio Vaticano II, com o documento *Dignitatis humanae* de 7 de dezembro de 1965, que o Magistério reconheceu o valor da liberdade religiosa enquanto radicada na profundidade da natureza humana. Antes a Igreja punia até com a morte quem interpretasse de maneira diferente o cristianismo ou quisesse passar para outra religião. Depois de ter sido vítima, nos primeiros séculos, da intolerância religiosa, quando se torna expressão da religião do poder, a Igreja Católica começou, por sua vez, a reprimir com as leis e com as armas a liberdade de consciência em matéria religiosa, e facilmente se perdia a vida, como a filósofa pagã Hipátia de Alexandria, morta em 415 na sua cidade por alguns monges cristãos que nunca foram condenados. Mas foi no segundo milênio que a repressão da liberdade religiosa por parte da Igreja Católica se tornou sistemática, a partir da decretal *Ad abolendam*, publicada pelo papa Lúcio III em Verona em 9 de novembro de 1184 (data tradicionalmente lembrada como o início da Inquisição). Aqui me limito a apresentar algumas tomadas de posição do Magistério pontifício contra a liberdade religiosa ocorridas em tempos relativamente recentes e, sobretudo, *posteriores* às conquistas da sociedade civil como a *Declaração dos direitos do homem e do cidadão* assinada em Paris em 1789 e a *Carta dos direitos* da Constituição americana assinada em Washington

---

[18] http://www.vatican.va/holy_father/benedict_xvi/speeches/2007/september/documents/hf_ben-xvi_spe_20070921_idc_po.html

no mesmo ano, nas quais se reconhecia liberdade de culto, de palavra, de imprensa e de reunião.

Primeiro texto do Magistério pontifício moderno contra a liberdade religiosa

Em 1830, em Paris, o sacerdote e teólogo francês Félicité Robert de Lamennais fundou um organismo de nome Agence Générale pour la Défense de la Liberté Religieuse (Agência Geral para a Defesa da Liberdade Religiosa), que publicava um jornal intitulado *L'Avenir*. A sua finalidade era registrar todo abuso em matéria de liberdade religiosa. Dois anos depois Lamennais é duramente atacado pela encíclica do papa Gregório XVI *Mirari vos*, publicada em 15 de agosto de 1832, na qual o papa definia a liberdade religiosa como um delírio (*deliramentum*). Eis as palavras do papa: "E desta bem fétida nascente do indiferentismo brota a absurda e errônea sentença, ou melhor, delírio, de que se deva admitir e garantir para cada um a liberdade de consciência. A este erro sobremaneira pestilento…" (DH 2730).

Pergunta: onde estava, afinal, a verdadeira essência do cristianismo, em Lamennais e na sua ação a favor da liberdade religiosa, ou no absolutismo do papa Gregório XVI?

Segundo texto do Magistério pontifício moderno contra a liberdade religiosa

Em 8 de dezembro de 1864, o papa Pio IX publica a encíclica *Quanta cura*, na qual confirma a condenação da liberdade religiosa, definida como "aquela opinião errônea, em extremo perniciosa à Igreja Católica e à saúde das almas, chamada por Gregório XVI, Nosso Predecessor, de feliz memória, loucura, isto é, que 'a liberdade de consciências e de cultos é um direito próprio de cada homem, que todo Estado bem constituído deve proclamar e garantir como lei fundamental'".[19] Pio IX

---

[19] *Quanta cura* n. 3 em http://www.montfort.org.br/old/index.php?secao=documentos&subsecao=enciclicas&artigo=quantacura&lang=bra

anexa à encíclica uma lista de 80 proposições já condenadas nos seus documentos precedentes, chamada *Syllabus*, literalmente, "catálogo". Entre os erros doutrinais não falta, naturalmente, a liberdade religiosa. A proposição n. 15 julga um erro a perspectiva segundo a qual "cada pessoa é livre de abraçar e professar a religião que, guiado pela luz da razão, julgar verdadeira" (DH 2915). A proposição n. 78 condena quem pensa que é justo que "em algumas regiões católicas foi estabelecido por lei ser lícito que os homens que aí imigraram podem cada qual exercer publicamente seu próprio culto" (DH 2978; na mesma linha também a proposição n. 79 em DH 2979), perspectiva segundo a qual a mesquita e a sinagoga de Roma e de qualquer outra cidade italiana não deveriam existir.

Pergunta: onde estava, afinal, a verdadeira essência do cristianismo, nas posições liberais condenadas pelo *Syllabus* ou no absolutismo do beato Pio IX?

Terceiro texto do Magistério pontifício moderno contra a liberdade religiosa

Em 1º de novembro de 1885, o papa Leão XIII publica a encíclida *Immortale Dei* sobre as relações entre Igreja e os Estados. Querendo delinear o cenário que teria produzido um Estado não confessional, o papa escreve que uma sociedade desse tipo "não professa oficialmente nenhuma religião, não é obrigado a perquirir qual é a única verdadeira entre todas, nem a preferir uma às outras, nem a favorecer uma principalmente; mas a todas deve atribuir a igualdade em direito, com este fim apenas, de impedi-las de perturbarem a ordem pública" (n. 32). Esse reconhecimento de direitos iguais evidentemente não estava bem para o papa. A sua encíclica continua delineando todas as desgraças que derivariam de um estado não confessional: "Por conseguinte, cada um será livre de se fazer juiz de qualquer questão religiosa, cada um será livre de abraçar a religião que prefere ou de não seguir nenhuma se nenhuma lhe agradar. Daí decorrem necessariamente a liberdade sem freio de toda consciência, a liberdade absoluta de adorar ou de não adorar a Deus, a licença sem limites de pensar e de publicar os próprios pensamentos. Dado que o Estado repousa sobre esses princípios, hoje em grande favor, fácil é ver a que lugar se relega injustamente a Igreja. Com efeito, onde quer que a prática está de acordo com tais doutrinas, a religião católica é posta, no Estado, em pé de igualdade, ou mesmo de inferioridade, com sociedades que lhes são estranhas. Não se tem em nenhuma conta as leis eclesiásticas; a Igreja, que recebeu de Jesus Cristo ordem e missão de ensinar todas as nações, vê-se interdizer toda ingerência na instrução pública".[20]

Três anos depois, em 20 de junho de 1888, Leão XIII publica a encíclica *Libertas praestantissimum* sobre a natureza da liberdade humana na qual não hesita em condenar com as seguintes palavras a liberdade de consciência: "Do que foi dito segue-se que não é lícito, de modo algum, pedir, defender ou conceder a liberdade de pensar, de escrever, de ensinar, como tampouco a indiscriminada liberdade de culto, bem como outros tantos direitos que a natureza teria dado ao homem" (DH 3252).

Pergunta: onde estava, afinal, a verdadeira essência do cristianismo, nas posições liberais condenadas pelo Magistério pontifício ou no absolutismo de Leão XIII?

A virada

As palavras de Bento XVI citadas no começo deste parágrafo dão a resposta correta a estas perguntas. A virada se deu graças ao Vaticano II: "Este Sínodo Vaticano declara que a pessoa tem direito à liberdade religiosa. Tal liberdade consiste em que nenhum ser humano deve estar sujeito à coerção, nem de outros indivíduos, nem da sociedade ou de qualquer poder humano, de modo que, em matéria religiosa, ninguém seja forçado a agir contra sua consciência".[21] O que fora estabelecido

---

[20] http://www.vatican.va/holy_father/leo_xiii/encyclicals/documents/hf_l-xiii_enc_01111885_immortale-dei_po.html (n. 32-33).
[21] Declaração *Dignitatis humanae* de 7 de dezembro de 1965, n. 2 (DH 4240).

laicamente em Paris e em Washington em 1789 é estabelecido eclesialmente em Roma em 1965.

O decreto conciliar *Dignitatis humanae* constitui uma verdadeira virada, uma daquelas mudanças que se costuma definir como "revolução copernicana". É natural que se pergunte a que se deve isso: como é possível que hoje o Magistério pontifício defenda com força o direito à liberdade religiosa e até o direito de mudar de religião, negados e reprimidos no passado? Como se pôde chegar a essa posição tão descontínua com respeito à tradição secular?

Estou convencido de que o Magistério pontifício deve esta virada sobretudo às forças leigas que lutaram para alcançar o reconhecimento civil e político do direito inato da pessoa humana de gozar da mais plena liberdade de consciência. Essas forças leigas, por sua vez, se formaram e afirmaram principalmente graças ao sangue daqueles que deram a vida pela liberdade de abraçar a verdade de modo conforme à sua consciência e que o Magistério pontifício perseguiu sistematicamente mediante o instituto da Inquisição, chamando-os depreciativamente de "hereges", denominação usada ainda hoje como forma de *damnatio memoriae*. Tendo eu muitas vezes evocado a Inquisição, penso que seja a hora oportuna de dedicar um pouco de atenção a esse fenômeno histórico, ponto crucial de qualquer tratamento honesto da liberdade religiosa.

Congregatio Sanctae Inquisitionis

Quando se fala de Inquisição, as paixões tendem frequentemente a predominar, gerando ou a chamada *legenda negra*, que equipara a Inquisição às unidades especiais de Hitler, ou a chamada *legenda branca*, que tende a subestimar os seus danos ou até a exaltar os seus efeitos. Para evitar tais armadilhas são preciosos os trabalhos daqueles estudiosos que se baseiam em comprovados estudos analíticos e que só a partir deles, com responsabilidade e equilíbrio, chegam depois a formular uma síntese. Nesta perspectiva e no que concerne apenas à atividade da Inquisição romana na Itália na época moderna (deixando de lado, portanto, as outras três Inquisições, ou seja, a medieval, a espanhola e a portuguesa), me refiro à obra de Andrea Del Col, durante muito tempo professor na Universidade de Trieste e chamado a participar como relator no Simpósio Internacional sobre a Inquisição que se realizou no Vaticano em 1998 em preparação ao Jubileu do ano 2000. A força do trabalho de Del Col são os números, obtidos com um paciente trabalho em arquivos sobre os documentos originais. Para o período que vai do ano 1542, quando nasceu a Inquisição romana com a bula *Licet ab initio* de Paulo III, ao ano 1761, quando é registrada a última execução capital em Roma por motivos de fé, Del Col estima que na Itália o número dos acusados oscilou de um mínimo de 204.000 a um máximo de 300.000. Destes só uma parte, de um mínimo de 51.000 a um máximo de 75.000, passou por um verdadeiro processo formal, e do total dos processos realizados, na opinião de Del Col, as condenações à morte foram de 2%. O balanço geral é este: "Com estas estimativas subdivididas por tipo de delito contra a fé se chegaria hipoteticamente a um mínimo de 1.100 e a um máximo de 1.400 mortos em fogueiras, em média, 1.250".[22]

De tais análises surge, portanto, contra a *legenda negra*, que a Inquisição na Itália não foi tão ferozmente sanguinária como às vezes é pintada; por outro lado, contra a *legenda branca*, o sangue inocente derramado não foi, afinal, tão exíguo, nem se devem esquecer os massacres coletivos como os dos valdenses da Calábria, com um número de vítimas estimado em 3.550. Ficando, porém, no plano estritamente jurídico, é preciso concluir que nos 219 anos de atividade da Inquisição romana em direta dependência do sumo pontífice se teve na Itália uma média de quase 6 mortos por ano. É muito, é pouco? Cada um responda por si, os dados se limitam a indicar que na Itália a cada dois meses um homem ou uma mulher era morto pela Igreja por causa de suas ideias religiosas.

As vítimas, de fato, foram, na maioria, adeptos da Reforma protestante, significando que, como estava em jogo exatamente a proibição de interpretar e viver de maneira diferente a mensagem de Jesus. Lembro

---

[22] Andrea Del Col, *L'Inquisizione in Italia. Dal XII al XXI secolo*, Milano, Mondadori, 2006, p. 780.

alguns nomes entre os protestantes italianos mortos: Fanino Fanini, Domenico Cabianca, Jacobetto Gentile, Giacomo Bonelli, Giovan Luigi Pascale, Bartolomeo Fonzio, Antonio Rizzetto, Marco Magnavacca, Francesco Cellario, Bartolomeo Bartocci, Antenore Ghirlingani, Giacomo Saliceti, Girolamo Donzellini. Havia também filósofos e humanistas, entre os quais Publio Francesco Pucci, Giordano Bruno, Giulio Cesare Vanini. Tommaso Campannella teve mais sorte: passou só 27 anos no cárcere sofrendo muitas vezes a tortura, e Galileu Galilei teve a vida salva porque abjurou publicamente dos frutos do seu trabalho científico na cerimônia que se realizou em Roma, na igreja da Minerva, em 22 de junho de 1633, quando o cientista tinha 69 anos. Entre as vítimas houve, obviamente, numerosos judeus, os que se converteram ao catolicismo apenas formalmente para poder levar uma vida mais serena (os chamados *marranos*) e os poucos católicos convertidos para o judaísmo e julgados culpados de apostasia. O mesmo vale para os muçulmanos, tanto para os convertidos ao catolicismo (os chamados *mouriscos*) como para os católicos convertidos ao Islã, chamados renegados e processados por apostasia. Hoje se pede com justiça a plena liberdade de poder trocar de religião e a gente se escandaliza que o Islã puna com a morte o muçulmano que passa para outra religião, mas isso na Itália, durante séculos, aconteceu por ordem do Magistério pontifício.

A prática inquisitorial não foi um incidente ou um engano ou um fenômeno marginal; foi uma ação sistemática e contínua, teorizada pelos papas, pelos concílios e pelos teólogos mais autorizados, que durou centenas de anos e com posição absolutamente central no governo da Igreja, visto que a *Congregatio Sanctae Inquisitionis* era de longe a mais importante das congregações nascidas do Concílio de Trento. Tomás de Aquino, na *Summa theologiae*, escreve o seguinte: "A propósito dos hereges é preciso considerar duas coisas, uma a partir dos próprios hereges, a outra a partir da Igreja. Da parte deles há um pecado pelo qual merecem não só ser separados da Igreja mediante a excomunhão, mas também ser tirados do mundo mediante a morte. De fato, é muito mais grave corromper a fé mediante a qual se dá vida à alma do que falsificar o dinheiro mediante o qual se provê à vida temporal. Por isso, se os falsários e os outros malfeitores são logo justamente mortos pelos príncipes seculares, com maior razão os hereges, assim que reconhecidos culpados de heresia, podem não só ser excomungados, mas também justamente mortos". Esta é a primeira consideração com base na qual Tomás justifica a eliminação física de quem cultiva ideias e perspectivas diferentes do dogma católico em matéria de fé e de moral. A segunda é a seguinte: "Da parte da Igreja, porém, há a misericórdia pela conversão dos que erram; por isso ela não condena imediatamente, mas 'depois da primeira e da segunda admoestação', como ensina o Apóstolo; depois do que, porém, se o herege persevera ainda, a Igreja, não esperando a sua conversão, provê à salvação dos outros separando-o da Igreja mediante uma sentença de excomunhão; e, ademais, o abandona ao juízo secular para eliminá-lo do mundo com a morte".[23]

Três consequências

Hoje a Igreja Católica não tem mais a Inquisição, e João Paulo II pediu pública e repetidamente perdão por ela. A partida está no fim ou apenas começou? Eu não penso que a partida possa ser declarada terminada. Certamente, não estou de acordo com quem acha que a Inquisição nunca será verdadeiramente abolida porque na realidade continuaria sob outro nome com a atual Congregação para a Doutrina da Fé (é conhecida a ironia feita de que o Santo Ofício "perde o pelo, mas não o vício"). Eu, ao contrário, estou convencido de que o animal feroz de um tempo foi extinto e que a *Congregatio Sanctae Inquisitionis* e a Congregação para a Doutrina da Fé são dois fenômenos separados por nítida descontinuidade, porque uma questão é suprimir fisicamente quem pensa de maneira diferente, outra é proibir que se ensine nas suas universidades. A Inquisição com as suas torturas e as suas fogueiras acabou definitivamente, pesadelo de um mundo que felizmente não existe mais. Mas acho que ter pedido perdão não basta: é preciso deter-se sobre o fenômeno, entender a sua causa e tirar as consequências. Eu consigo ver três consequências.

---

[23] Tomás de Aquino, *Summa theologiae*, II-II, q. 11, a. 3, resp.

1) *Identificar a verdadeira causa*. Considero injusto descarregar toda a culpa nos inquisidores, pensando que o fenômeno possa ser resolvido moralisticamente com base na malvadeza deles. Na realidade, os homens de Igreja que na qualidade de inquisidores praticavam a tortura e emitiam sentenças capitais pensavam agir *ad maiorem Dei gloriam*: assim lhes era ensinado e agindo assim faziam carreira na Igreja, chegando aos níveis mais altos (como mostra a subida de Michele Ghislieri, que se tornou papa Pio V, de uma família de origem humilde). A verdadeira responsabilidade, portanto, não é dos inquisidores individuais, mas do Magistério pontifício: dele originaram-se a ideia e a prática da Inquisição, foi ele que nomeou alguns dos seus homens como inquisidores, dando-lhes poderes precisos e também objetivos precisos; era ele a última instância a quem os inquisidores deviam prestar contas.

A causa principal de tal praxe violenta há, portanto, de ser buscada numa teologia errada que por séculos guiou a Igreja Católica, uma teologia segundo a qual o bem do mundo não é a grandeza absoluta à qual a Igreja deve servir, mas está submetido à autoridade da Igreja e só a ela cabe defini-lo e avaliá-lo. A raiz maligna da Inquisição consistia em achar que o poder eclesiástico é a instância absoluta e que a ele cabe estabelecer e sopesar o verdadeiro bem do mundo. Noutros termos, a raiz da violência estava na submissão da ética à religião, ao passo que o contrário é verdadeiro, ou seja, que a religião é autenticamente ela mesma quando serve à ética, ao bem do mundo. E talvez, deste ponto de vista, a suspeita de que o Santo Ofício tenha perdido o pelo, mas não o vício, não é tão descabida, talvez da raiz da qual no passado brotaram violência e intolerância ainda possa desabrochar alguma "flor do mal" (para citar, despropositadamente, Baudelaire).

2) *Tirar as consequências da doutrina*. Pergunta: Por que o Magistério pontifício agia assim? Resposta: para preservar a pureza da doutrina católica. Pergunta: E obteve o quê? Resposta: preservou a pureza da doutrina católica.

Os crimes da Inquisição aconteceram por motivos doutrinais. Acontece que a formulação da doutrina católica ainda hoje depositada no Catecismo em vigor não seria tal sem aquela violência. Se no Concílio de Constança os padres conciliares e os teólogos romanos tivessem podido refutar as ideias teológicas de Jan Hus com base em argumentos válidos, não o teriam matado como fizeram ao queimá-lo vivo em 6 de julho de 1415. É apenas um exemplo entre muitos. Portanto, é natural perguntar como teria sido a atual doutrina católica se aos humanistas e aos primeiros protestantes tivesse sido dada a liberdade de pregar a sua interpretação do Evangelho e se, no Concílio de Trento, em vez de uma teologia vigiada pela força das armas, se tivesse buscado uma teologia baseada no esplendor da verdade e dos frutos do Espírito Santo. Estes laços entre a doutrina atual e uma história violenta não são um problema recente, sobretudo para uma religião que hoje faz da sacralidade da vida humana, que tutela até no nível embrionário, um princípio "não negociável". Penso que a resolução desse problema impõe uma profunda revisão do método da elaboração doutrinal, ainda hoje baseado nos *anathema sit* do passado, ou seja, na repressão do dissenso e da crítica dentro da teologia.

No discurso de Ratisbona de 12 de setembro de 2006, mundialmente conhecido por causa das polêmicas com o Islã, Bento XVI disse que "a violência se opõe à natureza de Deus". A história da Inquisição ensina que essas palavras, pronunciadas em referência ao Islã, dizem respeito também à Igreja Católica nas suas cúpulas institucionais mais altas. Não vejo nenhuma diferença, a não ser cronológica, entre Osama Bin Laden com os seus morticínios de "infiéis cruzados" e Michele Ghislieri, depois papa com o nome de Pio V e canonizado dois séculos mais tarde, com os seus morticínios de "infiéis valdenses" na Calábria em 1561. Também não vejo diferença substancial entre os talibãs que explodiram as duas estátuas de Buda de Bamiyam, no Afeganistão em 2001, e o papa e os cardeais que obrigaram Galileu a abjurar em 1633. O Magistério pontifício repetidamente hospedou uma mentalidade violenta e, por isso, "em oposição à natureza de Deus". Ao tomar consciência disso e agir para evitar que aquela posição violenta e intolerante continue a agir, penso que seja uma das tarefas mais importantes da Igreja deste novo século.

3) *Agradecer ao iluminismo*. É preciso, enfim, reconhecer que o Magistério pontifício não renunciou à Inquisição por sua espontânea vontade, mas apenas porque foi obrigado pelo avanço da consciência

civil. É preciso agradecer ao iluminismo pelo desaparecimento da Inquisição e das suas violências à sociedade. A este respeito cito um jurista católico, o alemão Ernst Wolfgang Böckenförde, agraciado em 2004 com o prêmio Romano Guardini da Academia Católica da Baviera: "É preciso admitir que a liberdade religiosa deve a sua origem não às Igrejas, nem aos teólogos, nem sequer ao direito natural cristão, mas ao estado moderno, aos juristas e ao direito racional mundano".[24] Certamente, não é um acaso que aquelas civilizações que ainda não tiveram um iluminismo ainda têm a sua Inquisição, e as relativas condenações à morte contra a liberdade de pensamento sobretudo em matéria de religião.

"Matar um homem não é defender uma doutrina, é matar um homem"

Para concluir estas reflexões sobre a Inquisição, é preciso enfrentar o argumento muitas vezes utilizado por alguns apologetas do catolicismo que justificam a sua ação referindo-se às circunstâncias e aos contextos da época. Alguém, por exemplo, poderia justificar as afirmações inaceitáveis de São Tomás sobre a Inquisição acima citadas referindo-se aos tempos muito mais cruentos com relação aos nossos em matéria de direito penal, cuja prova é o próprio exemplo citado por Tomás, ou seja, a pena capital pela falsificação do dinheiro. Ora, à parte o sabor relativista de tal argumentação, que esquece como a observância do mandamento "não matar" não deveria conhecer contextos ou épocas de espécie alguma e muito mais ser validado por um Tomás de Aquino, é preciso saber que o cristianismo sempre conheceu, em cada época da sua história, quem se opusesse à violência e aos assassinatos. Tomemos exatamente a época de Tomás. Nela havia quem condenava sem ambiguidade a limitação da liberdade religiosa mediante a violência. Refiro-me a Marsílio de Pádua, nascido em 1275, médico, filósofo e teólogo. Eis o que Marsílio escreve na sua obra principal, *O defensor da paz*, terminada

---

[24] Ernst Wolfgang Böckenförde, *La libertà religiosa come compito dei cristiani*, em *Cristianesimo, libertà, democrazia*, org. por Michele Nicoletti, Brescia, Morcelliana, 2007, p. 38; citado por Zagrebelsky, *Scambiarsi la veste*, cit., p. 51 e 136.

em Paris em 1324 e ali publicada dois anos depois: "Posto que o herege, o cismático ou qualquer outro infiel transgridem a lei evangélica, se eles perseverarem nesse crime, serão punidos pelo juiz a quem cabe corrigir os que infringem a lei divina, quando chegar para ele a hora de exercer a sua jurisdição constritiva. Mas esse juiz é Cristo, o qual virá julgar os vivos, aqueles que já morreram e os que vão morrer, e o fará na outra vida". Acerca do poder inquisitorial que Tomás de Aquino reconhecia à Igreja, o pensamento de Marsílio é o seguinte: "O pastor, bispo ou presbítero tem, porém, a tarefa de oferecer aos homens ensinamentos e exortações na vida presente; ao mesmo tempo, ele é chamado a censurar, corrigir e amedrontar todo pecador com um juízo que prevê a sua glória futura ou a danação eterna, mas nunca recorrer à força em relação a eles".[25] Mais adiante Marsílio se ocupa também com as consequências patrimoniais que a condenação por heresia comportava para a família do condenado, sustentando que "não se segue realmente que os bens carnais ou temporais subtraídos como pena (ou parte da pena) a quem é condenado por heresia devam ser postos à disposição de algum bispo ou presbítero".[26] A história ensina, infelizmente, que por causa dessas ideias Marsílio de Pádua é excomungado pelo papa do tempo, João XXII, com a constituição *Licet iuxta doctrina* de 23 de outubro de 1327, que ataca explicitamente a liberdade religiosa (DH 945).

Mais uma vez uma simples pergunta: quem, entre Tomás de Aquino, canonizado e declarado doutor da Igreja, e Marsílio de Pádua, excomungado e perseguido, reflete na substância o verdadeiro cristianismo? Quem defende a sacralidade da vida humana. Naturalmente, pode haver outros aspectos teológicos, filosóficos e jurídicos pelos quais o pensamento de Tomás seja preferível ao de Marsílio; certamente não se trata de deixar uma *auctoritas* para se submeter aprioristicamente a outra, trata-se antes de pensar, sopesando cada vez as afirmações individuais sem nunca cair na armadilha do princípio de autoridade.

---

[25] Marsílio de Pádua, *O defensor da paz* [1324], II, 10, 2; trad. e notas de José Antônio Camargo Rodrigues de Souza, Vozes, Petrópolis, 1997 (citação original da ed. ital. p. 499).
[26] Ibid., p. 519.

Outro exemplo que mostra quanto o argumento da referência à dureza dos tempos é insuficiente é dado pelos próprios anos em que o papa Paulo III fundava a Inquisição romana com todas as consequências conhecidas. Refiro-me a Sébastien Castellion, protestante francês de inspiração humanista que viveu entre 1515 e 1563. É sabido que Calvino deu prova de intolerância não menor que a Inquisição católica ao mandar queimar vivo em Genebra, em 27 de outubro de 1553, o médico espanhol Miguel Serveto pelas suas ideias antitrinitárias. Ao saber da notícia da morte de Serveto na fogueira, Castellion escreveu o tratado *De haereticis, an sint persequendi* ["Sobre os hereges, se devem ser perseguidos"], publicado anonimamente em março de 1554 com uma tese que respondia decisivamente não à pergunta feita no título.[27] No mesmo ano, o braço direito de João Calvino, Teodoro Beza, respondeu com o escrito intitulado *De haereticis a civili magistratu puniendis* ["Sobre os hereges a serem punidos pela autoridade civil"], cuja tese pode ser facilmente intuída. Castellion respondeu com uma pequena obra, publicada postumamente na Holanda, porque não obteve a permissão para imprimir, na qual se podem ler as seguintes palavras: "Matar um homem não é defender uma doutrina, é matar um homem. Quando os genebrinos mataram Serveto, não defenderam uma doutrina, mataram um homem. Não cabe ao magistrado defender uma doutrina (o que a espada tem a ver com a doutrina?), mas cabe a quem é doutor... Se Serveto tivesse querido matar Calvino, o magistrado teria feito bem em defender Calvino. Mas, como Serveto combatera com razões e com escritos, com razões e com escritos era preciso confutá-lo".[28]

Hominem occidere non est doctrinam tueri, sed est hominem occidere. Alguém tem objeção? Há alguém que possa dizer que não sente como estes argumentos claros entram em si obtendo imediatamente o consenso da mente? Esta não é, porventura, a linguagem da verdade, cuja

---

[27] Cf. Sébastien Castellion, *La persecuzione degli eretici*, org. e trad. de Stefano Visentin, Torino, La Rosa Editrice, 1997.
[28] Sébastien Castellion, *Contra libellum Calvini in quo ostendere conatur haereticos jure gladii coercendos esse* ["Contra o livreto de Calvino no qual se esforça por mostrar que os hereges devem ser reprimidos com a espada"], n. 77. O texto em latim em www.archive.org.

única força é a sua própria luz, *veritatis splendor*, que ilumina a mente e atrai o coração?

Em conclusão, penso que cada um deve se perguntar mais uma vez onde está o reto espírito evangélico, aquele indicado por Jesus durante a conversa com a samaritana ao falar de "espírito e verdade"? Estará nos papas que ordenavam torturar e matar os hereges (entre os quais se destacam por zelo persecutório particular Paulo IV e *São* Pio V), se João Calvino e Teodoro Beza, que não hesitaram em se comportar do mesmo modo, ou estará em cristãos como Marsílio de Pádua e Sébastien Castellion, representantes daquela tendência humanista e liberal desde sempre presente no cristianismo com nomes como Nicolau de Cusa, Giovanni Pico della Mirandola, Erasmo de Roterdã, Gotthold Lessing, Immanuel Kant e, nos nossos dias, Pierre Teilhard de Chardin, Paul Tillich, Albert Schweitzer, só para citar alguns. Na resposta a esta pergunta se joga a partida entre o princípio de autoridade e o princípio de autenticidade, entre ser católico porque se obedece ao papa ou ser católico porque se quer sempre, acima de tudo, o bem do mundo.

36. Liberdade de imprensa e "Índice dos livros proibidos"

Consequência prática essencial da liberdade de consciência é a liberdade de expressão e de imprensa. A este respeito, o pensamento do catolicismo contemporâneo é muito claro. O papa João XXIII escreve na encíclica *Pacem in terris* de 11 de abril de 1963 que "todo ser humano tem o direito à liberdade de manifestar e divulgar a sua opinião" (DH 3959). O Vaticano II escreve que "a verdadeira e justa liberdade de informação é indispensável à sociedade atual para o seu progresso" (*Inter mirifica* 12), e acrescenta que o homem deve poder "investigar livremente a verdade, expor e divulgar a sua opinião e dedicar-se a qualquer arte" (*Gaudium et spes*, n. 59). Enfim, o Catecismo atualmente em vigor diz: "A sociedade tem direito a uma informação fundada sobre a verdade, a liberdade, a justiça e a solidariedade" (n. 2494), não sem acrescentar uma firme condenação para os estados totalitários que "imaginam assegurar sua tirania sufocando e reprimindo tudo o que consideram 'delitos de opinião'" (n. 2499).

Como foi o caso para a liberdade religiosa, pelo tom e pelo nível dessas afirmações pareceria que estávamos diante de um ensinamento tradicional do Magistério pontifício, mas também desta vez não é assim. De fato, foi só graças ao papa João XXIII com a encíclica *Pacem in terris* que o Magistério tornou seu o valor dos direitos humanos em todas as suas expressões, liberdade de imprensa e inclusive de leitura. Antes a música era diferente. Limito-me apenas a algumas posições tomadas contra os livros e a sua difusão, por parte do Magistério pontifício, acontecidas em tempos relativamente recentes e *posteriores* às conquistas da sociedade civil no assunto. Apresentarei, porém, uma análise um pouco mais detalhada da última edição do *Index Librorum Prohibitorum* publicada sob Pio XII em 1948.

Primeiro texto do Magistério pontifício moderno contra a liberdade de imprensa

Em 15 de maio de 1800 o papa Pio VII publica do mosteiro de San Giorgio Maggiore, em Veneza, a carta encíclica *Diu satis videmur*, na qual se leem palavras que se comentam a si mesmas: "A própria salvação da Igreja, do Estado, dos Príncipes e de todos os mortais, salvação que devemos considerar muito mais cara e mais importante que nossa vida, exige que todo esse poder seja por Nós explicado ao destruir aquele mortal flagelo dos livros. O Nosso predecessor Clemente XIII, de feliz memória, tratou convosco este assunto longamente e a fundo numa Carta apostólica sua em forma de Breve a vós dirigido em 25 de novembro de 1766. E não falamos apenas de arrancar das mãos dos homens, de destruir completamente, queimando aqueles livros nos quais se vai abertamente contra a doutrina de Cristo; mas também e sobretudo é preciso impedir que cheguem às mentes e aos olhos de todos aqueles livros que agem de maneira mais oculta e mais insidiosa". O papa prossegue dizendo que "sobre este ponto, veneráveis irmãos, não podemos fechar os olhos, nem calar-nos, nem ser demasiado indulgentes. Se, de fato, não for freada e reprimida tão grande liberdade de pensamento e de palavra, de ler e de escrever", as consequências serão que o mal se difundirá a tal ponto que "para o futuro não bastarão para destruí-lo ou afastá-lo legiões de soldados, guardas, sentinelas, munições de cidades e fortificações de impérios".[29]

Segundo texto do Magistério pontifício moderno contra a liberdade de imprensa

Dou um passo atrás no tempo em relação a Pio VII e ao seu predecessor e cito as passagens mais importantes da encíclica de Clemente XIII, *Christianae reipublicae*, que tem como subtítulo *De novis noxiis libris* ["Sobre os novos livros nocivos"], com data de 25 de novembro de 1766: "Homens dissolutos... mediante o pestilento contágio dos livros, pelos quais estamos quase esmagados, vomitam de seus peitos venenos serpentinos para ruína do povo Cristão, corrompem as límpidas fontes da fé e abatem os fundamentos da religião... É preciso combater duramente, assim como pede a própria realidade, e, com base nas próprias forças, deve ser destruído o mortal flagelo de tantos livros. Nunca é realmente eliminada a ocasião do erro se os germes malvados do mal, queimados no fogo, não forem aniquilados".[30]

Terceiro texto do Magistério pontifício moderno contra a liberdade de imprensa

É inevitável depararmo-nos novamente com a encíclica de Gregório XVI, *Mirari vos*, de 1832, cujo subtítulo latino, *De liberalismo et religioso indifferentismo*, se torna na tradução oficial italiana *Condanna dell'indifferentismo religioso e della libertà di coscienza, di stampa, di pensirero* ["Condenação do indiferentismo religioso e da liberdade de consciência, de imprensa, de pensamento"]. As palavras do papa são:

---

[29] *Enchiridion delle Encicliche*, cit. vol. I, n. 782-783.
[30] Ibid., n. 644-645.

"Devemos tratar também neste lugar da liberdade de imprensa, nunca condenada suficientemente, se por ela se entende o direito de trazer-se à baila toda espécie de escritos, liberdade que é por muitos desejada e promovida. Horroriza-Nos, Veneráveis Irmãos, o considerar que doutrinas monstruosas, digo melhor, que um sem-número de erros nos assediam, disseminando-se por todas as partes, em inumeráveis livros, folhetos e artigos que, se insignificantes pela sua extensão, não o são certamente pela malícia que encerram, e de todos eles provém a maldição que com profundo pesar vemos espalhar-se por toda a terra". Identificada a doença do tempo presente, o papa indica a terapia referindo-se aos bons tempos passados: "Foi sempre inteiramente distinta a disciplina da Igreja em perseguir a publicação de livros maus, desde o tempo dos Apóstolos, dos quais sabemos terem queimado publicamente muitos deles. Basta ler as leis que a respeito deu o V. Concílio de Latrão e a constituição que depois foi dada a público por Leão X, de feliz recordação". Eis como Gregório XVI conclui as suas considerações sobre os livros e sobre a liberdade de imprimi-los e de lê-los: "Da constante solicitude que esta Sé Apostólica sempre revelou em condenar os livros suspeitos e daninhos, arrancando-os às suas mãos, deduzam, portanto, quão falsa, temerária e injuriosa à Santa Sé e fecunda em males gravíssimos para o povo cristão é aquela doutrina que, não contente com rechaçar tal censura de livros como demasiado grave e onerosa, chega até ao cúmulo de afirmar que se opõe aos princípios da reta justiça e que não está na alçada da Igreja decretá-la".[31]

Precisamos deter-nos sobre a afirmação de Gregório XVI segundo o qual a praxe de censura e de destruição dos livros encontra a sua justificação na ação dos apóstolos, "dos quais sabemos terem queimado publicamente muitos deles". Isto é verdade? O papa se referia à seguinte passagem dos Atos dos Apóstolos: "Muitos dos que tinham exercido artes mágicas traziam seus livros e os queimavam diante de todos, chegando a calcular-se o valor em cinquenta mil moedas de prata" (*Atos* 19,19). Penso que todos se dão conta de que a referência do papa à

---

[31] Gregório XVI, *Mirari vos*, carta encíclica de 15 de agosto de 1832, n. 11-12: http://www.fsspx--brasil.com.br/page%2006-7-mirari-vos.htm.

passagem neotestamentária não tem nenhum fundamento, porque ali são os próprios proprietários dos livros que os entregam livremente às chamas, ao passo que no sequestro e na queima de livros pela Igreja, inclusive as queimas do *Talmude* e do *Guia dos perplexos* de Maimônides, de voluntário não havia exatamente nada.

Index librorum prohibitorum

Agora analiso um pouco mais detalhadamente o fenômeno conhecido como "Índice dos livros proibidos". O índice foi instituído pelo papa Paulo IV em 30 de dezembro de 1558 e foi abolido pelo papa Paulo VI em 14 de junho de 1966, depois de 408 anos de atividade e 32 edições.[32] Na sua longa atividade, esse instituto vaticano, e por intermédio dele a Santa Sé, proibiu que os católicos lessem boa parte dos autores hoje universalmente reconhecidos como decisivos para a formação da consciência europeia.

A primeira coisa que salta à vista é que nas suas várias edições o *Índice* nem sempre mostrou coerência, alguns autores apareciam, depois desapareciam e, de proibidos, voltavam a ser permitidos. Como explicar esse fenômeno? Estamos acaso na presença de uma concepção relativista da verdade, pela qual um conceito válido hoje amanhã não vale mais? Ou é preciso reconhecer uma evolução dos censores vaticanos que, nesse meio tempo, tinha estudado com mais diligência? Ou é apenas oportunismo? Ou é preciso reconhecer uma evolução dos censores vaticanos que, entrementes, tinham estudado com mais diligência. Não sei responder; o único dado certo é que na última edição de Pio XII de 1948 não apareciam mais alguns autores inseridos nas edições precedentes, entre eles Dante, por causa do *De Monarchia*; Petrarca, por algumas passagens das *Epístolas latinas*; Boccaccio, por causa do *Decameron*; e depois Maquiavel, Lorenzo Valla, Erasmo de Roterdã, Copérnico, Galileu, Lineu... Evidentemente, nenhum desses autores

---

[32] Cf. J. M. De Bujanda, *Indice dei libri probiti, Cinquecento*, em *Dizionario storico dell'Inquisizione*, dirigido por Adriano Prosperi, com a colaboração de Vincenzo Lavenia e John Tedeschi, Pisa, Edizioni della Normale, 2010, p. 775-776.

pôde retratar o seu pensamento; portanto, a mudança aconteceu do lado vaticano e seria bom entender por quê.

Não sabendo responder, deixo suspensa a questão e passo para a apresentação dos resultados da análise feita por mim sobre a edição de 1948 publicada sob Pio XII. O texto está disponível na internet,* e por isso qualquer um pode lê-lo e fazer as considerações mais oportunas. Apresento os principais autores condenados, agrupando-os por áreas temáticas e, dentro de cada uma elas, em ordem cronológica, com os títulos das obras conforme estão na lista do *Index*.

Literatura: Francesco Guicciardini, *Storia d'Italia*; Giovanni Battista Marino, onze obras; Vittorio Alfieri, *Satire*, *Della tirannide* e outras três obras; Vincenzo Monti, duas obras; Niccolò Tommaseo, três obras; Ugo Foscolo, *Ultime lettere di Jacopo Ortis* e *La commedia di Dante Allighieri illustrata*; Giacomo Leopardi, *Operette morali. Donec corrig.* (o *Donec corrig.* significa que a proibição permanece enquanto os escritos não forem corrigidos; e, se alguém perguntar por quem, visto que Leopardi já estava morto havia 111 anos em 1948, saiba que a sua pergunta é impertinente); Luigi Settembrini, *Lezioni di letteratura italiana dettate nell'università di Napoli*; Antonio Fogazzaro, *Il santo* e outro romance intitulado *Leila*; Gabriele D'Annunzio, *Opera omnia dramatica. Omnes fabulae amatoriae* e outras quatro citações (por *fabulae amatoriae* se devem entender os romances, no caso D'Annunzio, por exemplo, *Il piacere*); Curzio Malaparte; Alberto Moravia. Fora da Itália: Jean de La Fontaine, *Contes et nouvelles en vers*; Stendhal, *Omnes fabulae amatoriae*; Honoré de Balzac, *Omnes fabulae amatoriae*; Alexandre Dumas, pai e filho, *Omnes fabulae amatoriae*; Gustave Flaubert, *Madame Bovary* e *Salambo*; Victor Hugo, *Notre-Dame de Paris* e *Les misérables*; Émile Zola, *Opera omnia*; Anatole France, *Opera omnia*; André Gide; Simone de Beauvoir.

Filosofia: Michel de Montaigne, *Les essais*; Giordano Bruno, *Opera omnia*; Francis Bacon, *De dignitate et augmentis scientiarum libri IX. Donec corrig.*; Thomas Hobbes, *Opera omnia*; René Descartes, *Opera*

---

* http://www.cvm.qc.ca/gconti/905/babel/Index%20Librorum%20Prohibitorum-1948.htm O autor cita muitos livros em italiano, mas, na tradução preferiu-se manter o título como está na lista, portanto, no original [N.T.].

philosophica Donec corrig.; Blaise Pascal, *Les provinciales ou les lettres écrites à un provincial de ses amis et aux rr. pp. jésuites sur le sujet de la morale et de la politique de ces pères* (condenadas também sob o pseudônimo de Louis de Montalte); Baruch Spinoza, *Tractatus theologico-politicus* e uma obra indicada como "Opera posthuma", isto é, a *Ética*; Nicolas Malebranche, *Entretiens sur la métaphysique et sur la religion* e outras seis obras; Pierre Bayle, *Opera omnia*; John Locke, *An essay concerning humane understanding* e *The reasonableness of christianity as delivered in the Scriptures*; David Hume, *Opera omnia*; Gotthold Efraim Lessing (nenhuma obra em particular, portanto, se presumem todas); George Berkeley, *Alcifrone: ou o filósofo minucioso. Uma apologia da religião cristã contra os chamados livres pensadores*; Jean le Rond d'Alembert e Denis Diderot (ambos pelos 28 volumes da *Encyclopédie ou dictionnaire raisonné des sciences* publicada em Paris a partir de 1751, Diderot também pelo *Jacques le fataliste et son maître*); Bernard de Mandeville, *The fable of the bees, or private vices publick benefits*; Montesquieu, *De l'esprit des lois* e *Lettres persanes*; Voltaire, 39 obras minuciosamente elencadas; Jean-Jacques Rousseau, *O contrato social*, *Emílio*, *A nova Heloísa* e outras duas obras; Immanuel Kant, *Crítica da razão pura*; Antoine Louis-Claude Destutt de Tracy, *Eléments d'idéologie*; Henri Bergson, *L'évolution créatrice* e outros dois ensaios; Benedetto Croce, *Opera omnia*; Giovanni Gentile, *Opera omnia*; Piero Martinetti, *Ragione e fede*, *Gesù Cristo e il cristianesimo*, *Il Vangelo con introduzione e note*. Outros filósofos: Comte, Condorcet, Condillac, Jeremy Bentham, Jean-Paul Sartre, Miguel de Unamuno...

Textos científicos, históricos, jurídicos e econômicos: Hugo Grotius, nove obras, entre as quais *Opera omnia theologica*; Samuel von Pufendorf, *De iure naturae et gentium* e outros quatro escritos; Gaetano Filangieri, *La scienza della legislazione*; Cesare Beccaria, *Dei delitti e delle pene* (para quem não sabe, o primeiro texto moderno contra a pena de morte e a tortura); Piero Maroncelli, *Addizioni alle Mie prigioni di Silvio Pellico*; Pietro Giannone, *Dell'istoria civile del Regno di Napoli*; Antonio Genovesi, *Lezioni di commercio o sia d'economia civile. Donec corrig.*; Edward Gibbon, *The history of the decline and fall of the roman empire*; Pietro Verri, *Scritti inediti* (exatamente assim!); Melchiorre

Gioia, *Nuovo prospetto delle scienze economiche* e outras nove obras; Erasmus Darwin, *Zoonomia or the laws of organic life* (o autor é o avô de Charles Darwin, cuja obra, porém, foi julgada irrelevante e por isso não foi posta no Índice).

Traduções da Bíblia e estudos bíblicos: Giovanni Diodati, *Gli evangeli tradotti in lingua italiana*; Antoine Fabre d'Olivet, *La langue hebraïque restituée, et le véritable sens des mots hébreux rétabli et prouvé par leur analyse radicale*; Simon Richard, dez obras, entre as quais as fundamentais *Histoire critique du Vieux Testament* de 1680 e *Histoire critique du texte du Nouveau Testament* de 1693, e uma tradução do Novo Testamento que tinha a finalidade de assinalar as imperfeições da versão latina em relação ao texto original grego; Pasquier Quesnel, uma quinzena de obras entre as quais *Abrégé de la morale de l'évangile*; Angelo Fava, *La Cantica delle cantiche esposta in versi italiani con nuove interpretazioni dell'originale ebraico*; David Friedrich Strauss, *Das Leben Jesu, kritisch bearbeitet*; Ernest Renan, 19 obras, entre as quais *Le livre de Job traduit de l'hébreu* e *L'Ecclésiaste traduit de l'hébreu*; Alfred Loisy, *Opera omnia*.

Teologia, história da Igreja e espiritualidade: João Escoto Erígena, *De divisione naturae*; Paolo Sarpi, *Historia del concilio tridentino* e outras cinco obras; Cornélio Jansênio, *Augustinus, seu doctrina s. Augustini de humanae naturae sanitate, aegritudine, medicina adversus pelagianos et massilienses*; Jean Du Verger de Hauranne (abade de Saint-Cyran), *Théologie familière avec divers autres petits traitez de dévotion*; Jean-Joseph Surin, *Catéchisme spirituel*; Pier Matteo Petrucci, oito obras; Miguel de Molinos; Madame de Guyon; Giovanni Falconi, *Lettera scritta ad una figliuola spirituale, nella quale l'insegna il più puro e perfetto spirito dell'oratione* e outras obras; François de Fénelon, *Explication des maximes des saints sur la vie intérieure*; Pietro Taburini, quatorze obras; Felicité de Lamennais, *Paroles d'un croyant* e outras seis obras; Jacob Frohschammer, *Ueber den Ursprung der menschlichen Seelen. Rechtfertigung des Generatianismus* e outras seis obras; Antonio Rosmini, *Delle cinque piaghe della Santa Chiesa* e *La costituzione secondo giustizia sociale*; Ignaz von Döllinger, *Der Papst und das Concil*; Louis Duchesne, *Histoire ancienne de l'Eglise*; Vincenzo Gioberti, *Opera omnia*; Ernesto

Buonaiuti, *Opera et scripta amnia*; Tommaso Gallarati Scotti, *Storie dell'amore sacro e dell'amore profano*; Henri Brémond, *Sainte Chantal*; Philipp Funk, *Von der Kirche des Geistes; religiöse Essays im Sinne eines modernen Katholizismus*; Lucien Laberthonnière, *Opera omnia*; Marie-Dominique Chenu, *Une école de théologie: Le Saulchoir.**

No verbete dedicado ao Índice, escrito quando ele ainda estava em vigor, o *Dictionnaire de Théologie Catholique* o definia como "o catálogo dos livros que a Santa Sé proibiu como maus e perigosos para a integridade da fé e dos costumes, e que os fiéis, a não ser que tenham uma autorização regular, não podem ler nem possuir". E se um católico os lesse? Se o fizesse cientemente e sem autorização eclesiástica, incorria na excomunhão *latae sententiae*, como estabelece a primeira edição do Índice publicada por Paulo IV.

Parece, portanto, que estamos diante de uma meticulosa máquina de guerra intelectual e judiciária contra as obras contrárias ao

---

* Seguem alguns exemplos de escritos em português condenados, grafados conforme constam da lista, citando o ano em que foi colocado no Índice: Manuel Nicolau de Almeyda, *Cartas de hum amigo a outro sobre as indulgencias* e *Resposta do bispo d'Angra eleito de Bragança a algunos reparos que se figerão a respeito do opusculo anonimo publicado por memo bispo, e que tem por titulo: Cartas sobre as indulgencias* (1824); Manuel de Azevedo Araújo e Gama, *Explicações ao publico a proposito do incidente occorrido entre o senhor bispo Conde e a faculdade de theologia da universidade de Coimbra* (1890) e outro livro; José de S. Bernardino Botelho, *Salvação de todos os innocentes pela redempção de Jesus Christo* (1824); José Anastasio da Cunha, *A voz da razão* (1836); José Possidonio Estrada, *Superstições descubertas, verdades declaradas e desenganos a toda a gente; edição aumentada com hum tractado interessantíssimo* (1823); Fragoso, um livro (1886); Francisco de Borja Gastão Stockler, *Poesias lyricas. Donec corrig.* (1836); João Antonio Diaz, *Synopse das religiões e seitas actualmente seguidas por diversos povos do globo e una breve noticia d'outras seitas religiosas extinctas* (1864); Alexandre Herculano, *Estudos sobre o casamento civil por ocasião do opusculo do sr. visconde de Seabra sobre este assumpto* (1886); Carlos Kornis de Totvárad, *O casamento civil ou o direito do poder temporal em negocios de casamentos; discussão juridico-historico-theologica em duas partes* (1859); Miranda, um livro (1824); Joaquim de Monte Carmelo, *A luz e as trevas, sermão do Espirito Santo, pregado na matriz da cidade de Jundiahy em 17 de maio do corrente anno 1875* (1876); Manuel de Monte Rodrigues de Araujo, *Elementos do direito ecclesiastico publico e particular em relação à disciplina general da igreja e com applicação aos usus de igreja do Brasil. Donec corrig.* e *Compendio de theologia moral, segunda edição portugueza, correcta e annotada. Donec corrig.* (ambos de 1869); Américo Raposo, *Nevrose mystica. Apreciações sobre a origem do culto prestado ao coração de Jesus* (1895); J. M. Rodrigues, um livro (1890); Silva Carneiro, um livro sobre direito eclesiástico (1865); Themudo da Fonseca (1646); Lucas Tavares, *Refutação (A) do livro intitulado: Salvação dos innocentes polo senhor conego da basilica de s. Maria maior* (1824). Há um título sem autor: *Historia completa das inquisições de Italia, Hespanha e Portugal* (1825); e outro na mesma lista *As Biblias falsificadas, ou duas respostas ao Sr. conego Joaquim Pinto de Campos, pelo Christão Velho* (1869). Esta lista é praticamente exaustiva [N.T.].

catolicismo, talvez antipática e um pouco odiosa pela sua intolerância, mas coerente e documentada, derrotada pela mudança dos tempos, mas respeitável quanto ao conteúdo. Ademais, que mal há, ainda hoje, se alguém defende e diz aos seus fiéis que *Madame Bovary* ou *O prazer* contêm uma visão da sexualidade e da família que é melhor não tomar como modelo e que, portanto, não devem ser lidos? Não é um dever específico da Igreja salvaguardar a verdade e a vida moral, e talvez não tenha sido apurado que alguns livros possam ser verdadeiramente tão danosos para a verdade e a moral que possam ser definidos com razão como um "flagelo mortal" e um "contágio pestífero"?

Trata-se de argumentos que, abstratamente, podem até ter a sua plausibilidade, mas, concretamente, tudo depende de quais livros são proibidos e de quais não o são. E a este respeito basta analisar um pouco a lista das proibições para descobrir que, também do ponto de vista intelectual, além do ponto de vista moral, o Índice foi um fracasso. Tomemos a literatura. Por que se condena Boccaccio e não Chaucer, que com *The Canterbury Tales* ["Os contos de Cantuária"] seguiu as suas pegadas? Por que se condena Ugo Foscolo por *Le ultime lettere di Jacopo Ortis* ["As últimas cartas de Jacopo Ortis"] e não Goethe por *Os sofrimentos do jovem Werther*, que o inspiraram? Por que colocaram Flaubert no Índice e não o discípulo Maupassant? Por que não estão aí os escritos do marquês De Sade? Por que D'Annunzio está, e Pirandello não? Tomemos a filosofia. Kant é colocado no Índice em 1827 pela *Crítica da razão pura*, mas não por *A religião dentro dos limites da simples razão*, que para a teologia tradicional é ainda mais perigosa. E por que não estão aí Fichte, Hegel, Schelling? Por que está no Índice o ateísmo do barão de Holbach e não o ateísmo muito mais incisivo de Feuerbach, de Schopenhauer e, sobretudo, de Nietzsche? Tomemos a psicologia. Está no Índice *A psicologia como ciência positiva* de Roberto Ardigò, mas sequer uma obra de Freud. Tomemos a política. Estão condenadas todas as obras do socialista Proudhon, mas não estão o *Manifesto do Partido Comunista* nem *O capital* de Karl Marx. Estão condenados os fascistas da Action Française, Alfred Rosenberg com o seu *Der Mythus des zwangzigsten Jahrhundert* ["O mito do século XX"] e todas as obras de Alfredo Oriani, mas não está o *Mein Kampf* de Hitler nem o texto antissemita *Protocolo dos sábios de Sião*. Em vez disso, golpe de gênio, comparece no Índice *Democrazia e cristianesimo*, de Romolo Murri.

A formação intelectual dos católicos esteve na mão de quem condenou o maior pensador católico italiano do século 19, Antonio Rosmini (*Das cinco chagas da Santa Igreja* e *A constituição segundo a justiça social*) e todas as obras do católico Vincenzo Gioberti; que condenou os escritos de Savonarola, de Pascal (*Provinciais* e a edição dos *Pensamentos* anotados por Voltaire), de Fénelon, de Madame Guyon e de muitos outros autores espirituais, até a primeira monografia sobre padre Pio organizada por Giuseppe De Rossi e os escritos da Irmã Faustina Kowalska, depois beatificada por João Paulo II. A principal vítima do Índice não foi o livre pensador leigo, mas a cultura católica, que foi obrigada a permanecer séculos atrasada. As principais vítimas foram a teologia, a espiritualidade, sobretudo a Bíblia e quem a abordou com critérios científicos, os mesmos que hoje são usados nas faculdades teológicas e que se desejaria que os muçulmanos aplicassem ao Alcorão (mas as hierarquias religiosas deles, como antes as nossas, se opõem). A Congregação vaticana proibiu não só as obras de Strauss, Renan e Loisy, o que é bastante compreensível, mas também dezenas de edições da Bíblia, entre elas uma perigosíssima versão do Novo Testamento em dialeto piemontês, *'L neuv Testament de Nossëgnour Gesù-Crist tradout in lingua piemonteisa*. Além de manuais de ciências bíblicas, gramáticas de hebraico e grego, até as concordâncias gregas do Novo Testamento. Um verdadeiro triunfo da ignorância à custa da Palavra de Deus e dos estudos teológicos. O auge provavelmente foi alcançado com a condenação de Simon Richard, o sacerdote católico francês pai da exegese bíblica científica.

As principais vítimas do Índice dos livros proibidos foram os católicos, como autores e como leitores. Durante séculos ficaram escondidas deles boas partes do patrimônio bíblico, filosófico, teológico, espiritual. E, se hoje se lamenta a ignorância religiosa dos contemporâneos, deve estar claro onde procurar as suas causas. No que diz respeito à Itália, a questão vai além da religião, porque o país foi prejudicado pela ignorância e pela violência do Índice em todas as expressões da sua cultura, fazendo com que no lugar do espírito crítico, que busca apenas a verdade, se desenvolvesse uma busca do consenso e do compromisso típico de quem não é livre, mas deve sempre prestar contas a alguém.

O *Index librorum prohibitorum* foi uma declaração de guerra à liberdade, àquela liberdade que o mundo moderno estava conquistando e que tem sempre na cultura o seu ponto de chegada privilegiado. Quando em 1966 Paulo VI o aboliu, assinou a declaração de rendição com que a Igreja admitia a derrota. É preciso, porém, acrescentar uma consideração: quem venceu, se a Igreja perdeu? Tendo lutado contra a liberdade, a Igreja fez com que a liberdade moderna se determinasse contra ela e contra o grande patrimônio espiritual da qual ela é portadora. Hoje temos a liberdade, mas uma liberdade muitas vezes vazia e sem valores. Antes, a negação dos valores morais parece exatamente o traço típico da liberdade moderna e contemporânea. Se a Igreja perdeu, com ela perdeu também a sociedade.

"Quem destrói um bom livro mata a imagem de Deus na sua própria essência"

Também a este respeito se estará pronto a fazer referência aos tempos e aos contextos diferentes do nosso para justificar uma intolerância semelhante para com a busca livre da verdade, da qual os livros são a manifestação mais alta. Mas, como já se viu para a liberdade religiosa, a história ensina que enquanto a Igreja Católica e algumas igrejas protestantes faziam fogueira de livros, havia quem se opunha a essa intolerância com todo empenho. Refiro-me ao grande poeta John Milton, de fé protestante, exatamente puritana, que se dirigiu ao parlamento da Inglaterra com as seguintes célebres palavras a favor da liberdade de imprensa e contra a censura e a fogueira de livros: "É quase igual matar um homem e matar um bom livro. Quem mata um homem mata uma criatura racional, imagem de Deus; mas quem destrói um bom livro mata a própria razão, mata a imagem de Deus na sua própria essência".[33]

---

[33] John Milton, *Areopagitica* [1644], ed. ital. org. por Mariano Gatti e Hilary Gatti, Milano, Rusconi, 1998, p.11.

Era o ano de 1644 e, naquele ano, em Roma, reinava o papa Urbano VIII, o mesmo que em 1633 obrigara Galileu a abjurar. Pode ser interessante saber que, para aqueles parlamentares ingleses que sustentavam a necessidade da censura dos livros para a moralidade pública, Milton replicava: "Se é a reforma dos costumes que se visa, olhai para a Itália e a Espanha, se aqueles locais são um pouquinho melhores, mais honestos, mais sábios, mais decentes, por todo o rigor inquisitório que lá exerceram sobre os livros".[34] Mais adiante, retomando ainda a Itália como exemplo a não seguir, Milton lembra o que viu aí na sua viagem entre 1638 e 1639: "Poderia contar-vos em detalhe o que vi e ouvi noutros países onde este tipo de inquisição domina, quando me sentei entre os seus homens doutos – que essa honra tive – e me considerei feliz de ter nascido em tal lugar de liberdade de pensamento que supunha que fosse a Inglaterra, enquanto eles mesmos não faziam outra coisa do que lamentar as condições servis em que entre eles o saber fora reduzido – e que fora isso que tinha apagado a glória do engenho italiano, e que nada fora escrito lá fazia muitos anos a não ser adulações e banalidades". A esta altura Milton recorda o encontro que teve com um dos símbolos mais vivos da situação da Itália de então: "Foi lá que encontrei e visitei o famoso Galileu, que envelheceu prisioneiro da Inquisição porque em astronomia pensava de maneira diferente do que pensavam os censores franciscanos e dominicanos".[35]

37. "A BÍBLIA NA FOGUEIRA"

Enfrento agora um terceiro argumento, talvez ainda mais essencial do que os precedentes para o estatuto do cristianismo, do qual se deduz, mais uma vez, quanto o Magistério pontifício às vezes esteve longe do autêntico espírito cristão. Trata-se da Bíblia, da leitura e do estudo dela.

O Concílio Vaticano II, na Constituição Dogmática sobre a Revelação Divina, intitulada *Dei Verbum* (Palavra de Deus) e publicada em

---

[34] Ibid., p. 45.
[35] Ibid., p. 57-59. Em *Paraíso perdido* [1667] Milton menciona três vezes Galileu: I, 287-291; III, 588-590; V, 261-263.

18 de novembro de 1965, escreve que "é preciso que o acesso à Sagrada Escritura seja amplamente aberto aos fiéis", que "a palavra de Deus deve estar à disposição de todas as épocas" e por isso "a Igreja procura com materna solicitude que se façam versões adequadas e corretas para as diversas línguas", chegando a incentivar a possibilidade de tais traduções serem feitas "em colaboração com os irmãos separados", isto é, os protestantes (DH 4229). O autorizado documento prossegue dizendo que "o Concílio exorta igualmente, com ardor e insistência, a todos os fiéis cristãos, especialmente aos religiosos que aprendam 'o eminente conhecimento de Jesus Cristo' pela frequente leitura das divinas Escrituras", e conclui citando uma frase de São Jerônimo segundo o qual "ignorar as Escrituras é ignorar Cristo" e fazendo votos de que todos "de bom grado se debrucem sobre o texto sagrado" (DH 4232). Talvez não seja possível uma exortação mais forte do que esta a ler com amor e atenção a Bíblia por parte de todos.

O catecismo atualmente em vigor reforça a mesma perspectiva citando em toda a seção dedicada à Sagrada Escritura (n. 101-141) passagens inteiras da *Dei Verbum* e trazendo em particular nos n. 131 e 133 as passagens citadas acima. Daqui se compreende a importância da leitura e do estudo da Bíblia na vida da Igreja Católica dos nossos dias, desde as paróquias com os seus numerosos "grupos ou círculos bíblicos" até as faculdades de teologia com a vasta oferta de cursos de exegese. Para muitos católicos a Bíblia se tornou uma leitura diária, e é suficiente entrar numa livraria católica para se dar conta da grande quantidade de edições do texto bíblico e de subsídios a respeito. Não há papa, bispo, sacerdote ou catequista que não exorte os fiéis à leitura e ao estudo da Bíblia.

Pareceria, portanto que também neste caso, como se viu para a liberdade religiosa e a liberdade de imprensa, tinha a ver com um ensinamento tradicional do Magistério pontifício, mas também desta vez, infelizmente, não é nada disto, ao ponto de que uma historiadora italiana, Gigliola Fragnito, pôde dar ao seu livro o título *A Bíblia na fogueira*.[36] Como anteriormente, ao relatar os textos magisteriais me limito às

---

[36] Gigliola Fragnito, *La Bibbia al rogo. La censura ecclesiastica e i volgarizzamenti della Scritura (1471-1605)*, Bologna, il Mulino, 1997.

épocas mais recentes, bem ciente de que, na realidade, a verdadeira perseguição da Bíblia por parte do Magistério pontifício ocorreu nos anos examinados por Gigliola Fragnito (1471-1605), porque depois, entre exílios e fogueiras, pelo menos na Itália não ficara grande coisa.

Primeiro texto do Magistério pontifício moderno contra a leitura e o estudo da Bíblia

O papa Clemente XI publica, em 8 de setembro de 1713, a carta encíclica *Unigenitus Dei Filius* com a qual condena 101 proposições tiradas do livro do sacerdote francês de espiritualidade jansenista Pasquier Quesnel, *Le Nouveau Testament en français, avec des réflexions morales sur chaque verset*, mais conhecido na história da dogmática simplesmente como *Réflexions morales*. Entre as frases de Quesnel condenadas pelo documento papal algumas exprimem a mais pura teologia jansenista da graça caracterizada pelas gélidas posições do Agostinho tardio, mas há outras que dizem respeito à leitura da Bíblia. Eis algumas das proposições sobre a Bíblia condenadas pelo papa Clemente XI:

– "A leitura da Sagrada Escritura é para todos" (DH 2480);
– "O dia do Senhor deve ser santificado pelos cristãos com leituras piedosas, sobretudo das Sagradas Escrituras. É danoso querer tirar o cristão desta leitura" (DH 2482);
– "É um engano persuadir-se de que o conhecimento dos mistérios da religião não deva ser comunicado às mulheres mediante a leitura dos livros sagrados. Não da simplicidade das mulheres, mas da soberba ciência dos varões surgiu o abuso das Escrituras e nasceram as heresias" (DH 2483);
– "Arrancar das mãos dos cristãos o Novo Testamento, ou mantê-lo fechado, privando-os do modo de compreendê-lo, é fechar para eles a boca de Cristo" (DH 2484);
– "Proibir aos cristãos a leitura da Sagrada Escritura, de modo particular do Evangelho, é proibir o uso da luz aos filhos da luz e fazer como se sofressem uma espécie de excomunhão" (DH 2485).

O arcebispo de Paris e outros bispos franceses não conseguiam convencer-se do fundamento da condenação pontifícia porque para eles as ideias de Quesnel eram totalmente conformes ao espírito do catolicismo e por isso decidiram apelar para um concílio geral formando o movimento dito dos *apelantes*, mas o único resultado obtido foi serem eles mesmos excomungados por Clemente XI com a bula *Pastoralis officii* de 1718. Isso não impediu que a condenação de Quesnel fosse criticada ainda nos anos seguintes, de maneira que três pontífices, Inocêncio XIII (com um decreto de 1722), Bento XIII (no Sínodo de Roma de 1725) e Bento XIV (com a encíclica *Ex omnibus christiani orbis* de 1756) se sentiram no dever de reforçar a justeza e o valor do documento do papa Clemente XI contra Quesnel. Hoje temos que quatro papas condenaram formalmente as proposições referidas acima e sustentaram, portanto, indiretamente, que:

- a leitura da Escritura *não* é para todos;
- o dia do Senhor *não* deve ser santificado pelos cristãos com leituras das sagradas Escrituras;
- o conhecimento dos mistérios da religião *não* deve ser comunicado às mulheres mediante a leitura dos livros sagrados porque é das mulheres que surgiu o abuso das Escrituras e nasceram as heresias;
- tirar das mãos dos cristãos o Novo Testamento *não* é fechar para eles a boca de Cristo;
- proibir aos cristãos a leitura do Evangelho *não* é proibir o uso da luz aos filhos da luz.

Pergunta: onde estava, em sua substância, a verdadeira essência do catolicismo, nas condenações do papa Clemente XI confirmadas por três papas depois dele ou no desejo de Quesnel de que os católicos se aproximassem o máximo possível da Sagrada Escritura?

Segundo texto do Magistério pontifício moderno contra a leitura e o estudo da Bíblia

Entre 1907 e 1910 o Magistério pontifício publicou três documentos que constituíram a base da luta contra o chamado *modernismo*, termo cunhado pelo próprio Magistério para indicar um conjunto não homogêneo de estudiosos católicos (teólogos, filósofos, historiadores) que visavam tornar o catolicismo mais consoante com o mundo moderno, mas cujo resultado, aos olhos do Magistério, era produzir uma série tão nefasta dos erros e desvios que podia ser indicado, escrevia Pio X, como "a síntese de todas as heresias". Os três documentos são, por ordem:

— o decreto *Lamentabili* do Santo Ofício, datado de 3 de julho de 1907;

— a carta encíclica *Pascendi dominici gregis*, do papa Pio X, de 8 de setembro de 1907;

— o moto-próprio *Sacrorum antistitum*, de 1º de setembro de 1910, que instituía um juramento, dito *Juramento antimodernista*, ao qual estavam obrigados "clero, pastores, confessores, pregadores, superiores de ordens religiosas e docentes nos seminários de filosofia e teologia".

Entre as condenações do decreto *Lamentabili* se lê a seguinte proposição: "Se o exegeta quer dedicar-se com proveito aos estudos bíblicos, deve antes de tudo pôr de lado toda ideia preconcebida a respeito da origem sobrenatural da Sagrada Escritura e não interpretá-la de outro modo que os outros documentos humanos" (DH 3412). O alvo preciso dessa condenação magisterial é o método histórico-crítico, ou seja, aquela modalidade de estudos dos textos que surge do cruzamento da filologia com a história e que consiste em interrogar o texto para captar o que ele diz em si mesmo (filologia) e entender por que o diz num determinado ambiente (história). Tendo declarado guerra ao método histórico-crítico, a comissão bíblica de Pio X desenfornou as seguintes memoráveis sentenças sem nenhuma consistência filológica, que apresento na ordem cronológica segundo a qual foram proferidas, indicando logo depois qual é a situação nos nossos dias:

- O livro do profeta Isaías não admite uma "pluralidade de autores" (DH 3508-3509). Hoje todos os exegetas reconhecem a presença de outros dois autores anônimos comumente chamados Dêutero e Trito Isaías. Até a Bíblia oficial da Conferência Episcopal Italiana reconhece isso na nota ao capítulo 40 do livro de Isaías, exatamente onde começa o texto do Dêutero-Isaías.
- Os três primeiros capítulos do livro do Gênesis "contêm relatos de coisas realmente acontecidas, ou seja, correspondentes à realidade objetiva e à verdade histórica" (DH 3513). Hoje em dia, deixando de lado alguns fundamentalistas cujas obras situam-se entre o gênero fantástico e o cômico, todos reconhecem que os primeiros três capítulos do Gênesis contêm mitos que têm muitas analogias com as cosmogonias dos povos vizinhos e que não têm fundamentos objetivos do ponto de vista científico, enquanto seu valor reside unicamente (o que não é pouco) na dimensão sapiencial. Até a Bíblia da Conferência Episcopal Italiana reconhece em nota a Gênesis 1,1 que "a perspectiva com que se fala das origens é teológica e não descritiva".
- Que Mateus "precedeu os demais evangelistas no escrever" (DH 3562). Hoje todos afirmam que o evangelho mais antigo é o de Marcos. Até a Bíblia da Conferência Episcopal Italiana escreve na sua introdução a Mateus que "o autor parece ter seguido de perto sobretudo o evangelho de Marcos".
- Que Marcos seja o autor também dos "doze últimos versículos do Evangelho de Marcos", o chamado *final de Marcos* (cf. DH 3569). Hoje a exegese é unânime em afirmar a existência de um autor diferente. Até a Bíblia da Conferência Episcopal Italiana reconhece em nota que os versículos 16,9-20 "provavelmente são um suplemento acrescentado num segundo tempo" e Bento XVI escreve tranquilamente que "o texto autêntico do Evangelho, na forma por nós conhecida, conclui com o espanto e o medo das mulheres", ao passo que Marcos 16,9-20 é "um relato resumido" do segundo século.[37]

---

[37] Joseph Ratzinger-Bento XVI, *Gesù di Nazaret. Seconda parte. Dall'ingresso in Gerusalemme fino alla risurrezione*, ed. ital. org. por Pierluca Azzaro, trad. de Ingrid Stampa, Città del Vaticano, Libreria editrice vaticana, 2011, p. 290-291.

– Que se "deve sustentar com certeza que as cartas chamadas pastorais, a saber, as duas a Timóteo e a única a Tito... foram escritas pelo próprio Paulo" (DH 3587). Hoje todos os biblistas sérios sustentam o contrário. Até a Bíblia da Conferência Episcopal Italiana escreve na introdução a 1 Timóteo que "esta carta, como também as outras duas 'pastorais', se coloca no álveo da tradição paulina. Todas as três tiveram um mesmo autor, que, geralmente, se afirma que não são diretamente do apóstolo, mas de um discípulo seu".

– Que se deve sustentar "a origem paulina" da Epístola aos Hebreus (DH 3591 e 3592). Hoje todos, unanimemente, excluem tal origem. Até a Bíblia da Conferência Episcopal Italiana reconhece que o autor não é São Paulo, mas um impreciso "mestre e chefe de uma comunidade cristã", e isto aparece também na liturgia da missa onde, na liturgia da Palavra, se diz apenas "da Epístola aos Hebreus" sem acrescentar, como se faz para as outras cartas paulinas, "de São Paulo apóstolo".

Em suma, uma completa *débâcle* para São Pio X e a sua comissão bíblica. No fim, a verdade sempre vence, sendo impossível detê-la com a força de documentos. O Magistério pontifício foi, em seguida, obrigado a reconhecer, primeiro cautelosamente e depois de maneira totalmente aberta, a plena legitimidade do método histórico-crítico. O documento *A interpretação da Bíblia na Igreja* elaborado pela Pontifícia Comissão Bíblica, apresentado em 23 de abril de 1993 pelo então cardeal Ratzinger a João Paulo II, marca a vitória do método histórico-crítico dentro da metodologia exegética católica. Depois de ter escrito que "o método histórico-crítico é o método indispensável para o estudo científico do sentido dos textos antigos", e depois de ter acrescentado que a justa compreensão da Sagrada Escritura "não só admite como legítimo, mas pede a utilização deste método", o documento vaticano caracteriza o método histórico-crítico com estas palavras: "Método analítico, ele estuda o texto bíblico da mesma maneira que qualquer outro texto da antiguidade e o comenta enquanto linguagem humana".³⁸ Era exatamente isso que afirmavam os modernistas e o que Pio X havia condenado.

Concluo convidando mais uma vez a nos perguntarmos onde deve ser identificada a verdadeira essência do catolicismo: está nas condenações de São Pio X e na sua rejeição da inteligência crítica, ou está no desejo daqueles "católicos adultos" de conciliar a fé na inspiração divina do texto bíblico com a real dimensão humana do mesmo texto.

38. OUTRAS DECLARAÇÕES HISTÓRICAS IMPORTANTES

Os três argumentos exibidos até agora não são os únicos que mostram a evolução *descontínua* do Magistério pontifício ao longo da história. Há outros, que apresento agora de maneira mais breve, enumerando-os a partir de quatro para ligá-los aos precedentes.

4) *Separação entre Estado e Igreja*: base do princípio de laicidade e hoje muitas vezes exaltada contra as teocracias ainda existentes no mundo islâmico, a separação entre Estado e Igreja no passado foi muitas vezes condenada pelo Magistério pontifício; Pio IX, por exemplo, condena no *Syllabus* de 1864 a proposição segundo a qual "a Igreja deve ser separada do Estado e o Estado da Igreja" (DH 2955).

5) *Escravidão*: em 1865, após a conclusão da guerra civil deu-se a abolição da escravatura nos Estados Unidos. No ano seguinte o Santo Ofício publica um documento no qual se lê que "a escravatura enquanto tal não é totalmente contrária à lei natural e divina".³⁹ Só em 1888, com Leão XIII, o Magistério pontifício chega a condenar explicitamente a escravidão.

6) *Ecumenismo e diálogo inter-religioso*: Em 1910 realizou-se em Edimburgo uma grande assembleia conhecida como Conferência Missionária Mundial, que marcou o início do movimento ecumênico que

---

[38] http://www.vatican.va/roman_curia/congregations/cfaith/pcb_documents/rc_con_cfaith_doc_19930415_interpretazione_po.html (I,A e I,A,2).

[39] Não registrada por DH, tiro a citação de *Rome Has Spoken. A Guide to Forgotten Papal Statements and How They Have Changed Through the Centuries*, Maureen Fiedler e Linda Rabben (eds.), New York, The Crossroad Publishing House, 1998, p. 84.

levou à criação, em 1948, do Conselho Ecumênico de Igrejas (World Council of Churches) com a adesão das Igrejas protestantes e ortodoxas. Dezoito anos depois do evento de Edimburgo, em 6 de janeiro de 1928, o papa Pio XI publica a encíclica *Mortalium animos* na qual condena sem apelo o ecumenismo nascente e proíbe aos católicos qualquer compromisso com ele. Em direção oposta podem ser lidos os documentos do Vaticano II *Unitatis redintegratio* e *Nostra aetate* e, sobretudo, podem ser indicados os três encontros inter-religiosos de Assis, os primeiros dois com aprovação de João Paulo II, em 27 de outubro de 1986 e em 24 de janeiro de 2002, e prosseguidos por Bento XVI no encontro de 27 de outubro de 2011, cujo tema foi "Peregrinos da Verdade, Peregrinos da Paz".

7) *Povo judeu*: o papa João XXIII, depois de pedido do historiador judeu Jules Isaac, aboliu em 1959 a expressão "pérfidos judeus" das orações litúrgicas da sexta-feira santa e desde então ninguém mais, dentro da hierarquia católica, considera o povo judeu como "deicida". João Paulo II é elogiável por ter sido o primeiro papa da história a visitar uma sinagoga, como aconteceu em Roma em 13 de abril de 1986, e Bento XVI seguiu o seu exemplo ao visitar as sinagogas de Colônia, em 19 de agosto de 2005, e a de Roma, em 17 de janeiro de 2010. Mas quem foi o principal responsável por aquele desprezo para com o povo judeu que por séculos marcou o ensinamento católico senão o principal responsável pelo ensinamento católico em si e por si?

Poder-se-ia continuar, mas acho que argumentei suficientemente a tese central deste capítulo, ou seja, que a fé católica não pode orientar-se como obediência à autoridade do Magistério pontifício, porque tal autoridade está em contínua e, às vezes, incoerente evolução, ao passo que a fé, se é verdadeiramente um caminho espiritual e não político, tem necessariamente a ver com a eternidade da dimensão divina.

É claro que não estou acusando o Magistério de ter evoluído e de ter mudado de ideia sobre questões cruciais como um tradicionalista que vê o progresso como fumaça nos olhos; o desgosto é que as evoluções foram tardias. Afirmo antes que a evolução do Magistério pontifício em alguns âmbitos ocorreu frequentemente *depois* e *graças* às conquistas dos leigos ou dos não cristãos, ou dos cristãos não católicos.

Disto se segue que o critério para procurar estar na verdade não pode ser o Magistério pontifício. Quem escolhe orientar a sua vida e a sua mente pela obediência ao Magistério corre o risco de se encontrar (pelo menos algumas vezes) perigosamente fora do caminho.

Naturalmente, não obstante estes e outros textos, os apologetas do catolicismo integralista continuarão a referir-se à distância entre aquelas épocas e a nossa para "contextualizar": para quem se deixa definir a sua identidade pela pertença à instituição, os argumentos que tenho não servem. No entanto, penso que de tal análise é preciso tirar três consequências lógicas: (1) Fazer a sua identidade de crentes consistir na obediência acrítica ao Magistério pontifício significa, hoje, exatamente como no passado, correr sérios riscos de debanda e de unilateralidade por causa das "contextualizações" a que o Magistério está inevitavelmente sujeito. (2) Também o Magistério pontifício, como toda outra instituição humana, está sujeito a erros, debandas, enganos, cálculos, condicionamentos, e não sobre questões secundárias como a vestimenta dos papas, mas sobre questões essenciais como a liberdade religiosa e o uso da Bíblia. (3) Houve não católicos e leigos mais sábios que os papas, que souberam ver mais longe do que eles em matéria de busca da verdade e de elaboração da ética. A prova é que hoje o Magistério pontifício modulou o seu ensinamento exatamente sobre o que esses homens sustentavam.

39. O PRIMADO DA ESPIRITUALIDADE

Tendo tomado nota das lições da história, é preciso continuar sem medo, tirando as consequências que se antecipam. A minha convicção é a seguinte: para ser autênticos seguidores de Jesus não é preciso preocupar-nos em ser mais ou menos *católicos*, até porque, como escreveu Albert Schweitzer, "aquilo que se fez passar por cristianismo nesses dezenove séculos é apenas um início, acúmulo de fraquezas e de erros, e não um cristianismo maduro originado do espírito de Jesus".[40] Nem agora, depois de mais um século, a situação é diferente.

---

[40] Albert Schweitzer, *Rispetto per la vita* [1947], org. de Charles R. Joy, trad. de Constanza Walter, Milano, Edizioni di Comunità, 1957, p. 148.

Quem vive a sua fé antes de tudo como vontade de pertencer a uma instituição perde o impulso original no qual consiste a novidade do Espírito, que é libertação de todo poder deste mundo. Quem, dizendo que crê em Deus, se preocupa antes de tudo em pertencer a uma instituição, nega o sentido original da mensagem de Jesus, que consiste exatamente em distinguir radicalmente o espírito da instituição, o Reino de Deus deste mundo: "Mulher, acredita em mim, vem a hora em que nem neste monte e nem em Jerusalém adorareis o Pai... Vem a hora, e já chegou, em que os verdadeiros adoradores hão de adorar o Pai em espírito e verdade" (*João* 4,21.23).

A distinção feita por Jesus entre *espírito* e *verdade*, de um lado, e *este monte* e *Jerusalém*, do outro, é tão radical que vai além da oposição entre as duas dimensões. Se, de fato, é preciso não cair no erro de identificar o seu ser cristão com a pertença à Igreja Católica, também é preciso não cair no excesso oposto de se considerar verdadeiro cristão apenas se se ataca e se nega a hierarquia da Igreja Católica, como antes e depois de Lutero muitos fizeram e como acontece ainda hoje com alguns crentes particularmente "comprometidos". Não é assim. A distinção radical entre espírito e instituição leva a uma relação muito mais serena com a instituição, dentro da qual se vive porque ali a história nos colocou, mas à qual se nega toda pretensão hegemônica com relação ao pensar e ao agir. À instituição Igreja é reconhecido um duplo papel imprescindível: (1) o de ser uma necessidade histórica, porque não há nada que possa viver no mundo sem adotar um perfil institucional – prova disso é que até os mais anti-institucionais entre as Igrejas protestantes têm a sua dogmática e a sua hierarquia e, às vezes, também os seus financiamentos, ainda que em medida consideravelmente menor do que a Igreja Católica, que gosta de fazer sempre as coisas em grande estilo. (2) O de ser uma consequência nascente e espontânea da vida cristã autêntica, que cria intrinsecamente ligações de vida fraterna e comunitária.

O coração, porém, o verdadeiro seguidor de Jesus, bem longe de ligá-lo à instituição e ao seu poder, o coloca noutro lugar, muito mais alto, numa dimensão muito além da história "onde nem a traça nem a ferrugem consomem, onde ladrões não assaltam nem roubam" (*Mateus* 6,20). E daquela altura cultiva a liberdade da consciência em matéria de fé e de moral, e age de acordo, como um cristão adulto, consciente de que esta é a dimensão a que o seu mestre o chama: "Já não vos chamo escravos, eu vos chamo amigos" (*João* 15,15). Compreende-se que não é mais a obediência à Igreja o elemento que faz de um ser humano um cristão. O critério do cristianismo autêntico procede do magistério da verdade que se diz como bem e como justiça, e que se autocomunica imediatamente à mente e ao coração.

VII. Não é a história

40. História da salvação?

O fundamento da fé cristã é comumente apresentado como uma revelação por parte de Deus na história do mundo, primeiro através das vicissitudes do povo judeu, depois diretamente mediante a vida de Jesus de Nazaré, enfim com os atos e as palavras dos apóstolos. Frequentemente se ouve repetir que, de modo diferente de todas as outras religiões, nas quais são os homens que buscam Deus, no cristianismo foi Deus que buscou os homens apresentando-se a alguns de nós. A história de Israel é apresentada como preparação, a história de Jesus como centro, a história dos apóstolos e dos seus sucessores como dilatação. A figura que melhor exprime essa concepção é uma espécie de ampulheta na qual, em vez de escorrer a areia, escorre o tempo, uma ampulheta que não devemos imaginar em posição vertical, mas horizontal: no lado esquerdo se tem um progressivo dos séculos e dos anos em direção um único ponto muito luminoso, do qual parte para o lado direito a luz como energia infinita "pelos séculos dos séculos". Daí se segue um esquema mental que divide a história em duas, a que está "antes de Cristo" e a que está "depois de Cristo", sendo Cristo considerado o centro do tempo.

O teólogo contemporâneo que mais refletiu sobre a história da salvação foi Oscar Cullmann, segundo o qual o elo entre história e salvação é tão estreito que se deve falar da salvação cristã exatamente em termos de história, "salvação como história", como reza o título do seu livro mais sistemático, *Heil als Geschichte*, infelizmente publicado em italiano com um título infiel.[1] Para Cullmann, o cristianismo consiste numa série de acontecimentos singulares que se desenvolvem completamente no âmbito histórico: *"Cristo se tornou história a fim de que toda a história se tornasse história da salvação"*.[2]

Segundo esta concepção, é preciso sustentar que dentro da vicissitude humana, que tem centenas de milhares de anos de duração, houve alguns acontecimentos particulares dos quais depende o destino eterno de todos os seres humanos. Por isso a sucessão desses acontecimentos é chamada de *historia salutis*, "história da salvação". A expressão há de ser entendida não só no sentido objetivo do genitivo (como, por exemplo, história da Itália), mas também e sobretudo no sentido epexegético do genitivo, no sentido de que *essa história* não se dá nenhuma salvação, e de que sem essa história nenhuma salvação.

O catolicismo tradicional se encontra aqui em perfeita consonância com o protestante Cullmann, unido a ele contra a teologia de Schweitzer e de Bultmann, que não veem nenhuma possibilidade de unir *história* com *salvação* a não ser como evocação oferecida por um acontecimento singular à consciência abrindo-a para a eternidade, como Fichte exprimiu nas célebres lições berlinenses: "Apenas aquilo que é metafísico, e não a dimensão histórica, torna bendito; a segunda produz apenas erudição".[3]

A consonância entre a perspectiva do luterano Cullmann e a do catolicismo tradicional é demonstrada por estas palavras de Bento XVI no primeiro volume do seu *Jesus de Nazaré*: "Para a fé bíblica é fundamental a referência a acontecimentos históricos reais. Ela não conta a história como um conjunto de símbolos de verdades históricas, mas funda-se na história que aconteceu na superfície desta terra. O *factum historicum*

---

[1] Oscar Cullmann, *Il mistero della Redenzione nella storia*, trad. de Gino Conte, Bologna, il Mulino, 1971[2]; o título original é *Heil als Geschichte. Heilsgeschichtliche Exsistenz im Neuen Testament*, Tübingen, J.C.B. Mohr, 1965, literalmente "Salvação como história. A existência histórico-salvífica no Novo Testamento".
[2] Ibid., p. 447.
[3] Johann G. Fichte, *L'iniziazione alla vita beata* [1806], em *La dottrina della religione*, org. por Giovanni Moretto, Napoli, Guida, 1989, p. 320.

não é, para ela, uma chave simbólica que se pode substituir, mas fundamento constitutivo". E ainda: "Se colocarmos de lado essa história, a fé cristã enquanto tal é eliminada e transformada noutra religião".[4] Além de Ratzinger, poderiam ser citados muitos outros teólogos católicos que compartilham essa visão, entre eles quero lembrar Bruno Forte, cuja perspectiva emerge de modo claro já pelos títulos dos seus livros.[5]

A perspectiva mais seguida na teologia contemporânea pretende radicar-se na história, vendo nela uma iniciativa unilateral da parte de Deus que entra gratuitamente, sem condições, na trama das vicissitudes humanas: Deus, por assim dizer, se apresenta a si mesmo, e o faz fisicamente modificando a história. Aqui não vale nenhum pensamento por parte do homem nem nenhuma condição: trata-se apenas de registrar um acontecimento, tomar nota dele, aderir a ele. Por isso, hoje a grande parte do falar sobre Deus, do catecismo para as crianças aos discursos das autoridades eclesiásticas, inclusive ponderosos tomos de teologia fundamental e sistemática, está tudo voltado para o passado. Se hoje alguém pede para fazer experiência de Deus, é mandado para o passado, porque se acha que é, sobretudo, uma história, um fragmento histórico particular, que constitui a realidade a partir da qual é possível ter experiência de Deus. É secundária a compreensão específica do acontecimento, ou seja, se essa revelação histórica consiste mais em palavras (Barth) ou mais em acontecimentos (Pannenberg), ou em palavras entrançadas com acontecimentos (Cullmann e a teologia católica). O decisivo é a dimensão histórica pontual sob a qual está compreendida a revelação divina e que se considera absolutamente necessária para ter experiência de Deus.

Eu não estou de acordo com essa perspectiva. Não nego que a revelação de Deus tenha podido dar-se na história, mas simplesmente não é sobre ela, pelos diversos motivos que agora ilustrarei, que consigo

---

[4] Joseph Ratzinger, *Gesù di Nazaret*, ed. ital. org. por Ingrid Stampa e Elio Guerriero, trad. de Chicca Galli e Roberta Zuppet, Milano, Rizzoli, 2007, p. 11.
[5] Bruno Forte, *Gesù di Nazaret, storia di Dio, Dio della storia. Saggio di una cristologia come storia*, Cinisello Balsamo, Edizioni Paoline, 1981; *Trinità comme storia. Saggio sul Dio cristiano*, Cinisello Balsamo, Edizioni Paoline, 1985. Cf. também *Teologia della storia. Saggio sulla revelazione, l'inizio e il compimento*, Cinisello Balsamo, Edizioni Paoline, 1991.

basear a minha fé em Deus, a minha fé no sentido da vida como amor e no primado do bem e da justiça. A revelação histórica depositada na Bíblia não me basta, acho-a insegura, incerta, pouco confiável, às vezes até injusta, e por isto, a fim de ser percebida como revelação *de Deus*, ela precisa estar fundada em algo mais seguro e mais fundamental. Noutros termos, para mim, a Bíblia não *é* "a palavra de Deus", mas antes de tudo, *contém* a palavra de Deus, e para fazê-la brotar é necessário superar a dimensão da letra e entrar na dimensão do espírito, segundo a distinção fundamental do apóstolo Paulo: "Pois a letra mata, e o espírito dá vida" (*2 Coríntios* 3,6). (Os números 108 e 135 do Catecismo exprimem bem esta visão.) Certamente, a mensagem da letra bíblica desperta do torpor, levanta perguntas, solicita a orientar-se, mas no que diz respeito ao fundamento, ao ponto de apoio seguro do crer, acho que é preciso basear-se em outra coisa, inclusive porque só assim é possível manter a distância de algumas páginas bíblicas moralmente indignas e teologicamente nocivas.

Para argumentar a minha posição, analiso a história narrada na Bíblia desde os seus inícios até o acontecimento-cume de Jesus, respondendo a quatro perguntas:

- É verdadeiramente história aquilo que a Bíblia conta?
- Existe a possibilidade de encontrar o verdadeiro Jesus da história?
- De que grau de historicidade goza a sua ressurreição dos mortos?
- Qual a confiabilidade histórica das fontes de que dispomos?

41. Os acontecimentos históricos da Bíblia hebraica

Uma pedagogia em etapas

Dizia o dominicano Roland de Vaux, conhecido estudioso do antigo Israel: "Se a fé histórica de Israel não está fundada sobre a história, tal fé é errônea e, portanto, é errônea também a nossa fé".[6] Parece,

---

[6] Citado por Israel Finkelstein-Neil Asher Silberman, *Le tracce di Mosè. La Bibbia tra storia e mito* [2001], trad. de Dora Bertucci, Roma, Carocci, 2002, p. 48.

portanto, de vital importância esclarecer se aquilo que a Bíblia escreve aconteceu historicamente ou não. Os livros sobre este assunto são incontáveis, alguns dizem: "The Bible is History", outros respondem: "Sorry, it's not".

Segundo a doutrina católica (e segundo o protestantismo clássico), a revelação histórica de Deus depositada na Bíblia sucede com "acontecimentos e palavras intrinsecamente conexos", *gestis verbisque intrinsece inter se connexis* (*Dei Verbum* 2). O Catecismo especifica que as palavras e as obras "se iluminam mutuamente" e que juntas constituem "uma pedagogia divina peculiar: Deus comunica-se gradualmente ao homem, prepara-o por *etapas*" (n. 53, itálico meu). Somos, portanto, convidados a pensar na revelação histórica de Deus como num itinerário em etapas, uma espécie de Tour de France que, à medida que avança, conduz à meta final, e a isso *Dei Verbum* 2 chama "a plenitude de toda a revelação", *plenitudo totius revelationis*, identificando-a com Cristo. Mais radicalmente, é preciso pensar a revelação divina não só *na* história, mas também, e sobretudo, *como* história, no sentido de que os acontecimentos não são simples ocasiões para revelar palavras com uma mensagem eterna válida prescindindo do acontecimento, mas são parte constitutiva da revelação divina, a qual, sem a concretude histórica daqueles eventos, não seria completa e nem sequer real. A revelação da qual a doutrina católica fala se dá como história e consiste na íntima conexão de acontecimentos e palavras.

Se alguém se perguntar quantas e quais são essas *etapas* da revelação divina na história e como história, ao ler o Catecismo (n. 50-65) encontra uma resposta clara e essencial que se substancia na referência aos seguintes acontecimentos:

– Adão e Eva
– Noé
– Abraão e os patriarcas
– Moisés, a aliança do Sinai e a formação do povo de Israel
– Os profetas
– Jesus

A história da salvação consiste, portanto, em seis grandes etapas, cinco das quais (contidas naquilo que os cristãos chamamos Antigo

Testamento e que, em minha opinião, é mais correto chamar de Bíblia hebraica ou Escrituras hebraicas) anunciam a superetapa final do acontecimento Jesus. Estamos na presença de seis acontecimentos que juntos formam a *pedagogia* divina mediante a qual a salvação eterna chega a cada um de nós. Por este motivo se deve falar dessa história como *historia salutis*, "história da salvação".

Visto que se usa o termo *história*, somos obrigados a perguntar o que sucede quando essa "história da salvação" é analisada do ponto de vista da simples história reconstruída pela inteligência crítica livre. Trata-se de uma análise obrigatória para que se possa legitimamente falar de *história*, como escreve com a sua costumeira clareza também Bento XVI: "Se, portanto, a história, a facticidade, pertence essencialmente à fé cristã, esta deve expor-se ao método histórico".[7] Pois bem, quais são os resultados desta exposição da fé à crítica histórica? Podemos dizer que os *acontecimentos* aos quais as *palavras* depositadas na Bíblia são intrinsecamente conexas, formando assim a revelação divina, aconteceram realmente?

Adão e Eva, Noé e o dilúvio

Hoje não se sustenta de maneira alguma, entre estudiosos sérios, católicos ou de outras orientações, que Adão e Eva sejam personagens históricos que existiram realmente. Assim escreve o biblista Gianfranco Ravasi, hoje cardeal e presidente do Pontifício Conselho para a Cultura (que eu tive a sorte de ter como professor): "Adão é um nome próprio: em hebraico é *ha-'adam* (onde *ha-* é o artigo) e significa simplesmente 'o homem', símbolo daquela humanidade à qual todos pertencemos... Portanto, cada um de nós se chama Adão". Um pouco adiante, ao falar do sentido original do relato bíblico, acrescenta: "O escopo não é explicar o que sucedeu na origem, mas descobrir quem é o homem no contexto da criação; é, então, uma 'meta-história', ou seja, o fio secreto ligado a acontecimentos, tempos e vicissitudes humanas. Remonta-se

---

[7] Ratzinger, *Gesù di Nazaret*, cit., p. 11.

ao arquétipo não para contar o que aconteceu a um personagem individual, mas para identificar na sua raiz o estatuto de cada criatura humana. Não é por nada que o protagonista se chama *ha-'adam*, o Homem, e a mulher *hawwah* (Eva), a Vivente, a mãe da vida".[8]

A estas afirmações de corte exegético se aproximam os dados sobre a origem do homem fornecidos pela ciência, a cujo respeito o físico Ugo Amaldi escreve: "Os cento e cinquenta mil anos que separam a Eva Mitocondrial do Adão cromossômico, e muitos outros resultados ainda mais significativos, mostram que a origem da humanidade atual é poligênica e não monogênica. Chegou-se inclusive a estimar que um milhar de indivíduos que viveram em tempos e lugares diferentes contribuíram para o DNA do homem e da mulher de hoje".[9] Por Eva Mitocondrial se entende uma mulher que viveu na África há cerca de duzentos mil anos, da qual se originaria a estrutura do DNA das atuais mitocôndrias que se encontram no citoplasma das nossas células. Por Adão cromossômico entende-se um homem de cerca de cento e cinquenta mil anos atrás, do qual derivaria o cromossomo Y dos atuais machos. O período de 150 mil anos que os separam foi o tempo em que se foi formando a nossa humanidade.

Pio XII, na infeliz encíclica *Humani generis*, escrevia: "Mas, tratando-se de outra hipótese, isto é, a do chamado poligenismo, os filhos da Igreja não gozam da mesma liberdade, pois os fiéis cristãos não podem abraçar essa teoria" (DH 3897). Como explicar o fechamento total do papa ao poligenismo? O próprio Pio XII responde: "Não se vê com clareza de que modo tal afirmação pode harmonizar-se com o que as fontes da verdade revelada e os documentos do magistério da Igreja ensinam acerca do pecado original, que procede do pecado verdadeiramente cometido por um só Adão e que, transmitido a todos os homens pela geração, está como próprio em cada um deles" (DH 3897). Pio XII tem razão: de modo algum os dados científicos podem concordar com

---

[8] Gianfranco Ravasi, *Il racconto del cielo. Le storie, le idee, i personaggi dell'Antico Testamento*, Milano, Mondadori, 1995, p. 41 e 43. Cf. também Moisés Maimônides, *O guia dos perplexos* I, XIV.
[9] Ugo Amaldi, Dal Big Bang all'uomo: teologi, uscite dal impasse, *Vita e Pensiero*, n. 6 (2010), p. 87.

o dogma do pecado original cometido por um indivíduo de nome Adão (o chamado pecado original *originante*), transmitido por ele a todos e "está como próprio em cada um deles" (o chamado pecado original *originado*), e isso por um simples motivo: porque os dados científicos sobre o poligenismo são verdadeiros, ao passo que o dogma do pecado original é falso. O pecado original não é sequer ensinado na Bíblia hebraica, como demonstra o judaísmo, que não o conhece; nem Jesus tinha conhecimento dele; ele teve origem em São Paulo, que liga Adão com Cristo, depois e sobretudo, de uma interpretação falaciosa da passagem de Romanos 5,12 na época patrística, que encontrou o seu ponto culminante na teologia tenebrosa do Santo Agostinho tardio durante a controvérsia pelagiana. Da *Humani generis* (datada de 1950) aparece, ademais, que Pio XII se refere a Adão como a um nome próprio que designa um personagem histórico concreto, ou seja, exatamente o que o cardeal Ravasi negou de modo explícito no trecho citado acima (datado de 1995), escrito quando era prefeito da Biblioteca Ambrosiana, sem que isso tenha impedido que ele fosse criado cardeal por Bento XVI (evidentemente, a evolução tem algum efeito também entre as altas esferas da Igreja Católica).

No que diz respeito a Noé e ao dilúvio, a questão se torna mais séria porque estamos diante de um dado que encontra correspondência em muitas outras tradições antiquíssimas da humanidade. Lembro-me de que, quando era estudante, o nosso professor de exegese do Antigo Testamento, Gianantonio Borgonovo, hoje doutor da Biblioteca Ambrosiana, ao nos explicar Gênesis 6–9, nos falava ao mesmo tempo da *Epopeia de Gilgamesh* (poema babilônio) e da saga de *Atrahasis* (poema acádico, escrito também Atra-Hasis ou Atram-Khasis), textos mesopotâmicos mais antigos que o livro bíblico do Gênesis onde se relata o dilúvio universal. Hoje se sabe que relatos semelhantes ao relato bíblico, além de na área mesopotâmica do Crescente fértil, se encontram em todos os continentes, nas Américas, na África, na Índia, na China, na Europa, "até os esquimós têm relatos semelhantes".[10] Platão relata alguns contos, por ele mesmo definidos como "antigos", que "falam

---

[10] Jean Louis Ska, *La parola di Dio nei racconti degli uomini*, Assisi, Cittadella, 20103, p. 28.

da destruição cíclica da raça humana por causa de cataclismos, epidemias e outras desgraças, depois da qual ela estaria reduzida a poucos indivíduos", fazendo referência ao dilúvio do qual se salvaram apenas Deucalião e Pirra, mito retomado por Higino e por Ovídio.[11]

O que deduzir disso? Que se trata de algo historicamente apurável? Sim, se com isso se entende que às vezes os seres humanos se defrontam com catástrofes naturais particularmente violentas que não sabem explicar, não compreendendo como a água, que é a vida, se transforma em morte, e por isso supõem cenários míticos como a punição divina. Não, porém, se ao dizer que é histórico se pretende atribuir ao relato bíblico uma facticidade comparável àquela dos *Anais* de Tácito, e talvez encontrar no monte Ararat a arca de Noé, acreditada pela extraordinária capacidade de poder hospedar em seu interior, por quarenta dias e quarenta noites, um casal de cada espécie animal (ou seja, cerca de dois milhões de seres vivos).

Abraão, Isaac e Jacó

Para a ideia de "história" da salvação, os problemas na verdade iniciam propriamente só agora. Enquanto, de fato, hoje não se tem dificuldade em considerar as narrações de Gênesis 1–11, de Adão e Eva à torre de Babel, não como históricas, mas como sapienciais (isto é, interessadas em apresentar o significado filosófico daquilo que acontece cada dia, não a crônica do que aconteceu concretamente uma vez), com Gênesis 12 se considera que tem início a verdadeira *história* que Deus quis alinhavar com a humanidade ao formar um povo escolhido por ele. O fundador desse povo é o personagem que a Bíblia chama, primeiro, Abrão e, depois, a partir de Gênesis 17,5, Abraão ("Já não te chamarás Abrão, mas teu nome será Abraão"). Com ele se inaugura a verdadeira história, a história de carne, de sangue, de rostos, de individualidades irrepetíveis. A história apresentada pelos livros de texto de religião atuais e pelos catecismos. Mas é verdadeiramente assim?

---

[11] Platão, *Leis* III, 676 A; cf. também *Timeu* 22, A-B; Higino, *Fabulae* 153; Ovídio, *Metamorfoses* I, 260-415.

Naturalmente, há estudiosos que respondem afirmativamente. A *Bíblia de Jerusalém* escreve na Introdução ao Pentateuco que "Abraão viveu em Canaã por volta de 1850 a.C.", referindo-se ao que Pierre Grelot sustenta.[12] Na mesma linha, o biblista John McKenzie escreve: "Pode-se dizer quase com certeza que Abraão pertence ao período 2000-1500 a.C., e mais para a segunda que para a primeira parte desse período".[13] O inglês Ian Wilson coloca a vida de Abraão mais atrás ainda, supondo que possa ter tocado a parte final do terceiro milênio a.C.[14] e, nessa direção, um estudioso estadunidense, Walter C. Kaiser jr. acha que pode precisar o ano da viagem de Abraão a Canaã em 2092 a.C., acrescentando um leve matiz de aproximação ao introduzir um delicado "cerca de".[15]

Outros estudiosos, porém, têm ideias totalmente diferentes sobre a historicidade de Abraão. Os arqueólogos Israel Finkelstein e Neil Asher Silberman – sendo o primeiro deles o diretor do Instituto de Arqueologia da Universidade de Tel Aviv – fazem notar que nos textos que narram sobre Abraão (e depois sobre Isaac, Jacó e José) há uma série de anacronismos com respeito à época de sua ambientação tradicional. Sustentam, em particular, que nos textos de Gênesis 12–50 há elementos que apareceram na Palestina só muitos séculos depois com respeito à datação tradicional dos patriarcas, como o uso dos camelos, a presença dos filisteus, as mercadorias árabes e outros detalhes, de modo que daí se segue "uma época de composição de muitos séculos depois daquela em que, segundo o que relata a Bíblia, viveram os patriarcas". O resultado é bastante clamoroso: "Um período de escritura das histórias patriarcais concentrado nos séculos VIII e VII a.C.".[16] Isso significa que, tomando o ano de 1850 a.C. como época de Abraão, uma distância de onze ou

---

[12] Pierre Grelot, *Introduzione alla Bibbia* [1963], ed. ital. org. por Antonio Girlanda e Piero Rossano, Roma, Edizioni Paoline, 1965, p. 39.
[13] John L. McKenzie, *Dizionario biblico* [1978], ed. ital. org. por Bruno Maggioni, trad. de Filippo Gentiloni Silveri, Assisi, Cittadella, 1979, p. 22.
[14] Ian Wilson, *The Bible is History*, London, Weidenfeld & Nicolson, 1999, p. 24.
[15] Walter C. Kaiser, jr. *A History of Israel. From Bronze Age Through the Jewish Wars*, Nashville, Broadman & Holman, 1998, p. 490.
[16] Finkelstein-Silberman, *Le tracce di Mosè*, cit., p. 52. Título original: *The Bible Unearthed. Archaeology's New Vision of Ancient Israel and the Origin of Its Sacred Texts*, ou "A Bíblia desenterrada. A nova visão do Antigo Israel fornecida pela arqueologia e a origem dos seus textos sacros".

doze séculos entre o texto escrito e os acontecimentos narrados, mais ou menos o período de tempo que nos separa hoje de Carlos Magno. Se os dados arqueológicos indicam que as coisas são assim, não existe nenhuma possibilidade de falar de *história* no sentido costumeiro do termo. Na realidade, escrevem Finkelstein e Silberman, é preciso pensar nas tradições patriarcais como numa espécie de "pré-história piedosa" mediante a qual o reino de Judá do século VII, tendo conseguido certo poderio regional, que dar a si mesmo uma legitimação sobre o território criando essas histórias e retrodatando-as na noite dos tempos.[17] Ainda nesta linha, Mario Liverani, professor de história do Oriente Próximo antigo na Universidade de Roma La Sapienza e também arqueólogo, fala de "invenção dos Patriarcas", que tem a finalidade de obter um "mito de fundação pertinente e autorizado".[18]

Finkelstein e Silberman são judeus (não sei se e quão observantes). Da fé pessoal de Liverani não tenho ideia. Mas sei que Jean Louis Ska é jesuíta e professor de exegese do Antigo Testamento no Pontifício Instituto Bíblico de Roma. O que pensa disso um jesuíta que ocupa um cargo tão importante no mundo acadêmico da Igreja Católica? Ska aceita a datação tardia de muitos textos do Gênesis, a ausência de documentação histórica extrabíblica ("nenhuma inscrição, nenhum documento e nenhum monumento fala de Abraão, Sara, Isaac, Rebeca, Esaú e Jacó e das suas famílias") e conclui: "O caso dos relatos patriarcais é semelhante ao de muitas lendas (ou legendas). Os personagens das lendas não são necessariamente lendários (ou legendários) ou 'inventados' pelo fato de aparecer nas lendas. Mas muito do que se conta nas lendas é verdadeiramente 'lendário' e é difícil, e em muitos casos impossível, separar os elementos legendários dos elementos que são estritamente 'históricos'".[19]

Na famosa noite de intensa experiência mística chamada do *Mémorial* por causa do documento que se seguiu, Pascal quer exprimir a certeza da fé encontrada mediante a oposição entre o Deus concebido

---

[17] Ibid., p. 58.
[18] Mario Liverani, *Oltre la Bibbia. Storia antica di Israele*, Roma-Bari, Laterza, 2003, p. 285.
[19] Ska, *La parola di Dio nei racconti degli uomini*, cit., p. 34 e 36.

como hipótese da razão, por ele descrito como "Deus dos filósofos", e o Deus sentido como muito mais concreto e pessoal, por ele especificado como "Deus de Abraão, de Isaac e de Jacó". Eis a parte inicial do *Mémorial* de Pascal: "Ano da graça de 1654. Segunda-feira, 23 de novembro, dia de São Clemente, papa e mártir, e outros do martirológio, vigília de São Crisógono, mártir, e outros, das dez e meia da noite até quase meia-noite e meia. Fogo, Deus de Abraão, Deus de Isaac, Deus de Jacó, não dos filósofos e dos sábios. Certeza, certeza, sentimento, alegria, paz".[20] Se Pascal tivesse conhecido os dados da arqueologia contemporânea, provavelmente teria hesitado em ligar o sentimento de certeza do Deus experimentado com os nomes de Abraão, Isaac e Jacó.

Moisés e o êxodo do Egito

A situação não melhora para o êxodo dos hebreus do Egito guiados por Moisés. Também aqui há quem sustente que se trata de um acontecimento histórico, documentável como tal, e há quem diga exatamente o contrário. Entre os que afirmam a historicidade, a maioria data o êxodo durante o reinado do faraó Ramsés II, e isto pelo fato de a Bíblia recordar que os hebreus escravizados tiveram de construir as cidades de Pitom e, exatamente, de Ramsés (cf. *Êxodo* 1,11). Estamos, portanto, no período de tempo que vai de 1290 a 1213. O acontecimento do êxodo se colocaria por volta de 1250 e, consequentemente, a invasão da terra de Canaã por volta de 1210. Neste caso, os hebreus voltariam à Terra prometida a Abraão depois de um período de mais de seis séculos.

Finkelstein e Silberman, porém, não hesitaram em declarar que "o êxodo nunca existiu, pelo menos no momento e no modo descrito pela Bíblia: esta parece uma conclusão irrefutável".[21] Os dois arqueólogos sustentam a tese à luz de dois argumentos: o ponto de partida dos hebreus e os lugares pelos quais teriam passado ao longo da caminhada de quarenta anos no deserto. No que diz respeito ao primeiro aspecto, eles

---

[20] Blaise Pascal, *Pensieri*, n. 711, ed. Le Guern; ed. ital. org. por Bruno Nacci, Milano, Garzanti, 1944, p. 345.
[21] Finkelstein – Silerman, *Le tracce di Mosè*, cit., p. 76.

observam que "parece muito improvável que um grupo de modo algum insignificante tenha fugido do controle egípcio na época de Ramsés", quando o Egito estava num dos momentos de maior poderio da sua história e "o domínio egípcio sobre Canaã era muito sólido, fortalezas egípcias estavam dispostas por toda parte na região e os oficiais egípcios administravam os negócios da região".[22] Mas é sobretudo examinando o que a Bíblia conta sobre a caminhada dos hebreus no deserto, particularmente observando os sítios específicos onde, segundo a tradição, teriam acampado, que as análises de Finkelstein e Silberman se tornam mais incisivas. Os dois arqueólogos observam que "os sítios nomeados no relato do Êxodo são reais", mas "infelizmente para aqueles que procuram um êxodo histórico, eram desabitados exatamente na época em que a tradição atribui a eles um papel nos episódios das peregrinações dos filhos de Israel no deserto".[23]

Jean Louis Ska, depois de ter recordado a importância do êxodo para a fé de Israel, continua: "Se pesquisarmos as fontes egípcias e os documentos da época sobre esses acontecimentos, o resultado é novamente bastante escasso: os estudiosos, historiadores e arqueólogos não conseguiram até agora encontrar uma única alusão clara ao êxodo nos papiros ou no material epigráfico egípcio". Daí se segue que apenas com base no relato bíblico não é possível, "se formos rigorosos na nossa pesquisa, provar de modo definitivo e indiscutível que tenha havido um êxodo como está descrito na Bíblia".[24]

A conquista da Terra prometida

Ao pesquisar a conquista da chamada Terra prometida, as surpresas para os leitores da Bíblia se tornam mais numerosas e, provavelmente, mais dolorosas. Eis o que escreve o padre Ska: "Segundo a cronologia estabelecida pelos estudiosos, a conquista de Josué ocorreu entre 1200 e 1100 a.C. Essa data levanta imediatamente um enorme problema para

---

[22] Ibid., p. 73.
[23] Ibid., p. 77.
[24] Ska, *La parola di Dio nei racconti degli uomini*, cit., p. 47.

o exegeta e o historiador".²⁵ O problema consiste no fato de que o livro bíblico de Josué conta com grande riqueza de detalhes a tomada da cidade de Jericó, a propósito da qual penso que muitos se lembram das sete trombetas de chifre de carneiro tocadas durante sete dias na frente da arca do Senhor, que fizeram desabar a muralha de Jericó (cf. *Josué* 6,20). A tomada da cidade de Hai é narrada em Josué 8. Mas os dados arqueológicos mostram que na época indicada pela Bíblia para a conquista hebraica, "as cidades de Jericó e de Hai não eram ocupadas", eram ruínas, e não por acaso, observa Ska, "a palavra hebraica 'Hai' significa exatamente *ruínas*", para concluir que estamos na presença de um "fato desconcertante de uma diferença considerável entre história real e história bíblica".²⁶ Exatamente na mesma perspectiva Finkelstein e Silberman escrevem a propósito de Jericó que na época dos fatos indicados pela cronologia bíblica "não havia indícios de nenhum assentamento", confirmando a mesma situação para a cidade de Hai.²⁷ Também Mario Liverani apresenta a mesma análise, acrescentando que "a Palestina estava coberta de cidades em ruínas que se prestavam a contos 'etiológicos' que explicassem a sua situação de ruínas mediante a ação de antigos heróis".²⁸ A mesma discordância entre história bíblica e testemunhos arqueológicos dos sítios de Jericó e Hai é destacada por Jacques Briend, professor honorário do Institut Catholique de Paris, membro da Pontifícia Comissão Bíblica de 1991 a 2001, autor de numerosas publicações especializadas, arqueólogo que participou de diversas expedições de escavação.²⁹

Essa situação explica também por que a historiografia está há tempo diante de um conflito de interpretações não solucionado e insolúvel sobre a real explicação do assentamento dos hebreus na terra de Canaã. As teorias mais representativas são três:

– conquista militar, que é a explicação dada pelos textos bíblicos;

---

[25] Ibid., p. 71.
[26] Ibid., p. 71 e 72.
[27] Finkelstein-Silberman, op. cit., p. 95.
[28] Liverani, op. cit., p. 316.
[29] Jacques Briend, Bible et archéologie: dialogue entre deux disciplines, em *Le monde de la Bible*, Textes présentés par André Lemaire, Paris, Gallimard, 1998, p. 420-421.

- infiltração progressiva de moradores de origem nômade que aos poucos se tornaram sedentários;
- rebelião-revolução por parte dos camponeses explorados pelos poderosos das cidades cananeias, causada pela chegada de um grupo de escravos fugidos do Egito, que conseguiram conquistar a liberdade.

Finkelstein e Silberman resumem assim o resultado dos seus trabalhos em busca da identidade original dos israelitas: "O processo que descrevemos aqui é o oposto daquele que é apresentado na Bíblia: o aparecimento do antigo Israel foi o resultado, e não a causa, do colapso da cultura cananeia. E a maior parte dos israelitas não chegou a Canaã vindo de fora, mas emergiu do seu interior. Não houve um êxodo em massa do Egito, como não houve uma conquista violenta de Canaã. Inicialmente Israel foi constituído em sua maior parte por populações locais, as mesmas que encontramos no altiplano da idade do bronze e na idade do ferro. Cúmulo da ironia: também os primeiros israelitas eram originários de Canaã!"[30]

Se faltarem argumentos decisivos a favor de uma ou de outra teoria, o certo é que, no que diz respeito à tomada da terra de Canaã, as coisas certamente não ocorreram como a Bíblia escreve. Pensando bem, isto não é tão mau. O texto bíblico, de fato, atribui matanças terríveis aos hebreus conduzidos por Josué para a conquista de Canaã. Vejamos o que se conta que teria acontecido em Jericó após a tomada da cidade: "Consagraram ao extermínio tudo o que havia na cidade: homens e mulheres, jovens e velhos, vacas, ovelhas e jumentos. Passaram tudo ao fio da espada" (*Josué* 6,21). Assim se narra o que teria acontecido depois que os israelitas teriam derrotado em batalha os habitantes de Hai: "Quando Israel acabou de matar todos os habitantes de Hai no campo, no deserto em que os tinham perseguido, havendo todos eles caído ao fio da espada até o último, todo Israel voltou a Hai e a passou ao fio da espada. O total dos que caíram naquele dia, entre homens e mulheres, foi de doze mil: toda a população de Hai" (*Josué* 8,24-25). Assim se recapitula o final das conquistas militares do Sul: "Foi assim que

---

[30] Finkelstein-Silberman, op. cit., p. 133.

Josué conquistou toda aquela terra – a região montanhosa, o Negueb, a planície e as descidas das águas – juntamente com seus reis. Não deixou um sobrevivente sequer, consagrando ao extermínio todo ser vivo, conforme ordenara o Senhor Deus de Israel" (*Josué* 10,40). O mesmo léxico ("extermínio, passar ao fio da espada, nenhum sobrevivente") se encontra para as conquistas militares do Norte. O fato de as coisas não terem ocorrido do modo contado pela Bíblia pode apenas consolar qualquer pessoa de bom senso.

O rei Davi e seu filho Salomão

Segundo Ska, a figura histórica do rei Davi é "fortemente redimensionada", e com ela naturalmente também a do filho Salomão: "O reino de Davi e de Salomão não podia ter as proporções de que fala a Bíblia".[31] As motivações adotadas pelo estudioso jesuíta são de natureza dupla, documental e arqueológica.

No que diz respeito ao primeiro aspecto, Ska recorda que nenhum documento contemporâneo menciona o reino davídico, observando que "se a descrição dos livros de Samuel e do primeiro livro dos Reis fosse uma pintura realista, não se entenderia por que os impérios vizinhos não teriam ouvido falar dele e não teriam conservado alguma lembrança".[32] Parece-me uma objeção legítima. De fato, "nem sequer o antigo Egito se lembra de Salomão, embora este último tenha desposado, sempre segundo a Bíblia, uma princesa egípcia, filha do Faraó", e Ska cita o que a Bíblia escreve em 1Reis 9,16 ("O Faraó... dera a cidade de Gazer como dote à sua filha, mulher de Salomão") e 1 Reis 11,1 ("Além da filha do Faraó, o rei Salomão amou muitas mulheres estrangeiras"). Mas a realidade é que não existe um só papiro egípcio que cite Salomão, um fato verdadeiramente estranho se esse rei era tido em tamanha consideração a ponto de o faraó lhe dar uma filha como esposa.

No que diz respeito ao segundo aspecto, ou seja, os dados arqueológicos, a situação é a seguinte: "A arqueologia também não pôde

---

[31] Ska, op. cit., p. 90.
[32] Ibid.

confirmar a imagem bíblica do reino de Davi e de Salomão. Não restou grande coisa do palácio e do famoso templo de Salomão. Na realidade, a descrição desse templo é, provavelmente, uma reconstrução tardia e idealizada".[33] Finkelstein e Silberman apresentam resultados totalmente análogos. A propósito de Jerusalém, escrevem que "as escavações não conseguiram fornecer a prova de que na época de Davi ou de Salomão Jerusalém fosse uma grande cidade".[34] E o palácio real? E o templo? "Os testemunhos dos famosos projetos arquitetônicos de Salomão em Jerusalém são inexistentes. As escavações realizadas no século XIX e começo do século XX em torno da colina do Templo em Jerusalém não conseguiram identificar sequer um traço do legendário edifício ou do complexo palácio de Salomão".[35] A realidade é que "não há absolutamente nenhuma indicação arqueológica da riqueza, da disponibilidade de homens e do nível de organização que teriam sido necessários para sustentar em campo grandes exércitos",[36] aqueles atribuídos pelas páginas bíblicas a Davi e a Salomão. A conclusão dolorosa, mas inevitável, que é preciso tirar é de que na época de Davi e de Salomão "Jerusalém era apenas uma aldeia típica do planalto ou pouco mais".[37]

Por que a Bíblia inventou todas essas coisas? Simples, responde Ska, por motivos de "propaganda política".[38] É preciso realmente saber (e nisto Ska, Liverani, Finkelstein e Silberman concordam) que um reino unitário de Israel nunca existiu. "Existem boas razões – afirmam Finkelstein e Silberman com palavras que delineiam uma situação tristemente conhecida também pelos italianos – para supor que no planalto *sempre* existiram duas entidades distintas, tendo sido uma delas, a meridional, sempre mais pobre e mais fraca, mais ligada à agricultura e, de qualquer modo, menos influente, pelo menos até o momento em que chegou a uma supremacia imprevista e espetacular *depois* do declínio do reino setentrional de Israel".[39] O reino do Norte, chamado reino de

---

[33] Ibid.
[34] Finkelstein-Silberman, op. cit., p. 138.
[35] Ibid., p. 143.
[36] Ibid., p. 148.
[37] Ibid., p. 156.
[38] Ska, op. cit., p. 92.
[39] Finkelstein-Silberman, *Le tracce di Mosè*, cit., p. 164.

Israel, era próspero e florescente, mas exatamente por isso despertou a gula do mais poderoso império assírio que, em 721 a.C., o submeteu conquistando a sua capital, Samaria. Com o passar do tempo o poder assírio começou a declinar, até quando, mais de um século depois, precisamente no tempo em que em Jerusalém estava no trono o rei Josias (640-609 a.C.), o reino do Sul viu-se na posição de poder reivindicar para si os territórios do Norte. E é a serviço dessa reivindicação que se deve ler a operação de "propaganda política" que produziu as narrativas sobre o reino unitário de Davi e de Salomão e outros materiais. Finkelstein e Silberman escrevem: "A Torá e a História Deuteronomista levam inequivocamente sinais do fato de que a sua primeira compilação remonta ao século VII a.C.",[40] ou seja, exatamente na época do rei Josias.

Quanto a Davi em pessoa, a desilusão é bastante aguda.

1) Provavelmente não foi Davi que matou o gigante Golias, mas Elcanã, porque de outro modo não se explicaria 2 Samuel 21,19 que diz: "O betlemita Elcanã filho de Jair matou Golias de Gat; a haste da lança de Golias era como o cilindro de um tear". Como explicar então o relato de 1 Samuel 17, que todos os leitores da Bíblia lembram pela cena inesquecível de um rapaz que abate com a funda um gigantesco guerreiro armado até os dentes? Segundo Ska, "o relato bastante elaborado de 1 Samuel 17 é uma obra tardia que atribui a proeza a Davi",[41] uma façanha originalmente não de Davi mas de Elcanã que, como Davi, também era natural de Belém. Ou – anota com ironia o jesuíta lembrando um velho provérbio francês, "empresta-se só aos ricos" – para engrandecer a epopeia de Davi foram atribuídas a ele feitos que originalmente não são dele.

A este respeito me permito anotar uma coisa curiosa: a versão da Bíblia da Conferência Episcopal Italiana – Cei – anterior à atual, que esteve à disposição dos italianos de 1971 a 2008 e sobre a qual eu me formei, traduzia 2 Samuel 21,19 assim: "Elcanã, filho de Jair, de Belém, matou o *irmão* de Golias de Gat" (o itálico obviamente é meu). Para justificar tal desonestidade intelectual não serve a referência a

---

[40] Ibid., p. 36.
[41] Ska, op. cit., p. 92.

1 Crônicas 20,5 ("Elcanã filho de Jair matou Lami, irmão de Golias de Gat"), porque se tratava de traduzir 2 Samuel 21,19 e não 1 Crônicas 20,5, e não por acaso a nova versão Cei de 2008 não tem mais feito a embaraçosa operação para cobrir a contradição bíblica. A falsificação fica ainda mais grave se considerarmos que a francesa *Bible de Jerusalem*, ponto de referência da exegese católica pós-conciliar e certamente bem conhecida pelos responsáveis pela versão Cei de 1971, traduz o texto respeitando-o pelo que é.

2) Mas há coisa pior. Não só Davi não matou o gigante Golias, mas deve ser pensado, escreve o padre Ska, como o chefe de "um grupo de homens cujo ofício era o das armas... mercenários... que chantageavam os proprietários da região com métodos próximos dos da máfia".[42] Métodos da Máfia? Como um jesuíta se permite falar nesses termos do grande rei Davi, o poeta sagrado que compôs os salmos? O que o autoriza a usar um termo tão injurioso? O biblista remete a 1 Samuel 25, e basta ler os versículos 5-8 para se dar conta de que talvez não tenha exagerado. A cena apresenta Davi que envia dez homens seus a um rico criador de ovelhas de nome Nabal com estas palavras (é aconselhável lê-las com o acento de Don Vito Corleone em "O poderoso chefão"): "Subi a Carmel e ide ter com Nabal, saudando-o em meu nome. Direis assim ao meu irmão: Desejo bem-estar para ti, bem-estar para tua família e bem-estar para tudo o que é teu. Ouvi dizer que estás fazendo a tosquia. Quando os teus pastores estiveram conosco, não lhes fizemos mal algum, nem eles deram pela falta de qualquer coisa durante todo o tempo em que estiveram em Carmel. Podes perguntar aos teus rapazes, e eles o confirmarão. Encontrem, pois, os meus rapazes bom acolhimento da tua parte, já que chegamos num dia de festa. Por favor, dá aos teus servos e a teu filho Davi o que tiveres à mão" (*1 Samuel* 25,5-8). A cena é um evidente pedido de dinheiro em troca de "proteção", naturalmente uma proteção não desejada e que é exercida por quem a fornece exatamente em relação a si mesmo: quer dizer, se me pagares, não uso violência contra ti: a clássica estratégia que os italianos, com certa experiência no assunto, chamam de "pizzo", o "imposto" pago à

---

[42] Ibid., p. 91.

máfia. Como termina a história? Nabal não quer nem saber: "Então eu vou dar o meu pão, a minha água e os animais que eu carneei para meus tosquiadores para gente que não sei donde vem?" (*1 Samuel* 25,11). Os homens de Davi relatam as suas palavras e o chefe ordena: "Ponha cada um a sua espada na cintura!" (*1 Samuel* 25,13). Deixo ao leitor o prazer de descobrir, lendo o texto bíblico, o que acontece quando a esposa de Nabal entra em cena.

Conclusão: "Muito daquilo que é normalmente considerado história certa, como as histórias dos Patriarcas, o êxodo, a conquista de Canaã e até a saga da gloriosa monarquia unificada de Davi e Salomão é, em vez, a expressão criativa de um poderoso movimento de reforma religiosa que floresceu no reino de Judá". É preciso se convencer, querendo-se acertar as contas com o testemunho que surge da terra, que a chamada história bíblica foi na realidade "concebida unicamente para abrir o caminho para a reforma religiosa e as ambições territoriais de Judá durante as cruciais décadas que concluíram o século VII a.C.".[43]

Os profetas

Penso que nos livros proféticos, junto com os sapienciais, reside a grande riqueza espiritual da religião de Israel, muito cara a mim. A profecia bíblica, que inicia com Elias e Eliseu e chega ao auge com Amós, Oseias, Miqueias, Isaías, Jeremias, Ezequiel e outros, não está isenta de páginas problemáticas e de algumas até inaceitáveis, no entanto contém no seu interior uma preciosa e irrenunciável tensão espiritual, que consiste em querer traduzir as exigências espirituais em história concreta, tocando-a e modificando-a em nome do direito e da justiça. Neste sentido, como escreveu o pensador judeu Abraham J. Heschel, grande estudioso dos profetas, "a profecia consiste no *páthos* divino, que na linguagem dos profetas é expressa como amor, misericórdia, ira; mas nas

---

[43] Finkelstein-Silberman, op. cit., p. 36.

várias manifestações do seu *páthos* se esconde um único motivo, uma única necessidade: Deus precisou da retidão humana".[44]

Mas aqui não está em discussão a profecia bíblica em si mesma, e sim o fato de ela ser uma etapa da história total da salvação. A questão passa a ser, portanto: é verdadeiramente possível ler os profetas em função da história cristã, mais precisamente da vinda de Jesus?

É isto que o Novo Testamento pretende, mas a exegese evidenciou que os textos do Novo Testamento foram construídos exatamente para demonstrar o cumprimento das escrituras hebraicas em Jesus. Mateus é um campeão nisso, em particular nos relatos da infância, onde fabrica até uma profecia que não existe para explicar o dado histórico, mas teologicamente um pouco embaraçoso, de Jesus provir de Nazaré. Ele escreve: "Foi morar numa cidade chamada Nazaré, para que se cumprisse o que foi dito pelos profetas: Será chamado nazareno" (*Mateus* 2,23). A qual profeta bíblico o evangelista se referia? Qual profeta bíblico escreveu "será chamado nazareno"? Ninguém está em condições de responder, porque essa profecia não existe, trata-se de uma referência inventada a propósito.

O caso mais clamoroso é o nascimento de Jesus em Belém. A este respeito, um renomado exegeta católico como Raymond Brown afirma claramente que no Novo Testamento há "provas positivas a favor de Nazaré e da Galileia como cidade de origem ou região natal de Jesus" e cita outro exegeta, Burger, segundo o qual "a preponderância dos testemunhos contra fez da tese de que Belém não tenha sido, historicamente, o lugar do nascimento de Jesus a *communis opinio* entre os estudiosos do NT".[45] É verdade que há outros exegetas que afirmam, ao contrário, como totalmente seguro o dado do nascimento de Jesus em Belém, mas, se o cumprimento da profecia de Miqueias 5,1 não põe de acordo sequer os peritos da Bíblia, é difícil pensar que possa constituir um dado certo com base no qual falar de *história* e com base no qual ligar a Bíblia hebraica ao Novo Testamento.

---

[44] Abraham Joshua Heschel, *L'uomo non è solo. Una filosofia della religione* [1951], trad. de Lisa Mortara e Elèna Mortara Di Veroli, Milano, Mondadori, 2001, p. 211.

[45] Rayond E. Brown, *La nascita del Messia secondo Matteo e Luca* [1977], trad. de Giampaolo Natalini, Assisi, Cittadella, 1981, p. 700 e 696.

Para as outras profecias presentes nas Escrituras hebraicas que o Novo Testamento teria cumprido, o discurso não muda. Prova disto é que os judeus sempre consideraram ilegítima essa leitura dos seus textos e nunca existiu, nem nunca existirá, um argumento em condições de convencê-los do contrário.

Conclusão

O balanço a fazer da análise dessas etapas da história da salvação não é muito animador no que diz respeito à historicidade da revelação. As provas arqueológicas (como são interpretadas por Finkelstein, Silberman, Liverani, Briend, Ska) solapam os relatos da Bíblia hebraica, de modo que a Bíblia enquanto *história* não parece sempre muito segura. Apoiar-se nela falando de "história da salvação" é bastante arriscado, para não dizer imprudente. Caso se tratasse de uma ponte sobre um abismo (como aqueles que aparecem nos filmes de aventura na selva), quem estaria disposto a passar por elas? Poderia ser muito arriscado. Talvez seja mais prudente procurar outra. O poder da profecia e a profundidade dos livros sapienciais permanecem intactos, mas a este respeito não se trata tanto de entrada de Deus na *história* quanto de inspiração na *alma* individual. Ou seja, não "nós e Deus", mas sempre e apenas "Eu e Deus".

Esta instabilidade da Bíblia hebraica vale também para o Novo Testamento? E, em particular, o que se deve pensar da figura histórica de Jesus?

42. JESUS-YESHUA E JESUS-O-CRISTO

Um encontro pessoal

Num lugar particularmente estratégico como o primeiro parágrafo da sua primeira encíclica, Bento XVI escreve que "no início do ser cristão, não há uma decisão ética ou uma grande ideia, mas o encontro com um acontecimento, com uma Pessoa".[46] No ano seguinte, no discurso

---

[46] Bento XVI, *Deus caritas est*, n. 1. A encíclica é de 25 de dezembro de 2005.

de 19 de outubro de 2006 em Verona, por ocasião do quarto Congresso eclesial nacional da Igreja italiana, reforça que "no início do ser cristão não há um decisão ética ou uma grande ideia, mas o encontro com a Pessoa de Jesus Cristo". No início, portanto, um encontro *pessoal*: o encontro com a pessoa (com letra inicial maiúscula nos dois textos oficiais) de Jesus Cristo.

Que na origem da fé haja um encontro é uma verdade sobre a qual não nutro nenhuma dúvida. É tão fundamental que vale para todas as coisas na vida de um ser humano, a partir da sua existência causada pelo encontro de duas pessoas que depois se tornariam seu pai e sua mãe. Do mesmo modo, há sempre um encontro com alguém na origem da orientação política, dos gostos artísticos e musicais, das simpatias esportivas. Até a escolha da universidade e, depois, da profissão depende muitas vezes do encontro com um bom professor numa determinada matéria. Não há nada na nossa vida que não dependa de um encontro, e é natural que seja assim, porque nós somos relação, a nossa própria existência física é uma combinação de relações, de contínuos "encontros" entre os elementos que se somando dentro de nós formam, momento após momento, o nosso organismo. O mesmo vale para a vida psíquica, porque também as emoções e os sentimentos dependem dos encontros. O mesmo vale para a vida mental, porque também as ideias dependem dos encontros, até ler um livro é um encontro: no nosso patrimônio mental total, quantas ideias podemos atribuir originalmente a nós mesmos, uma em cem, uma em mil, talvez nenhuma?

Portanto, dizer que a fé depende de um encontro exprime uma verdade. Mas uma verdade que, valendo para toda outra coisa da nossa vida, não é suficiente para iluminar a especificidade da fé. Se nos limitarmos a dizer isto, não se obtém nenhuma capacidade demonstrativa, mas apenas experiências subjetivas: "Encontrei uma pessoa, ela me conquistou, prova também tu e verás". Com efeito, alguns provam e são conquistados, outros provam e a pessoa encontrada permanece simplesmente pessoa, sem letra maiúscula. Então, não é tudo um pouco aleatório demais, visto que falamos da *verdade*?

Ratzinger é um teólogo demasiado sagaz para não ter posto a si mesmo essa objeção e, de fato, escreveu a propósito da fé cristã: "Crer cristãmente significa abandonar-se com confiança ao sentido da realidade que sustenta a mim e o mundo; significa acolhê-lo como o terreno sólido sobre o qual podemos estar e ficar sem medo. Querendo falar um pouco mais especificamente com a linguagem da tradição, poderemos dizer: crer cristãmente significa entender a nossa existência como resposta ao Verbo, ao *Logos* que sustenta e mantém todas as coisas no ser. Significa dar o seu assentimento àquele 'sentido' que não estamos em condições de nós mesmos fabricar, mas apenas de receber como um dom, de modo que nos basta acolhê-lo e abandonar-nos a ele. A fé cristã é, portanto, uma opção a favor de uma realidade na qual o receber precede o fazer... Além disso a fé cristã comporta a escolha de uma posição na qual o elemento invisível acaba sendo mais verdadeiro e real do que o visível".[47] Pouco abaixo resume o sentido do crer cristão dizendo que é uma opção de fundo pelo "primado do invisível sobre o visível e do receber sobre o fazer".[48]

São palavras muito bonitas que eu assino da primeira à última. Permanece, porém, o nó do encontro pessoal, visto que para Ratzinger a peculiaridade da fé cristã é "o seu caráter pessoal". Ela "é algo muito mais alto que uma opção por um substrato espiritual do mundo; a sua fórmula central não diz 'Eu creio em alguma coisa', mas 'Eu creio em ti'. Ela é o encontro com o homem Jesus, para aquele que nesse encontro percebe o sentido do mundo como pessoa".[49] Estamos, pois, diante daquilo que é declarado como sendo o fundamento do cristianismo: o encontro pessoal, "o encontro com o homem Jesus".

Encontrar Jesus

O Eu é chamado a sair de si, a abrir-se a um encontro reconhecendo uma realidade que não inventou, mas que lhe é dada, que vem ao seu *encontro*. É um pouco como o sol, que existe independentemente de nós

---

[47] Joseph Ratzinger, *Introduzione al cristianesimo* [1968], trad. de Edoardo Martinelli, Brescia, Queriniana, 19745, p. 41.
[48] Ibid., p. 42.
[49] Ibid., p. 46.

e que, ao se manifestar todo dia no seu esplendor, impõe o seu ser aos nossos sentidos, de modo que os desenhos das crianças de todo o mundo são semelhantes quando representam o sol, sendo impossível olhá-los e não dizer: "É o sol". O encontro com a realidade do sol reproduz em todos aqueles que a experimentam imagens análogas, se não idênticas, sobre as quais é impossível equivocar-se.

A situação deveria ser a mesma também para o encontro com a pessoa de Jesus, mas infelizmente não é nada disso. A pessoa histórica de Jesus passou e passa por diversas e contraditórias interpretações, tanto por parte dos simples fiéis como por parte dos estudiosos que dedicaram a ela toda a vida examinando minuciosamente as fontes que falam dele. Se fosse verdadeiro que alguém é cristão porque encontrou a pessoa de Jesus, então todos os cristãos deveriam ter a mesma imagem dele e o mesmo saber, e deveriam concordar acerca da visão da moral, da sociedade, da política. Mas basta abrir os olhos e ver os cristãos agindo, tanto no presente como no passado, para perceber logo que as coisas são diferentes. E assim como não é admissível que Jesus se manifeste ora de um modo, ora de outro, criando retratos múltiplos e contraditórios, e cristianismos e cristãos individuais ainda mais variados e mais contraditórios, é impossível não se perguntar qual encontro está no início da nossa fé cristã. Existe verdadeiramente um encontro real e objetivo com a pessoa de Jesus? Ou são apenas belas palavras e na realidade nenhum cristão, apesar de todas as suas afirmações e dos seus desejos, nunca encontrou a pessoa de Jesus?

Se agora eu honestamente me perguntar se encontrei "o homem Jesus", entendendo com isso o que o termo *homem* indica, ou seja, um corpo, uma voz, um aspecto, uma personalidade, devo responder que não. Vivo praticamente desde sempre com a imagem de Jesus, que começou a formar-se em mim como ideal humano e religioso na Brianza democrata-cristã da minha infância nos bancos da paróquia e no oratório, mas não posso deixar de pensar que o verdadeiro Jesus poderia ter sido de fato muito diferente. A imagem de Jesus que acompanha desde sempre a minha vida, e que é para mim aquele suave e severo mestre interior do qual fala Agostinho no diálogo com o filho Adeodato no *De magistro*, até que ponto corresponde com a pessoa histórica de Jesus, com o homem Yeshua ben Yosef?

Não sei responder, porque não encontrei Jesus-Yeshua "pessoalmente", nem penso que me serão concedidas revelações particulares nos anos que me restam para viver. Quem encontrei realmente no caminho da fé foram as testemunhas já recordadas nestas páginas, e outras ainda, e os teólogos e os autores espirituais cujas obras li e reli. Foram essas pessoas, cada uma à sua maneira, uns com palavras, outros com fatos, me fizeram nascer para a fé cristã. Penso, porém, que também para eles vale o meu problema sobre o encontro com Jesus: quanto há de historicamente verdadeiro e quanto de imaginação? Eles, por sua vez, encontraram outras testemunhas, e essas do mesmo modo, ao longo de uma corrente ininterrupta de gerações que, remontando os séculos, chega aos apóstolos: o que é historicamente verdadeiro e o que é imaginação? Entre os apóstolos, aliás, nem sequer São Paulo encontrou a pessoa de Jesus, de quem realmente não refere quase nenhuma palavra e, dirigindo-se aos coríntios (que provavelmente lhe tinham falado de alguém que se dirigiu a eles gabando-se de ter conhecido pessoalmente Jesus), escreve que "daqui em diante a ninguém conhecemos segundo a carne, e se antes conhecemos Cristo segundo a carne, agora não o conhecemos assim" (*2 Coríntios* 5,16). Também para Paulo, portanto: o que há de historicamente verdadeiro e o que de imaginação?

Em que sentido, então, Bento XVI escreve que no início da fé cristã há o encontro *pessoal* com Jesus? Penso que tampouco para ele existiu realmente esse encontro com o Jesus-Yeshua, mas que também para ele "o homem Jesus" representa o ideal humano e religioso que se formava nele na Baviera da sua infância.

Apesar disso tudo penso que é legítimo, tendo feito todas estas ressalvas, falar de encontro pessoal. Quer dizer, penso que através das suas obras e das suas ações se pode encontrar verdadeiramente uma pessoa. Penso que através das palavras de Jesus relatadas pelos Evangelhos existe realmente a possibilidade de perceber algo de Jesus, da sua humanidade, do seu ensinamento, talvez também do seu caráter. Penso que os quadros, os ícones, as estátuas que a personalidade de Jesus suscitou contêm algo dele; talvez não exatamente todos, porque alguns são verdadeiramente improváveis, mas muitos sim. A energia espiritual contida nas páginas dos Evangelhos derramou-se sobre aqueles que os leram e meditaram, frequentemente também oraram, produzindo imagens, luzes, cores e também sons (porque ha também músicas nas quais está contido um traço do mistério da pessoa de Jesus) que encerram realmente algo da personalidade original de Jesus que fez surgirem os Evangelhos. Penso, portanto, que também na imagem que se formou em mim na infância está contida um pouco de verdade, sem dúvida junto com alguma ingenuidade. Também para mim, portanto, o encontro com a pessoa de Jesus é possível. Mesmo com todas as cautelas, é possível também hoje cultivar um sentimento de comunhão real com ele. Mais ou menos do mesmo modo como hoje é possível encontrar Sócrates, Buda, Confúcio ou outra grande personalidade da história.

Encontrar o Cristo

Mas tudo isto não basta ao cristianismo. Por que o cristianismo se chama assim? Chama-se assim porque deriva de Cristo. Já o próprio termo *cristianismo* indica que a identidade cristã se baseia em Cristo, não em Jesus, ou, melhor dizendo, baseia-se em Jesus só enquanto reconhecido como "o Cristo". Os cristãos não são chamados "jesuanos", mas exatamente "cristãos", e, se são chamados assim, é porque, encontrando Jesus, encontraram "o Cristo". Não o simples Jesus da história, personagem assimilável a Sócrates, Buda ou Confúcio, mas "o Cristo". Cristo e Jesus não são a mesma coisa, são estreitamente correlatos, mas não são absolutamente a mesma coisa, e é preciso entender bem a sua identidade e a sua relação.

Ratzinger afirma que na vida de Jesus "se torna presente o sentido intrínseco do mundo que se concede a nós em veste de amor". E conclui: "Eu creio em ti, Jesus de Nazaré, que considero como sentido (*logos*) do mundo e da minha vida".[50] Destas palavras aparece o movimento decisivo para compreender o que está em jogo na profissão de fé

---

[50] Ibid., p. 46-47.

cristã, isto é, o movimento que do particular histórico da pessoa concreta de Jesus se eleva ao universal, ao "sentido intrínseco do mundo", ao "*logos* do mundo". É essa atribuição de valor supra-histórico a um personagem histórico que faz de um homem um cristão, colocando-o diante do divino.

Paul Tillich (um dos maiores teólogos do século XX, alemão de nascimento, que deixou a Alemanha nazista em 1933, depois de ter sido expulso da Universidade de Frankfurt, e ensinou em Nova York, Harvard, Chicago), afirma a mesma coisa: "O cristianismo é o que é mediante a afirmação de que Jesus de Nazaré, que foi chamado 'o Cristo', é verdadeiramente o Cristo, ou seja, aquele que traz o novo estado das coisas, o Novo Ser. Onde quer que for mantida a asserção de que Jesus é o Cristo, ali está a mensagem cristã".[51] O cristianismo nasce e se desdobra como atribuição de uma relevância absoluta (ao mesmo tempo metafísica e ética) a um acontecimento histórico singular. O cristianismo vive da elevação de um particular a universal, de um episódio histórico ao absoluto da verdade ("o Novo Ser"). O teólogo católico Hans Urs von Balthasar escreveu significativamente *O todo no fragmento*.[52]

Nesta perspectiva o cristianismo é compreendido como habitado por um duplo cuidado: por um lado, a guarda de um fragmento histórico, por outro lado, a demonstração de como desse fragmento depende o início e o fim de todas as coisas. Se o cristianismo fosse apenas cuidado de um fragmento, estaríamos diante de um episódio histórico entre muitos; se o cristianismo perdesse o seu enraizamento histórico, estaríamos diante de uma filosofia entre muitas. A especificidade cristã consiste, ao contrário, na conexão entre particular e universal, entre história e filosofia, entre *sarx* (carne) e *logos* (lógica e respiração do mundo) como diz o versículo central do prólogo joanino: *kai ho logos sarx egeneto* (*João* 1,14), traduzido pela Bíblia de Jerusalém: "E o Verbo se fez carne".

Essa ligação entre história e eterno não é, porém, de modo algum uma coisa simples, e o que resulta disso é uma dialética muito difícil

---

[51] Paul Tillich, *Systematic Theology*, vol. II: *Existence and the Christ* [1957]; in *Systematic Theology. Three Volumes in One*, Chicago, The University of Chicago Press, 1967, vol. II, p. 97.
[52] Hans Urs von Balthasar, *Il tutto nel frammento. Aspetti di teologia della storia* [1963], trad. de Laura e Pierangelo Sequeri, Milano, Jaca Book, 19902.

de sustentar. Muitas vezes o desejo de ter uma "identidade" precisa e histórica é o maior obstáculo para o desenvolvimento da capacidade de "verdade", visto que a verdade por definição só pode ser universal. Na história do pensamento teológico, tal nó conceitual é conhecido como "problema de Lessing", porque é a esse filósofo do iluminismo alemão que se deve a sua formalização mais precisa: *"Verdades históricas casuais nunca podem se tornar a prova de verdades racionais necessárias".*[53]

Se a partir de acontecimentos históricos particulares se pretende subir para verdades universais, realiza-se – diz Lessing – um erro lógico: é aquele que Aristóteles definia como *metabasis eis allo genos*, ou seja, o salto ilícito de um gênero de realidade a outro.[54] Um exemplo? Hoje comi dois pimentões, um vermelho e um amarelo, o amarelo era melhor, portanto os pimentões amarelos são melhores que os vermelhos. A primeira parte da frase (comer dois pimentões e juízo sobre eles) reproduz um fato histórico verdadeiro, a segunda parte reproduz o salto ilícito do fato verdadeiro singular (um pimentão amarelo em relação a um pimentão vermelho) a um juízo com pretensão universal (todos os pimentões amarelos em relação a todos os pimentões vermelhos). Trata-se de transição a outro gênero, porque de uma verdade casual se pretende chegar a uma verdade necessária. Eis como Lessing focaliza o problema a propósito do cristianismo: "Saltar mediante aquelas verdades históricas a uma classe inteiramente diversa de verdade e pretender depois que eu remodele de acordo com esta última todos os meus conceitos metafísicos e morais..., se isso não é 'metábase a outro gênero', então não sei mais o que Aristóteles quis dizer com este termo... Este é o fosso feio, largo que não consigo transpor, por quantas vezes eu tenha seriamente tentado o salto".[55]

Na realidade, só se pode chegar à verdade universal mediante argumentos, por sua vez, universais, de tipo filosófico, portanto, e não histórico. De fato, Lessing, que era um crente, continua escrevendo pouco depois que aquilo que obriga aos ensinamentos de Jesus "não é

---

[53] Gotthold E. Lessing, *Sul cosiddetto "Argomento dello spirito e della forza"* [1777], em *La religione dell'umanità*, org. por Nicolao Merker, Roma-Bari, Laterza, 1991, p. 68.
[54] Aristóteles, *Segundos Analíticos*, I, 7, 75 A.
[55] Lessing, op. cit., p. 69-70.

outra coisa que os próprios ensinamentos". Portanto, argumentos filosóficos, éticos, sapienciais, não históricos. O cristianismo, porém, quer identificar no homem Jesus, na sua historicidade (um pimentão amarelo) o Cristo, o *Logos*, o Filho eterno de Deus, o próprio Deus (todos os pimentões amarelos). E isso constitui para Lessing o "feio e largo fosso" que não consegue atravessar.

Eu penso que nas suas palavras está delineado da melhor maneira o problema especulativo de fundo do cristianismo, dado pela vontade de encerrar a universalidade do *logos* na particularidade da carne, um pouco como querer encerrar a imensidão do oceano numa garrafa de água mineral. Søren Kierkegaard, que refletiu muito sobre as questões levantadas por Lessing, tanto que a ele se deve a definição desta temática como "problema de Lessing", definia essa situação como "paradoxo", afirmando que este é o coração do cristianismo: "Não se pode saber nada sobre *Cristo*; ele é o paradoxo". E ainda: "A história transforma Cristo em alguém que é diferente de quem ele é na verdade... porque dele nada se pode saber. Ele pode ser apenas objeto de fé".[56]

Notar: "A história transforma Cristo em alguém que é diferente de quem ele é na verdade". Kierkegaard sustenta que se dispor diante da pessoa de Cristo com os métodos da historiografia significa inevitavelmente praticar uma redução, uma traição dele, porque Cristo desde sempre é muito mais do que um simples fenômeno histórico. A única disposição adequada é, portanto, imediatamente, a fé, e não existe a mínima possibilidade de basear essa fé na história. No século XX, Karl Barth e, sobretudo, Rudolf Bultmann se tornarão porta-vozes dessa posição anti-historiográfica.

A esta altura me encontro na presença de duas lógicas diferentes: por um lado o encontro com o homem Jesus (para retomar a expressão de Ratzinger), um acontecimento histórico para saber que a história me é necessária; por outro lado, o encontro com Cristo, sentido intrínseco ou *logos* do mundo (para usar sempre uma expressão de Ratzinger) para saber que a história não serve mais, porque se trata de elevar-se

---

[56] Søren Kierkegaard, *Esercizio del cristianesimo* [1850], trad. de Cornelio Fabro, Firenze, Sansoni, 1972, p. 703-704.

ao universal, e algo é verdadeiro não porque aconteceu uma vez, mas porque acontece sempre.

O que significa, portanto, encontrar "a Pessoa de Jesus Cristo"? Significa ter a ver com a história ou com a filosofia? Hoje todos são levados a responder "com a história", ao passo que nos primeiros séculos cristãos todos teriam respondido "com a filosofia", e de fato só assim se explica a atribuição a Jesus-Yeshua do conceito especulativo altamente filosófico de *logos* por parte do Quarto Evangelho e o processo conhecido como "helenização do cristianismo" que surgiu dele (por alguns avaliado muito negativamente, por outros, entre os quais Ratzinger, muito positivamente). Volta a pergunta: o que significa encontrar "a Pessoa de Jesus Cristo"?

Jesus Cristo: uma pirâmide invertida

Com estas breves menções a uma problemática que merece um tratamento muito mais extenso, espero ter dado uma ideia da complexa heterogeneidade do DNA do cristianismo, por um lado radicado na fragmentariedade da história, por outro lado dotado da pretensão de abraçar o sentido da vicissitude cósmica inteira. Da união dessas duas intencionalidades nasceu a denominação "Jesus Cristo", hoje comumente entendida como a expressão de uma unidade, algo que pode lembrar o nosso nome e sobrenome, mas que evidentemente está muito longe de ser isso. Talvez nunca se devesse sequer dizer "Jesus Cristo", mas sempre apenas "Jesus, o Cristo", ou "Jesus, chamado o Cristo", ou "Jesus, que é o Cristo".

Mas assim como os homens nunca cessaram de dizer só exatamente assim, "Jesus Cristo", cabe ao pensamento esclarecer o concentrado de significados diferentes que se escondem por trás dessas denominações. Ao dizer "Jesus Cristo", estamos, de fato, diante de múltiplos significados que, entrelaçando-se, formam uma espécie de novelo, constituído não por inocentes fios de lã, mas por fios carregados de eletricidade conceitual. Poderia ser comparado também a uma espécie de sítio arqueológico com diversos estratos de acordo com as diferentes épocas, como o sítio da antiga cidade de Troia com os seus nove estratos. Em todo caso, fios elétricos ou estratos arqueológicos, a tarefa da teologia consiste em identificar os elementos singulares que formam o conceito pluralmente estratificado de "Jesus Cristo". Tais elementos, assim como foram identificados, são os seguintes:

1) rabi Yeshua ben Yosef: o Jesus histórico, o Jesus judeu, o "filho de José";
2) o Jesus dos quatro Evangelhos canônicos;
3) o Cristo redentor crucificado de Paulo;
4) o Cristo da liturgia, dos sacramentos, da oração pessoal;
5) o Cristo princípio da vida moral, origem e fonte do mandamento novo;
6) o Cristo vindouro da parusia, juiz dos vivos e dos mortos, cujo reino "não terá fim";
7) o Cristo cósmico, "por meio do qual foram feitas todas as coisas" (Niceia);
8) o Cristo segunda pessoa da Trindade, "da substância do Pai" (Niceia), contudo sempre verdadeiro homem (Calcedônia).

Os estratos identificados são oito, não nove como os de Troia, mas mesmo assim não são poucos, e mostram bem quão complexa e articulada é a realidade conceitual que se toca ao pronunciar "Jesus Cristo". Ela é comparável a uma construção singular em forma de pirâmide invertida, uma antipirâmide com base pequeníssima e com vértice imenso. Tudo se apoia naquele primeiro ponto, a existência e a personalidade de Yeshua, e na possibilidade de que sobre ele se possa legitimamente construir tudo aquilo que de fato se construiu em vinte séculos de cristianismo, dando vida a essa antipirâmide que parte do pontinho histórico fundador e chega ao juízo sobre a história universal, ao princípio criativo do Universo e até à essência da divindade.

Ilustrar detalhadamente cada passagem não entra no escopo deste livro, que é um texto de teologia fundamental e não de teologia sistemática. À teologia fundamental, porém, e portanto também a este livro, compete a discussão da legitimidade dessa antipirâmide que é o cristianismo. A pergunta é a seguinte: o fragmento histórico particular de um judeu de dois mil anos torna legítima a passagem a uma cristologia que se apresenta como "suma" e ao mesmo tempo como "norma" da natureza divina e, portanto, do viver humano? Ou Lessing tinha razão ao dizer que se trata de um salto (*metabasis*) ilícito a outro gênero de realidade (*eis allo genos*)? Antes ainda, porém: Jesus-Yeshua é verdadeiramente histórico? Que provas temos da sua existência?

Ele existiu mesmo?

A resposta à pergunta sobre a efetiva existência histórica de Jesus-Yeshua é um claro sim: é possível ter certeza da sua existência histórica, pelo menos do mesmo modo como se tem certeza da existência dos personagens históricos da antiguidade ou dos grandes filósofos que, como ele, não escreveram nada, por exemplo, Sócrates. Há dois gêneros de fontes que atestam a sua existência histórica:

— a massa dos testemunhos cristãos, dificilmente explicáveis sem uma grande personalidade na origem;
— alguns textos não cristãos (judeus, siríacos, latinos).

Dentro do primeiro gênero de fontes devem ser incluídos antes de tudo os quatro Evangelhos canônicos e os outros vinte e três escritos do Novo Testamento. Há ainda uns trinta textos, além de numerosos fragmentos, de antigas narrações sobre a vida de Jesus que não passaram a fazer parte do cânon bíblico e por isso são ditos Evangelhos "apócrifos", literalmente "escondidos" (porque alguns autores os queriam manter escondidos da massa dos fiéis), entre os quais é preciso lembrar em particular o *Evangelho copta de Tomé* pela riqueza e pela grande fidedignidade. Os estudiosos alemães Gerd Theissen e Annette Merz mencionam entre os apócrifos dignos de serem levados em consideração como fontes históricas sobre Jesus também o *Apócrifo de Tiago*, *O diálogo do Redentor*, o *Evangelho dos Egípcios*, o *Evangelho secreto de Marcos*, o *Evangelho de Pedro*, o *Evangelho dos Ebionitas* e alguns papiros entre os quais o chamado *papiro Egerton 2* e o *papiro de Oxirinco 840*.[57] Mauro Pesce, professor de História do cristianismo na Universidade de

---

[57] Gerd Theissen & Annette Merz, *Il Gesù storico. Un manuale* [1996], ed. ital. org. por Flavio Dalla Vecchia, trad. de Enzo Gatti, Brescia, Queriniana, 2008[4], p. 63-77.

Bolonha, reuniu as palavras "esquecidas" de Jesus contidas em textos gregos e latinos diferentes dos quatro Evangelhos canônicos, chegando a reunir 350 textos, e advertindo que a coleção "não está absolutamente completa, porque se limita aos autores gregos e latinos".[58]

Pelo que diz respeito aos testemunhos não cristãos, há fontes judaicas, siríacas e latinas. As principais são as seguintes:

1) o historiador judeu Flávio Josefo, *Antiguidades judaicas* XVIII, 63-64 e XX, 200;[59]
2) um trecho do Talmude babilônio, tratado *Sanhedrin* (sigla bSanh 43 A);[60]
3) Mara bar Sarapion, filósofo pagão de origem siríaca numa carta ao filho;[61]
4) Caio Plínio Segundo, dito Plínio o Jovem, carta a Trajano (*Epístola* 10, 96);
5) Públio Cornélio Tácito, *Anais* 15, 44, 2-5;
6) Caio Suetônio Tranquilo, *Vida de Cláudio* 25, em *Vida dos doze Césares*.[62]

Que Jesus-Yeshua tenha existido é, portanto, um dado histórico seguro, que nenhum estudioso sério hoje põe em discussão.

O problema é outro, é a legitimidade da construção dogmática e espiritual erguida em cima dele, em particular na primeira e fundamental passagem de Jesus-Yeshua a Jesus-o-Cristo como se configura já nos escritos do Novo Testamento. É legítimo? Trata-se verdadeiramente da mesma pessoa, com a mesma intenção, a mesma natureza, a mesma personalidade? Jesus-o-Cristo torna *explícito* o que já está presente de modo *implícito* em Jesus-Yeshua, ou acrescenta arbitrariamente uma

---

[58] *Le parole dimenticate di Gesù*, org. de Mauro Pesce, Milano, Fondazione Valla & Mondadori, 2007[8], p. xxx.
[59] Ed. ital. *Storia dei giudei. Da Alessandro Magno a Nerone* ("*Antichità giudaiche*", libri XII-XX), trad. de Manlio Simonetti, Milano, Mondadori, 2002, p. 412-413 547.
[60] Cf. L. Goldschmidt, *Der Babylonische Talmud*, VII, 181, citado por Theissen-Merz, *Il Gesù storico*, cit., p. 101. Cf. também Romano Penna, *L'ambiente storico-culturale delle origini cristiane. Una documentazione ragionata*, Bologna, EDB, 1984, p. 244.
[61] Cf. Theissen-Merz, *Il Gesù storico*, cit., p. 103-105.
[62] Para os três textos latinos, além das edições italianas disponíveis, cf. ibid., p. 106-113; Penna, *L'ambiente storico-culturale*, cit., p. 253-261.

série de superestruturas ideológicas que Jesus-Yeshua nunca teria sonhado atribuir a si mesmo?

Esta dúvida crítica é exemplificada por uma lenda talmúdica que tomo do estudioso judeu Geza Vermes, historiador das origens cristãs e especialista dos rolos de Qumran (também chamados rolos do Mar Morto): "Segundo uma lenda talmúdica cheia de ironia, Moisés foi transportado em espírito para a sala onde o Rabi Aqiba, um luminar do segundo século d.C., conhecido pela minuciosidade da sua exegese bíblica, ensinava. Sentou-se nas últimas filas e se pôs a escutar com a máxima atenção possível, embora não conseguisse entender uma única palavra do que o mestre e o discípulo estavam falando. Não tinha a mínima suspeita que Aqiba estivesse expondo a 'sua' lei, a lei de Moisés".

Vermes comenta: "Creio que Jesus ficaria igualmente atordoado se escutasse algumas das doutrinas que os intérpretes de hoje atribuem a ele com a maior tranquilidade do mundo".[63] E então? Existe mesmo tal separação nítida entre o autêntico Jesus da história e as doutrinas atribuídas a ele? Yeshua ben Yosef entenderia alguma coisa das mais de oitocentas páginas que Bento XVI escreveu sobre ele entre 2007 e 2011, ou se encontraria na mesma situação de Moisés na aula de Rabi Aqiba?

Trata-se de um problema tão importante e tão atual para o cristianismo que acho oportuno focalizá-lo com atenção, ainda que nos limites de uma obra não dedicada explicitamente a essa temática. E, dado que também a este respeito a história apresenta um magistério ineludível, concentrar-me-ei nas etapas principais da pesquisa histórica sobre Jesus desde o seu início até nossos dias. Seja como for, o ganho teórico de quase dois séculos e meio de estudos e de debates é dito depressa: é a fé pessoal de cada um que há de responder à pergunta sobre a legitimidade de ligação entre Jesus-Yeshua e Jesus-o-Cristo. Mais uma vez não há nada que se interpõe entre mim e Deus.

---

[63] Geza Vermes, *La religione di Gesù l'ebreo*, em *Il "Gesù storico". Problema della modernità*, org. por Giuseppe Pirola SJ e Francesco Coppellotti, trad. de Eugenio Costa SJ, Casale Monferrato, Piemme, 1988, p. 20.

43. Aprofundamento crítico: os estudos históricos sobre Jesus-Yeshua

Primeira fase da pesquisa histórica: nascimento da tese separatista

O debate secular em torno da legitimidade de poder fundar sobre o ponto "Jesus da história" toda a carga doutrinal importante do cristianismo nasceu na Alemanha em 1778 e desde então não encontrou descanso. Hoje, tendo entrado na sua terceira fase, está mais vivo que nunca, tanto que "obrigou" o próprio Bento XVI a ocupar-se dele pessoalmente com a sua obra em mais volumes. Com efeito, aqui se toca na raiz da questão decisiva, no sentido de que separar o Jesus judeu do Cristo da fé cristã significa fazer desabar num instante toda a construção antipiramidal do cristianismo.

O nascimento da tese separatista se deve à publicação por parte de Lessing, entre 1774 e 1778, de algumas partes de um volumoso manuscrito de um professor de línguas orientais de Hamburgo falecido dez anos antes, Hermann Samuel Reimarus. Das milhares de páginas da obra completa intitulada *Apologia ou defesa dos adoradores racionais de Deus* (no original alemão *Apologie oder Schutzschrift für die vernünftigen Verehrer Gottes*), Lessing extraiu sete fragmentos que publicou chamando-os em geral de *Fragmentos de um anônimo*. O sétimo e último fascículo, publicado em 1778 com o título específico *Sobre o objetivo de Jesus e dos seus discípulos* (*Von dem Zwecke Jesu und seiner Jünger*) marca, segundo o parecer unânime dos estudiosos, o início do chamado "problema do Jesus histórico", ou seja, a separação entre Jesus-Yeshua e Jesus-o-Cristo. Reimarus sustentava, de fato, que o objetivo do verdadeiro Jesus fora de tipo político, precisamente a libertação da dominação romana e a restauração do reino de Israel, ao passo que o objetivo dos discípulos era de tipo religioso, remédio inevitável para o fracasso político do mestre. Ou seja: Jesus é diferente de cristianismo.

Ao publicar os textos de Reimarus, Lessing pretendia sublinhar que o fundamento da tradição cristã deve ser explicado a partir da verdade *interior* do cristianismo, que nenhuma tradição *exterior* pode dar:

"A religião não é verdadeira porque os evangelistas e os apóstolos a ensinaram; mas eles a ensinaram porque é verdadeira. As tradições escritas devem ser explicadas a partir da verdade interna da religião, e todas as tradições escritas não podem dar-lhe nenhuma verdade interna, se dela está privada".[64] Lessing queria, portanto, contribuir para uma fundação renovada do cristianismo, não mais sobre a história destinada necessariamente a gerar o princípio-autoridade, mas sobre a verdade intrínseca da mensagem, mais particularmente sobre o seu conteúdo ético, fazendo surgir o princípio-autenticidade. Mas, além das suas intenções, a publicação dos fragmentos de Reimarus ateou um incêndio que ainda se alastra hoje em dia. Desde então se desenvolveu uma série de estudos históricos e exegéticos que os estudiosos costumam dividir em três fases, sendo que a segunda e a terceira se entrecruzam:
– a fase liberal, de 1778 a 1906;
– a fase histórico-crítica, de 1953 aos nossos dias;
– a terceira fase, ou do judaísmo de Jesus, desde o fim dos anos 1960 (com alguma antecipação isolada) até nossos dias.

Além de Reimarus, a primeira fase apresenta como autores mais significativos David Friedrich Strauss, Ernest Renan e William Wrede. Os estudiosos costumam colocar o seu fim com a obra de 1906 de Albert Schweitzer, cuja primeira edição se intitulava *De Reimarus a Wrede*, e a segunda edição, mais ampla, de 1913: *História da pesquisa sobre a vida de Jesus*, título que depois se tornou clássico.[65] Nessa obra Schweitzer sustentava que a pesquisa histórica sobre a vida de Jesus, que se iniciou com Reimarus, devia ser considerada concluída com um fracasso substancial, pois cada autor tinha interpretado Jesus segundo a sua ideologia, chegando a um subjetivismo inaceitável. Prova disso era que ninguém tinha posto à luz o traço original de Jesus, isto é, o de ser um profeta escatológico-apocalíptico convencido da irrupção iminente do Reino de Deus e do fim próximo do mundo. Deixando de lado este

---

[64] Gotthold E. Lessing, *Antitesi ai frammenti dell'Anonimo di Wofenbüttel* [1777] em *Opere filosofiche*, trad. por Guido Ghia, Torino, Utet, 2008, p. 492.
[65] Albert Schweitzer, *Storia della ricerca sulla vita di Gesù* [1906], trad. de Francesco Coppellotti, Brescia, Paideia, 1986. O título original alemão frequentemente citado é *Geschichte der Leben--Jesu-Forschung*.

aspecto, porque evidentemente pouco rentável e muito embaraçoso, os autores da fase liberal tinham projetado sobre Jesus os seus ideais sem captar a sua peculiaridade, porque o ensinamento e as ações de Jesus são compreendidas apenas se forem interpretadas à luz da sua convicção profunda da vinda iminente do Reino de Deus.

Depois da primeira fase, houve um período de estagnação da pesquisa histórica dominado pela obra de Rudolf Bultmann, o qual, no livro sobre Jesus de 1926, escrevia: "Sou indubitavelmente do parecer de que não podemos saber mais nada da vida e da personalidade de Jesus, pois as fontes cristãs não se interessaram por ele a não ser de modo muito fragmentário e com corte lendário, e não existem outras fontes sobre Jesus". Daqui um ataque explícito à pesquisa histórica sobre Jesus: "O que tem sido escrito desde cerca de um século e meio sobre a vida de Jesus, sobre a sua personalidade e a sua evolução interior etc., é fruto de fantasia e material de romance, pois não são pesquisas críticas. Esta é a impressão que se tem, por exemplo, da leitura da *História da pesquisa sobre a vida de Jesus*, escrita brilhantemente por Albert Schweitzer". Conclusão? "Não sabemos praticamente nada da sua personalidade".[66]

Quinze anos depois, Bultmann publicou um ensaio que fez o seu nome girar pelo mundo, que passou para a história como o "manifesto da demitização", no qual se leem estas palavras com evidentes ecos kierkegaardianos: "Seria certamente uma aberração levantar de novo o problema de verificar historicamente as origens do anúncio, como se fosse possível provar o seu fundamento. Isso significaria pretender dar fundamento à fé na palavra de Deus através de uma pesquisa histórica. A palavra do anúncio vem ao nosso encontro como palavra de Deus, e diante dela não podemos levantar nenhuma questão de legitimidade... O acontecimento pascal, se ele for entendido como a ressurreição de Cristo, não é um acontecimento que diz respeito à história; como acontecimento histórico podemos conceber apenas a fé pascal dos primeiros

---

[66] Rudolf Bultmann, *Jesus* [1926], ed. ital. org. por Italo Mancini, trad. de Giuseppe Barbaglio, Brescia, Queriniana, 1975², p. 103-104.

discípulos... O cristianismo que tem a fé pascal não tem interesse pela questão histórica".[67]

A posição de Bultmann sobre o Jesus histórico é consagrada pelo célebre *incipit* da sua *Teologia do Novo Testamento*: "A pregação de Jesus não é uma parte da teologia do Novo Testamento, mas pertence aos seus pressupostos".[68] Poder-se-ia resumir o sentido da posição bultmanniana dizendo que a sua teologia defende um "Cristo sem Jesus", ou seja, a negação de toda possibilidade historiográfica, e ainda mais, de toda necessidade teológica, de chegar a uma fundamentação da fé cristã a partir da realidade histórica de Jesus-Yeshua. Para Bultmann, e para Kierkegaard, que é o seu inspirador, a antipirâmide cristã tem um estrato a menos, elimina Jesus partindo diretamente de Cristo. Naturalmente, a teologia bultmanniana é bem consciente de estar privada de enraizamento no terreno objetivo da história e até se orgulha disso, faz dessa carência o seu traço característico.

Segunda fase da pesquisa histórica: os critérios exegéticos

A segunda fase da pesquisa sobre o Jesus histórico teve início com Ernst Käsemann, historiador e exegeta neotestamentário discípulo de Bultmann, sob cuja orientação obtivera o doutorado e com o qual compartilhara a oposição ao nazismo aderindo à Igreja confessante (em 1937 Käsemann passou algumas semanas numa prisão da Gestapo por ter apoiado publicamente alguns mineiros comunistas, embora isso não impedisse que ele fosse convocado quando estourou a guerra e servisse durante os seis anos que ela durou, acabando prisioneiro). Em 20 de outubro de 1953, em Marburgo, Käsemann proferiu uma conferência com o título muito pouco original – *O problema do Jesus histórico* –, mas muito original no conteúdo, que marcou a reação da pesquisa histórica

---

[67] Rudolf Bultmann, *Nuovo Testamento e mitologia. Il problema della demitizzazione del messaggio neotestamentario* [1941], trad. de Luciano Tosti e Franco Bianco. Brescia, Queriniana, 1973⁴, p. 170-171.
[68] Rudolf Bultmann, *Teologia del Nuovo Testamento* [1953], trad. de Armido Rizzi, Brescia, Queriniana, 1985, p. 13.

contra o ceticismo bultmanniano. Nessa conferência Käsemann sustenta as duas perspectivas seguintes:
- Na nítida fratura entre o Jesus da história e o Cristo da fé está inerente o perigo do "docetismo", isto é, de considerar a encarnação uma simples aparência, ao passo que, pelo contrário, para os primeiros cristãos a continuidade pessoal entre o Senhor ressuscitado e o Jesus crucificado era essencial.
- Os Evangelhos sinóticos concedem grande importância ao passado, o que se percebe já pelo seu gênero literário que percorre de novo o itinerário biográfico de Jesus. Quer dizer, se é verdade que os Evangelhos não são uma biografia, é igualmente verdadeiro que apresentam uma moldura histórica muito semelhante à biográfica, a qual não por acaso guiou nessa direção todos aqueles que os leram nos séculos passados. Não se trata, pois, só de uma moldura, porque nos Evangelhos há também uma pretensão histórica precisa, porquanto, naturalmente, se trata de uma história interpretada do ponto de vista da fé no Ressuscitado.

Depois de Käsemann, outros teólogos e exegetas neotestamentários de escola bultmanniana (Günther Bornkamm, Hans Conzelmann, Gerhard Ebeling) declararam a possibilidade e a necessidade de uma nova pesquisa sobre o Jesus histórico. Werner Georg Kümmel, aluno, colega e depois sucessor de Bultmann (a quem Bultmann agradeceu explicitamente no Prefácio à quinta edição de 1958 da sua *Teologia do Novo Testamento*), ao escrever também a sua *Teologia do Novo Testamento*, não hesitou em afirmar "a necessidade e a importância da questão da pessoa e da pregação de Jesus no âmbito da teologia neotestamentária".[69]

Assim começou a segunda fase da pesquisa sobre o Jesus histórico, documentada pela primeira vez pelo exegeta estadunidense James M. Robinson em 1959,[70] cujo principal resultado foi provavelmente o delineamento dos critérios exegéticos parra mover-se dentro das fontes evangélicas e distinguir o que pode ser atribuído a Jesus e o que à comu-

---

[69] Werner Georg Kümmel, *La teologia del Nuovo Testamento. Gesù, Paolo, Giovanni* [1969], trad. de Francesco Tomasoni, rev. de Enzo Gatti, Brescia, Paideia, 1976, p. 27.
[70] James M. Robinson, *A New Quest of the Historical Jesus*. London, SCM Press, 1959.

nidade primitiva. Ficou claro, de fato, que, ao ler as fontes evangélicas, se tratava de evitar dois extremos: de um lado, recair na ingenuidade da leitura tradicional segundo a qual tudo o que os Evangelhos atribuem a Jesus é verdadeiramente de Jesus (com a consequência de que para encontrar o Jesus verdadeiro bastaria ler os Evangelhos), e, de outro lado, evitar a paralisia de Bultmann segundo o qual quase nada do que os Evangelhos atribuem a Jesus é verdadeiramente de Jesus (com a consequência de que saber algo dele seria totalmente impossível e de que, portanto, a fé cristã se baseia muito mais na pregação de Paulo). Para navegar entre esses dois extremos, indo em busca do material que verdadeiramente reconduz a Jesus, os critérios interpretativos mais importantes evidenciados pelos estudiosos da segunda fase são quatro:

— Descontinuidade: considera-se autêntico um dado evangélico quando não pode ser reconduzido nem às concepções judaicas, nem às concepções helenísticas, nem às concepções do primeiro cristianismo. Exemplos: a pregação do Reino de Deus, a concepção do Sábado, a posição diante da Lei.
— Conformidade: considera-se autêntico um dado evangélico quando está notavelmente conforme com a mensagem fundamental total de Jesus. Exemplos: parábolas, bem-aventuranças, *Pai-nosso*.
— Testemunho múltiplo: considera-se autêntico um dado evangélico quando está presente em todas, ou quase todas, as fontes neotestamentárias. Exemplos: disputas com as autoridades religiosas, milagres, relatos de vocação, parábolas, última ceia, morte, ressurreição, aparições.
— Embaraço: Considera-se autêntico um dado evangélico quando apresenta um dito ou uma ação de Jesus que a comunidade dos discípulos jamais poderia ter criado porque seria fonte de embaraço com respeito à sua doutrina e à sua praxe. Exemplos: batismo de Jesus, tentações, agonia, morte na cruz, ordem de não pregar aos pagãos e aos samaritanos, incompreensão dos apóstolos, obscuridade da linguagem.

Também em nossos dias há autores que fazem uma leitura exegética que segue os critérios da segunda fase, isto é, privilegiando o Cristo da fé sem, no entanto, separá-lo do Jesus da história, e isto de modo diferente da primeira e da terceira fase, que privilegiam o Jesus da história, muitas vezes separando-o do Cristo da fé. Entre esses expoentes da segunda fase, além dos nomes já citados, assinalo Günther Bornkamm, Xavier Léon-Dufour, Rudolf Schnackenburg, Rinaldo Fabris, Bruno Maggioni, Giorgio Jossa, Joachim Gnilka, Klaus Berger, James Dunn, Thomas Söding, Joseph Ratzinger.

Para os estudiosos que se referem a essa escola de pensamento, ainda decisivamente majoritária na Itália, permanece fundamental a perspectiva de fé, uma perspectiva segundo a qual só se pode enfrentar adequadamente o problema do Jesus histórico se o ato da fé em Jesus-o--Cristo for tomado como forma constitutiva das fontes evangélicas. Isto significa que é a cristologia que comanda e orienta a historiografia. Os textos que falam de Jesus são textos de fé, querigmáticos, e para interpretá-los adequadamente é preciso lê-los antes de tudo do ponto de vista da fé. Portanto, não há nenhuma volta a uma perspectiva meramente historicista, como era, por exemplo, a de Renan. O Jesus histórico não tem uma função teológica por si mesmo, é preciso sempre e de qualquer modo partir e voltar ao Cristo da fé.

A história, porém – esta é a aquisição nova em relação a Bultmann, – é possível, e é mediante os quatro critérios hermenêuticos adequadamente calibrados, e é até necessária porque coloca em condição de conhecer com maior clareza aquele Jesus que a fé cristã crê que é o Cristo e o Senhor. Sem a história e a terra firme que ela representa, a figura de Jesus-o-Cristo corre o risco de esvanecer numa espécie de docetismo renovado, e a fé se encontraria sem nenhum critério objetivo em cuja base poder examinar-se. Se o movimento bultmanniano fora "Cristo sem Jesus", o movimento da segunda fase é antes "Cristo com Jesus", devendo-se dizer exatamente primeiro Cristo e depois Jesus, porque é a cristologia que orienta a pesquisa sobre o Jesus histórico, como aparece pelo uso privilegiado do primeiro critério hermenêutico da descontinuidade (como logicamente prevê a cristologia) por parte dos estudiosos dessa orientação.

Por causa dessa forte tendência teológica, porém, não podia não nascer depressa a exigência historiograficamente ainda mais radical, ou talvez simplesmente mais pura, de ir a Jesus diretamente, sem passar pela cristologia, como já acontecera na primeira fase da pesquisa histórica. A diferença fundamental com respeito aos estudiosos oitocentistas é que agora, na pesquisa sobre o Jesus histórico, sobressai o Jesus judeu. É a terceira fase. Entra em cena Yeshua ben Yosef.

Terceira fase da pesquisa histórica: Yeshua ben Yosef e a tese separatista

Reimarus escreveu que Jesus "nasceu judeu e queria também continuar judeu".[71] No final do século XIX, o exegeta veterotestamentário Julius Wellhausen retomou essa perspectiva afirmando que Jesus "era judeu, não cristão", escolhendo concluir a sua história de Israel exatamente ocupando-se com Jesus, querendo significar quanto ele pertencia a Israel. Para Wellhausen, a unidade entre Jesus e Israel tinha uma repercussão precisa na relação entre Jesus e a Igreja, que deviam ser separados, uma separação institucional antes ainda que doutrinal, porque, de modo diferente da Igreja e da sua organização, "Jesus não organizava".[72]

A aproximação de Jesus às suas raízes judaicas é um fenômeno que interessa a todo o século XX. Quando o século iniciou, foi publicado o célebre ensaio de Adolf von Harnack *A essência do cristianismo*, no qual a ligação entre Jesus e o judaísmo era, ao contrário, fortemente redimensionada: "Exatamente hoje, de novo, nos asseguram energicamente, com ar de quem fez uma nova descoberta, que não se pode compreender a pregação de Jesus e não se pode expô-la corretamente se não for considerada no conjunto das doutrinas judaicas do seu tempo e se antes elas não forem pesquisadas. Essa hipótese contém muito de verdade, no

---

[71] Citado por Henning Graf Reventlow, *"Sullo scopo di Gesù e dei suoi discepoli". Il contributo di Hermann Samuel Reimarus all'indagine del Nuovo Testamento* [1986], trad. de Francesco Coppellotti, em *Il "Gesù storico". Problema della modernità*, org. por Giuseppe Pirola e Francesco Coppellotti, Casale Monferrato, Piemme, 1988, p. 102-103.

[72] Julius Wellhausen, *Israelitische und jüdische Geschichte*, 1894; citado por Lothar Perlitt, *Julius Wellhausen*, em *Lessico dei teologi del secolo XX. Mysterium Salutis / Supplemento*, trad. por Piersandro Vanzan e Hans Jürgen Schultz, Brescia, Queriniana, 1978, p. 26.

entanto, como mostraremos, é incorreta". Eis uma passagem decisiva da demonstração de von Harnack: "Os sacerdotes e os fariseus mantinham o povo em seu poder e matavam a alma dele. Contra essa autoridade ilegítima Jesus mostrou uma intransigência verdadeiramente libertadora e consoladora. Nunca cessou (e no curso da sua luta chegava à mais sacrossanta indignação) de opor-se a essa 'autoridade', de revelar a sua rapacidade, a sua hipocrisia e de anunciar o seu julgamento próximo". Daqui a conclusão do célebre historiador alemão, ou seja, que para Jesus "a sua ligação com o judaísmo parece agora negligenciável".[73]

Leo Baeck, um estudioso judeu então com vinte e oito anos, replicou imediatamente à tese. Em 1901, em polêmica direta com von Harnack, escreveu as seguintes palavras, hoje quase um lugar-comum, mas que há um século eram escandalosas: "A maior parte daqueles que descrevem a vida de Jesus omitem a indicação de que em cada um dos seus traços Jesus é em tudo e por tudo um autêntico caráter judeu, que um homem como ele pôde crescer apenas no terreno do judaísmo, somente lá e em nenhum outro lugar. Jesus é uma personalidade autenticamente judaica: todo o seu buscar e fazer, o seu sofrer e sentir, o seu falar e calar, tem o timbre da natureza judia, a marca do idealismo judeu, de tudo o que melhor houve e há no judaísmo, mas que agora há apenas no judaísmo. Ele foi um judeu entre judeus; de nenhum outro povo teria podido vir um homem como ele e em nenhum outro povo teria podido atuar um homem como ele". Hans Küng, de quem tiro a citação, comenta: "Podia-se contestar tudo isso?"[74] Depois Baeck deu seguimento a essas declarações mediante uma série de obras cujos títulos, alguns em alemão, outros em inglês, falam por si: *Simon Kefa*, 1906; *Judentum in der Kirche* (Judaísmo na Igreja), 1925; *Der Menschensohn* (O Filho do homem), 1937; *Das Evangelium als Urkunde der jüdischen Glaubensgeschichte* (O Evangelho como documento original da história da fé judaica), 1937, publicado em italiano com o título

---

[73] Adolf von Harnack, *L'essenza del cristianesimo* [1900], trad. de Gianfranco Bonola, edição org. por Gianfranco Bonola e Pier Cesare Bori, Brescia, Queriniana, 2003³, p. 74-75 e 132.
[74] Leo Baeck, *Harnack's Vorlesungen über das Wesen des Christentums*. "Monatsschrift für Geschichte und Wissenschaft des Judentums", n. 45, 1901, p.118; citado por Hans Küng, *Ebraismo* {1991], trad. de Giovanni Moretto, Milano, Bur, 2007, p. 347-348.

Il Vangelo: un documento ebraico (Firenze, Giuntina) 2004; *Haggadah and Christian Doctrine* (Hagadá e doutrina cristã), 1950; *The Faith of Paul* (A fé de Paulo), 1952.

Mas a obra do lado judeu sobre Jesus que é comumente lembrada como o ponto de virada é o livro de Joseph Klausner, *Jesus de Nazaré, o seu tempo, a sua vida e o seu ensinamento*, de 1922, o primeiro livro sobre Jesus escrito em hebraico e publicado em Jerusalém, e que também por este valor simbólico é considerado iniciador da nova pesquisa judaica sobre Jesus não mais em perspectiva polêmica, mas guiada por certa simpatia.[75] Klausner, professor de história do povo judeu da antiguidade clássica na Universidade Hebraica de Jerusalém e também tio-avô do conhecido escritor Amos Oz,[76] tencionava apresentar aos seus leitores judeus uma ideia do Jesus histórico na sua concretude, que fosse bem diferente tanto da doutrina da teologia cristã como da polêmica judaica, a fim de se apropriar de uma etapa sem dúvida significativa da história de Israel até agora pesquisada apenas por não judeus.

De particular interesse são, em minha opinião, as considerações de Klausner sobre a ideia de Deus cultivada por Jesus, das quais emerge que, se por um lado Jesus não se considerou da mesma natureza divina e menos ainda se considerou Filho de Deus no sentido trinitário do termo, por outro lado achava que era o Messias e como tal mais perto de Deus do que qualquer outro homem, o que o fez sentir-se autorizado a rever a tradição religiosa hebraica: "Ouvistes o que foi dito... Pois eu vos digo...". Dessa sua concepção pôde derivar "a idolatria" da sua pessoa e a ruptura do monoteísmo bíblico: "O ensinamento peculiar de Jesus é algo bem diferente do dogma trinitário, mas contém o germe que, nutrido pelos cristãos de origem gentia, desenvolveu-se como doutrina da Trindade".[77] Klausner acrescenta também que a ideia de Deus pregada por Jesus é estranha à teologia hebraica mais genuína,

---

[75] Joseph Klausner, *Jesus of Nazareth. His Life, Times and Teaching* [1922], translated from the original Hebrew by Herbert Danby, with a new foreword by Sidney B. Hoenig, New York, Bloch Publishing Company, 1989.
[76] Amos Oz, *Una storia di amore e di tenebra* [2002], trad. de Elena Loewenthal, Milano, Feltrinelli, 2003, em particular p. 63-71.
[77] Klausner, *Jesus of Nazareth*, cit., p. 379.

porque Jesus fala de Deus como do "Pai dos céus que faz nascer o seu sol sobre os maus e sobre os bons, e faz chover sobre os justos e sobre os injustos" (cf. *Mateus* 5,45), chegando assim a negar a categoria teológica fundamental sob a qual o judaísmo pensa Deus, ou seja, a justiça. Daí se segue, escreve Klausner, que para Jesus "Deus não é *a justiça absoluta*, mas o *bem*... Não é o Deus de justiça, apesar do seu juízo final; noutras palavras, *ele não é o Deus da história*".[78] Na realidade, sustenta Klausner, é preciso pensar Deus como "não só *Pai de misericórdia*, mas também *Rei do juízo*, o Deus da ordem social, o Deus da nação, o Deus da história", e conclui com o mote de sabor hegeliano, citado até em alemão, "Weltgeschichte ist Weltgericht", isto é, a história do mundo é o tribunal do mundo.[79] Perguntar-se o que permanece dessa teologia depois de 1945 não diz respeito à relação entre Jesus e o judaísmo, mas apenas à teologia pessoal de Joseph Klausner. De qualquer modo, ele concluía assim a sua obra pioneira: "No código de Jesus há uma sublimidade, uma clareza e uma originalidade que não têm paralelo em nenhum código judaico, e tampouco há um paralelo para a arte notável das suas parábolas. A sagacidade e a agudeza dos seus provérbios, os seus enérgicos epigramas conseguem fazer de modo admirável das suas ideias éticas uma propriedade do povo. Se chegar o dia em que esse código for libertado do seu invólucro de milagres e de misticismo, o Livro da ética de Yeshua será um dos tesouros seletos da literatura de Israel para todos os tempos".[80]

Vem depois o parêntese do nazismo, com os estudos infectados de antissemitismo, entre os quais se destaca o livro de Walter Grundmann, professor da Universidade de Jena e membro ativo do Partido Nazista, *Jesus der Galiläer und das Judentum* (Jesus o galileu e o judaísmo).[81]

---

[78] Ibid.
[79] Ibid., p. 380. O dito, na sua forma original "Die Weltgeschichte ist das Weltgericht", é tirado da poesia *Resignation* de Friedrich Schiller, de 1786. Hegel fala de "Weltgericht" no parágrafo 548 de *Enciclopédia das ciências filosóficas*.
[80] Klausner, *Jesus of Nazareth*, cit., p. 414; aqui cito a tradução de Marco Morselli, em *I passi del Messia. Per una teologia ebraica del cristianesimo*, Genova-Milano, Marietti, 2007, p. 43.
[81] Walter Grundmann, *Jesus der Galiläer und das Judentum*, Lepzig, Wigand, 1940; cf. James Carleton Paget, *Quests for the Historical Jesus*, in *The Cambridge Companion to Jesus*, edited by Markus Blockmehl, Cambridge, Cambridge University Press, 2001, p. 154 e 287.

Com a motivação da origem galilaica da família de Jesus, Grundmann negava que ele pudesse ser judeu porque a Galileia era uma região onde viviam também muitos não judeus, como está atestado pelo dito "Galileia dos gentios" de Mateus 4,15, que por sua vez cita Isaías 8,23: "O caminho do mar, região da Transjordânia, Galileia dos gentios". Com base nisso, o professor Grundmann deduzia que Jesus era de pura raça ariana. Como tiro do livro de Jules Isaac, de quem falarei em breve, Grundmann fora precedido pelo pastor protestante francês Henri Monnier, segundo o qual "Jesus não era propriamente judeu, ele era Galileu, o que não é a mesma coisa".[82]

O nome do historiador judeu Jules Isaac está dolorosamente ligado à loucura nazista. A sua obra, *Jésus et Israël*, apareceu em Paris em 1948 e apresenta a seguinte dedicatória: "À minha esposa, à minha filha / mártires / assassinadas pelos nazistas de Hitler / assassinadas / simplesmente porque se chamavam / Isaac".[83] O sentido do livro de Isaac está em mostrar através de uma releitura histórica dos Evangelhos que Israel não rejeitou Jesus (não quis a morte dele) e que nem Jesus rejeitou Israel. Jesus e Israel estão unidos, profundamente unidos, e chegou o tempo, diz Isaac, de os cristãos reconhecerem isso reparando "as suas clamorosas injustiças", porque "este é o urgente dever que surge da meditação de Auschwitz".[84] Os cristãos devem reformar profundamente o seu ensino sobre Jesus acentuando o fato de ele ser judeu e cancelando qualquer acusação de deicídio a Israel.

Sobretudo depois da Shoah, pode-se dizer que da segunda metade do século XX até nossos dias o judaísmo de Jesus sempre se impôs mais, chegando a se tornar para muitos estudiosos a perspectiva fundamental mediante a qual interpretar o Jesus histórico. O resultado é que hoje afirmações como a de Reimarus (1768) e de Wellhausen (1894) parecem uma verdade consolidada entre os estudiosos, também fora

---

[82] Henri Monnier, *La Mission historique de Jésus*, 1906, p. XXVIII; citado por Jules Isaac, *Gesù e Israele*, trad. de Ebe Castelfranchi Finzi, Genova, Marietti, 2001², p. 37.
[83] Isaac, *Gesù e Israele*, cit., p. 19. No livro é dito que "a tradução italiana de *Jésus et Israël* foi feita por Ebe Castelfranchi Finzi em memória do filho Mario Finzi, 1913-1945, jovem magistrado e musicista apaixonado, morto em Auschwitz".
[84] Ibid., p. 387.

dos círculos de especialistas. Agora o judaísmo não é mais apenas um elemento a se ter presente se realmente se quer tratar Yeshua com objetividade histórica, mas se apresenta como o ponto de vista privilegiado para ter acesso a ele e à sua mensagem verdadeira. Faz algumas décadas, o movimento se tornou tão intenso que constitui uma virada nos estudos históricos sobre Jesus, de modo que, depois da primeira fase de tendência liberal e da segunda de tendência bultmanniana (ainda que em polêmica com o mestre), agora se fala de uma terceira fase da pesquisa, designada em geral com os termos ingleses *Third Quest*, para indicar que são sobretudo estudiosos norte-americanos e ingleses que são ativos nesta perspectiva (mesmo se os primeiros dois livros dessa terceira fase tenham sido publicados ainda na Alemanha em 1967 e em 1968, obra de Schalom Ben Chorin e de David Flusser).[85] É sintomática esta frase de Geza Vermes em 2000: "O judaísmo de Jesus é agora axiomático, ao passo que em 1973 o título do meu livro *Jesus, o judeu* ainda estava em condições de provocar ondas de choque em muitos setores do mundo cristão tradicional".[86] Entre os numerosos estudiosos judeus que se dedicaram à figura histórica de Yeshua, lembro o diplomata israelense cônsul em Milão Pinchas Lapide, o rabino estadunidense Harvey Falk, o franco-argelino André Chouraqui, o italiano Riccardo Calimani, o francês Salomon Malka. Harold Bloom, o mais célebre crítico literário estadunidense dos nossos dias, escreveu: "Se há um único princípio que caracteriza Jesus, ele consiste na sua inabalável confiança na Aliança com Javé. Essa confiança constitui a essência da religião judaica, tanto a hebraica arcaica como a do Segundo Templo ou o judaísmo posterior de Aqiba. Em toda a história não conhecemos nenhum judeu que tenha sido mais fiel à Aliança do que Jesus de Nazaré. Neste sentido, o fato de seus discípulos se terem servido dele para substituir a Aliança com Javé

---

[85] Schalom Ben Chorin, *Fratello Gesù. Un punto di vista ebraico sul Nazareno* [1967], trad. de Giuseppe Sandiani, Milano, Tea, 1991; David Flusser, *Jesus* [1968] trad. ital. de Martin Cunz, Brescia, Morcelliana, 2008². Ainda de Flusser, *Jewish Sources in Early Christianity*, English translation by John Glucker, Tel Aviv, Mod Books, 1989.

[86] Geza Vermes, *The Changing Faces of Jesus*. London, Penguin, 2000, p. 263.

pela sua Nova Aliança é uma ironia suprema". Também para Bloom, em suma, "Yeshua não era um cristão".[87]

É natural que a tendência a ler fortemente Jesus no judaísmo leve quase necessariamente a fazer uma separação nítida entre Jesus e a Igreja, entre Jesus e o pensamento eclesiástico sobre ele chamado "cristologia", enfim, entre Jesus e o cristianismo.

Se de fato se afirma que: Jesus = judaísmo;
sendo: judaísmo ≠ cristianismo;
só pode seguir que   Jesus ≠ cristianismo

Estamos na presença de uma consequência lógica de efeitos devastadores, de modo a revolucionar completamente o arranjo dogmático, eclesiástico, litúrgico e pastoral que surgiu de dois milênios de cristianismo.

Mas o paradoxo é que são numerosos os cristãos que também apresentam a figura de Jesus como profundamente enraizada na tradição judaica. O resultado a que chegam está resumido nestas palavras de Carlo Maria Martini: "O cristianismo das origens está profundamente enraizado no judaísmo e não pode ser compreendido sem ter ao mesmo tempo uma sincera simpatia e uma experiência direta do mundo judeu. Jesus é plenamente judeu, os apóstolos são judeus, e não se pode duvidar do seu apego à tradição dos pais. A páscoa messiânica que Jesus, redentor universal e servo sofredor, anuncia e realiza não se opõe à aliança do Sinai, mas completa o seu sentido".[88]

Entre os principais estudiosos cristãos que se colocam na esteira da *Third Quest* está o sacerdote católico estadunidense John P. Meier, autor da obra provavelmente mais volumosa de todos os tempos sobre o Jesus histórico, da qual, até agora, de 1991 a 2009, foram publicados quatro volumes com mais de três mil páginas no total. Há ainda o estadunidense Ed P. Sanders, protestante de tendência liberal, e os italianos Paolo De Benedetti, Francesco Rossi de Gasperis, Giuseppe Barbaglio, Paolo Sacchi, Mauro Pesce, Adriana Destro, Piero Stefani. De feitio

---

[87] Harold Bloom, *Gesù e Yahvè. La frattuta originaria tra Ebraismo e Cristianesimo* [2005], trad. de Daniele Didero, Milano, Rizzoli, 2006, p. 21 e 116.
[88] Carlo Maria Maretini, *Verso Gerusalemme*, Milano, Feltrinelli, 2002, p. 97.

mais teológico e menos histórico-exegético deve ser colocado nesta linha também Hans Küng.

Nesta perspectiva de forte reavaliação do judaísmo de Jesus, li uma vez afirmações como as seguintes de Remo Cacitti, professor de história do cristianismo antigo na Universidade dos Estudos de Milão: "Compartilho a tese de que Jesus não teve intenção de fundar uma Igreja, menos ainda uma religião diferente do judaísmo por ele professado", de modo que "Paulo pode ser considerado o verdadeiro fundador do cristianismo".[89] Mauro Pesce, professor de história do cristianismo na Universidade de Bolonha, é ainda mais radical, porque para ele o cristianismo não nasce nem com Paulo: "Não concordo com a ideia de que o cristianismo nasce com a fé na ressurreição de Jesus, nem de que nasce graças a Paulo... Também Paulo, como Jesus, não é cristão, mas judeu que permanece no judaísmo... Talvez o cristianismo nasça exatamente na segunda metade do século 2".[90] A tese é reforçada por Pesce no livro escrito junto com a antropóloga Adriana Destro: "Sustentamos que Jesus crê no seu Deus tradicional e não é o fundador de um sistema religioso diferente daquele em que nasceu".[91]

Mas relacionar Jesus com o judaísmo significa verdadeiramente separá-lo do cristianismo, significa verdadeiramente "colocar uma cunha entre o Jesus histórico e o Jesus das igrejas sucessivas"?[92] Ou, pelo contrário, significa fazer o cristianismo recuperar o seu frescor original, a sua capacidade de promover liberdade, juízo crítico, acentuação do primado da justiça e, portanto, da ortopráxis com respeito à ortodoxia? Entre os estudiosos italianos, Martini, De Benedetti, Rossi de Gasperis, Barbaglio, Stefani pensam assim, e eu com eles.

---

[89] Corrado Augias – Remo Cacitti, *Inchiesta sul cristianesimo. Come si construisce una religione*, Milano, Mondadori, 2008, p. 152 e 46.
[90] Corrado Augias – Remo Cacitti, *Inchiesta su Gesù. Chi era l'uomo che ha cambiato il mondo*, Milano, Mondadori, 2006, p. 201.
[91] Adriana Destro – Mauro Pesce, *L'uomo Gesù. Giorni, luoghi, incontri di una vita*, Milano, Mondadori, 2008, p. 15.
[92] Ibid., p. 16.

A reação da tese unionista, ou o Jesus de Ratzinger

Como teólogo que entende do assunto, antes ainda que como pastor supremo da Igreja Católica, Joseph Ratzinger compreendeu faz tempo a ameaça explosiva que paira sobre o cristianismo constituído. Foi exatamente esta preocupação que o levou, ainda antes de ser eleito papa, a empreender o projeto de uma grande obra sobre Jesus, publicada até agora em dois volumes com mais de oitocentas páginas no total, das quais um terço está ligada aos evangelhos da infância. O papa sabe que está em jogo o problema decisivo do cristianismo atual em relação a qual qualquer outra temática passa decisivamente para um segundo plano: está em jogo a ligação entre Jesus-Yeshua e Jesus-o-Cristo, e, se for minada essa ligação, no mesmo instante desaba toda a construção do cristianismo. Sem a ligação orgânica entre Yeshua e aquilo que dele a fé confessa (o Cristo, o Filho de Deus, Deus mesmo enquanto segunda pessoa da Trindade), à basílica de São Pedro resta apenas transformar-se em museu.

No prefácio do primeiro volume, numa espécie de pequeno discurso sobre o método, o papa se pergunta "que significado pode ter a fé em Jesus Cristo... se o homem Jesus era tão diferente de como os evangelistas o apresentam e de como, partindo dos Evangelhos, a Igreja o anuncia" – pergunta voluntariamente retórica cuja única resposta é: "nenhum significado" e da qual fica claro quão decisiva é a conexão entre história e fé. O objetivo é claro, o método igualmente: "Tenho confiança nos Evangelhos..., quis fazer a tentativa de apresentar o Jesus dos Evangelhos como o Jesus real, como o Jesus histórico em sentido verdadeiro. Estou convencido, e espero que o leitor também possa dar-se conta disso, de que esta figura é muito mais lógica e, do ponto de vista histórico, inclusive mais compreensível do que as reconstruções com as quais tivemos de nos confrontar nas últimas décadas. Penso que exatamente esse Jesus – o dos Evangelhos – é uma figura histórica sensata e convincente".[93] O conceito é reforçado no prefácio do segundo volume, onde o autor escreve que quis "chegar à certeza da

---
[93] Ratzinger, *Gesù di Nazaret*, cit., p. 17-18.

figura verdadeiramente histórica de Jesus" a partir de "um olhar sobre o Jesus dos Evangelhos".[94] Assim, o papa dá a entender que, enquanto a exegese bíblica contemporânea geralmente separa o Jesus histórico do Cristo dos Evangelhos e da Igreja, ele os identifica mostrando que a construção cristã iniciada pelos evangelistas e prosseguida pelos concílios é bem sólida porque se apoia sobre essa equação exata: narração evangélica = história real. Esta é a intenção programática da obra de Bento XVI sobre Jesus, cujo percurso reflete esta sequência:

Jesus → evangelistas → Evangelhos → Igreja.

Sequência que, obviamente, vale também ao contrário, ou sobretudo ao contrário, porque assim se parte da situação concreta dos católicos de hoje:

Igreja → Evangelhos → evangelistas → Jesus.

A ironia da sorte quis que fosse exatamente um judeu, o rabino Jacob Neusner, nascido em 1932 e professor de história e teologia do judaísmo no Bard College de Nova York, com uma bibliografia de quase mil títulos, que desse uma ajuda não indiferente a Joseph Ratzinger na defesa da tese unionista (Jesus = cristianismo) contra o avanço em várias frentes da tese separatista (Jesus ≠ cristianismo). Refiro-me ao livro de Neusner *A Rabbi Talks with Jesus* (Um rabino fala com Jesus), publicado em 1993 e reeditado em 2001, que conheço bem porque estive na origem das duas edições italianas, da primeira em 1996 quando adquiri os direitos editoriais para Piemme e da segunda de 2007 quando como conselheiro das Edições San Paolo readquiri os direitos que Piemme deixara caducar.[95] No primeiro volume sobre Jesus, Bento XVI cita amplamente o livro de Neusner e chega até a escrever: "Esta disputa conduzida com respeito e franqueza entre um judeu crente e Jesus, mais que outras interpretações conhecidas minhas, me abriu os olhos para a grandeza da palavra de Jesus".[96]

---

[94] Joseph Ratzinger, *Gesù di Nazaret. Seconda parte. Dall'ingresso in Gerusalemme fino alla risurrezione*, ed. ital. org. por Pierluca Azzaro, trad. de Ingrid Stampa, Cidade do Vaticano, Libreria editrice vaticana, 2011, p. 9.
[95] Jacob Neusner, *Un rabbino parla con Gesù* [1993], trad. de Francesco Bianchi, Cinisello Balsamo, San Paolo, 2007.
[96] Ratzinger, *Gesù di Nazaret*, cit., p. 93.

Um momento: um papa cujos olhos se abrem sobre Jesus por mérito de um rabino? Não é um pouco estranho? À primeira vista se poderia pensar que também Joseph Ratzinger deva ser incluído entre os expoentes da *Third Quest*, mas a ausência de referências a Klausner, Isaac, Ben Chorin, Flusser, Vermes e a qualquer outro estudioso judeu exceto exatamente Neusner (há apenas uma referência a Buber, mas sem relação com a questão de Jesus) leva rapidamente a intuir que a verdade é outra. Qual?

Neusner escreve ilustrando a sua tese: "O meu raciocínio é simples. *Segundo a verdade da Torah, muito do que Jesus disse está errado*".[97] Para Neusner não há nenhuma dúvida de que Jesus era judeu quanto às suas origens e à sua formação cultural e religiosa; mas quanto à sua doutrina não era mais. Noutros termos: se ao dizer que Jesus era judeu se quer afirmar que as suas raízes hão de ser encontradas inteiramente no judaísmo, Neusner está de acordo; mas querendo-se sustentar que também os frutos doutrinais do seu ensinamento são judeus, Neusner não está mais de acordo. A diferença entre judaísmo e cristianismo há de ser, portanto, referida ao próprio Jesus e não a um período sucessivo, a uma traição das verdadeiras intenções de Jesus por parte da comunidade cristã, particularmente do apóstolo Paulo. O próprio Jesus é o autor da separação da Torah da qual nasce a nova religião cristã.

Neusner conhece bem a tentativa dos estudiosos da *Third Quest* de reconduzir Jesus inteiramente ao seio da tradição judaica: "Não poucos apologistas do judaísmo (inclusive os apologetas cristãos do judaísmo) distinguem entre o Jesus que viveu e ensinou – que eles honram e estimam – e o Cristo que a Igreja (assim dizem eles) teria inventado. Por sua vez, Jesus ensinou apenas a verdade que, como crentes no judaísmo, nós podemos sustentar".[98] É exatamente a posição de Isaac, Flusser, Vermes e outros. Mas contra essa tendência dominante na pesquisa contemporânea, sobretudo do lado judeu, Neusner apresenta a sua contraproposta: "Nestas páginas seguirei um caminho diferente", um caminho que o leva a afirmar sem hesitação: "O cristianismo, *a partir de Jesus*, tomou

---

[97] Neusner, *Un rabbino parla con Gesù*, cit., p. 12.
[98] Ibid., p. 13.

uma direção errada ao abandonar a *Torah*".[99] Jesus é o fundador do cristianismo, ninguém mais. Outros podem ter aprofundado e acentuado a ruptura com o judaísmo, mas quem por primeiro a pôs em prática, de maneira totalmente consciente, foi o próprio Jesus-Yeshua.

É nesta perspectiva que Neusner, imaginando-se entre os ouvintes da pregação de Jesus, finge dirigir-se diretamente a ele: "Eu verdadeiramente não vejo como os teus ensinamentos se conciliam com os ensinamentos da *Torah*". E depois, falando consigo mesmo: "Não ouvi dele aquela mensagem que a *Torah* me tinha pedido para esperar. No ensino dele faltava a coisa fundamental ensinada na *Torah*... A *Torah* me tinha dito coisas do Reino de Deus que Jesus tinha negligenciado, ao passo que Jesus me tinha dito coisas do Reino de Deus que a *Torah* não tinha dito". E ainda: "Nada daquilo que ouvi de Jesus fala do pacto, nada fala de Israel, nada dos deveres de todo o Israel".[100]

Mas Jacob Neusner toma distância do método de Jesus ainda antes que do conteúdo da mensagem; é o que faz com relação ao programático *Discurso da montanha*, considerando o método lesivo para a sua identidade religiosa: "Que tipo de ensinamento é aquele que melhora os ensinamentos da *Torah* sem reconhecer a sua fonte, ou seja, o próprio Deus? Estou perturbado não tanto pela mensagem... quanto pelo mensageiro. A razão está na forma chocante desses ensinamentos. Quando se senta na montanha, a frase de Jesus 'ouvistes o que foi dito... pois eu vos digo' coloca-se em contraste aberto com a frase de Moisés no Monte Sinai. Os sábios falam com base na sua autoridade, mas sem pretender melhorar a *Torah*".[101]

A respeito disso Neusner cita a *Mishnah* ("um código de leis, completado por volta de 200 d.C., que representa o primeiro escrito normativo e canônico do judaísmo depois da Bíblia"), em particular o início do primeiro tratado chamado *Avot*, o tratado dos ditos dos pais do judaísmo, passagem de importância capital: "Moisés recebeu a Lei no Sinai e a transmitiu a Josué, Josué aos anciãos e os anciãos aos profetas.

---

[99] Ibid., p. 13 e 24 (itálico meu).
[100] Ibid., p. 183, 188 e 189.
[101] Ibid., p. 61.

Os profetas a transmitiram aos homens da grande assembleia. Eles costumavam dizer três coisas: sede cautelosos no julgamento, educai muitos discípulos, fazei uma sebe para a lei" (Avot 1,1).[102] A tarefa do mestre judeu é guardar a Torah fazendo uma sebe em redor dela. Mas este não é o caso de Jesus, que, às vezes, pretende falar diretamente em nome de Deus, saltando a mediação da Torah. E depois de ter lembrado que Moisés "fala como profeta de Deus, em nome de Deus e para os objetivos de Deus", Neusner faz a pergunta decisiva que a personalidade de Jesus levanta nele: "Como devo reagir a esse 'Eu'?"[103] Para Neusner, o Eu de Jesus é diferente, embaraçoso demais, pouco propenso à disciplina em relação à Torah. O seu problema é exatamente entender "como dar um sentido, dentro da Lei, a um mestre que se destaca dela, ou talvez se coloque acima dela". Jesus – escreve Neusner – "me recorda um profeta que fala em virtude da sua autoridade, não um profeta de Israel. Ele fala como alguém de fora".[104]

Agora penso que está claro por que o livro de Neusner foi valorizado, mais do que qualquer texto contemporâneo, por Joseph Ratzinger no seu livro sobre Jesus: "Esta disputa conduzida com respeito e franqueza entre um judeu crente e Jesus, mais que outras interpretações conhecidas minhas me abriu os olhos para a grandeza da palavra de Jesus".[105] Ao sublinhar que a fratura entre judaísmo e cristianismo há de ser reconduzida originalmente à vontade explícita de Jesus, Joseph Ratzinger encontrou um poderoso aliado no rabino Jacob Neusner.

A convicção de ambos é de que a diferença entre cristianismo e judaísmo foi introduzida pelo próprio Jesus, foi ele que não quis mais ser judeu no sentido doutrinal do termo, que quis ser *cristão*. Ratzinger encontra em Neusner uma fonte judaica autorizada para sustentar que "a mensagem de Jesus se distingue fundamentalmente da fé do Israel Eterno".[106] E um pouco adiante, ao comentar as afirmações de Neusner sobre a liberdade transgressiva de Jesus diante do sábado e da Lei, Rat-

---

[102] Ibid., p. 51.
[103] Ibid., p. 61.
[104] Ibid., p. 62.
[105] Ratzinger, *Gesù di Nazaret*, cit., p. 130.
[106] Ibid., p. 132.

zinger acha que aqui foi "posto a nu o verdadeiro núcleo do conflito". Qual conflito? O conflito entre o judaísmo e o nexo Jesus-cristianismo. O núcleo do conflito, escreve Ratzinger, consiste exatamente no fato de que "Jesus entende a si mesmo como a Torah – a palavra de Deus em pessoa. O grandioso Prólogo do Evangelho de João – 'No princípio era o Verbo e o Verbo estava com Deus e o Verbo era Deus' – não diz nada diferente do que afirma o Jesus do Discurso da Montanha e o Jesus dos Evangelhos sinóticos. O Jesus do quarto Evangelho e o Jesus dos sinóticos é a mesma pessoa idêntica: o verdadeiro Jesus 'histórico'".[107]

Se Jesus se entendia como a Torah, é claro que podia modificar a Torah dada a Moisés levando-a ao cumprimento. Mas é preciso tirar as consequências desse cumprimento, argumenta Ratzinger, e trata-se de consequências bastante pesadas: "A reivindicação por parte de Jesus tem como consequência que a comunidade dos discípulos de Jesus é o *novo Israel*".[108] Da "nova Torah" nasce "o novo Israel".[109]

Nenhuma continuidade substancial, portanto, entre cristianismo e judaísmo; pelo contrário, o cristianismo nasce sob o signo da ruptura com o judaísmo. E a pergunta que Ratzinger faz é muito mais explícita: "Isto por acaso não deve perturbar quem tem apreço pelo Israel Eterno?"[110] O cristianismo interpretado por Joseph Ratzinger nasce e se define como "perturbação" de Israel.

Nesta perspectiva, Bento XVI escreve que "a Torah do Messias é totalmente nova, diferente".[111] E, se ocorre uma *nova* Torah, sendo a Torah a "carta constitucional" da religião judaica, é evidente que a consequência é uma nova religião, cuja peculiaridade substancial consiste no fato de que a pessoa de Jesus toma o lugar da Torah: "Jesus entende a si mesmo como a Torah – a palavra de Deus em pessoa".[112] É sobre essa base que nasce a teologia cristã, cujo ponto central é a cristologia. O judaísmo não tem uma teologia no sentido dogmático do termo, porque

---

[107] Ibid., p. 137-138.
[108] Ibid., p. 138 (itálico meu).
[109] Ibid., p. 127.
[110] Ibid., p. 138.
[111] Ibid., p. 126.
[112] Ibid., p. 138.

o seu centro é um código, é uma lei, e por isso ele tem um rosto eminentemente operativo, prático. O cristianismo, pelo contrário, desenvolve desde o começo uma teologia no sentido rigoroso do termo, quer dizer, enquanto investigação lógica acerca do absoluto, e o faz porque o seu centro é teórico, consiste na atribuição do caráter de absoluto a um particular histórico. Por isso, por importante que seja o fazer, o coração teológico do cristianismo é (segundo a leitura de Ratzinger) teórico, e a ortodoxia tem uma função superior à ortopráxis.

A diferença em nível institucional é o nascimento de uma nova comunidade, de um novo povo de Deus, de um "novo Israel". Ratzinger, como se viu, não tem medo de usar a controversa denominação tradicional e de se perguntar retoricamente se isso não deve "perturbar" quem tem apreço pelo Israel Eterno. De fato, a denominação "novo Israel" perturba os judeus, não só Neusner, mas cada judeu particular, porque torna imediatamente velho, ultrapassado, superado o Israel histórico (isto pode ser compreendido ao pensar na perturbação de Ratzinger se alguém lhe falasse de uma "nova Igreja Católica"). É breve o passo daqui para a clássica "teologia da substituição" no sentido de que a Igreja cristã haveria de substituir Israel na aliança com Deus (visão cristã tradicional); a distância talvez nem sequer exista. Nesta perspectiva, o Jesus de Joseph Ratzinger parece aquele que o cristianismo sempre propôs, um Jesus *cristão*, com o qual tem início algo radicalmente novo: uma nova Torah, um novo povo, uma nova aliança, tudo codificado por um novo testamento.

Hoje se trata de escolher. O cristianismo deve manter intacta a sua ligação com a sua tradição (cristianismo identitário) ou deve privilegiar o diálogo com o judaísmo e as outras religiões para caminhar em direção ao sempre maior mistério de Deus (cristianismo dialógico)? A interpretação de Jesus, ou, melhor dizendo, do nexo entre Jesus-Yeshua e Jesus-o-Cristo, depende dessa escolha de fundo. Há estudiosos do lado judeu como Isaac, Flusser e Vermes que interpretam Jesus como um deles, e há cristãos como Martini, Barbaglio, Rossi de Gasperis, Stefani, que estão de acordo com essa interpretação e procuram uma regeneração do cristianismo sob o signo da espiritualidade judaica com o primado da ortopráxis sobre a ortodoxia; e há estudiosos do lado judeu como Neusner (não conheço outros, mas certamente os há, e não poucos, porque se trata da linha tradicional) que interpretam Jesus como um transgressor do judaísmo, e há cristãos como Ratzinger e a grande parte da tradição que concordam com essa leitura, recomendando que seja mantida no primeiro lugar do cristianismo a ortodoxia e não a ortopráxis.

Entre esses dois caminhos a alma de cada cristão é chamada a escolher, decidindo se ama mais o seu passado (a identidade) ou o futuro que o Espírito está preparando (o diálogo). Quanto a mim, a minha escolha já está feita.

44. A HISTORICIDADE DA RESSURREIÇÃO

O fundamento da mensagem cristã?

Querendo delinear "qual importância tem para a mensagem cristã no seu conjunto a fé na ressurreição de Jesus Cristo", Bento XVI afirma: "É o seu fundamento". E prossegue: "A fé cristã fica ou cai com a verdade do testemunho segundo o qual Cristo ressuscitou dos mortos".[113] A ressurreição constitui, portanto, o centro da fé cristã, o *articulus stantis aut cadentis fidei*, e nisto Ratzinger se encontra em companhia de muitos outros teólogos cristãos contemporâneos, tanto católicos como protestantes. Entre os primeiros cito Walter Kasper: "A comunidade primitiva responde à questão da verdade da sua fé com a mensagem da ressurreição de Jesus realizada por Deus".[114] Entre os protestantes, cito Hans Conzelmann: "O conteúdo total da fé é determinado pelas aparições do Ressuscitado".[115]

Mas esta afirmação da centralidade da ressurreição foi sempre assim? Ao ler com atenção o Catecismo, descobre-se que a tradição católica não tem as ideias muito claras. O autorizado texto magisterial afirma

---

[113] Ratzinger, *Gesù di Nazaret. Segunda parte,* cit., p. 269.
[114] Walter Kasper, *Introduzione alla fede* [1972], trad. de Rosino Gibellini, Brescia, Queriniana, 1983⁷, p. 69.
[115] Hans Conzelmann, *Le origini del cristianesimo. I resultati della critica storica* [1969], ed. de Bruno Corsanti, Torino, Claudiana, 1976, p. 61.

primeiro a centralidade da encarnação: "A fé na Encarnação verdadeira do Filho de Deus é o sinal distintivo da fé cristã" (n. 463, com citação de 1 João 4,2: "Todo espírito que confessa que Jesus Cristo veio na carne é de Deus"). Depois privilegia a morte de cruz: "Sua Paixão redentora é a razão de ser de sua Encarnação" (n. 607), finalizando, portanto, a encarnação na paixão e morte. Enfim, proclama que o centro é a ressurreição: "A Ressurreição de Jesus é a verdade culminante de nossa fé em Cristo" (n. 638). Então qual é o acontecimento decisivo: a encarnação, a cruz ou a ressurreição?

O Catecismo apenas exprime a incerteza com respeito à tradição, já a partir do Novo Testamento. Aqui o apóstolo Paulo, em algumas passagens, insiste na cruz (cf. *Romanos* 5,8-11), noutras, na ressurreição (cf. *1 Coríntios* 15,14), enquanto o apóstolo João sublinha mais o primado da encarnação (*João* 20,31), ou a identidade de Jesus, o fato de ele ser o Filho de Deus, enquanto os acontecimentos por ele vividos, inclusive morte e ressurreição, são mais funcionais à sua identidade. Se, em seguida, se olhar para o desenvolvimento histórico do cristianismo, aparece que o seu centro, muito longe de ser a ressurreição, é a cruz, ela é o símbolo por excelência do cristianismo. A tradição sempre identificou o acontecimento redentor verdadeiro na cruz, enquanto a ressurreição era mais considerada a demonstração da redenção que chegou, o selo posto por Deus na obra levada a termo pelo Filho, e por isso na teologia manualística a ressurreição era tratada geralmente em nível apologético, como prova da divindade de Jesus e do favor que a sua morte tinha encontrado junto do Pai, ao passo que desempenhava um papel marginal no âmbito da cristologia e da soteriologia. Consideremos que das 609 *quaestiones* da *Summa theologiae* de Tomás de Aquino só 4 são dedicadas à ressurreição (19 à encarnação, 7 à paixão-morte-sepultura; se das respectivas questões se contarem os artigos, temos 123 artigos para a encarnação, 52 para a paixão-morte-sepultura, 16 para a ressurreição). Foi só em 1950, com a obra de François-Xavier Durrwell, *La résurrection de Jésus mystère de salut*, que na teologia católica se chegou a sublinhar o valor salvífico da ressurreição de Jesus.

Em suma, a centralidade da ressurreição hoje difusamente afirmada não é absolutamente um dado tradicional. Obviamente, há também quem sustente que não é lícita essa separação entre encarnação, morte e ressurreição, as quais seriam um único acontecimento a ser lido de modo unitário, e este certamente não é o lugar para aprofundar a questão. Aqui me limito a constatar que a tradição cristã não teve muita hesitação em fazer a separação entre os três acontecimentos, ou privilegiar a encarnação, como no caso dos Padres da Igreja grega, que concebiam a salvação como divinização (*theosis*), ou privilegiar a cruz, como no caso dos Padres da Igreja latina e, sobretudo, dos teólogos escolásticos, que concebiam a salvação como redenção. Nunca, porém, privilegiando a ressurreição.

Análise das aparições: muitas perguntas

Além das perplexidades acima delineadas, aqui aceito o que o cristianismo contemporâneo em sua maioria diz de si, isto é, que o seu fundamento consiste na ressurreição de Jesus dos mortos. Visto que o fundamento de uma religião *histórica* deveria ser *histórico* em grau máximo, a ressurreição, fundamento do cristianismo, deveria estar dotada de historicidade no sentido mais completo do termo. Mas as coisas são verdadeiramente assim?

Antes de tudo, é preciso dizer que o Novo Testamento nunca apresenta uma descrição da ressurreição de Jesus como se se tratasse de um acontecimento visível por todos, ao contrário dos Evangelhos apócrifos, nos quais é possível encontrar cenas como a seguinte: "De manhã bem cedo, ao despontar do sábado, de Jerusalém e dos arredores vem uma multidão para ver o túmulo selado. Mas durante a noite na qual despontava o dia do Senhor, enquanto os soldados montavam guarda por turno, dois a dois, ressoou no céu uma grande voz, viram os céus se abrirem e descer de lá de cima homens, num grande esplendor, e se aproximarem do túmulo. A pedra que fora encostada na porta rolou sozinha e se pôs ao lado, abriu-se o sepulcro e os dois jovens entraram. Ao ver isso, aqueles soldados despertaram o centurião e os anciãos, que, de fato, também eles estavam de guarda; e, enquanto explicavam a eles o que tinham visto, divisaram ainda três homens sair do sepulcro: os dois apoiavam o outro e eram seguidos por uma cruz; a cabeça dos dois chegava ao céu, enquanto a cabeça daquele que conduziam pela mão ultrapassava os céus. Ouviram dos céus uma voz que dizia: 'Tu pregaste aos que dormem?' E da cruz se ouviu a resposta: 'Sim!'".[116]

Textos deste tipo, com tal sabor de crônica e tão desejosos de descrever o acontecimento como teria realmente acontecido, não existem no Novo Testamento. O Novo Testamento pressupõe antes a ressurreição ao apresentar os seus efeitos, exatamente por algumas aparições do Ressuscitado a alguns poucos privilegiados, dos quais a primeira é sem dúvida Maria Madalena, também chamada Maria de Mágdala (atestada por todas as fontes, exceto por São Paulo, que sequer dá o nome dela). Portanto, não há possibilidade de ter fé na ressurreição de Jesus senão confiando no relato daquelas poucas testemunhas privilegiadas. Trata-se de uma mediação imprescindível, que vale para os próprios evangelistas, os quais, por sua vez, se baseavam no testemunho dos poucos privilegiados que "viram". A discussão sobre a ressurreição deve, portanto, partir da análise dos relatos das aparições. Neste aspecto, como ficamos a propósito da confiabilidade histórica?

Sobre as aparições, Bento XVI escreveu assim: "Devemos constatar que esse testemunho, considerado do ponto de vista histórico, se apresenta a nós numa forma particularmente complexa, de modo que levanta muitas perguntas".[117] O papa tem razão. Lendo com atenção as fontes evangélicas que falam das aparições do Ressuscitado, os problemas surgem aos montes.

Testemunhos parciais

A primeira observação é que as aparições são *parciais*, no sentido de que todos os destinatários já eram discípulos de Jesus. Portanto, a fé se mostra como condição *a priori* para ocorrerem aparições: sem fé, nenhuma aparição. As aparições não representam nenhuma prova em

---

[116] *Evangelho de Pedro* 9,34–10,42; em *Apocrifi del Nuovo Testamento*, org. por Luigi Moraldi, Casale Monferrato, Piemme, 1994, vol. I, p. 588-589.
[117] Ratzinger, op. cit., p. 270.

sentido estrito, porque para estar diante de uma prova verdadeira devemos ter tido testemunhas neutras. Se Jesus tivesse querido fornecer uma prova *histórica* da sua ressurreição, teria aparecido publicamente àqueles que o tinham crucificado, aos soldados, ao sinédrio, a Pilatos. O filósofo pagão Celso afirmava isto já no século II: "Se verdadeiramente Jesus quisesse tornar manifesto o seu poder divino, deveria ter aparecido àqueles mesmos homens que o tinham ultrajado e a quem o tinha condenado, e a todos os outros".[118] Ao contrário, o testemunho daqueles que dizem que viram o Ressuscitado está altamente condicionada pela fé pessoal.

Dados contraditórios sobre o lugar

A segunda observação diz respeito à confusão dos textos, para não falar de sua contradição. Com base nos cinco textos neotestamentários (os quatro Evangelhos + *1 Coríntios* 15), não se consegue realmente ter uma sequência que com um pouco de precisão estabeleça lugar, destinatários e conteúdo das aparições.

No tocante ao lugar, a situação é a seguinte:
– Em Mateus 28,10 Jesus diz às duas mulheres às quais aparece: "Ide dizer a meus irmãos que se dirijam à Galileia e lá me verão". Os Onze obedecem, vão à Galileia, e Jesus aparece a eles. Também Marcos 16,7 coloca o encontro com o ressuscitado na Galileia.
– Em Lucas 24,49 Jesus, que já apareceu aos dois de Emaús e a Simão, diz aos Onze: "Permanecei na cidade até que sejais revestidos da força do alto"; a ordem é para ficar em Jerusalém e foi ali que ele apareceu.

Temos, portanto, a seguinte situação:
– Mateus e Marcos: Jesus aparece na Galileia, no Norte.
– Lucas: Jesus aparece em Jerusalém, no Sul.

---

[118] Celso, *Discurso verdadeiro*, citado por Orígenes, *Contra Celso* II, 63 (ed. ital. de Aristide Colonna, Torino, Utet, 1989, p. 196).

Paulo não dá o nome de nenhum lugar. João, porém, faz uma primeira tentativa de concordismo ao apresentar as aparições tanto no Norte, na Galileia, como no Sul, em Jerusalém. Mas a contradição não pode ser resolvida com esse concordismo tão espontâneo como ingênuo, que primeiro diz Jerusalém, depois Galileia, depois novamente Jerusalém, em primeiro lugar porque não se entenderia o sentido desse vai e vem, visto que a distância (a percorrer a pé) é de mais de 100 quilômetros; em segundo lugar e sobretudo, porque Jesus, no Evangelho de Lucas, diz aos discípulos para de modo algum saírem de Jerusalém *antes* da descida do Espírito Santo ("permanecei na cidade"), ao passo que o Jesus de Mateus envia *imediatamente* os discípulos para a Galileia ("Ide dizer a meus irmãos que se dirijam à Galileia e lá me verão"). O Jesus ressuscitado de Lucas e o Jesus ressuscitado de Mateus dizem coisas opostas. O primeiro: "Permanecei". O segundo: "Ide".

Dados contraditórios sobre os destinatários

No tocante aos destinatários das aparições, os dados são os seguintes:
— Mateus: duas mulheres (Maria Madalena e a outra Maria) veem um anjo e depois veem Jesus. Depois é a vez dos Onze verem Jesus na Galileia. Total de destinatários: 13, dos quais duas mulheres e 11 homens.
— Marcos: três mulheres (Maria Madalena, Maria mãe de Tiago, e Salomé) veem um anjo, mas não veem Jesus. Ninguém, no final autêntico do mais antigo evangelho, vê o Ressuscitado. Total de destinatários: 0.
— Lucas: três mulheres (Maria Madalena, Joana, Maria mãe de Tiago) veem dois anjos, mas não veem Jesus. Jesus aparece aos dois discípulos de Emaús, a Simão Pedro, aos Onze. Total de destinatários: 13, todos homens.
— João: uma mulher (Maria Madalena) vê dois anjos e depois vê Jesus com o qual tem também um diálogo. Depois Jesus aparece três vezes aos discípulos: duas vezes em Jerusalém (na primeira

vez sem Tomé, na segunda com Tomé) e uma vez na Galileia, no lago de Tiberíades. Total de destinatários: 12, dos quais uma mulher e 11 homens.
– Paulo: os dados de 1 Coríntios 15,5-8 não indicam lugares e citam na ordem as seguintes pessoas destinatárias de uma aparição: Cefas, os Doze, "mais de quinhentos irmãos de uma vez", Tiago, todos os apóstolos, "por último apareceu também a mim". É preciso notar que não há mulheres; há uma superposição entre Cefas, Doze e todos os apóstolos; há três destinatários inéditos com respeito aos evangelhos, quer dizer, os outros quinhentos irmãos, Tiago irmão de Jesus (o mais velho dos quatro irmãos de Jesus), o próprio Paulo. Total de destinatários: 14 + os outros quinhentos "irmãos", entre os quais não é dado saber se está incluída ou não a presença de mulheres.

Qual o balanço a fazer, a esta altura, acerca da historicidade da ressurreição? Que as "muitas perguntas" que Bento XVI disse que se fazem quando os textos neotestamentários sobre a ressurreição são interrogados do ponto de vista histórico estão destinadas a ficar sem resposta.

O único dado certo: a fé

A morte de Jesus por crucifixão é um fato historicamente verificado à medida que é atestado também por fontes extracristãs:
– Talmude: "Penduraram-no na véspera da páscoa";[119]
– Flávio Josefo: "Por denúncia daqueles que entre nós são os cabeças, Pilatos mandou crucificá-lo";[120]
– Tácito: "O nome deles derivava de Cristo, que, sob o imperador Tibério, foi condenado à morte por ordem do procurador Pôncio Pilatos".[121]

---

[119] Talmude Babilônio, Sanhedrin, 43 A (o texto em Penna, *L'ambiente storico-cultural*, cit., p. 244).
[120] Flávio Josefo, *Antiguidades judaicas*, 18, 64.
[121] Tácito, *Anais*, 15, 44, 2-5.

Também a expansão entusiasta e corajosa do cristianismo primitivo é um fato histórico. Por isso é preciso um nexo que ligue esses dois acontecimentos, muito pouco coordenáveis entre eles, e esse nexo, segundo o NT, é a ressurreição, ou seja, para ficar com o que é historicamente verificável, o fato de que os primeiros cristãos creram no acontecimento da ressurreição do crucificado. Isto obviamente não prova que a ressurreição tenha realmente ocorrido; prova apenas que a fé dos primeiros discípulos estava baseada em algo inaudito, que segundo eles, aliás, teria logo interessado a todo o mundo com a iminente volta do Cristo ressuscitado em forma de juiz, como se lê no mais antigo documento cristão datável pelo ano 49, no qual Paulo se mostra convencido de que "os vivos que estamos ainda na terra" na vinda do Senhor "seremos arrebatados... para as nuvens, ao encontro do Senhor nos ares" (*1 Tessalonicenses* 4,15.17).

Não há dúvida de que a ressurreição constitui o evento gerador do cristianismo *histórico*, o *Big Bang* que o levou a ser um fenômeno de importância mundial. Sem a fé dos discípulos num acontecimento considerado resolutório, o cristianismo como fenômeno histórico não teria surgido. Neste sentido é compreendida a passagem de 1 Coríntios 15,14: "Se Cristo não ressuscitou, vazia é a nossa pregação e vazia é a vossa fé". A fé dos primeiros cristãos, porém, não é uma prova da historicidade do acontecimento no qual creram, assim como a fé dos crentes de outras religiões não prova nada acerca da historicidade dos acontecimentos em que creem. O fato, por exemplo, de os muçulmanos crerem na historicidade do voo noturno do Profeta de Meca a Jerusalém na garupa do cavalo Al-Buraq, veloz como o relâmpago, não é um elemento sobre o qual basear-se para afirmar a historicidade real do acontecimento. Nem se pode dizer que o seja a rapidíssima expansão do Islã, muito mais rápida que a do cristianismo. Do mesmo modo se deve raciocinar para a ressurreição. O fato de que os primeiros cristãos tenham firmemente acreditado nela não é uma prova de que tenha acontecido historicamente, tampouco representa uma prova o fato de eles terem passado do medo para a coragem. Portanto, não é possível dar resposta à pergunta fundamental – se a ressurreição de Jesus na qual os discípulos acreditaram foi autossugestão deles ou um acontecimento objetivo acontecido historicamente –, porque, ficando no terreno da história, não é possível ir além da *fé* daqueles poucos privilegiados que "viram".

A natureza específica do acontecimento ressurreição

A impossibilidade de tocar o terreno sólido da história tem uma motivação teológica precisa, que agora procurarei ilustrar partindo da hipótese de que Jesus tenha realmente ressuscitado. Eu de fato aceito essa possibilidade, aceito-a por pura fé fiducial, porque pelo que diz respeito à minha razão não consigo concebê-la, ela esmaga a minha mente, é como um murro no estômago. E exatamente por isto ela não é o fundamento da minha fé, no sentido de que não é a partir dela que sinto a alegria e a paz de crer em Deus. Para mim a ressurreição é antes um conteúdo que, para ser crido, precisa estar fundamentado sobre outro. Ao aceitar a ressurreição, não se toca nenhum terreno sólido, e, se a aceito, é apenas porque confio nos Evangelhos. E por que confio? Certamente porque assim me foi ensinado desde criança, escutei as lições das catequistas e as pregações dos padres no oratório, cantei na missa as canções da alegria da Páscoa cristã e estou demasiado ligado emotivamente a tudo isso para poder renunciar a isso. Confio, aceito, embora, repito, não seja sobre esse elemento que baseio a minha fé em Deus. Aceito a ressurreição, mas não faço dela o fundamento da minha fé (também porque nesse caso o fundamento da minha fé seria a fé dos outros). O relato das testemunhas me parece crível porque sempre ouvi, celebrei, cantei, mas não posso deixar de me perguntar se teria sido assim também se tivesse nascido na Índia ou no Japão e alguém viesse anunciar-me que um homem que jazia dois dias no sepulcro de repente ressuscitou para uma vida nova. Talvez, se tivesse sido um indiano ou um japonês, teria respondido como os atenienses responderam a São Paulo quando começou a lhes falar de ressurreição dos mortos: "A este respeito te ouviremos noutra ocasião" (*Atos* 17,32), fórmula elegante para cumprimentar e encerrar para sempre um discurso que ficara embaraçoso. Talvez. Não posso saber. O que sei é que as palavras de Jesus e o seu testemunho de vida me fascinam inclusive prescindindo da sua ressurreição e dos seus milagres.

Mas, voltando à ressurreição há dois mil anos e admitindo que tenha realmente acontecido, imaginemos a presença de uma telecâmera diante do sepulcro na noite de Páscoa. Uma coisa deve ficar clara: no momento da sua ressurreição, a telecâmera não teria registrado nada, nenhuma cena que se pudesse ver na tela. Nada. Se é, de fato, verdade o que a ressurreição pretende ser, ou seja, a entrada de Jesus na dimensão própria de Deus, ela não pode ser um evento empírico, a ser captado pelos sentidos. Isto não significa que não seja *real*; antes, significa que ela é real no sumo grau, exatamente como Deus, que é tão real que não pode ser empírico. Se a ressurreição é verdadeiramente aquilo que pretende ser, exatamente por isso não está empiricamente sujeita aos sentidos humanos. A ressurreição é considerada um acontecimento que a teologia define *escatológico*, quer dizer, que supera a dimensão do tempo e do espaço e que introduz na dimensão última, a dimensão do eterno, além do espaço e do tempo, e que por isso o conhecimento humano, que sem espaço e tempo não tem condições de agir, nunca alcançará. Jesus não ressuscitou no sentido de que saiu do sepulcro com o corpo físico introduzido lá como cadáver, como no caso de Lázaro. A ressurreição de Jesus não consiste na reanimação do seu cadáver.

A este respeito estou de acordo com o que Bento XVI escreve: "Se na ressurreição de Jesus se tivesse tratado apenas do milagre de um cadáver reanimado, ela não nos interessaria absolutamente. Não seria, realmente, mais importante que a reanimação, graças à habilidade dos médicos, de pessoas clinicamente mortas. Para o mundo como tal e para a nossa existência não teria mudado nada. O milagre de um cadáver reanimado significaria que a ressurreição de Jesus era a mesma coisa que a ressurreição do jovem de Naim, da filha de Jairo e de Lázaro".[122]

O sepulcro vazio

O sepulcro vazio tampouco pode ser considerado uma prova da ressurreição. Realmente, nenhuma das primeiras testemunhas disse: o

---
[122] Ratzinger, *Gesù di Nazaret. Seconda parte*, cit., p. 271.

sepulcro está vazio, portanto, Jesus ressuscitou. O sepulcro vazio nunca é mencionado por São Paulo e pelos primeiros resumos da pregação apostólica citados pelo livro *Atos dos Apóstolos* como sinal comprovante da ressurreição. Como sinal da ressurreição se faz mais referência às aparições. O sepulcro, de fato, poderia estar vazio pelo menos por outros dois motivos: porque alguém tinha tirado o cadáver, ou porque se tratara de um caso de morte aparente. Do fato de o sepulcro estar *vazio* não segue que Jesus tenha *ressuscitado*. A equação 'sepulcro vazio = Jesus ressuscitado' está errada.

Alguns estudiosos ("Thomas Söding, Ulrich Wilkens e outros", escreve Bento XVI) observam que, se o sepulcro não estivesse realmente vazio, o anúncio dos discípulos seria facilmente desacreditado pelos habitantes de Jerusalém. Trata-se, porém, de um argumento que não leva a lugar nenhum, porque o sepulcro poderia estar *vazio*, sim, mas só na medida em que alguém (os discípulos, talvez apenas algum deles sem conhecimento dos outros) antes o tivesse *esvaziado*. Na realidade, o sepulcro vazio é interpretado como consequência da ressurreição por parte de quem já crê na ressurreição, ao passo que é interpretado como consequência do furto do cadáver por parte de quem não acredita na ressurreição corpórea. Por isso, a maioria dos teólogos e exegetas contemporâneos considera irrelevante do ponto de vista histórico a questão do sepulcro vazio. E, quando o papa Bento XVI diz que o sepulcro vazio "permanece um pressuposto necessário para a fé na ressurreição",[123] coloca-se no plano exatamente da *fé* e não da história.

O paradoxo de "crer" num acontecimento histórico

A conclusão é que não há nenhuma prova da ressurreição. Trata-se, porém, de compreender mais a fundo que *não pode haver provas*, porque, se houvesse, tratar-se-ia de um acontecimento histórico, não escatológico, e a ressurreição não seria mais o que é, mas uma das várias

---

[123] Ibid., p. 283.

reanimações de cadáveres conhecidas no mundo antigo (inclusive as três atribuídas a Jesus).

Mas atenção: a ressurreição de Jesus não é uma animação do cadáver, no entanto se diz que o cadáver não existe mais, que o sepulcro está vazio, e que algo na história foi modificado. O cristão, a esta altura, se encontra entre a cruz e a espada: por um lado deve pensar que a ressurreição não é um acontecimento histórico empiricamente constatável, e por outro lado deve pensar que a ressurreição não é um acontecimento puramente espiritual sem testemunhos na história, não é a imortalidade da alma, tem a ver com o corpo material. Um autorizado teólogo contemporâneo, o jesuíta francês Bernard Sesboüé, escreveu: "O cristão é aquele que acredita que Cristo ressuscitou. No entanto, a ressurreição é também afirmada como acontecimento histórico. O paradoxo é total: a ressurreição é um acontecimento ocorrido na história, no entanto ela pode ser reconhecida apenas na fé".[124]

A ressurreição é o centro do cristianismo *histórico* e, portanto, como tal, pretende ser aceita como acontecimento histórico; mas, enquanto origem de uma religião e, portanto, de uma adesão de *fé*, a ressurreição não pode possuir uma evidência histórica, de outro modo a fé não seria fé, mas saber histórico: do acontecimento ressurreição não pode dar certeza histórica que dispense a fé.

Daí se segue, como conclusão, que a ressurreição é um acontecimento "histórico e não histórico", uma espécie de curva reta, uma luz escura, um ferro de madeira, um pedaço de gelo fervente. Uma antinomia. É por isso que, se o cristianismo se baseia na ressurreição de Jesus (como faz Bento XVI ao escrever, no segundo volume sobre Jesus, que a ressurreição é "o fundamento" do cristianismo),[125] não se pode ao mesmo tempo sustentar com legitimidade que o fundamento do cristianismo seja histórico (como faz ainda Bento XVI na página 11 do primeiro volume sobre Jesus),[126] porque a característica de historicidade é atribuída à ressurreição pela própria fé cristã. Se houvesse um teste-

---

[124] Bernard Sesboüé, *La théologie au XXe siècle et l'avenir de la foi. Entretiens avec Marc Leboucher*, Paris, Desclée de Brouwer, 2007, p. 135.
[125] Ratzinger, *Gesù di Nazaret. Seconda parte*, cit., p. 269.
[126] Ratzinger, *Gesù di Nazaret*, cit., p. 11.

munho neutro (um soldado romano, um religioso judeu), poder-se-ia sair do círculo da fé, mas esse testemunho não existe e, portanto, a fé é sempre de qualquer maneira referida à fé, até os próprios destinatários das aparições que já tinham fé, sem que a nós seja dada nenhuma possibilidade de tocar num ponto firme que nos dispense de ter de introduzir ainda energia pessoal. Diante da ressurreição de Jesus, que é chamada de "o fundamento da fé cristã", deve-se ainda introduzir fé por parte do sujeito para poder acolhê-la na mente como realmente acontecida. Portanto, trata-se de um fundamento que não fundamenta.

Seguindo o teólogo medieval Pedro Abelardo, que dizia "si omes patres sic, at ego non sic" (literalmente: "Se todos os padres assim, mas eu não assim"),[127] afirmo, concluindo, de maneira diferente das autoridades magisteriais e teológicas, que a designam "fundamento da fé cristã", que a ressurreição não pode constituir tal fundamento, porque na sua historicidade ela precisa estar, por sua vez, fundada na fé.

45. OS EVANGELHOS E O LONGO PROCESSO PARA CHEGAR ATÉ NÓS

Inspiração como ditado

A análise da figura histórica de Jesus e do acontecimento da sua ressurreição é estendida agora às fontes que falam dele. Tendo visto a declaração da fé cristã de radicar-se na história, a credibilidade das fontes históricas é um ponto essencial e, dado que as fontes sobre Jesus são constituídas em grande parte pelos quatro Evangelhos canônicos, é preciso examinar a sua confiabilidade em nível histórico. Para os crentes, o problema se traduz concretamente assim: ao ler os Evangelhos encontro o verdadeiro Jesus-Yeshua, ou me deparo com palavras que ele nunca disse e com ações que ele nunca fez? Quando na missa, depois da leitura do Evangelho, ouço proclamar "palavra do Senhor",* posso estar

---

[127] Tomo a citação de Immanuel Kant, *Antropologia do ponto de vista pragmático* [1798], I, 2.

* Trata-se da missa em italiano. A versão brasileira usa a proclamação "palavra do Senhor" para a primeira e a segunda leitura, reservando para o evangelho a expressão "palavra da salvação" [N.T.].

certo de que são verdadeiramente "do Senhor" todas as palavras que o sacerdote acabou de ler?

Por séculos se pensou nos Evangelhos como em obras compostas todas de maneira seguida, inspiradas pelo Espírito Santo a modo de ditado. A teoria da inspiração como ditado, formalizada pelo dominicano espanhol Domingos Báñez na segunda metade do século XVI, encontra-se em muitas obras pictóricas, entre as quais a célebre pintura de Caravaggio – San Matteo e l'angelo – que se encontra em Roma, na igreja de San Luigi dei Francesi. Uma voz celeste dita, o evangelista escreve, ou melhor, *transcreve*, e assim nasce o texto evangélico, descido diretamente do céu e nascido de duas operações tão cronologicamente unidas (ditado e transcrição imediata) que se podem considerar uma única fase.

As primeiras três etapas

Hoje sabemos que as coisas não funcionaram assim. Segundo a explicação comumente aceita, formalizada por Rudolf Bultmann na obra *Die Geschichte der synoptischen Tradition* (A história da tradição sinótica) de 1921 e recebida pelo Magistério católico na constituição dogmática sobre a revelação *Dei Verbum* do Vaticano II, para chegar à redação dos Evangelhos como hoje conhecemos é preciso pensar não numa única etapa, mas em três, cronologicamente separadas entre elas por um período de pelo menos meio século. As três etapas, aqui ilustradas com as palavras do Vaticano II em *Dei Verbum* 19, são as seguintes:
- pregação pessoal de Jesus de Nazaré ("Jesus fez e ensinou");
- transmissão oral desse ensinamento e redação dos primeiros núcleos textuais por parte de compiladores anônimos ("os apóstolos transmitiram aos ouvintes aquilo que ele tinha dito e feito");
- redação dos textos finais ("os autores sagrados escreveram os quatro Evangelhos, selecionando algumas coisas das muitas transmitidas ou oralmente ou já por escrito, sintetizando outras ou explanando-as com vistas à situação das igrejas") [DH 4226].

Portanto, não uma, mas três etapas. A primeira é colocada em torno do ano 30 e se explica por si mesma. A segunda consiste na pregação que os apóstolos fazem do acontecimento Jesus em apoio da qual nasceram os primeiros textos a serem entendidos como coletâneas temáticas (a história da paixão, as aparições, os ditos, os milagres) e cujo estudo é por isso denominado "história das formas" (*Formgeschichte*), no sentido de que ele visa isolar dentro dos textos evangélicos as formas originais particulares e reconstruir a sua história. Nesse nível intermédio é colocada a chamada "Fonte Q" (Q de *Quelle*, que em alemão significa "fonte"), uma coletânea só de ditos, que junto com Marcos estaria na base de Mateus e Lucas.

A terceira etapa se caracteriza pela intervenção de um redator que, baseado em material tradicional, mas também em fontes próprias e na tradição da comunidade para a qual escreve, redige o texto final, fase denominada "história da redação" (*Redaktionsgeschichte*).

Os quatro Evangelhos canônicos teriam nascido na forma em que os conhecemos no ano 70 para Marcos, no ano 80 para Mateus e pouco depois para Lucas, no ano 90 para João, datas às quais é indispensável antepor sempre um prudencial "cerca de". Há estudiosos que tendem a adiar a composição com o perigo de reduzir os evangelistas a escritores sem conexão com Jesus e com as primeiras testemunhas, verdadeiros cronistas com um caderno na mão.

O cânon

As etapas para chegar ao texto como nós possuímos são, porém, muito mais de três. Para identificar a quarta em toda a sua delicadeza, basta responder a esta pergunta: Estamos certos de que toda a riqueza da etapa 1 (Jesus) tenha confluído na etapa 3 (os Evangelhos canônicos)? E, se uma parte da riqueza das palavras e das ações de Jesus estivesse contida também nos cerca de trinta textos, alguns igualmente antigos, denominados Evangelhos apócrifos? Depois, quem decidiu que só aqueles quatro textos devessem tornar-se normativos e não também qualquer outro entre todos os evangelhos em circulação? É realmente certo que surgiu logo uma quantidade de escritos sobre Jesus, coisa que sabemos pelo evangelista Lucas, que no início do seu Evangelho escreve que "muitos procuraram fazer uma narração ordenada dos acontecimentos que ocorreram em nosso meio" (*Lucas* 1,1), onde com "muitos" evidentemente não podia referir-se apenas a Marcos. Estamos tocando no problema do "cânon".

Cânon é um termo que deriva do grego *kanôn*, que significa, primeiro, "cana", enquanto instrumento, vara, de medida e, portanto, em sentido metafórico "regra". Trata-se de uma palavra que teve muito sucesso dentro do catolicismo, no qual se encontram um código de direito *canônico*, as *canonizações* dos santos, o *cânon* eucarístico, os *cânones* conciliares e até o *cânon* bíblico. Ele caracteriza todos aqueles livros, e somente aqueles livros que formam a Bíblia (73 segundo o cânon católico, 78 para o cânon grego-ortodoxo, 66 para o cânon protestante).

A definição do cânon por parte da Igreja antiga foi necessária diante de duas tendências opostas: a de quem queria reduzir o número dos textos considerados inspirados (por exemplo, Marcião, um bispo do século II) e a dos que queriam aumentá-los, acrescentando também alguns apócrifos. Mas como estar certos de que do cânon do NT não ficou de fora algo que originalmente era atribuível a Jesus? De modo significativo, o Jesus Seminar, uma associação permanente de exegetas norte-americanos de tendência liberal fundada em 1985 pelos biblistas Robert Funk e John Dominic Crossan, fala já há tempo não mais de quatro, mas de "cinco" evangelhos, incluindo entre os textos normativos também o *Evangelho copta de Tomé*.[128]

As cópias

A quinta etapa do processo necessário para chegar aos nossos Evangelhos é a cópia. Os originais dos textos neotestamentários, como de qualquer outro livro da antiguidade, foram perdidos (não temos sequer

---

[128] *The Five Gospels: The Search for the Authentic Words of Jesus*, New Translation and Commentary by Robert W. Funk and Roy W. Hoover and the Jesus Seminar, San Francisco, Harper, 1993. Ver também *The Acts of Jesus: The Search for the Authentic Deeds of Jesus*, Translation and Commentary by Robert W. Funk and The Jesus Seminar, New York; Polebridge Press, 1998; *The Gospel of Jesus: According to the Jesus Seminar*, New York, Polebridge Press, 1999.

o original da *Divina Comédia* de Dante); nós nos baseamos em cópias devidas ao trabalho dos antigos copistas em papiros e pergaminhos. Possuímos mais de 5.700 manuscritos gregos, uma soma à qual nenhum texto da antiguidade se aproxima,[129] mas as diferenças entre eles são inumeráveis e, se pensarmos em como se escrevia e se transcrevia no mundo antigo, se entende por quê. Usava-se a chamada *scriptio continua*, sem espaços para separar as palavras, sem distinção entre minúsculas e maiúsculas e sem sinais de pontuação. Bart Ehrman, especialista de crítica textual, dá o seguinte exemplo: "*ilvaloredellafedeèindubbio*". O que um autor de um texto assim quer dizer: que a fé é segura (*valore indubbio* [valor indubitável, sem dúvida]), ou, ao contrário, que não é (*valore in dubbio* [valor em dúvida])? Sem levar em conta, naturalmente, os erros de transcrição ou modificações intencionais. Conclusão: "Na antiguidade, quem lesse um livro nunca podia estar totalmente seguro de ler aquilo que o autor tinha escrito".[130]

Edições críticas

É por isso que a partir da modernidade nasce uma sexta etapa, constituída pelo trabalho de quem, partindo das cópias e dos numerosos fragmentos, procura estabelecer um texto o mais próximo possível do original: são os críticos textuais, e o produto final do seu trabalho se chama edição crítica ou *editio typica*. A primeira *editio typica* do NT, denominada por isso *editio princeps*, foi obra de Erasmo de Roterdã, em 1516, na Basileia. Hoje, a edição crítica mais autorizada do texto do NT é a da Deutsche Bibelgesellschaft de Stuttgart, *The Greek New Testament*, que chegou à quarta edição em 1993, cujos editores são Barbara Aland, Kurt Aland, Johannes Karavidopoulos, Bruce M. Metzger e Carlo Maria Martini.[131]

---

[129] Cf. Bart D. Ehrman, *Gesù non l'ha mai detto* [2005], trad. de Francesca Gimelli, Milano, Mondadori, 2008 (título original: *Misquoting Jesus*), p. 103; cf. também Sergio Cingolani, *Dizionario di critica testuale del Nuovo Testamento*, Cinisello Balsamo, San Paolo, 2008, p. 152, onde se fala de mais de 5.500 manuscritos.

[130] Ehrman, op. cit., p. 56 e 58.

[131] Este texto é reproduzido na edição trilíngue *Nuovo Testamento Greco, latino, italiano* (com tr. interlineare), Piergiorgio Beretta (org.), Cinisello Balsamo, San Paolo, 20034.

Traduções

Mas, como são muito poucos os que leem os Evangelhos no texto grego original, entre as palavras e as ações de Jesus e os leitores atuais é posta mais uma etapa, a sétima, que consiste nas traduções para as diversas línguas, um trabalho iniciado pela Bíblia hebraica já no segundo século a.C. (a sua tradução em grego chamada *Setenta*) e hoje mais ativo do que nunca.

Enquanto os protestantes iniciaram já no século XVI a ler a Bíblia traduzida dos textos originais nas suas línguas nacionais, para os católicos a tradução latina da Bíblia chamada *Vulgata* (que remonta ao século V e é obra principalmente de São Jerônimo) permaneceu o texto obrigatório até grande parte do século XX. A primeira tradução italiana dos textos originais foi bem cedo, até antes da Bíblia completa por parte de Lutero concluída em 1534, e foi obra do filólogo florentino Antonio Brucioli, que em 1530 publicou o NT e em 1532 a Bíblia inteira. Mas o texto teve difusão limitada e acabou depressa no Índice dos Livros Proibidos. O autor teve ainda sérios problemas com a Inquisição por causa das suas ideias filoprotestantes, foi preso e obrigado a abjurar: "Apresentou o manuscrito de retratação, que foi considerado herético. Por esse motivo foi preso em 30 de abril de 1558 e obteve a prisão domiciliar só em novembro. Em agosto de 1561 a mulher Lucia Marqual, numa súplica à Inquisição de Veneza, lamentava a extrema miséria de Brucioli, que morreu em 5 de dezembro de 1566".[132]

O que dizer? Visto o sobrenome, as coisas talvez não tenham terminado tão mal para Brucioli.* Mas as consequências do caso dele e de outros análogos é que a primeira tradução italiana completa dos textos originais teve de esperar até 1959 para ser aprovada, que é a edição em dez volumes organizada pelo Pontifício Instituto Bíblico e publicada pelo editor Salani, mas foi só em 1971 que se chegou à versão oficial da

---

[132] Andrea Del Col, *Brucioli, Antonio*, in *Dizionario storico dell'Inquisizione*, dirigido por Adriano Prosperi, com a colaboração de Vincenzo Lavenia e John Tedeschi, Pisa, Edizioni della Normale, 2012, p. 227. Cf. também Gigiola Fragnito, *La Bibbia al rogo. La censura ecclesiastica e i volgarizzamenti della Scrittura (1471-1605)*, Bologna, il Mulino 1997.

* O autor faz um trocadilho: a palavra italiana "bruciare" se traduz por 'queimar'. Afinal, Brucioli não morreu na fogueira da Inquisição [N.T.].

Conferência Episcopal Italiana publicada em volume único e, portanto, apta para a divulgação.

Exegese

Ter à disposição a Bíblia traduzida fielmente na sua língua a partir da melhor edição crítica não basta. Penso que seja experiência de muitos ter tentado se empenhar a ler o texto bíblico e ter provado depressa a singular embriaguez do naufrágio. Os textos remontam a dois milênios para o NT e mais atrás ainda para a Bíblia hebraica, e não se deixam abordar facilmente. É, portanto, inevitavelmente necessária uma oitava etapa, a exegese, que explique e esclareça o que fica obscuro numa primeira leitura.

Trata-se de um trabalho iniciado bem cedo, desde os primeiros séculos cristãos. Um dos mais agudos intérpretes da Igreja antiga, Orígenes (nascido na Alexandria em 185 e infelizmente condenado *post mortem* pelo Magistério em 453 e noutras ocasiões), indicava três níveis de leitura. Na Idade Média eles foram elevados a quatro, formulando assim a doutrina clássica dos *quatro sentidos da Escritura*: sentido literal, sentido alegórico, sentido moral e sentido anagógico. Esses níveis de leitura interessam respectivamente à história, à doutrina, à moral e à espiritualidade, e podem ser exemplificados mostrando a que pergunta cada um responde. O sentido literal responde à pergunta "o que aconteceu?", os outros três sentidos são análogos às três perguntas fundamentais que para Kant encerram toda a filosofia: o sentido alegórico responde à pergunta "em que devo crer?", o sentido moral à pergunta "o que devo fazer?" e o sentido anagógico à pergunta "o que posso esperar?".[133] Um dístico medieval resume perfeitamente tudo isso: *Littera gesta docet, quid credas allegoria, / moralis quid agas, quo tendas anagogia* (ou seja: "A letra ensina os fatos, a alegoria o que crer, o sentido moral o que fazer, a anagogia a que aspirar").[134]

---

[133] Immanuel Kant, *Crítica da razão pura*, B 883 – A 805.
[134] Cf. Biblia (Associação leiga de cultura bíblica), *Vademecum per il lettore della Bibbia*, Brescia, Morcelliana, 1996, p. 189.

Esta impostação governou a interpretação da Bíblia durante toda a época patrística e escolástica até o limiar da época moderna, quando o instrumento privilegiado em exegese se tornou o "método histórico-crítico". Este método vive do cruzamento de duas disciplinas, a filologia e a história, e deve a sua formação a estudiosos como Lorenzo Valla, Erasmo de Roterdã, Thomas Hobbes, Baruch Spinoza, Simon Richard. A unidade entre filologia e história gera uma abordagem do texto que vai procurar o seu sentido original para distingui-lo das interpretações posteriores, às vezes ditadas por outros interesses e guiadas por outras categorias. O método histórico-crítico constitui a mais honesta interpretação possível, que visa antes de tudo entender o que o texto em si diz, para examinar depois se o que outros o fizeram dizer e se o que nós o fazemos dizer é realmente legítimo. O método histórico-crítico não esgota a totalidade das interpretações possíveis, mas constitui a *conditio sine qua non* da sua exatidão.

O problema principal é obviamente a relação entre os dois tipos de abordagem do texto bíblico, ou seja, entre a exegese tradicional, que nunca esquece o caráter inspirado do texto, e o método histórico-crítico, que, ao contrário, prescinde dele por definição. A fim de recuperar a grande lição do passado, surgiu, nos anos 1970, nos Estados Unidos, a chamada "exegese canônica", que interpreta os textos particulares à luz do cânon, ou seja, enquanto fazem parte de um texto mais amplo, a Bíblia, que é norma de fé de uma comunidade. Um dos fundadores, Brevard S. Childs, biblista norte-americano de confissão protestante, escreve que concebeu a exegese canônica depois de se ter tornado "dolorosamente consciente de que uma cortina de ferro separava a Bíblia da teologia" e que "a necessidade premente para a próxima geração é construir fortes laços entre as disciplinas bíblicas e a teologia".[135] No primeiro volume sobre Jesus, Bento XVI escreve: "A 'exegese canônica' – a leitura dos textos particulares da Bíblia no contexto da sua inteireza – é uma dimensão essencial da exegese que não está em contradição com o método histórico-crítico, mas o desenvolve de maneira orgânica

---

[135] Brevard S. Childs, *Biblical Theology of the Old and New Testament. Theological Reflection on the Christian Bible*, London, SCM Press, 1992, p. xvi.

e faz dele verdadeira teologia". Para o papa é essencial ligar o método histórico-crítico com a metodologia exegética tradicional, e nesta perspectiva afirma que "existem dimensões da palavra que a antiga doutrina dos quatro sentidos da Escritura captou *in nuce* de maneira absolutamente adequada", porque se trata de chegar a "uma interpretação propriamente teológica da Bíblia".[136]

No tocante ao objetivo da nossa argumentação, isto é, a possibilidade de um crente particular encontrar o Jesus histórico, penso que todos veem, a esta altura, como as coisas ficaram complicadas, porque é muito diferente ler a obra de um biblista que pratica a exegese canônica ou a de outro biblista que pretende trabalhar só com o método histórico-crítico porque considera a exegese canônica apenas um estratagema para reduzir a investigação histórica e filológica à serva de tudo o que desde sempre já está estabelecido pela dogmática.

Hermenêutica

A interpretação da Bíblia não consiste, porém, apenas num processo arqueológico voltado para trás, mas prevê também, e talvez sobretudo, um processo voltado para a frente, para uma verdadeira atualização do texto. Trata-se de mais uma etapa, a nona e última deste longo processo, a saber: a hermenêutica. Com este termo – que deriva do nome do deus grego Hermes, deus da linguagem e senhor da palavra – se pretende o processo elaborado que visa não só explicar o texto, mas também, e sobretudo, torná-lo interessante para o sujeito atual, traduzindo o texto na sua situação vital. Enquanto a exegese faz uma caminhada do texto ao autor, a hermenêutica faz uma caminhada do texto ao leitor. A hermenêutica bíblica em particular se prefixa a finalidade de tornar vivo e eficaz ainda hoje um texto de muitos séculos atrás, para chegar ao que está escrito: "A palavra de Deus é viva, eficaz e mais cortante do que uma espada de dois gumes. Penetra até dividir a alma e o espírito,

---

[136] Ratzinger, *Gesù di Nazaret*, cit., p. 15, 16 e 19.

as juntas e a medula. É capaz de julgar os pensamentos e as intenções do coração" (*Hebreus* 4,12).

A questão que se levanta concerne aos pontos de vista com os quais nos aproximamos dos textos bíblicos a fim de torná-los interessantes aos leitores de hoje. Com relação aos textos bíblicos, encontramo-nos diante das abordagens mais diversas, assim elencadas por um documento da Pontifícia Comissão Bíblica: abordagem canônica, abordagem com recurso às tradições judaicas de interpretação, abordagem através da história dos efeitos do texto, abordagem sociológica, abordagem através da antropologia cultural, abordagens psicológicas e psicanalíticas, abordagem da libertação, abordagem feminista, abordagem fundamentalista.[137] Necessária para atualizar o texto, a hermenêutica corre o perigo de ter nas mãos apenas aquela atualidade particular que já está na mente do intérprete e dos seus leitores, e de ver esvanecer na névoa do passado o verdadeiro Jesus da história.

Visão de conjunto

Para chegar a perceber ainda hoje pelo menos algo das palavras e das ações do Jesus de dois mil anos atrás, o processo se configura, portanto, em nove etapas:

1. Vida e pregação de Jesus-Yeshua (em aramaico);
2. Pregação oral dos apóstolos e escrita das primeiras unidades narrativas;
3. Redação do texto final por parte dos evangelistas (em grego);
4. Compilação do cânon por parte da Igreja dos primeiros séculos;
5. Cópia e produção dos diversos manuscritos em papiro e pergaminho;
6. Crítica textual: partindo do ponto 5, procura-se estabelecer o melhor texto no ponto 3;
7. Traduções;

---

[137] Pontifícia Comissão Bíblica, *A interpretação da Bíblia na Igreja*, 1993, I, C-F: http://www.vatican.va/roman_curia/congregations/cfaith/pcb_documents/rc_con_cfaith_doc_19930415_interpretazione_po.html

8. Exegese: partindo do ponto 6 e 7, procura-se chegar o mais perto possível do ponto 1;
9. Hermenêutica: partindo do ponto 7 e 8, procura-se fazer com que o leitor se interesse o máximo possível pelo ponto 1.

Hoje, naturalmente, só as etapas de 6 a 9 estão sob o nosso controle. Ou, melhor dizendo, a etapa 6 é controlada por poucos estudiosos superespecializados, as etapas 7 e 8 são acessíveis a mais alguns estudiosos, a etapa 9 está, aparentemente, disponível a todos, mas com alguma taxa de arbitrariedade que ninguém sabe precisar.

Um só Jesus, quatro Evangelhos, muitas contradições

A esta altura se poderia pensar que a melhor maneira de "encontrar Jesus" é ler os Evangelhos assim como são, eliminando todos os procedimentos que sabem a demasiado intelectualismo e enfrentando o Evangelho *sine glossa*, sem interpretações, como Francisco de Assis gostava de repetir. É, em certo sentido, a finalidade da operação realizada por Bento XVI ao escrever os seus volumes sobre Jesus: "Quis fazer a tentativa de apresentar o Jesus dos Evangelhos como o Jesus real, como o 'Jesus histórico' em sentido verdadeiro... Penso que exatamente esse Jesus – o dos Evangelhos – é uma figura historicamente sensata e convincente".[138] O programa de Bento XVI se baseia na seguinte equação: narração evangélica = história real. Se isso fosse verdade, haveria certamente vantagem de eliminar todas as interposições colocadas ao longo dos séculos entre Jesus e quem o quer encontrar: bastaria abrir os santos Evangelhos, lê-los com atenção e devoção, e apareceria a pessoa histórica de Jesus. Trata-se de um empreendimento nobre, não há dúvida, mas é verdadeiramente possível? Infelizmente não, e por um motivo muito simples: pela natureza das próprias fontes evangélicas.

Essas fontes são, de fato, plurais e apresentam diferenças não pequenas entre elas. Em seguida apresento uma lista das principais

---

[138] Ratzinger, *Gesù di Nazaret*, cit., p. 17-18.

incongruências evangélicas, iniciando pelas diferenças mais clamorosas entre os Sinóticos (Mateus, Marcos e Lucas) e João:
- a duração da atividade pública: para os Sinóticos são um ano, para João, três;
- o lugar onde se desenrola a atividade pública: para os Sinóticos é a Galileia (Jesus vai a Jerusalém apenas no fim), para João, logo Galileia e Jerusalém;
- o episódio da expulsão dos mercadores do templo: para os Sinóticos é no fim, para João, no início;
- a última ceia: para os Sinóticos é a ceia de Páscoa, para João, a ceia da véspera;
- a morte: para os Sinóticos, acontece no dia da Páscoa, em 15 de nisã; para João, acontece na véspera da Páscoa, dia 14 de nisã.

A diferença mais evidente, porém, diz respeito à personalidade de Jesus: para os Sinóticos, e entre eles sobretudo para Marcos, Jesus passava a grande parte do tempo a fazer curas e exorcismos e, quando falava, fazia uso de metáforas tiradas da vida dos campos e da pesca. Para João, em vez, Jesus passava a grande parte do tempo a falar, explicando com longos discursos a sua identidade própria, encaminhando para essa finalidade os milagres realizados, totalmente secundários com relação às palavras. À luz disso Giorgio Jossa escreve que "Jesus falava, agia e, portanto, era como dizem os sinóticos ou como diz João, pois é impossível que aparecesse sob duas formas tão diferentes".[139] Qual é, então, o verdadeiro Jesus da história, o dos Sinóticos ou o de João?

Mas há diferenças também entre os próprios Sinóticos. Os casos não são poucos e muitas vezes dizem respeito a temas de importância particular. Seguem alguns:
- O nascimento: em Mateus, Jesus nasce na casa dos pais, porque para ele José e Maria eram de Belém e só num segundo tempo, não sem primeiro ter estado no Egito, eles se estabelecem em Nazaré. Em Lucas, porém, Jesus nasce fora de casa, numa manjedoura, porque os pais eram de Nazaré, mas se encontravam

---
[139] Giorgio Jossa, *Il cristianesimo ha tradito Gesù?* Roma, Carocci, 2008, p. 27.

em Belém para o recenseamento e, obviamente, em Lucas não há vestígio da fuga para o Egito.
- A genealogia: entre a genealogia de Mateus 1,1-17 e a de Lucas 3,23-38 existem mais discrepâncias que analogias.
- Lugar do célebre *Sermão da montanha*: segundo Mateus é exatamente num monte (5,1); para Lucas, porém, "numa planície" (6,17).
- As bem-aventuranças: Mateus 5,3-10 apresenta um texto com oito bem-aventuranças (a versão clássica). Lucas 6,20-22, porém, tem só quatro bem-aventuranças, às quais seguem imediatamente quatro maldições, ausentes em Mateus. Sobretudo, são diferentes os conteúdos das palavras de Jesus, se considerarmos que Mateus fala "felizes os pobres de espírito", e Lucas diz simplesmente "felizes os pobres", o que, obviamente, não é a mesma coisa, porque, segundo o Jesus de Mateus, também o homem materialmente mais rico do mundo poderia ser feliz; para o Jesus de Lucas, não.
- O Pai-nosso: Mateus 6,9-13 apresenta um texto (a versão tradicional), que é o dobro do relatado em Lucas 11,2-4.
- As últimas palavras na cruz: a versão de Marcos e Mateus ("meu Deus, meu Deus, por que me abandonaste?") é mudada por Lucas ("Pai, em tuas mãos entrego o meu espírito") e por João ("está consumado!").
- As aparições pascais: na Galileia por Mateus, em Jerusalém por Lucas (ver mais acima).

Há também detalhes de importância secundária, por exemplo, o bastão. Quando envia os Doze em missão, Jesus, segundo Marcos 6,8, diz para "não levarem para a viagem nada mais do que um bastão". Ao passo que segundo Lucas 9,3 e Mateus 10,10 diz para não levarem nada consigo, nem sequer um bastão: "Não leveis coisa alguma pelo caminho, nem bastão, nem sacola, nem pão, nem dinheiro" (*Lucas* 9,3).

Essas discordâncias foram percebidas desde a origem, produzindo tentativas de explicá-las e compô-las, sendo as mais conhecidas o *Diatessaron* (literalmente: composto de quatro elementos) de Taciano o Sírio, composto por volta de 175 com a intenção de ser uma espécie de superevangelho concordado, que harmonizava os Evangelhos canônicos eliminando as incongruências (mas que terminou sendo condenado e destruído, de modo que hoje nem sequer se possui uma cópia dele), e o *De consensu evangelistarum* de Agostinho, composto em volta do ano 400, que tampouco teve grande sucesso, visto que os problemas ficaram todos debaixo do tapete. O próprio Bento XVI teve de render-se diante das discordâncias dos Evangelhos canônicos, embora ele tivesse colocado a sua apresentação da vida de Jesus e do ensinamento de Jesus à luz da equação programática "narração evangélica = história real".

O ponto que obrigou o papa a se render foi a grande diversidade com a qual os quatro Evangelhos apresentam a causa da morte de Jesus, mais precisamente o papel com relação ao povo judeu, uma questão que ultrapassa os limites da exegese e entra no campo sanguinolento da história com as acusações de "deicídio" dirigidas ao povo judeu e as enormes tragédias que se seguiram. Ao se perguntar "quem insistiu para que Jesus fosse condenado à morte", Bento XVI anota que "nas respostas dos Evangelhos há diferenças": para João foi a aristocracia do templo, para Marcos os que apoiavam Barrabás, para Mateus "todo o povo" (sobre Lucas o papa não se pronuncia, mas Lucas deve ser semelhante a Mateus). O texto de Mateus 27,25 é o seguinte: "E todo o povo respondeu: 'o sangue dele caia sobre nós e sobre nossos filhos'". É diante deste versículo que Bento XVI joga a toalha: ao dizer "todo o povo – escreve o papa – Mateus certamente não exprime um fato histórico: como todo o povo poderia estar presente nesse momento e pedir a morte de Jesus?".[140]

Palavras corretas e até obrigatórias, porque resgatam séculos de afirmações contrárias. Mas, ao pronunciá-las, o papa faltou ao seu compromisso que guiava toda a sua empresa de mais de oitocentas páginas em dois volumes, ou seja, querer mostrar que o Jesus dos Evangelhos corresponde *em sentido verdadeiro e autêntico* ao Jesus histórico: "Quis fazer a tentativa de apresentar o Jesus dos Evangelhos como o Jesus real, como o Jesus histórico em sentido verdadeiro e autêntico".[141]

---

[140] Ratzinger, *Gesù di Nazaret. Seconda parte*, cit., p. 209.
[141] Ratzinger, *Gesù di Nazaret*, cit., p. 18.

A equação programática "narração evangélica = história real", principal objetivo da empresa papal, uma vez diante de um dos nós mais delicados da história evangélica, falhou. O papa foi obrigado a reconhecer que os quatro evangelistas têm três teses diferentes, e que uma delas "certamente não exprime um fato histórico". Mas se esta incerteza vale para este acontecimento, por que – é espontâneo perguntar-se – não vale para outros? A questão da causa da morte de Jesus não é um detalhe secundário, como pode ser para o bastão. Na morte de Jesus está em jogo o momento central do cristianismo e, portanto, se esperaria o máximo de rigor de quem a narrou, mas este parece exatamente não ter sido o caso do primeiro evangelista, e tampouco do terceiro, cuja tese a aproxima muito do primeiro. Daí a dúvida: se Mateus 27,25 "certamente não é histórico", não se poderia pensar o mesmo de outras passagens, por exemplo, de Mateus 16,18-19, o dito que funda o primado papal ("Tu és Pedro e sobre esta pedra edificarei a minha Igreja... eu te darei as chaves"), ausente nos outros evangelistas e que, dada a importância, deveria não estar ausente? Talvez Mateus, que atribuiu palavras nunca pronunciadas a todo o povo judeu, do mesmo modo atribuiu a Jesus palavras que ele nunca pronunciou, fazendo isso em ambos os casos para confirmar teses e perspectivas que tinha em mente ao escrever, ou seja, uma separação mais nítida entre cristianismo e judaísmo, de um lado, e concentração do poder eclesiástico, do outro. É de fato assim? Nunca ninguém poderá responder sim ou não com certeza a esta e a muitas outras perguntas análogas que poderiam ser feitas. Trata-se, enfim, daquilo que a mais séria exegese bíblica histórico-crítica ensina já faz tempo, ou seja, a diferença entre narração evangélica e história real.

Mas dizer *diferença* não quer dizer *oposição*, no sentido de que a narração evangélica seria falsa. Depois de séculos de crítica bíblica, se deveria agora estar bem prevenidos de que é preciso evitar dois extremos: (1) considerar os Evangelhos como história real, (2) considerar os Evangelhos historicamente sem fundamento.

Na realidade, é exercida sempre uma atenção crítica analítica, sopesando com dificuldade cada coisa. O que São Paulo ensinava – "Examinai tudo e ficai com o que é bom" (*1 Tessalonicenses* 5,21) – vale também para a leitura crítica dos Evangelhos. O importante é que a disposição crítica não suprima uma atitude global de confiança diante do texto, sendo a confiança a condição fundamental para que não só o texto dos Evangelhos mas qualquer outro texto (como também qualquer pessoa) possa revelar o que de verdadeiro e de bom tem a dizer. Noutros termos, isto significa que a construção cristã desde as origens é uma empresa de liberdade. Não é dada nenhuma verdade objetiva estática que se impõe à mente e que é preciso apenas reconhecer passivamente, não há alguma *res* diante da qual poder apresentar apenas uma *adaequatio* obediente do intelecto, não há nada no mundo dos homens que não exija o exercício da responsabilidade pessoal criativa, nada que, quando se trata da dimensão do espírito, não solicite a liberdade do indivíduo. A liberdade de cada evangelista ao narrar a figura de Jesus é o símbolo da liberdade à qual cada cristão é chamado ao viver a sua mensagem. Se, realmente, até diante dos santos Evangelhos a liberdade do sujeito é chamada a intervir discernindo o que é verdadeiro daquilo que "certamente não exprime um fato histórico", significa que não existe âmbito da vida de fé em que a liberdade de consciência não deva ter a primazia. Não se sai da dinâmica da liberdade, porque a interpretação é sempre necessária e a liberdade é o sumo vital da interpretação. Neste sentido Vattimo escreve com razão que "a salvação passa através da interpretação".[142] Não há nenhum *factum historicum* que se impõe e que é preciso apenas passivamente reconhecer. Quem quiser verdadeiramente seguir Jesus deve saber que é reconduzido à sua liberdade.

46. Qual revelação

O resultado da análise feita ao longo deste capítulo é que a chamada "história da salvação", assim como chegamos a conhecer lendo a Bíblia, não é na realidade *história* no sentido efetivo que se dá hoje a essa palavra. É antes uma sequência de sucessos não verificáveis, cheios de exceção, por isso diferentes da história que cada um experimenta pessoalmente e lê nos livros de história. A história bíblica, ao contrário,

---

[142] Gianni Vattimo, *Credere di credere*, Milano, Garzanti, 1996, p. 57.

remete toda ela ao mistério (no sentido de enigma). É por isso que da fórmula *historia salutis* (história da salvação) a linguagem eclesiástica passa desenvoltamente para a fórmula de *mysterium salutis* (mistério da salvação), conotando todos os acontecimentos da história da salvação exatamente como *mistérios*. Basta ler o Catecismo para se encontrar diante de um alastramento do termo *mistério*, ademais escrito de maneira diferente, quer dizer, em maiúsculo ou, sem se saber por que, em minúsculo. Dou alguns exemplos com o número do parágrafo correspondente, respeitando a grafia original e indicando onde ocorre o minúsculo:* o mistério de Cristo (n. 280, maiúsculo em ital. e minúsculo em port.), o mistério do Verbo encarnado (359, maiúsculo em ital. e minúsculo em port.), o Mistério divino de Jesus (448), os Mistérios de Jesus (513), os mistérios da vida de Cristo (513, maiúsculo em ital. e minúsculo em port.), o Mistério pascal (444), o mistério da encarnação (461, maiúsculo em ital. e minúsculo em port.), o Mistério da redenção (494), o mistério de recapitulação (518, maiúsculo em ital. e minúsculo em port.), o mistério do Natal (526, maiúsculo em ital. e minúsculo em port.), o mistério de Jesus no deserto (540, maiúsculo em ital. e minúsculo em port.), mistério de sua Páscoa (542, maiúsculo em ital. e minúsculo em port.), o mistério do sepulcro e da descida aos infernos ou mistério do Sábado Santo (624, ambos maiúsculo em ital. e minúsculo em port.), o mistério da Ressurreição de Cristo (639, minúsculo nas duas traduções), o mistério da Santíssima Trindade (244, maiúsculo em ital. e minúsculo em port.), o mistério divino do Espírito Santo (685, minúsculo nas duas traduções), o mistério da criação (280, minúsculo nas duas traduções), o mistério do homem (359, minúsculo nas duas traduções), o mistério da iniquidade (385, minúsculo nas duas traduções, mas, em 675 maiúsculo em ital. e minúsculo em port.), o Mistério da piedade (385), o mistério da Igreja (758, minúsculo nas duas traduções), o mistério inesgotável da Igreja (753, minúsculo nas duas traduções). Na tradução italiana ainda se fala da Economia do

---

* Nesta tradução, todas as citações foram cotejadas com a edição brasileira (aqui chamada texto em português) e se indicam as diferenças entre maiúsculo e minúsculo no italiano e no português [N.T.].

Mistério (1066), sobre o que seria até fácil demais fazer ironia.* Mas por que a mente humana deveria abraçar tal concentração de mistérios?

Kant escreveu: "Agora eu confesso livremente: pelo que diz respeito ao elemento histórico, a consideração dos nossos escritos neotestamentários não pode ser levada ao ponto de poder ousar assentir em cada linha com confiança sem limites e, sobretudo, diminuir com isso a nossa atenção apenas àquilo que é necessário, a fé moral do Evangelho".[143] Pascal escreveu: "O único objeto da Escritura é a caridade. Tudo o que não vai ao único fim é a figura: de fato, só havendo um fim, tudo o que não vai nessa direção em palavras próprias é figura".[144] A fé moral da qual Kant fala é análoga à caridade da qual Pascal fala. A caridade, a forma mais espiritual e, portanto, mais livre do amor, vive por definição no presente. A caridade é ato, portanto, intrinsecamente *atual*. Por isso, dizer que o único objeto da Escritura é a caridade significa compreender que a única dimensão da Escritura enquanto "Palavra de Deus" é o presente. Se não tocar o presente, a Escritura permanece escritura (escrita), uma das tantas escrituras mais ou menos interessantes produzidas pelos homens. Só se tocar o presente gerando nela a caridade, a escritura se torna Escritura, melhor ainda, "Palavra de Deus". Só assim palavras antigas de séculos se tornam vivas, eficazes, mais cortantes que uma espada de dois gumes e penetram "até à divisão da alma e do espírito" (*Hebreus* 4,12). Pascal fala de "figuras", eu prefiro falar de "gramática", mas o conceito é o mesmo: o que é contado na Escritura não tem outro valor que manifestar à vida, aqui e agora, que o verdadeiro sentido da existência é o amor. A revelação histórica tem por finalidade a manifestação de uma revelação que existe desde sempre, com o próprio surgir da vida do homem, e que é a eternidade do verdadeiro amor cujo único tempo é o presente. Por isso é decisiva a leitura da Bíblia segundo a *lectio divina*, como o meu bispo, o cardeal Martini, me ensinou.

---

* A tradução brasileira não fala de Economia do Mistério, mas de "mistério da sua vontade" e "mistério de Cristo", ambas as vezes em minúsculo [N.T.].
[143] Immanuel Kant, Carta a Johann Kaspar Lavater de 28 de abril de 1775.
[144] Blaise Pascal, *Pensamentos*, artigo VIII, XV (http://www.ebooksbrasil.org/eLibris/pascal.html)

É preciso não esquecer, porém, que os episódios narrados na Bíblia podem ser compreendidos como revelação de Deus apenas à medida que no homem existe já a noção do divino. Também o acontecimento histórico de Jesus, para ser compreendido e aceito, pressupõe a experiência de Deus. Se não se pressupõe que Deus existe e que opera em relação com os seres humanos, toda palavra e todo gesto de Jesus aparece só como um dos tantos fenômenos do mundo. Somente se aquela história *particular* puder ser mostrada como símbolo concreto (ou figura, ou gramática) do Deus *universal*, ela se torna revelação de Deus aqui e agora. Senão, no melhor dos casos, permanece uma história interessante (uma das tantas histórias interessantes contadas pelos homens) e, ao mesmo tempo, incrível (uma das tantas histórias incríveis contadas pelos homens).

Isto significa que a história não funda a si mesma. A história, qualquer história, na medida em que aconteceu verdadeiramente, está necessariamente ligada a uma determinada região do tempo e do espaço, sem estar em condições, por si, de mostrar uma conexão intrínseca com esta minha região do tempo e do espaço e com todas as outras regiões espaçotemporais que a precedem e que a seguem. "Einmal ist keinmal", repete um dos protagonistas de *A insustentável leveza do ser* de Milan Kundera, citando um provérbio alemão: uma coisa acontecida uma só vez (*einmal*) é como se nunca tivesse acontecido (*keinmal*) pelo que se refere ao perfil veraz do ser.[145] Se nos basearmos numa coisa acontecida *uma vez* para estabelecer a lógica do *sempre*, se dá um salto ilícito de um gênero de realidade a outro, uma *metabasis eis allo genos*, troca-se um pimentão amarelo por todos os pimentões amarelos. Isso significa que a história, para que de *particular* se torne *universal* e assim obedeça à condição epistêmica e ontológica sobre cuja base é lícito falar de *Deus*, precisa ser, por sua vez, fundada. Sobre o quê? Como articular a pretensão de representar "o todo no fragmento"?

Sabendo de tudo isso, os grandes teólogos do passado sempre se guardaram de recorrer à história para fundamentar o discurso sobre

---

[145] Milan Kundera, *L'isostenibile leggerezza dell'essere* [1984]; trad. ital. de Antonio Barbato, Milano, Adelphi, 1985, p. 16.

Deus. Penso que seja impossível não se perguntar, diante da revelação histórica, por que aconteceu naquele pequeno ponto da história universal e não antes nem depois. Realmente, a salvação de toda a humanidade está ligada de modo exclusivo à história particular de um pequeno povo individual e à história ainda mais particular de um indivíduo humano? Se Deus é verdadeiramente o Pai de *todos* os homens, por que não quis manifestar-se imediatamente de modo universal para ajudar a *todos* os seus filhos que se defrontavam com o imenso problema da vida e da morte, e simplesmente não se manifestou a ninguém? E, se a sua encarnação era necessária por causa do pecado original acontecido no início da humanidade (como dizem e ensinam ainda hoje), por que Jesus não chegou *antes*, mas só há dois mil anos? Olhando superficialmente, dois mil anos parecem muito, mas são muito pouco em relação à história da nossa espécie, que parece ter iniciado entre 160.000 e 200.000 anos atrás. É lógico que uma pergunta formulada há centena de milhares de anos receba uma resposta apenas há dois mil anos? E, se fosse verdadeiramente assim, que *pai* seria um Deus que se comporta desse modo bem pouco paterno com a enorme maioria dos seus filhos? Os cristãos de Hipona no início do século V não estavam a par dos atuais dados da paleontologia, mas percebiam o problema ao se perguntarem por que o Senhor veio tão tarde com respeito ao curso total da história mundial. Podemos deduzir isto do aviso bastante seco do bispo deles, Agostinho: "Ninguém poderá ter o direito de se perguntar: por que agora? por que tão tarde?", porque "o pensamento de quem manda a salvação é impenetrável ao engenho humano".[146] Impenetrável? Mas então, vista tal impenetrabilidade, como é possível falar de Deus como *Logos*, como Bento XVI gosta de fazer repetidamente? Ou Deus uma vez é *Logos* e outra vez é impenetrável?

Na realidade, é preciso discutir a plausibilidade de uma iniciativa que se declara divina e que está ligada à particularidade de uma história. Quando se diz de alguém ou de algo que é divino, dele se diz necessariamente que é universal, porque a condição ontológica imprescindível do divino é a verdade, e a condição ontológica imprescindível

---

[146] Agostinho, *De civitate Dei*, X, 32, 2.

da verdade é a universalidade. Não é por acaso que o Novo Testamento, partindo do homem Jesus, tenha chegado primeiro a Cristo e depois ao *Logos* criador do mundo e, portanto, universal: era um percurso lógico obrigatório para quem quisesse coerentemente pensar a verdade.

A revelação ligada à história e que se dá como história e que, portanto, é necessariamente particular, determinada, acontecida aqui e não lá, antes e não depois, é verdadeiramente revelação de Deus somente se na sua particularidade está contida a universalidade, somente se no seu ser só um fragmento ela é ao mesmo tempo o todo. Acho que seja possível pensar essa particularidade apenas em sentido formal. A minha perspectiva consiste em sustentar que a história particular de Jesus é a apresentação da *gramática* do discurso abrangente que Deus dá sempre se dirige ao mundo. Noutros termos, não creio que a revelação histórica depositada na Bíblia contenha coisas diferentes, inauditas, ou absolutamente em oposição ao ser natural posto por Deus mediante o *Logos--Filho* "pelo qual todas as coisas foram feitas", como reza o *Credo*; antes, que Deus põe mediante o Filho, aqui e agora, visto que é preciso falar de *creatio continua* e que, portanto, seria mais justo dizer "pelo qual todas as coisas são criadas a todo instante". Creio que a revelação histórica seja a gramática fundamental que permite compreender da melhor maneira a revelação universal, eternamente disponível a todos os homens de todos os tempos, assim como lhes é disponível a salvação, porque criação e revelação são a mesma coisa (única via, esta, para tornar possível o pensamento de uma salvação universal). Isto significa também que a revelação está submetida à evolução e que, como Bergson falou de "evolução criadora", assim se deve falar de "evolução reveladora".

Embora para muitos cristãos não seja assim, embora para alguns a revelação histórica tenha verdadeiramente um sentido oposto à natureza e à sua sabedoria (o auge desta posição se encontra nas teses apresentadas por Lutero na "Disputa de Heidelberg" em 25 de abril de 1518), isso não me perturba. Sustento que a revelação histórica é entendida como a gramática do eterno acontecimento revelador, e é necessária para colocar-nos em condição, em cada momento da história, de reconhecer e realizar a revelação eterna. Assim como a gramática é funcional à literatura e à linguagem comum, do mesmo modo a revelação histórica é funcional a toda a vicissitude da natureza e da história.

É ridículo pretender reduzir o vasto mar da literatura e da língua viva à gramática; antes é a gramática que deve estar em função da literatura e da língua viva (a qual só evolui graças às infrações contra a gramática, que depois se adapta ao ela mesma evoluir). Do mesmo modo, o sentido da vida espiritual não é a escuta atenta da revelação histórica depositada na Bíblia acontecida há alguns milhares de anos para esclarecê-la, mas é a capacidade de ler e de interpretar a natureza e a história aqui e agora, para que se tornem aqui e agora revelação de Deus.

A Bíblia, de simples *escritura* ou "letra que mata", se torna *palavra de Deus* ou "espírito que dá vida" (cf. *2 Coríntios* 3,6) somente à medida que nós, guiados pela sua gramática, lermos essa história aqui e agora à luz do divino, ou seja, do bem, da justiça, do amor. A revelação contida na Bíblia é a gramática à medida que ensina um método mediante o qual ler a história. Qual? Ler a história à luz das exigências de Deus, à luz de um bem e de uma justiça radicais assim como nascem do exercício do amor. Essa leitura da história é prefigurada de modo simbólico nos capítulos 21-22 do Apocalipse, nos quais está descrita a Jerusalém celeste, a qual é o critério hermenêutico decisivo para uma teologia da história de tipo cristão. Outros seguiram critérios diferentes para ler e julgar a história: o progresso científico e tecnológico, o desenvolvimento da sociedade, o crescimento da economia, a expansão da sua raça ou da sua religião, ou critérios de tipo negativo porque baseados em religiões e filosofias que não têm confiança no ser real do mundo, para os quais a história é apenas decadência, ilusão, engano. O critério cristão ao ler a vida e a história é de tipo positivo: algo é construído e permanece, e se trata de uma cidade, da Jerusalém celeste, o símbolo da humanidade finalmente reunida, uma humanidade como *pólis*, como cidade-comunidade, que vive baseada na luz e nos valores do céu.

VIII. Uma doutrina que não anda

47. O papel da autoridade

Estou convencido de que a autoridade tem um papel indispensável na vida, não só pela óbvia função social de garantir a segurança, mas também por uma sutil valia que diz respeito à mente, a qual é guiada pela autoridade para reconhecer e honrar as ideias e as obras de valor. Estou convencido, noutros termos, de que o *cânon*, mais do que o *código*, é muito importante, para não dizer indispensável. Para me explicar, apresento um caso pessoal. Certa tarde, eu estava de carro na estrada e, como talvez aconteça com todos, ouvia o rádio. Era a Rádio Ter, e uma voz falava da escrita, do estilo, de como usar os adjetivos sem abusar deles e conselhos do gênero. O assunto não podia não me interessar, mas sentia surgir às vezes ondas de discordância com o homem que falava, achava-o superficial, considerava muitas vezes inadequado o que dizia e o escutava com ar de suficiência. Depois descobri que se tratava do grande escritor e crítico literário Giuseppe Pontiggia, agora já falecido, mas do qual recebia pelas ondas do rádio as lições de um curso de escritura criativa. A minha atitude mental mudou completamente. Eu bebia cada palavra, achava as considerações pertinentes e acertadas, descobria que concordava com tudo e cheguei até a pensar em parar o carro para anotar alguma coisa. Não o fiz, mas alguns dias depois escrevia no meu caderno de anotações (na data de 21 de julho de 2008) "de como a autoridade de alguém que fala modifica profundamente a escuta, e a mesma coisa na boca de um tinha um efeito totalmente diferente que na boca de outro".

Todos estamos sujeitos ao princípio de autoridade. E é não só natural mas também positivo que seja assim. Se eu não me tivesse sujeitado ao princípio de autoridade, ter-me-ia perdido em considerações sobre a escrita de Giuseppe Pontiggia, um mestre do qual só tinha a aprender. Por sorte, porém, estando a minha mente, como todas, habitada pelo princípio de autoridade, quando percebi que se tratava dele, assumi a disposição do discípulo e comecei a escutar com atenção. Por isso, também, sem escuta atenta e respeitosa da tradição, sem a obediência da mente e do coração aos melhores resultados do trabalho das gerações precedentes, o indivíduo pode muitas vezes iludir-se, confundir como conquistas suas o que já foi pensado e até descartado por outros muito antes dele, e cair vítima da pretensão vazia de querer por força ser original, como se a originalidade fosse um valor por si mesma.

Tudo isto, porém, não impede que possa haver uma prevaricação do princípio de autoridade, que neste caso degenera em *autoritarismo*. Contra esta perspectiva, André Gounelle, teólogo protestante francês que estimo muito, escreveu: "Se o mapa desenhado pelo cristianismo tradicional não é adequado, se complica a fé em vez de ajudá-la, impede o diálogo e o encontro com outras religiões, devemos nos perguntar se é pertinente procurar outro, mais apropriado".[1] Palavras sábias, que não rejeitam a autoridade (porque sempre se precisa de um mapa para não se perder na vida), mas não aceitam privilegiá-lo com respeito à realidade. A autoridade, para não se tornar autoritarismo, deve permanecer funcional à realidade.

Os seres humanos sempre reconheceram o princípio de autoridade. Sobre ele, ao longo dos séculos, basearam a organização civil e política, além de ética e religiosa. O critério decisivo na argumentação consistia muito frequentemente no *ipse dixit*, no sentido de que se aceitava ou se rejeitava uma ideia porque assim fora mandado pela autoridade; e se alguém pedisse explicação, as respostas eram semelhantes ao famoso

---

[1] André Gounelle, *Parlare di Cristo* [2003], trad. ital. de Donatella Pedriali, Torino, Claudiana, 2008, p. 36.

verso dantesco: "Vuolsi così colà dove si puote ciò che si vuole, e più non dimandare" (*Inferno* III, 95-96).* Thomas Hobbes chegou a formalizar essa situação dizendo: *auctoritas, non veritas, facit legem*, ou seja, a força da autoridade faz a lei, aquilo que une a sociedade, não a fraca verdade. O pensamento católico sempre se opôs a esta perspectiva afirmando que a lei não deriva da autoridade, mas da verdade. Mas o que ele nega para a lei civil afirma para a lei teológica.

48. Estatuto da verdade e síndrome de primeiros da classe

Se, em Roma, você tiver ocasião de entrar na igreja Santa Maria em Trastevere, tome a nave esquerda e percorra-a até o fundo. No final você verá abrir-se uma grande capela, à esquerda da abside, que se chama "capela Altemps". Aí, na parede esquerda, você pode observar um grande afresco, obra de um artista de nome Pasquale Cati de Jesi (1550-1620), que representa uma sessão do Concílio de Trento (1545-1563), com um detalhe interessante para a finalidade do nosso discurso. O quadro se divide em duas partes. A parte superior retrata os padres conciliares acomodados em ordem numa estrutura semicircular que lembra os antigos teatros gregos ou os parlamentos modernos. A parte inferior, mais perto de quem olha, representa uma alegoria da Igreja. Vê-se uma mulher jovem, toda vestida de branco, com a tiara pontifícia na cabeça, com uma cruz dourada na direita, com o olhar impassível e fixo para a frente, circundada por outras mulheres, alegorias das virtudes, entre as quais se reconhecem a caridade, a fé e a esperança. O detalhe interessante são os pés. A mulher jovem esmaga com o pé direito o rosto de um homem jovem, única figura masculina nesta segunda parte do quadro, de aspecto decididamente oposto: não está vestido, mas está nu, não é impassível, mas grita de dor, na mão direita não segura nada e o seu rosto está cheio de contusões. Se a mulher é a alegoria da Igreja, o homem é a imagem (infelizmente bem pouco alegórica) de um herege.

---

* "Desta sorte se quer lá onde quem pode ordena, e nada mais te importe", na tradução de José Pedro Xavier Pinheiro: http://www.ebooksbrasil.org/eLibris/inferno.html [N.T.].

Estamos na presença de um lugar-comum clássico da pintura eclesiástica, presente também nos *Triunfos de Santo Tomás*, que às vezes adornam as igrejas dos padres dominicanos, no passado os vigias por antonomásia da ortodoxia católica e por isso chamados, não sei com quanta ironia, *Domini canes*, "cães do Senhor". Na igreja de Santa Maria Novella, em Florença, se encontra o *Triunfo de Santo Tomás*, pintado por Andrea de Bonaiuto por volta de 1365, no qual aos pés do santo doutor estão colocados três homens em atitude submissa, sendo o do centro claramente reconhecível por ser muçulmano e é comumente identificado com Averróis. Em Roma, o *Triunfo de Santo Tomás* da basílica de Santa Maria sopra Minerva, pintado por Filippino Lippi no interior da capela Carafa entre 1488 e 1493, representa Tomás que esmaga com o pé direito um velho de aspecto rude e de olhar maligno (porque os dissidentes são também malvados), enquanto na parte inferior há outros hereges derrotados, os seus livros no chão prontos para serem lançado às chamas. Em Milão, o *Triunfo de Santo Tomás* da igreja dominicana de Santo Eustórgio, obra de um anônimo mestre lombardo da última parte do século XIV, infelizmente não está em boas condições, mas de qualquer modo permite ver aos pés do santo um personagem vestido à maneira oriental, que muitos identificam com Averróis ou com um discípulo seu. Se você for ao Louvre, poderá admirar o *Triunfo de Santo Tomás* de Benozzo Gozzoli, pintado entre 1470 e 1475 e ver que ao lado do santo estão Aristóteles à direita e Platão à esquerda em atitude respeitosa, enquanto aos seus pés rasteja um ancião cuja roupa lembra decididamente um judeu.

O poder, a força, a imposição da verdade. Assim escreve João Paulo II na encíclica *Fides et ratio*, n. 92: "A Verdade, que é Cristo, se impõe como autoridade universal", frase retomada textualmente pelo então cardeal Ratzinger na declaração *Dominus Jesus*, no n. 23. A verdade se impõe? Jesus se impunha? Não. Todos sabem que Jesus não se impunha: "Ou pensas que não posso pedir a meu Pai e ele me enviaria, neste instante, mais de doze legiões de anjos?" (*Mateus* 26,53).

Precisamente na linha da arte encomendada pelo poder eclesiástico para prestar homenagem ao seu mais importante teólogo, a Igreja ao longo dos séculos construiu uma teologia do ato de fé baseada na obediência, que vive não do esplendor autoevidente da verdade, mas da força da autoridade que "se impõe". Todos os argumentos eclesiásticos para sustentar o princípio de autoridade se resumem num: à afirmação de que a autoridade da Igreja vem diretamente de Deus. Entre os textos produzidos pelo Magistério a esse respeito podem ser encontradas afirmações embaraçosas, como, por exemplo, as palavras da *Mystici corporis* de Pio XII (29 de junho de 1943) segundo a qual Cristo "também sustenta a Igreja e de certo modo vive na Igreja, de tal maneira que ela é como uma segunda pessoa de Cristo (*quasi altera Christi persona*)" (DH 3806). A Igreja chegou a apresentar a si mesma como uma duplicata da pessoa de Jesus, com o único resíduo de pudor de acrescentar um tímido "*quasi* (como)". Alguém não está convencido? Tem dúvidas? Primeiro pense em Jesus, depois considere a grande parte dos papas ao longo da história, e não terá dificuldade de ver que Pio XII tinha razão.

Ainda Pio XII no mesmo documento: "O nosso Salvador comunica à sua Igreja os seus próprios bens de tal forma que ela, em todo o modo de sua vida, tanto o visível como o invisível, é uma imagem perfeitíssima de Cristo" (DH 3806). Imagem *perfeitíssima* de Cristo. Em *todo* o modo de vida da Igreja. Inclusive o *visível*. Se fosse assim, se Pio XII tivesse razão, então sim, *pobre Cristo*! Milhares de casos de pedofilia entre o clero de todo o mundo, escândalos financeiros, escândalos ligados à propriedade imobiliária, polêmicas causadas por declarações antissemitas e negacionistas, níveis inexistentes de liberdade na pesquisa teológica e no ensino, carreiristas que triunfam sob o signo do servilismo... E, se alguém pensa que estou exagerando, aqui seguem as palavras de Bento XVI no discurso de 20 de dezembro de 2010 aos cardeais e aos bispos da cúria romana: "O rosto da Igreja está coberto de pó, e foi assim que nós o vimos. O seu vestido está rasgado, por culpa dos sacerdotes. Como ela o viu e expressou, assim nós o vimos neste ano. Devemos acolher esta humilhação como uma exortação à verdade e um apelo à renovação. Só a verdade salva. Devemos interrogar-nos sobre o que podemos fazer para reparar o mais possível a injustiça sucedida. Devemos perguntar-nos o que estava errado no nosso anúncio, em todo o nosso modo de configurar o ser cristão, para que pudesse acontecer semelhante coisa. Devemos encontrar uma nova determinação na fé e no bem. Devemos ser capazes de penitência".

Por causa da despropositada consideração de si elaborada ao longo dos séculos em função do seu poder, na Igreja como em todos os regimes ditatoriais, não se é capaz de verdadeira discussão e de autêntico debate. Demonstra isto a imprensa católica oficial, incapaz de dar conta da variedade do catolicismo real, que tende a ser a única voz do dono e acalmar os contrastes, obscurecer as opiniões divergentes, negar o pluralismo. Se agora eu me pergunto por que na Igreja se é incapaz de discutir de modo sereno e responsável, se me pergunto por que quem a pensa de modo diferente é logo acusado de heresia e considerado com medo e suspeita, a resposta que entrevejo consiste na autocompreensão da Igreja herdada do passado, uma imagem de si como absolutamente perfeita, já acabada, completa, e por isto estruturalmente incapaz de se abrir ao diálogo, às críticas e à consequente evolução. É precisamente este estado mental que cria uma atitude que defino como "síndrome de primeiros da classe", do que agora apresento dois exemplos.

O primeiro é tirado do discurso de Bento XVI aos representantes do Banco de Desenvolvimento do Conselho da Europa de 12 de junho de 2010: "O cristianismo permitiu que a Europa compreendesse o que é a liberdade, a responsabilidade e a ética que impregnam as suas leis e as suas estruturas sociais. Marginalizar o cristianismo – mesmo através da exclusão dos símbolos que o manifestam – contribuiria para privar o nosso continente da nascente fundamental que o alimenta incansavelmente e que contribui para a sua identidade. Realmente, o cristianismo é a fonte dos valores espirituais e morais que são o patrimônio comum dos povos europeus". Parece-me que se trata de afirmações não privadas de unilateralidade, tanto em relação ao passado como ao presente. É verdadeiramente possível sustentar que "o cristianismo permitiu que a Europa compreendesse o que é a liberdade, a responsabilidade e a ética"? Não seria melhor dizer, mais modestamente, que contribuiu para isso *junto* com outras grandes tradições religiosas e filosóficas não cristãs, como a grande herança clássica e o iluminismo? E é verdadeiramente possível sustentar que o cristianismo é "*a* fonte fundamental que alimenta incansavelmente" a Europa e é "*a* fonte dos valores espirituais e morais que são o patrimônio comum dos povos europeus"? Não seria melhor dizer, mais modestamente, que é *uma* das nascentes, *uma* das fontes?

A mesma linguagem se encontra numa passagem do discurso que Bento XVI deveria proferir na Sapienza de Roma em 15 de janeiro de 2008 e que depois não ocorreu por causa da intolerância de alguns, leigos mais nas palavras que nos fatos: "A fé cristã não é limitação ou obstáculo para a razão, mas, ao contrário, só ela está em condições de capacitar esta última para a tarefa que é a sua".[2] Só ela? É verdadeiramente possível sustentar que a fé cristã está "só ela" em condições de capacitar a razão a desempenhar a sua tarefa? Não se deveria ter um pouco mais de modéstia, sobretudo à luz de uma história eclesiástica nem sempre luminosa com relação ao exercício da razão, do que dei alguns exemplos mais atrás? Tonino Bello, quando era bispo de Molfetta, escreveu: "Uma igreja que quiser ser companheira do homem e testemunha do Espírito deve libertar-se do complexo de superioridade com relação ao mundo, antes, deve estar disposta a perder-se".[3]

49. A CONSTRUÇÃO AUTORITÁRIA DA FÉ

Na base da doutrina eclesiástica oficial há uma espécie de dogma não expresso no fundamento de todos os outros, um superdogma pai de todos os dogmas e condição indispensável para ser católico hoje: o dogma autoridade. O elemento que faz de um ser humano um católico não vem da vida espiritual, nem da vida moral, nem da liturgia; vem da vida intelectual, do assenso da inteligência ao que é estabelecido pela Igreja hierárquica. Este é o eixo fundamental.

O Concílio Vaticano I escreve abertamente que o elemento fundamental da fé para a doutrina católica consiste na submissão da inteligência. A expressão foi retomada literalmente pelo Concílio Vaticano

---

[2] Cito de Joseph Ratinger/Bento XVI, *Fede, ragione, verità e amore. La teologia de Joseph Ratzinger*, uma antologia org. por Umberto Casale, Torino, Lindau, 2009, p. 622.
[3] Antonio Bello, *La bisaccia del cercatore. Scarti minimi per il futuro*, Ignazio Pansini (org.), Molfetta, Edizioni La Meridiana, 2007, p. 44.

II (*Dei verbum*, n. 5) e pelo atual catecismo: nós somos obrigados a "prestar, pela fé, à revelação de Deus plena adesão do intelecto e da vontade" (Catecismo, n. 154; DH 3008 e DH 4205). É decisivo notar que essa submissão plena não é motivada pela luz da verdade, mas pela força da autoridade: "O motivo de crer não é o fato de as verdades reveladas aparecerem como verdadeiras e inteligíveis à luz da nossa razão natural. Cremos 'por causa da autoridade de Deus que revela e que não pode nem enganar-se nem enganar-nos'" (Catecismo, n. 156; DH 3008).

O texto diz que ao Deus que se revela é prestada submissão plena com base na sua *autoridade*, não com base na luz e na beleza da sua manifestação. Mas, como nunca ninguém viu nem nunca verá o Deus que se revela, a plena submissão à sua autoridade se transforma imediatamente na plena submissão à autoridade da Igreja. Os textos são claros: "Deve-se crer com fé divina e católica tudo o que está contido na palavra de Deus escrita ou transmitida, e que pela Igreja, quer em declaração solene, quer pelo Magistério ordinário e universal, nos é proposto a ser crido como revelado por Deus" (DH 3011; Catecismo n. 182). Segue-se que a ação peculiar da fé teorizada pelo Magistério é, antes de tudo, passiva, exprime submissão, obediência, subordinação.

Nos textos do Magistério a fé é afirmada *a priori* como dom de Deus, mas depois, na prática, se insiste na liberdade humana que deve obedecer e submeter-se. Se fosse verdadeiramente crido que a fé é um dom da graça divina, não se falaria de "submissão". O verdadeiro eixo da doutrina oficial da fé é a liberdade pessoal chamada a se tornar reverente obediência eclesiástica. Toda a construção eclesiástica do ato de fé visa aqui ao resultado prático de levar o crente individual a obedecer à hierarquia segundo a definição de fé mais vezes sublinhada: "Fé = submissão da inteligência".

Quem nega esse assentimento intelectual é o pior inimigo e é rotulado como *herege*. Na sua longa história, a Igreja Católica não perseguiu ninguém tão cruel e sistematicamente como perseguiu os crentes que se recusavam a submeter a inteligência à sua autoridade. Inclusive os judeus eram perseguidos não só pela sua raça por serem povo deicida, mas também e talvez sobretudo pela sua independência doutrinal, pela invencível "obstinação" em não aceitar a interpretação cristã dos textos sagrados *deles*, pela liberdade intelectual em matéria de fé.

Por isso a minha máxima perplexidade com respeito à doutrina católica, antes ainda que pelos seus conteúdos doutrinais, é sobre o modelo de fé proposto. Prescindindo dos conteúdos substanciais da doutrina, a *forma* mediante a qual esses conteúdos são propostos já cria problema para uma consciência que quer ser livre e reta.

Essa forma autoritária da fé doutrinal torna muito difícil que ela chegue a verificar a sua fé existencial, com dois resultados possíveis:
- ou a fé existencial constrói para si outra fé doutrinal mais coerente, como em todo o século XX e em nossos dias a melhor teologia contemporânea procura fazer;
- ou a fé doutrinal absorve a fé existencial com o resultado de que o ato de fé se reduz a aceitar as proposições intelectuais impostas pelo Magistério pontifício com obediência militar em nome do "não compreendo, mas me adéquo".

Neste último caso, a forma da fé se torna intelectualismo, e o católico é aquele que concorda com os artigos de fé da Igreja e submete a sua inteligência. Daí o paradoxo de muitos corruptos e corruptores, que chegaram ao poder e ao dinheiro de uma maneira que seria muito difícil, comerciantes de baixa estatura moral, assistentes sem dignidade, jornalistas a soldo dos poderosos e dos seus interesses, e outras tipologias de personagens deste gênero, que não hesitam em se definir católicos. Imorais, distantes de viver a existência concreta segundo os valores evangélicos, se declaram, no entanto, inclusive com certo orgulho, católicos. Como é possível? Simples, foi ensinado a eles que a fé é aceitação da doutrina. Então, por que deveriam aceitar algo de que não sabem nada, e pelo que não têm nenhum interesse, e que não custa nada, mas que às vezes pode ser vantajoso neste país?

Bem diferente era a ideia da fé que Jesus tinha e vivia, uma fé como ato, não como obséquio, como reforma da mente (*metanoia*) e sobretudo dos costumes ("vem e segue-me"). Jesus-Yeshua dizia: "Se tivésseis uma fé do tamanho de um grão de mostarda, diríeis a esta amoreira: 'arranca-te daqui e planta-te no mar', e ela vos obedeceria" (*Lucas* 17,6). Quantos artigos de fé têm o tamanho de um grão de mostarda? Jesus concebia a fé como disposição do coração, confiança, atitude abrangente da existência. A fé de Jesus é a orientação de quem uniu a liberdade ao único necessário, desligando-a dos múltiplos ídolos do poder. É a fé como paz do coração, e também como luta contra a injustiça.

50. O GRANDE MAS INÚTIL TRABALHO DA TEOLOGIA CONTEMPORÂNEA

Ao longo do século XX, o catolicismo produziu uma série de profundas reflexões sobre a teologia do ato de fé. Os principais autores são Pierre Rousselot e Roger Aubert para a primeira parte do século, e depois, em torno dos anos do Concílio, Karl Rahner, Hans Urs von Balthasar, Jean Mourroux, Juan Alfaro, Max Seckler, Walter Kasper, Heinrich Fries. Entre os italianos recordo o turinense Franco Ardusso e, sobretudo, o milanês Pierangelo Sequeri pelos seus ponderosos ensaios de teologia fundamental.[4] Conheci Ardusso pessoalmente na última fase da sua vida, Sequeri foi meu professor no biênio filosófico teológico no Seminário de Milão, residência de Saronno. Referindo-se à chamada *escola milanesa* da qual Sequeri é um ilustre expoente, Ardusso pode falar com justiça de "concentração cristológica" da fé cristã e escrever que "se pode falar em sentido próprio de fé cristã exclusivamente onde ela está cristologicamente conotada, ou seja, em relação com a figura particular de Jesus Cristo".[5] Trata-se de uma afirmação decisiva, a qual, porém, em minha opinião, vale só sob a condição de entender a fé de Jesus no sentido subjetivo do genitivo, ou seja, da fé que Jesus-Yeshua tinha, como, aliás, observam tanto Ardusso ao falar de "identificação com a *fides Jesu*", como Sequeri: "A fé que salva... é antes de tudo apropriação daquele modo particular de identificar Deus que qualifica Jesus de Nazaré".[6] Noutros termos, Jesus é o sujeito da fé, não o objeto. O objeto da fé permanece sempre Deus, pelo menos se quisermos ser fiéis à

---

[4] Pierangelo Sequeri, *Il Dio affidabile. Saggio di teologia fondamentale*, Brescia, Queriniana, 1996; ver também *L'idea della fede. Trattato di teologia fondamentale*, Milano, Glossa, 2002.

[5] Franco Ardusso, *Fede*, in *Teologia*, Giuseppe Barbaglio, Giampiero Bof, Severino Dianich (orgs.), Cinisello Balsamo, San Paolo, 2002, p. 645.

[6] Sequeri, op. cit., p. 244.

verdadeira intenção de Jesus-Yeshua, que dizia: "Quem me recebe, não é a mim que recebe, mas aquele que me enviou" (*Marcos* 9,37).

Das ricas reflexões teológicas dos autores acima mencionados, entre os quais se destaca em particular o ensaio de Hans Urs von Balthasar,[7] não há vestígio nos documentos do Magistério, ainda totalmente baseados no princípio autoridade. O Vaticano II não é exceção, porque no único ponto em que fala do ato de fé (*Dei Verbum*, 5) remete totalmente ao Vaticano I, embora significativamente omita a passagem sobre o *motivum fidei* como radicado na autoridade. Ardusso escreve que "a concentração cristológica da fé cristã é relativamente recente na teologia católica";[8] eu me permito acrescentar que na doutrina católica tal concentração cristológica, no sentido existencial da fé viva de Jesus--Yeshua, nunca sequer entrou. Na doutrina católica oficial está ausente a ideia de crer *como* Jesus-Yeshua; há só o tradicional *crer em Jesus*, uma fé que tem Jesus por objeto, não por modelo, porque o modelo dessa fé é antes o poder e a submissão que ele impõe. Modelando-se sobre esse poder, se afirma que se deve crer em Jesus enquanto superconcentrado de dogmas, base de uma doutrina infalível e imutável. Crê-se em Jesus pensando exatamente que:

– ele é da mesma substância que Deus Pai, *homoousios tô Patri*, verdadeiro Deus;
– ele é ao mesmo tempo da mesma substância de cada um de nós, verdadeiro homem;
– no seu ser ele é verdadeiro Deus e verdadeiro homem, é também uma só pessoa, segundo a misteriosa doutrina da *união hipostática*, e para tornar esta concebível foram excogitados os conceitos ainda mais misteriosos de *enipóstase* e *anipóstase*.

Trata-se de crer assim em Jesus? Era isto que ele queria? Foi por isto que deu a vida, por esta dogmática incompreensível, cujo único efeito é paralisar a criatividade da mente e da vida? Acho que não. Estou convencido de que muito mais vitalmente se trata de crer *como*

---

[7] Em particular Hans Urs von Balthasar, *Fides Christi* [1961], in *Sponsa Verbi. Saggi teologici – II*, trad. de Giulio Colombi, Brescia, Morcelliana, 1972, p. 41-72.
[8] Ardusso, op. cit., p. 646.

Jesus-Yeshua, exercendo a mesma liberdade e a mesma criatividade dele e, quando for preciso, a sua própria contestação e a sua própria carga profética. A fé de Jesus-Yeshua não tem nada a ver com o *obsequium*, com a submissão. Ou melhor, é uma submissão tão radical só à verdade de Deus, só à exigência radical de "buscar primeiro o Reino de Deus e a sua justiça" (*Mateus* 6,33), de ser rebelião e contestação de todo outro poder mundano à medida que este despreza o bem e a justiça. Trata-se de não aceitar mas lutar contra: a concordata com Mussolini (Roma, Palácio do Latrão, 11 de fevereiro de 1929), a concordata com Hitler (Roma, Palácio do Latrão, 20 de julho de 1933), a bênção a Francisco Franco na Espanha, a Ante Pavelic na Croácia, a Jozef Tito na Eslováquia, a Augusto José Ramón Pinochet no Chile, a Jorge Rafael Videla na Argentina, com todas as suas milhares de vítimas e as suas mãos sujas de sangue; também a recepção faustosa de George W. Bush no Vaticano com as suas mentiras de que existiam armas de destruição de massa para iniciar guerras criminosas e massacrar milhares de inocentes; também as bênçoes e colaborações com governos das leis *ad personam*.

A doutrina católica oficial, porém, não sabe nada, nem quer deixar saber, da fé viva de Jesus-Yeshua, conhece apenas o ídolo do seu concentrado artificioso de dogmas. Nela domina a instalação da teologia manualista que Ardusso via justamente "caracterizada por algumas reduções que comprometeram seriamente a teologia da fé",[9] a saber, cinco reduções assim explicitadas pelo teólogo turinense: (1) acentuação da eclesiologia em prejuízo da cristologia e da pneumatologia; (2) caráter totalizante do ensinamento eclesiástico; (3) tendência a reduzir a revelação ao dogma eclesiástico; (4) abordagem intelectualista; (5) redução da teologia à função de explicitação dos dogmas eclesiásticos.

Estas cinco reduções são funcionais a um claro e único objetivo: o poder sobre as consciências, segundo o mesmo mecanismo das provas racionais da existência de Deus. Trata-se de reduções ainda atuantes na doutrina proposta cada dia aos fiéis, a começar pelo catecismo das crianças.

---

[9] Ibid.

51. Pouca clareza sobre o ato de fé

A situação se torna embaraçosa se examinarmos a construção intelectual do ato de fé proposta pela doutrina católica oficial, como farei agora apresentando alguns textos sobre a natureza da fé tirados do Catecismo atualmente em vigor. Ocupei-me com este texto porque, respondendo à pergunta de um sacerdote que se dizia um pouco desorientado diante da complexidade da pesquisa teológica contemporânea, Bento XVI remetia ao Catecismo definindo-o como "critério absolutamente seguro", pois "vemos nele a síntese da nossa fé, e este Catecismo é verdadeiramente o critério para ver para onde se orienta uma teologia aceitável ou inaceitável. Portanto, recomendo a leitura, o estudo deste texto" (discurso de 10 de junho de 2010). Li o que esse texto "absolutamente seguro" escreve sobre a fé católica, e cheguei aos seguintes resultados.

Aí se lê que a fé consiste na "submissão", numa obediência tão plena que se torna exatamente submissão: "Pela fé, o homem submete completamente sua inteligência e sua vontade a Deus" (n. 143). Noutro lugar, porém, o texto não fala de submissão, mas de adesão: "A fé é primeiramente uma adesão pessoal do homem a Deus" (n. 150). Então a fé é *submissão* ou *adesão*? Não é a mesma coisa, porque no primeiro caso temos subordinação (e a fé católica parece mais próxima da fé islâmica, visto que Islã significa exatamente "submissão"), ao passo que no segundo caso se tem uma relação equivalente à qual a gente se liga livremente (e a fé católica parece mais próxima da fé judaica, que está baseada no conceito de aliança).

No Catecismo se encontram outras afirmações sobre a fé que dificilmente se ajustam entre si, por exemplo, a natureza da fé como dom e ao mesmo tempo como ato livre. Sobre isto o texto magisterial insiste mais vezes no fato de que a fé é um dom: "A fé é um dom de Deus, uma virtude sobrenatural infundida por ele" (n. 153), "a fé é um dom gratuito que Deus concede ao homem" (n. 162), "a fé é um dom sobrenatural de Deus" (n. 179) e, naturalmente, sendo um dom, a fé tem a sua origem na graça divina. Por outro lado, porém, o Catecismo afirma que a fé é um ato livre do homem: "Crer é um ato autenticamente humano" (n. 154) e, "para que o ato de fé seja humano, o homem deve responder a Deus, crendo por livre vontade" (n. 160); a fé "é a resposta livre do homem à iniciativa de Deus que se revela" (n. 166); "crer é um ato humano consciente e livre" (n. 180) e, naturalmente, sendo uma resposta livre e voluntária, a fé tem a sua origem na liberdade. Agora a pergunta é: o que é exatamente a fé, um dom ou um ato livre? As duas qualidades não são absolutamente a mesma coisa, porque no primeiro caso a iniciativa está totalmente nas mãos de outro ao qual se é subordinado, ao passo que no segundo caso a iniciativa é da parte do sujeito que realiza o ato. O Catecismo diz que a fé é as duas coisas, mas como pode o mesmo acontecimento ser um dom total totalmente redutível à graça e, ao mesmo tempo, ser uma resposta livre? Comumente se pensa em resolver o problema dizendo que *primeiro* Deus dá a graça da fé e *depois* espera que o homem responda livremente, de modo que seriam salvaguardadas tanto a primazia da graça como a efetiva existência da liberdade. Mas esta maneira comum de resolver o problema foi formalmente condenado como heresia pelo segundo sínodo de Orange de 529 (cf. DH 373-376), quando essa visão, sustentada por João Cassiano e Fausto de Riez, é acusada de semipelagianismo. E, de fato, o Catecismo escreve que, "para que se preste esta fé, exigem-se a graça prévia e adjuvante de Deus" (n. 153, que retoma *Dei Verbum*, 5) e que "para crer o homem tem necessidade dos auxílios interiores do Espírito Santo" (n. 179) e que "a preparação do homem para acolher a graça é já uma obra da graça" (n. 2001, que remete ao n. 490). Noutros termos, não há uma liberdade autônoma que escolhe se crê ou não, a liberdade diz sim ao dom da graça só por causa da própria graça. Portanto, volta a pergunta: como o ato de fé pode ser totalmente dom da graça de Deus e ao mesmo tempo resposta livre? "Mistério da fé" – é o caso de responder, retomando as palavras que os fiéis recitam depois da consagração eucarística.

O Catecismo, aliás, não fez outra coisa senão reapresentar um nó nunca desfeito na história da teologia do ato de fé, cujo principal responsável é santo Agostinho e cujo episódio mais significativo é a controvérsia *de auxiliis*, que dividiu com polêmicas ferozes dominicanos e jesuítas entre o final do século XVI e início do século XVII, que deu em nada pelo fato da impossibilidade de o Magistério pontifício desatar os nós teóricos do problema.

Uma terceira contradição do Catecismo diz respeito à natureza eclesial e à natureza pessoal da fé. De fato se diz que a fé é um ato eclesial: "Ninguém pode crer sozinho... o crente recebeu a fé de outros... é como um elo na grande corrente dos crentes. Não posso crer sem ser carregado pela fé dos outros" (n. 166). E ainda: "É antes de tudo a Igreja que crê e que desta forma carrega, alimenta e sustenta a minha fé... É por intermédio da Igreja que recebemos a fé" (n. 168). E ainda: "A Igreja é também a educadora da nossa fé" (n. 169). E ainda: "Crer é um ato eclesial" (n. 181). Mas está dito que, além de eclesial, o ato de fé é também eminentemente pessoal: "A fé é um ato pessoal: a resposta livre do homem à iniciativa de Deus que se revela" (n. 166).

Uma última contradição diz respeito à relação da fé cristã com a salvação, ou seja, trata-se de uma relação necessária, no sentido de que sem fé cristã não há salvação, ou de uma relação não necessária, no sentido de que também sem a fé cristã se pode chegar à salvação. O Catecismo sustenta as duas coisas, tanto que a fé é necessária para a salvação eterna ("É necessário, para obter a salvação, crer em Jesus Cristo e naquele que o enviou para nossa salvação... Ninguém jamais pode ser justificado sem ela, nem conseguir a vida eterna": n. 161), como não é necessária ("Todo homem que, desconhecendo o Evangelho de Cristo e sua Igreja, procura a verdade e pratica a vontade de Deus segundo seu conhecimento dela pode ser salvo": n. 1260). Mais uma vez: mistério da fé!

Se fui capaz de ler os textos do Catecismo por aquilo que realmente dizem (naturalmente convido todo leitor a fazer tal exame por si mesmo, armando-se de papel e caneta), o resultado a tirar é que nos encontramos diante de afirmações muito dificilmente harmonizáveis entre si, na medida em que se diz que a mesma fé é ao mesmo tempo:

— submissão, mas também adesão;
— dom de Deus, mas também ato livre do homem;
— ato eclesial, mas também pessoal;
— necessária para a salvação, mas também não necessária.

52. *ANALYSIS FIDEI*

Apresenta agora uma análise da teologia do ato de fé contida na doutrina atual. Essa doutrina, ignorando a renovação da teologia do século XX, pressupõe ainda a teologia manualística pré-conciliar baseada no Vaticano I e é, portanto, essa teologia pré-conciliar que será objeto da minha análise.

Ao raciocinar sobre o ato de fé, a teologia tradicional produziu uma operação intelectual chamada *analysis fidei* que a levou a identificar os seguintes momentos que atuam de maneira variada na consciência do crente para motivar e sustentar a sua fé (obviamente, têm o nome em latim):

– *preambula fidei*;
– *motivum fidei*;
– *motivum credibilitatis*.

a) *Preambula fidei* (pressupostos da fé). Com esta expressão se faz referência a dimensões do ser e da história preexistentes ao indivíduo e ao seu ato de fé, sem as quais o ato de fé objetivamente considerado não poderia ocorrer nem teria sentido. Essas dimensões, que são tanto objetivas como subjetivas, vêm antes do ato de fé do sujeito no sentido de que constituem o horizonte físico, histórico e existencial dentro do qual o ato de fé subjetivo se coloca. Elencados de maneira diferente pelos autores, os *preambula fidei* deveriam ter a peculiaridade intrínseca de se fazer aceitar pela consciência com base na sua evidência racional. São eles:

– a existência de Deus;
– a revelação histórica a Israel;
– a existência histórica de Jesus, os seus milagres, a sua ressurreição;
– a liberdade humana;
– a *potentia oboedientialis* do homem diante da mensagem cristã;
– a espiritualidade e a imortalidade da alma.

Penso que qualquer um pode constatar facilmente como estes temas são hoje no mais das vezes objetos do ato de fé. Ou: antes eles sustentavam o ato de fé contra os assaltos da dúvida, hoje eles próprios devem estar orientados para o ato de fé. Antes eles eram a moldura que sustentava o quadro na parede, hoje eles próprios são parte do quadro e sem possibilidade de ser pendurado na parede da mente.

b) *Motivum fidei* (motivo da fé). Afirma-se que o motivo pelo qual um ser humano crê em Deus consiste na autoridade de Deus: deve-se crer porque Deus se revelou, e a ele, que é o Senhor, é prestada total obediência, obséquio da inteligência e da vontade no que consiste propriamente o ato de fé (doutrina formalizada pelo Vaticano I em 1870 com a constituição dogmática *Dei Filius*). Esta doutrina está baseada numa concepção autoritária do ser e pressupõe os *preambula* da revelação histórica e, sobretudo, da existência de Deus, quer dizer, pressupõe que a razão chega a conhecer com certeza tanto o fundamento de uma história particular enquanto revelação de Deus, como a existência de Deus. Mas tanto sobre a revelação histórica como sobre a existência de Deus vale o que foi dito acima. O *motivum fidei*, na medida em que se baseia na autoridade de Deus que se revela na história, reduz-se, portanto, a basear-se na autoridade da Igreja, que fala em nome de Deus, o que não é objetivamente a mesma coisa.

c) *Motivum credibilitatis* (motivo de credibilidade). Reúne os argumentos que, uma vez que se aderiu à fé cristã, demonstram que tal adesão foi racional e é, portanto, crível. A tradição teológica elenca quatro motivos principais de credibilidade:

— as profecias do Antigo Testamento cumpridas em Jesus;
— os milagres de Jesus (entre os quais o principal é a sua ressurreição);
— a difusão do cristianismo;
— a Igreja.

Nenhum destes argumentos está hoje em condições de dar segurança ao foro interno da consciência. No que diz respeito às profecias, remeto ao que escrevi acima na minha análise das etapas da história da salvação. No que concerne aos milagres, Heinrich Fries escreve: "Se no passado o milagre era considerado 'filho predileto da fé', hoje deveremos convir que é o filho que nos dá mais preocupações".[10] Quando

---

[10] Heinrich Fries, *Teologia fondamentale* [1985], Giampietro Bof (org.), trad. ital. de Dino Pezzetta, Brescia, Queriniana, 1987, p. 374.

se consideram os milagres, os problemas são substancialmente dois. O primeiro problema é criado pelo simples bom senso: todo dia assistimos à impotência do bem, temos nos olhos as imagens da Shoah e de todas as outras tragédias, constatamos com frequência a impotência das orações (inclusive aquela solene de João Paulo II em 5 de março de 2003, quarta-feira de cinzas, para evitar a guerra no Iraque), como crer no tempo dos milagres no qual era tão fácil resolver os problemas? John Spong, bispo norte-americano da Igreja episcopaliana, escreve: "Quando as pessoas dizem que a época dos milagres acabou, não significa que os milagres não se verificam mais, mas que não foram mais verificados: a época em que se acreditava nos milagres acabou".[11] Há um segundo elemento que torna implausíveis os milagres como motivo de credibilidade. Mesmo admitindo a possibilidade de que milagres aconteçam (e que às vezes aconteça algo humanamente inexplicável, sobretudo na questão das curas, eu, de modo diferente de Spong, acredito), por que eles deveriam ser uma prova de credibilidade da fé cristã? Há milagres também nas outras religiões. Devemos pensar que só os milagres cristãos são verdadeiros e os outros são falsos? Acho que é mais correto sustentar que os milagres são impossíveis, e impossíveis para todos, ou são possíveis e possíveis igualmente para todos, e que, portanto, não desempenham nenhum papel em tornar o cristianismo mais crível.

Sobre a difusão do cristianismo, com os apóstolos que se transformam de covardes em intrépidos anunciadores, não é preciso dizer muito: o Islã teve uma difusão ainda mais rápida e surpreendente, a história e a crônica depois nos apresentam regularmente não poucos fanáticos que, pelas suas convicções, estão dispostos a qualquer coisa, até a dar a vida, sem que esse seu zelo seja de algum modo uma prova da verdade das suas convicções.

Permanece o quarto motivo de credibilidade, a Igreja, sobre o qual assim escrevia o Vaticano I: "A Igreja, por sua admirável propagação, exímia santidade e inesgotável fecundidade em todos os bens, por sua

---

[11] John S. Spong, *Un cristianesimo nuovo per un mondo nuovo. Perché muore la fede tradizionale e come ne nasce una nuova* [2002], Ferdinando Sudati (org.), trad. ital. de Barbara Buzzetti e Stefania Salomone, Bolsena, Massari editore, 2010, p. 58-59.

unidade católica e invicta estabilidade, é um grande e perpétuo motivo de credibilidade e um testemunho irrefutável da sua missão divina" (DH 3013). Hoje, diante dos escândalos de alcance mundial ("o rosto da Igreja está coberto de pó... a sua veste está rasgada", Bento XVI, 20 de dezembro de 2010), estas palavras correm até o risco de parecerem ridículas, com toda aquela sua pompa. Um autorizado teólogo como Walter Kasper, hoje cardeal, escreveu: "Para muitos homens hoje, a Igreja na sua forma concreta representa mais um empecilho do que uma ajuda para a fé".[12] Norberto Bobbio confirma isso: "Creio que não me afastei da religião dos pais, mas da Igreja sim".[13] Imagino que aconteça a muitos crentes encontrar pessoas que na Igreja, muito longe de encontrar um motivo de credibilidade, encontram o maior obstáculo para a fé.

Penso que é evidente o balanço a fazer desta análise da *analysis fidei* da teologia tradicional com base na doutrina atual. Se um administrador apresentasse um balanço deste tipo à assembleia dos acionistas, dificilmente ficaria no emprego. Também por isto a consciência dos crentes individuais (ou seja, dos acionistas da sociedade Igreja Católica), quando deve explicar por que crê, se encontra incerta, confusa, perplexa. Não pode certamente repetir "por obediência", como ainda hoje a doutrina ensina.

53. O MAL, O PROBLEMA DOS PROBLEMAS

Até agora apresentei os problemas que dizem respeito à fé como ato subjetivo, enfrentando apenas indiretamente aqueles concernentes ao conteúdo objetivo da fé. Contra mim poderei, portanto, citar esta frase de Sergio Quinzio: "Os únicos verdadeiros problemas, as únicas verdadeiras perguntas que têm sentido propor, são aquelas que nascem de uma certeza da fé. Derivam exatamente dos conteúdos da fé, da

---

[12] Walter Kasper, *Introduzione alla fede* [1972], trad. de Rosino Gibellini, Brescia, Queriniana, 1983⁷, p. 75.
[13] Norberto Bobbio, *Ultime volontà*, agora em *Cronologia*, Marco Revelli (org.), in Norberto Bobbio, *Etica e politica. Scritti di impegno civile*, Projeto editorial e ensaio introdutório de Marco Revelli, Milano, Mondadori, 2009, p. cxxv.

dura e pesada *fides que creditur*, não da magnífica *fides qua creditur* que nos eleva em fuga para o ideal".[14] Embora não esteja de acordo com o retrato da *fides qua* como magnífica fuga para o ideal (como se fosse fácil neste mundo crer responsavelmente no ideal), penso, no entanto, que Quinzio tinha razão ao sublinhar que o jogo fica ainda mais duro quando se trata dos conteúdos da fé. Já me ocupei com eles nos meus livros precedentes sobretudo em matéria de antropologia e escatologia, e penso fazê-lo nos próximos volumes com particular atenção à soteriologia, cristologia e doutrina trinitária. Existe, todavia, uma questão tão decisiva em nível de conteúdo que também neste livro de teologia fundamental dedicado à *fides qua* não é possível evitar, porque ela constitui o problema dos problemas na base da fraqueza do crer. Refiro-me ao mal e à impossibilidade que daí deriva, tendo os olhos abertos para o mundo, ao pensar a onipotência e ao mesmo tempo a benevolência de Deus com efeitos devastadores sobre a sua própria existência. O mal com as suas repetidas e incalculáveis devastações torna impossível conceber um Ser do qual é dito que:

– governa o mundo com onipotência,
– é sumamente bom e sumamente justo,
– é pessoal e se preocupa com cada pessoa.

O contraste entre um Deus do qual se prega onipotência e amor e o enorme poder do mal foi percebido desde sempre pela consciência humana, mas no século XX se tornou simplesmente insustentável, tornando impossível do ponto de vista teórico, e antes ainda indecente do ponto de vista moral, a teologia tradicional da história.

Nos séculos passados a teologia conciliava realidade de Deus e realidade do mundo confeccionando uma visão da natureza e da história sob o signo de uma providência misteriosa que abrangia tudo, a qual Hegel, laicizando o seu nome, mas conservando o seu método, passou a chamar de *astúcia da razão*. Eis, por exemplo, o que Agostinho escrevia em *De civitate Dei*, o livro por séculos considerado o modelo da teologia cristã da história: "Adoramos aquele Deus que regula início, desenvolvimento e fim das guerras, quando desse modo o gênero humano deve

---

[14] Sergio Quinzio, *Mysterium iniquitatis*, Milano, Adelphi, 1995, p. 95.

ser purificado e punido. Ele criou e dirige o fogo deste mundo, tão forte e impetuoso segundo a harmonia da imensa natureza... Ele conhece e coordena as causas primeiras e as causas segundas".[15] Nas palavras de Agostinho brilha com luz negra a imagem do Senhor absoluto da história e da natureza. A mesma perspectiva se encontra na filosofia da história de Hegel: "Devemos levar em consideração a história universal e qual é a sua meta final: esse objetivo final é o que Deus quis com o mundo. Para essa meta final são celebrados todos os sacrifícios no altar do mundo".[16]

Houve um tempo em que frases como esta faziam as mentes dos crentes tremerem de um sentimento arcaico do mistério; hoje elas ficam horrorizadas. E não porque somos melhores do que os que nos precederam, mas simplesmente porque somos mais velhos, temos mais história, sabemos mais. Por isso hoje a melhor teologia, elaborada no "século dos genocídios" como foi chamado o século XX, não está mais em condições de sustentar a visão tradicional refletida pelas palavras de Agostinho e presente em muitos outros Padres da Igreja, escolásticos, teólogos modernos (católicos, ortodoxos e protestantes, não faz diferença). Mais radicalmente ainda, é a imagem do teísmo clássico de um Deus separado do mundo e ao mesmo tempo governador do mundo apresentada por não poucas páginas bíblicas que entrou definitivamente em crise. Hoje se consegue elaborar uma ideia sustentável de Deus apenas sob a condição de pensá-lo não mais como governante imperturbável das vicissitudes dos povos e dos indivíduos, mas como vítima, ele também, do processo histórico, como "Deus crucificado", único personagem digno da nossa adoração, ou apenas da nossa estima. Os tradicionalistas que hoje se referem à perspectiva agostiniana ao propor de novo um Deus senhor das guerras e das catástrofes naturais são advertidos como cruéis blasfemadores do mais sagrado valor da humanidade, a ligação solidária com as vítimas.

---

[15] Agostinho, *De civitate Dei* VII, 30.
[16] Georg W. F. Hegel, *Filosofia della storia universale. Secondo il corso tenuto nel semestre invernale 1822-1823*, K. H. Ilting, K. Brehmer e H. N. Seelmann (orgs.); trad. de Sergio Dellavalle, Torino, Einaudi, 2001, p. 22.

Gostaria de citar aqui o meu caro amigo Paolo de Benedetti: "Os tranquilizadores horizontes metafísicos de um Leibniz, de um Hegel, também de um Tomás de Aquino, de um Agostinho, de um Concílio Vaticano I, esvaneceram como uma miragem diante das experiências que pulverizaram os seus majestosos edifícios da teodiceia, da teologia racional, da apologética, do tratado *De Deo*: e a poeira subiu até obscurecer Deus. Quando se tomou consciência dessa ruína, o problema do mal aparece em toda a sua renovada e inviolada grandeza".[17] Estas palavras valem para toda a melhor teologia contemporânea, a este respeito em particular Dietrich Bonhoeffer, Pierre Teilhard de Chardin, Jürgen Moltmann, Dorothee Sölle, Johann Baptist Metz; valem para os mais sensíveis pensadores religiosos, entre os quais, além do próprio De Benedetto, Sergio Quinzio, David Maria Turoldo, Tonino Bello, Arturo Paoli e, antes deles, a fulgurante figura de Etty Hillesum. Não valem, porém, para a doutrina oficial do catolicismo, para a qual parece que no século XX não houve nada e tudo pode continuar como nos tempos de santo Agostinho, de quem o Catecismo repropõe hoje o aberrante sofisma: "Deus não é de modo algum, nem direta nem indiretamente, a causa do mal moral. Todavia, permite-o, respeitando a liberdade de sua criatura e, misteriosamente, sabe auferir dele o bem" (Catecismo, n. 311).[18]

- O homem pergunta: Deus poderia impedir o mal?
- A Igreja responde: Sim, claro, Deus pode tudo, pode até impedir o mal.
- O homem pergunta: Então por que não o impede?
- A Igreja responde: Não o impede, mas o permite, para dele tirar misteriosamente o bem.
- O homem pergunta: E qual é o bem tirado de seis milhões de judeus exterminados nas câmaras de gás? Qual é o bem tirado do assassinato de um milhão de armênios? Qual o bem tirado dos milhões de vítimas do comunismo e de todas as outras víti-

---

[17] Paolo De Benedetti, *Quale Dio? Una domanda dalla storia*, Brescia, Morcelliana, 1986, p. 12.
[18] Agostinho de Hipona, *Enchiridion de fide, spe et caritate*, 11, 3: "Deus onipotente... sendo supremamente bom, não permitiria nunca que existisse qualquer mal nas suas obras, se não fosse suficientemente poderoso e bom para do próprio mal tirar o bem".

mas dos genocídios do século XX? E qual é o bem que se tira do nascimento de milhares de crianças que todo dia vêm ao mundo com uma malformação genética?

— A Igreja responde: Mistério.

Mas logo em seguida acrescenta:

— Tu, porém, tem fé. Desses males Deus tira o bem, mesmo se não o reconheces. Ou talvez pretendas saber tudo?

E ao dizer isso sorri para o homem sem olhá-lo nos olhos e fecha a porta.

A Igreja ensina que Deus se serve do mal permitindo a sua existência para realizar o bem. O problema é que, na parte moral, o Catecismo escreve três vezes: "Não é permitido praticar um mal para que dele resulte um bem" (n. 1756, 1761, 1789). Entretanto, ao dizer no n. 311 que Deus permite o mal, o Catecismo atribui à divindade exatamente a mesma lógica condenada nos artigos da parte moral que acabamos de citar.

Ora, não há dúvida de que da morte de um inocente, ou da deficiência com a qual nasce uma criança, alguém pode tirar uma ocasião de bem (por exemplo, dando o seu tempo livre no voluntariado), mas o ponto não é este. O ponto é que a doutrina sustenta que Deus permite de propósito um mal (deficiência), mesmo podendo impedi-lo, a fim de realizar o bem (voluntariado), e isto é moral, teológica e, sobretudo, humanamente inaceitável. O mal que se abate sobre um ser humano não pode ser instrumentalizado para o bem de outro ser humano. Este é o abecê da moral, como a Igreja sabe bem em teologia moral, mas infelizmente ignora em teologia dogmática.

A doutrina eclesiástica vive num passado longínquo que não existe mais, num antigo palácio de janelas trancadas onde, se alguém quiser abrir uma para entrar um pouco de ar fresco, se apresentam fantasmas que o ameaçam: "Anathema sit!". A hierarquia se preocupa apenas com a fidelidade ao passado num círculo autorreferencial que leva sempre mais ao isolamento, sem a coragem de repensar as doutrinas em relação à vida do mundo, sem abrir as janelas da mente para a luz do sol da vida. O resultado é que a alma dos crentes católicos se encontra dividida entre duas pretensões contraditórias de verdade, a da Igreja e a do mundo. Por isso, à medida que a ciência e a história apresentam os dados do seu trabalho, o drama da relação entre um Deus amor e um mundo sem amor cresce sempre mais. Grandes pensadores cristãos viveram este drama e abriram novos caminhos, mas a sua pesquisa espiritual está muito longe de encontrar espaço na doutrina oficial da Igreja Católica. Na realidade é preciso estarmos conscientes de que todo discurso sobre Deus, hoje mais do que ontem, não só não pode prescindir do problema do mal, mas adquire verdadeiramente sentido apenas a partir dali, porque a fé é autêntica apenas se se alimenta das interrogações radicais da vida e quer colocar-se ao serviço da vida.

O catolicismo tradicional não está em condições de responder ao problema do mal porque se choca com a impossibilidade lógica de ter juntas três afirmações, para ele irrenunciáveis:

– o mal está presente no mundo;
– Deus não o quer;
– Deus governa o mundo.

A dogmática católica tradicional não pode renunciar a nenhuma das três afirmações, e procura arranjá-las logicamente mediante o subterfúgio que distingue entre *querer* e *permitir*, como se permitir que uma coisa aconteça não significasse por si mesmo querê-la, ainda que apenas em função instrumental. Daí o mal-estar e a insegurança da fé hodierna.

A história e a natureza, no seu desenrolar cotidiano, não conseguem mais ser interpretadas pela visão católica como dotadas de sentido, há sempre um lado escuro diante do qual não se sabe fazer outra coisa senão evocar o mistério, trocando-o arbitrariamente pelo enigma.

Para dar fundamento ao discurso conduzido até aqui, apresento um exemplo bastante clamoroso, retomando quase literalmente o que escrevi mais vezes, tanto em artigos em jornais e semanários como no livro em forma de disputa com Corrado Augias. Trata-se de um exemplo mais agudo ainda à luz do que o Catecismo escreve, ou seja, que "Não há nenhum elemento da mensagem cristã que não seja uma resposta à questão do mal" (n. 309). Pois bem, uma verdadeira contradição entre João Paulo II e Bento XVI exatamente sobre o problema do mal marca de modo inequívoco a incerteza embaraçosa que hoje domina a dogmática católica oficial.

VIII. UMA DOUTRINA QUE NÃO ANDA

No livro *Memória e identidade*, João Paulo II chega a ocupar-se com o comunismo e o nazismo, perguntando-se pelo sentido do seu aparecimento na história: "O que se fazia pensar era que o mal era, de alguma maneira, necessário para o mundo e para o homem. Sucede, de fato, que em certas situações concretas da existência humana o mal se revela em alguma medida útil, enquanto cria ocasiões para o bem". Depois, para reforçar a tese da necessidade e da utilidade do mal, acrescentou: "Johann Wolfgang von Goethe acaso não qualificou o diabo como *ein Teil von jener Kraft, die stets das Böse will und stets das Gute schafft* (uma parte daquela força que sempre quer o mal e sempre faz o bem)?". E depois de uma citação da Carta aos Romanos, João Paulo II conclui: "Definitivamente, se chega assim, sob o estímulo do mal, a fazer existir um bem maior".[19]

No livro *Fé, verdade, tolerância*, o papa Bento XVI, então cardeal, escrevia: "O mal não é absolutamente – como Hegel achava e Goethe quer mostrar-nos no *Fausto* – uma parte do todo de que precisamos, mas a destruição do Ser. Não pode ser apresentado, como faz o Mefistófeles do *Fausto*, com as palavras: *ein Teil von jener Kraft, die stets das Böse will und stets das Gute schafft* (uma parte daquela força que sempre quer o mal e sempre faz o bem)". Depois, para reforçar a oposição a Goethe, o autor se refere exatamente às "mortandades do comunismo" já evocadas por João Paulo II, negando que o mal possa de algum modo ser definido como "uma parte necessária da dialética do mundo".[20]

Temos, portanto, um papa que faz sua a visão de Goethe, e outro que o ataca explicitamente. A avaliação oposta da mesma frase indica duas modalidades opostas de pensar a função do mal dentro do ser, duas filosofias opostas em referência à relação entre Deus e o mundo. O tema é de tal importância que está no coração da visão católica do mundo: João Paulo II, recorrendo a Goethe, diz que o mal entra no projeto divino sobre o mundo, é querido como parte desse projeto; Bento XVI, opondo-se a Goethe, diz que o mal não entra no projeto divino sobre

---

[19] João Paulo II, *Memória e identidade* (cf. trad. ital. de Zofia J. Brzozowska, Milano, Rizzoli, 2005, p. 27).
[20] Joseph Ratzinger, *Fede, verità, tolleranza*, Siena, Cantagalli, 2003, p. 48.

o mundo, não é querido como parte de tal projeto. Quem tem razão? Qual dos dois papas exprime melhor a ideia cristã de Deus? O Beato João Paulo II ou seu sucessor como vigário de Cristo? O que é verdade é que a doutrina católica revela aqui toda a sua fragilidade.

54. UM CISMA NÃO MAIS SUBMERSO E DESTINADO A CRESCER

Por toda essa série de motivos, aos quais se acrescentariam outros se devêssemos abrir os capítulos dos conteúdos da fé e da moral, o embaraço existente na consciência católica é altíssimo. O filósofo católico Pietro Prini o manifestou em 1998, ao publicar um livro que fez furor: *O cisma submerso*.[21] Segundo o cânon 751 do *Código de direito canônico*, o cisma é definido como "a recusa de sujeição ao Sumo Pontífice" e é considerado um delito tão grave que merece a pior das penas previstas, a excomunhão *latae sententiae*, como prescreve o cânon 1364, ou seja, aquele tipo de excomunhão que não precisa de uma sentença formal para ser aplicada, mas atua por si instantaneamente ao suceder o acontecimento. Prini evidentemente conhecia bem tudo isso, não obstante não hesitou em falar de cisma, termo retomado depois por outros autores.

Provavelmente a manifestação mais clamorosa desse *cisma submerso* consista na tensão nada submersa entre cristianismo espiritual e cristianismo institucional, uma tensão aos olhos de todos que se manifesta particularmente em duas frentes: na relação entre radicalidade evangélica e praxe eclesiástica comum, e na relação entre teologia e Magistério pontifício.

O primeiro aspecto, em minha opinião, é o mais inquietante, porque assinala a divisão que está desde sempre agindo na Igreja, mas na época contemporânea é notada mais agudamente, entre quem busca cumprir verdadeiramente as exigências evangélicas e a praxe eclesiástica ordinária promovida pelas hierarquias muitas vezes sob o signo do compromisso com o poder. Acerca de radicalidade evangélica em contraste

---

[21] Pietro Prini, *Lo scisma sommerso*, Milano, Garzanti, 1999. A primeira edição pelo Studio g.due, de Milão, 1998.

com o Magistério romano, penso no bispo brasileiro Helder Camara (1909-1999) e no bispo salvadorenho Oscar Romero (1917-1980), autênticas e incômodas figuras de santidade, o segundo dos quais assassinado por um membro do esquadrão da morte em 24 de março de 1980 enquanto celebrava a eucaristia, por causa de seu empenho em favor da justiça, e os dois bem longe da beatificação a que teriam direito pelo menos com a mesma imediatez reservada a João Paulo II. Penso também nos padres franceses Henri Antoine Grouès, chamado Abbé Pierre (1912-2007), no monge trapista estadunidense Thomas Merton (1915-1968), no jesuíta indiano Anthony de Mello (1931-1987), no jesuíta basco Pedro Arrupe (1907-1991), na irmã norte-americana Jeannine Gramick (nascida em 1942) e no sacerdote norte-americano Robert Nugent (ordenado em 1965). Também na Itália não são poucos os homens espirituais que pelas suas posições sob o signo da radicalidade evangélica foram perseguidos de vários modos pela Igreja hierárquica, não sem duros artigos e às vezes difamatórios por parte da imprensa católica oficial que depois, *post mortem*, os transformou em imagens inócuas. Penso em dom Primo Mazzolari (1890-1959), dom Zeno Saltini (1900-1981), irmão Carlo Carretto (1910-1988), padre Giovanni Vannucci (1913-1984), dom Giuseppe Dossetti (1913-1996), dom Benedetto Calati (1914-2000), padre David Maria Turoldo (1916-1992), padre Camillo de Piaz (1918-2010), dom Michele Do (1918-2005), padre Umberto Vivarelli (1919-1994), padre Nazareno Fabbretti (1920-1997), dom Lorenzo Milani (1923-1967), dom Abramo Levi (1920-2007), padre Ernesto Balducci (1922-1992), padre Aldo Bergamaschi (1927-2007), Mario Cuminetti (1934-2005), dom Tonino Bello (1935-1993). Penso em Arturo Paoli (n. 1912), em dom Luigi Bettazzi (n. 1923), no cardeal Carlo Maria Martini (1927-2012) pelas posições tomadas contra a corrente depois das demissões pelo arcebispo de Milão sobre os temas bioéticos e no livro *Conversazioni notturne a Gerusalemme*.

Contra os silêncios hostis e às vezes as sanções contra essas figuras de radicalidade evangélica, existem os elogios e as promoções de personagens mais que discutíveis, mas sempre prontos a uma veneração incondicionada pelo poder pontifício. Um exemplo que vale por todos é o padre mexicano Marcial Maciel Degollado (1920-2008), fundador em 1941 dos Legionários de Cristo, favorito de João Paulo II durante todo o seu pontificado, e que se descobriu que teve relações com várias mulheres das quais teve um número impreciso de filhos (os seus legionários reconheceram três) e molestou sexualmente um número igualmente impreciso de seminaristas da sua congregação.

No que diz respeito à relação entre a pesquisa teológica e a Igreja hierárquica, é um simples fato de que a maior parte dos teólogos mais significativos da época contemporânea demonstrou e continua a demonstrar insatisfação para com a doutrina da fé na sua configuração eclesiástica, manifestando tal incômodo mais ou menos abertamente nas suas publicações e se tornando assim objeto de pressões, censuras e, às vezes, verdadeiras sanções por parte das autoridades eclesiásticas. Limitando-me ao movimento que preparou o Vaticano II, o primeiro nome a citar é o do jesuíta francês Pierre Teilhard de Chardin (1881-1955), cientista além de teólogo e, nessa qualidade, precursor do diálogo com o evolucionismo darwiniano, afastado da cátedra no Instituto Católico de Paris por suas críticas ao dogma do pecado original, sendo proibida a ele qualquer forma de publicação e mesmo *post mortem* foi objeto de um *monitum* do Santo Ofício datado de 30 de junho de 1962. Vêm depois os padres da chamada *théologie nouvelle*, o dominicano Marie-Dominique Chenu (1895-1990), o jesuíta Henri de Lubac (1896-1991, que passou depois para posições mais conservadoras), o dominicano Yves Congar (1904-1995), todos os três objeto de perseguições eclesiásticas após a infausta encíclica de Pio XII *Humani generis* de 1950: Chenu é colocado no Índice, de Lubac é exonerado da cátedra, Congar é diretamente exilado. Entre os outros teólogos da era conciliar que tiveram problemas por vários motivos com a hierarquia eclesiástica são recordados o jesuíta holandês Piet Schoonenberg (1911-1999), o dominicano holandês Edward Schillebeeckx (1914-2009), o suíço Hans Küng (n. 1928), de quem em 1979 João Paulo II revogou a permissão de ensinar teologia em nome da Igreja Católica (*missio canonica*). É preciso mencionar também os principais protagonistas da teologia da libertação: o dominicano peruano Gustavo Gutiérrez (n. 1928), o belga naturalizado brasileiro José Comblin (1923-2011), o brasileiro

Leonardo Boff (n. 1938), o jesuíta basco Ignacio Ellacuría (n. 1940, assassinado em 16 de novembro de 1989 pelo exército de El Salvador junto com outros confrades jesuítas e colegas universitários), o jesuíta hispano-salvadorenho Jon Sobrino (n. 1938), todos de vários modos objeto de pressões e de condenações por parte do Magistério, o qual com João Paulo II e com o cardeal Joseph Ratzinger passou a extirpar sistematicamente a presença da teologia da liberação dos seminários, das universidades pontifícias, das dioceses, por toda parte. Nos últimos anos foi a vez dos teólogos mais sensíveis ao ecumenismo, ao diálogo inter-religioso e à ciência, e às mais inovadoras teólogas feministas, que foram objeto de condenações e de marginalizações: a teóloga italiana Adriana Zarri (1919-2010), o jesuíta belga Jacques Depuis (1923-2004), o sacerdote de pai hindu e de mãe catalã Raimon Panikkar (1918-2010), o teólogo cingalês Tissa Balasuriya (n. 1924), o sacerdote italiano Carlo Molari (n. 1928), a teóloga norte-americana Mary Daly (1928-2010), o jesuíta norte-americano Roger Haight (n. 1936), o norte-americano Paul Knitter (n. 1939), a teóloga norte-americana Elizabeth Johnson (nascida em 1941), o norte-americano de origem vietnamita Peter Phan (n. 1946), o norte-americano Matthew Fox (n. 1940). Entre os biblistas, recordo o jesuíta francês Stanislas Lyonnet (1902-1986), o sacerdote suíço Herbert Haag (1915-2001), o frade capuchinho italiano Ortensio da Spinetoli (n. 1925), o alemão Eugen Drewermann (n. 1940), o irmão servita italiano Alberto Maggi (n. 1945). Para a teologia moral, enfim, o redentorista alemão Bernard Häring (1912-1998), o italiano Ambrogio Valsecchi (1930-1983), o jesuíta francês Paul Valadier (n. 1933), o norte-americano Charles Curran (n. 1934), o redentorista espanhol Marciano Vidal (n. 1937).

Obviamente, os motivos do dissenso variam de teólogo a teólogo, assim como o seu estilo, que para alguns é mais combativo, para outros, mais cauteloso. Mas o que se nota é que dentro da teologia a busca da verdade e da coerência lógica parece necessariamente destinada ao choque com a conservação do centralismo romano. Afinal, até Tomás de Aquino foi objeto de uma condenação *post mortem* por parte da autoridade doutrinal máxima do tempo, e Antonio Rosmini, beatificado em 2007, foi condenado duas vezes, uma vez quando ainda era vivo, em

1849, e uma vez depois de morto, em 1887 (cf. DH 3201-3241). A inovação que deriva da pesquisa sempre esteve destinada, no catolicismo, a chocar-se com a imobilidade e a rigidez da doutrina.

Já recordei o que Joseph Ratzinger escreveu: "No alfabeto da fé, o lugar de honra é a afirmação: 'no princípio era o *Logos*'. A fé nos atesta que o fundamento de todas as coisas é a Razão eterna... A fé não quer oferecer ao homem uma forma qualquer de psicoterapia: a sua 'psicoterapia' é a verdade".[22] Ratzinger tem razão. Duas coisas são essenciais para a fé católica: a consciência de falar em nome da verdade e a exposição da racionalidade de tal verdade que se diz como *logos*. Mas o ponto é este: exatamente do exercício efetivo da razão por amor da verdade, que é o ato supremo da ciência teológica, derivam para a fé estabilidade, medos e inseguranças; exatamente desenvolvendo-se no interior da doutrina a peculiaridade do estatuto da verdade que a pensa como *logos* e, portanto, como lógica, surgem dificuldades agudas. Simone Weil, que fez da probidade intelectual o sentido de toda a sua existência, denunciou com clareza essa situação paradoxal: "No cristianismo, desde o início ou quase, há um desconforto da inteligência".[23]

Não é de admirar, portanto, a recorrência de documentos críticos contra a hierarquia por parte dos teólogos contemporâneos. O primeiro caso ocorreu em 1968, nos Estados Unidos, após a encíclica *Humanae vitae* de Paulo VI contra a regulação artificial dos nascimentos, quando 87 teólogos (que nos dias seguintes aumentou para mais de duzentos) assinaram uma declaração crítica contra o texto papal; o texto, cujo principal inspirador foi o teólogo moralista Charles Curran, sacerdote e professor na Catholic University of America, foi publicado no *New York Times* no dia 30 de julho de 1968 (a *Humanae vitae* saíra em 25 de julho).

O segundo caso ocorreu em 27 de janeiro de 1989, quando 163 teólogos de língua alemã (originários da Alemanha, Suíça, Áustria e

---

[22] Joseph Ratzinger, *La teologia e il magistero della Chiesa. Un contributo alla discussione e comprensione della "Istruzione sulla vocazione ecclesiale del teologo"* [1990], in *Natura e compito della teologia. Il teologo nella disputa contemporanea. Storia e dogma*, trad. de Riccardo Mazzarol e Carlo Fedeli, revisão de Elio Guerriero, Milano, Jaca Book, 1993, p. 91.

[23] Simone Weil, *Lettera a un religioso* [1942], Giancarlo Gaeta (ed.), Milano, Adelphi, 1996, p. 63.

Holanda, e que nos dias seguintes chegou a 220) assinaram um documento que ficou conhecido como *Declaração de Colônia* ("Kölner Erklärung"). Documentos análogos surgiram na Bélgica, Espanha, Brasil, França, Estados Unidos e Itália, com um número total de cerca de 700 teólogos que assinaram. Entre os que assinaram o documento sobressaíam os nomes de Franz Böckle, Peter Eicher, Heinrich Fries, Norbert Greinacher, Bernard Häring, Peter Hünermann, Hans Küng, Johann Baptist Metz, Dietmar Mieth, Jürgen Werbick. O texto começa sublinhando três problemas particulares: (1) as nomeações dos bispos procedem da cúria romana sem levar em conta as propostas das igrejas locais; (2) as autorizações eclesiásticas para o ensino da teologia são utilizadas como instrumento disciplinar, minando pela raiz a liberdade da pesquisa; (3) a função do papa se torna sempre mais preeminente na Igreja, muito além da tradicional tarefa jurisdicional. Denunciados estes três males, os teólogos de língua alemã se declaravam convencidos de não poderem mais se calar em razão: (1) da sua responsabilidade para com a fé; (2) da sua função de docentes de teologia; (3) da sua consciência; (4) da solidariedade com todos os crentes desiludidos com as involuções eclesiásticas.

Na Itália, a *Declaração de Colônia* foi retomada numa carta publicada pela revista *Il Regno* em maio de 1989 e assinada por 63 estudiosos entre teólogos, historiadores e biblistas, cujos nomes transcrevo em nota.[24] No documento dos teólogos italianos eram sublinhados os seguintes pontos:

---

[24] Attilio Agnoletto, Giuseppe Alberigo, Dario Antiseri, Giuseppe Barbaccia, Giuseppe Barbaglio, Maria Cristina Bartolomei, Giuseppe Battelli, Fabio Bassi, Edoardo Benvenuto, Enzo Bianchi, Bruna Bocchini, Giampietro Bof, Franco Bolgiani, Gianantonio Borgonovo, Franco Giulio Brambilla, Remo Cacitti, Pier Giorgio Camaiani, Giacomo Canobbio, Giovanni Cereti, Enrico Chiavacci, Settimio Cipriani, Tullio Citrini, Pasquale Colella, Franco Conigliano, Eugenio Costa, Carlo d'Adda, Mario Degli Innocenti, Luigi Della Torre, Roberto dell'Oro, Severino Dianich, Achille Erba, Rinaldo Fabris, Giovanni Ferretti, Roberto Filippini, Alberto Gallas, Paolo Giannoni, Rosino Gibellini, Giorgio Guala, Maurilio Guasco, Giorgio Jossa, Siro Lombardini, Italo Mancini, Luciano Martini, Alberto Melloni, Andrea Milano, Carlo Molari, Dalmazio Mogillo, Mauro Nicolosi, Flavio Pajer, Gianino Piana, Paolo Prodi, Armido Rizzi, Giuseppe Ruggieri, Giuliano Sansonetti, Luigi Sartori, Cosimo Scordato, Mario Serenthà, Massimo Toschi, David Maria Turoldo, Maria Vingiani, Francesco Zanchini, Giuseppe Zarone. Cf. *Il Regno-Attualità*, ano XXXIV, n. 10 (15 maio 1989), p. 244-245.

- o Concílio Vaticano II constitui um efetivo ponto de referência doutrinal;
- a Igreja deve privilegiar a lógica da pobreza e não a do poder;
- a Igreja é pensada como comunhão de igrejas locais e não como pirâmide vertical;
- o papel do Magistério no campo ético deve ser repensado;
- a tarefa dos teólogos não é simplesmente divulgar as decisões do Magistério.

Particularmente imponente foi a retomada da *Declaração de Colônia* nos Estados Unidos, onde em 13 de dezembro de 1990 foi publicado o documento intitulado *Do Not Extinguish the Spirit*, assinado por 431 teólogos pertencentes à CTSA (Catholic Theological Society of America).

Um terceiro caso de documento crítico contra a hierarquia originou-se, mais uma vez, na Alemanha, e consistiu na publicação no jornal *Süddeutsche Zeitung* de 2 de fevereiro de 2011 de um texto intitulado *Kirche 2011: Ein notwendiger Aufbruch* (Igreja 2011: uma renovação necessária). Originalmente assinado por 143 teólogos de língua alemã atuantes na Alemanha, Áustria e Suíça, em seguida o texto teve 240 adesões de teólogos de língua alemã e 71 teólogos de outras línguas, chegando ao um total de 311, quando, em 7 de março de 2011, foram encerradas as assinaturas, e o texto foi enviado oficialmente aos bispos. O documento parte da crise ligada aos abusos sexuais do clero com menores para renovar, como já acontecera em 1989, o grito que sobe da consciência teológica crente: "Não podemos mais ficar calados". Segundo os teólogos de língua alemã, existe um só princípio claro ao pensar a fé cristã hoje, a liberdade: "A mensagem de liberdade do Evangelho constitui o critério de uma Igreja crível, do seu agir e da sua configuração social". À luz desse critério decisivo se trata de fazer reformas radicais nos seguintes âmbitos:
- estruturas eclesiais de participação: "São necessárias em todos os níveis da Igreja mais estruturas sinodais, e os crentes devem poder participar da nomeação dos principais ministros do culto (bispo, pároco)";

- paróquias: "Por falta de sacerdotes são criadas unidades administrativas sempre maiores... no exercício dos ministérios eclesiásticos a Igreja precisa também de sacerdotes casados e de mulheres";
- cultura dos direitos: "A proteção dos direitos e cultura dos direitos devem melhorar urgentemente na Igreja";
- liberdade de consciência: "A valorização eclesial do matrimônio e do celibato não está em discussão, mas isto não obriga a excluir as pessoas que vivem de maneira responsável o amor, a fidelidade e o cuidado recíproco num casal do mesmo sexo ou como divorciados que se casaram de novo";
- reconciliação: "O rígido rigorismo moral não convém à Igreja";
- liturgia: "A liturgia vive da participação ativa de todos os crentes".

De modo diferente de 1989, até agora esse documento proveniente dos países de língua alemã, até onde sei, não suscitou nenhum outro noutros países, o que representa mais um sinal da estagnação, para não dizer resignação, de que são vítimas as comunidades católicas nos nossos dias.

55. AVALIAÇÃO TEOLÓGICO-ESPIRITUAL

À luz de todas estas considerações (sendo a mais grave a dor dos inocentes), a consciência, pelo menos a minha, sente que se encontra sem um ponto de apoio externo para a sua fé em Deus. Isto pode levá-la a afundar no nada e a entregar a mente ao niilismo. Mas pode ser também a única via de acesso à verdade, enquanto pode representar aquela "noite escura", ou "vazio", "nuvem do não conhecimento", "aridez", "nada", de que falam os grandes místicos, símbolos negativos que exprimem a condição da mente que se põe a fazer as contas a sério com a verdade.

São João da Cruz escreve: "Nenhuma coisa criada nem pensada pode servir ao intelecto para unir-se com Deus... antes lhe serve de impedimento".[25] Aqui, João da Cruz, santo e doutor da Igreja, afirma a perspectiva oposta em relação ao Vaticano I e ao Catecismo, e a mesma

---

[25] João da Cruz, *Subida ao Monte Carmelo*, II, 8, 1 [http://www.caminando-con-jesus.org/carmelita/juandelac/sjdlacruz-subida%20al%20montecarmelo.pdf].

em relação a Kant, antecipando-o dois séculos: não há nada que recai sob os sentidos que possa unir com certeza a consciência a Deus, à verdade. A propósito de "noite escura", assim fala na obra homônima: "Esta noite, que dizemos ser a contemplação, causa nas pessoas espirituais duas espécies de trevas, ou purgações, segundo as duas partes do homem, a sensitiva e a espiritual. E assim uma noite ou purificação será sensitiva, purificando a alma segundo o sentido, acomodando-o ao espírito; e a outra é noite ou purgação espiritual, com que se purifica e desnuda a alma segundo o espírito, acomodando-o e dispondo-o para a união de amor com Deus. A sensitiva é comum... a espiritual é de muito poucos... A primeira purificação ou noite é amarga e terrível para o sentido, como agora diremos. A segunda não tem comparação, porque é horrenda e espantosa para o espírito".[26]

Quem são os santos? São os mestres da dimensão espiritual. Eles amam a verdade e, ao mesmo tempo, como a mesma coisa, amam o bem. Buscam a verdade, a verdade como lógica interior e profunda da realidade, e buscam o bem, o bem como lógica interior e profunda da realidade. Para eles vale esta equação: verdade = bem. Os santos e os místicos são os cientistas do espírito, os exploradores da dimensão mais profunda contida no fenômeno humano.

São eles que constituem o paradigma da pesquisa que gera a fé autêntica. Os símbolos negativos utilizados por eles (noite escura, vazio, aridez, nuvem do não conhecimento, nada) não são uma abstração intelectual, mas desenham a condição concreta da mente que, buscando o bem e a justiça, procede com honestidade no seu percurso e chega a se encontrar sem fundamento. Quem exerce o pensamento é levado à beira do abismo do nada. É hoje a condição espiritual de muitos. Os crentes que a vivem entram em comunhão com o espírito do mundo: e isto, talvez, é exatamente o que o Espírito Santo quer de nós.

Quando nos expomos à verdade, sem medo de perder nada, sem querer preservar nada, e, portanto, sem trapacear nem um pouco, sem o mínimo pensamento guiado, querendo apenas a pura, santa, sagrada,

---

[26] João da Cruz, *Noite escura* I, 8, 1-2 [a tradução portuguesa foi feita a partir do texto espanhol: http://mercaba.org/doctores/juan-cruz/la_noche_oscura_1.htm].

divina verdade, entramos na noite escura da fé. Mas essa exposição à verdade, longe de ser uma tentação ou um ato de soberba intelectual, obtém naquele que a realiza aquela purgação, purificação, da mente (*expurgatio mentis, emendatio intellectus*) que corresponde ao primeiro degrau do caminho espiritual que a tradição ascético-mística chama "purgativo".

A purificação acontece ao fazer agir na mente o poder purificador da lógica, aquela mesma lógica que é filha do *Logos* no governo do mundo e que preside tanto o mundo físico como o mundo espiritual, os quais parecem distintos apenas no nosso nível do ser, ao passo que em si mesmos são um único mundo, o único mundo de Deus.

Raciocinando (não à maneira racionalista e fria de quem quer apenas destruir e não se empenha em cuidar do mistério supremo da vida, mas ao modo pleno de atenção e de calor de quem busca a verdade total e quer ligar os fenômenos entre si), entra-se na noite escura da fé. As construções sistemáticas da teologia e os dogmas do Magistério, nesta altura do caminho espiritual, parecem relativos, apenas sinais fracos, às vezes verídicos, às vezes não. Eles não são a realidade, são apenas sinais que a indicam, e a alma intui que é preciso ultrapassá-los, ir além, porque quem fica por ali, quem não os supera, nunca alcançará a plenitude do ser ao qual eles remetem.

A noite escura da fé à qual conduz a busca honesta da verdade não é um passo atrás, é um passo à frente, em direção ao progresso espiritual. Os místicos, os verdadeiros mestres da fé, deram esse passo expondo-se à luz da verdade divina, querendo apenas tal verdade: nenhum jogo de poder, nenhuma instrumentalização da fé para interesses mundanos, nenhum compromisso. Os místicos ensinam que a fé, para crescer, deve entrar na escuridão. O conhecimento místico, o mais alto conhecimento do divino, é sem forma, escuro, não é conhecimento mas "nuvem de não conhecimento", e num primeiro tempo, um tempo que às vezes pode ser muito longo, talvez a vida toda, entregue ao nada, ao vazio, à aridez.

Penso que este caminho que os místicos traçaram, com categorias diferentes, mas de modo unitário no tocante à estrutura fundamental, contém um paradigma do caminho que a fé da Igreja é chamada a percorrer. A alma de um verdadeiro homem espiritual contém o percurso que toda a Igreja é chamada a fazer. Penso que o grande processo da secularização e do ateísmo, iniciado na Europa na época moderna, é algo que diz respeito de perto também aos crentes porque as suas raízes surgem de um profundo senso de justiça e de verdade. Essa negação moderna da religiosidade tradicional pode ser equiparada ao que o indivíduo místico vive quando fala de "noite escura". É significativo, de fato, que boa parte das negações da fé tenham ocorrido exatamente em nome da verdade (Darwin, Nietzsche, Freud, Russell), da justiça (Max, Camus), às vezes também da correta ideia de Deus (Giordano Bruno). Foi uma exigência moral que levou muitos a negar alguns aspectos da fé, ou a própria fé enquanto tal. E de modo diferente do ateísmo *bright* descontraído (só do qual se produz conhecimento autêntico),[27] o ateísmo que nasce em nome da rebelião moral e da paixão intelectual tem muito a ensinar os crentes.

Também um papa não certamente progressista como Bento XVI não pôde deixar de se perguntar, no discurso proferido em Auschwitz em 28 de maio de 2006: "Onde Deus estava?", fazendo eco ao que João Paulo II já tinha dito no mesmo lugar. Até nos guardiães da ortodoxia a dúvida sobre a onipotência divina encontrou espaço. Penso que todo cristão é chamado a interiorizar esse processo de negação, a assumir o drama do niilismo como algo que diz respeito a ele. Não para ser niilista, não para viver o cinismo, o ressentimento da vida, a eliminação dos ideais e do espírito da infância, a derrota de toda confiança no bem; esta é apenas uma grande desgraça, a maior que possa acontecer a um ser humano na sua interioridade. Não se trata de ser niilista. Trata-se de viver em total comunhão com o mundo, sem julgar a sua labuta condenando-o em termos de "relativismo", mas fazendo sua a noite escura, a mesma vivida por todos os autênticos buscadores de Deus. E, cessando de repetir fórmulas catequéticas estereotipadas, mas submetendo a sua fé no Sumo Bem a um severo processo de purificação.

Ao enfrentar esta condição do espírito contemporâneo com toda a radicalidade e honestidade intelectual de que fui capaz, elaborei a perspectiva de teologia fundamental que agora procurarei apresentar na última parte deste livro.

---

[27] Ésquilo, *Agamemnon*, 250: "Só a quem sofre, a Justiça concede, em troca, o saber".

IX. Itinerário da mente para Deus

56. A primeira pessoa do singular

O segundo mandamento do decálogo de Moisés prescreve não pronunciar em vão o nome de Deus em referência ao *nome próprio* anunciado em Êxodo 3,14 com as quatro letras hebraicas YHWH e traduzido pela Bíblia comumente por "Eu sou aquele que sou". Eu penso, porém, que hoje a situação da mente contemporânea é tal que, se não se quiser pronunciar em vão o nome "Deus" também como *nome comum* de pessoa, impõe-se uma condição precisa, inderrogável: falar na primeira pessoa do singular. Creio que hoje se pode falar de Deus de modo verídico apenas dizendo conscientemente "eu", e exatamente a partir do Eu. Percebo este método e este estilo como um verdadeiro dever, e concordo com o que já foi observado por Gianni Vattimo quando, ao ser perguntado se o que tinha escrito sobre a fé não era "demasiado em primeira pessoa", respondeu: "Estou convencido de que um discurso sobre a religião que não seja apenas uma pesquisa erudita, histórico-documental, só pode ser formulado assim".[1]

Estou consciente de que, ao sustentar esta perspectiva, tenho três adversários a enfrentar:

— algumas correntes místicas que se baseiam no princípio da negação do Eu;

---

[1] Gianni Vattimo, *Credere di credere*, Milano, Garzanti, 1996, p. 99.

- o protestantismo clássico e a teologia dialética, que concebem a palavra de Deus como negação da palavra do homem;
- o Magistério católico com o seu princípio de autoridade.

Trata-se de perspectivas muito diferentes entre elas, mas aproximadas pela desconfiança para com a primeira pessoa do singular como capaz de um genuíno discurso acerca de Deus, ou pela desconfiança para com a liberdade.

Sou igualmente consciente de que existe um modo insuportável de falar na primeira pessoa do singular, uma linguagem que demonstra egocentrismo, imaturidade psíquica, ausência total de vida espiritual, sinal de uma personalidade mesquinha que não conhece nem quer senão as suas vontades e as suas pulsões. É em referência a esse uso frequente da primeira pessoa do singular que muitos mestres espirituais ensinaram exatamente a moderar e às vezes até a extinguir a voz do Eu, a fim de alcançar um ponto de vista mais alto, capaz de se empenhar pelo bem comum. Simone Weil escreveu: "Nisso que se chama *eu* não há nenhuma fonte de energia que permita elevar-se... Tudo o que em mim é preciso, sem exceção, vem de outro lugar e não de mim, não como dom, mas como empréstimo que deve ser continuamente renovado. Tudo o que há em mim, sem exceção, é absolutamente sem valor".[2] Estas palavras exprimem a mais pura tradição agostiniana segundo a qual tudo o que há de bom em nós não é nosso, mas vem de Deus, enquanto tudo o que é nosso está manchado pelo mal da concupiscência. Assim escreve um clássico da espiritualidade agostiniana que é a *Imitação de Cristo*: "Sê agradecido a Deus pela graça e reconhece que só a ti é devida a culpa e a pena correspondente".[3] Mas não é só o cristianismo, todas as grandes tradições espirituais lutam contra a voz voraz do Eu natural. E não só as religiões. Também um cientista como Albert Einstein chegou a escrever que "o verdadeiro valor de um homem determina-se ao examinar em que medida e em que sentido ele chegou a libertar-se do eu".[4]

---

[2] Simone Weil, *Quaderni*, II [1941-1942], Giancarlo Gaeta (org.), Milano, Adelphi, 1997³, p. 80.
[3] Tomás de Kémpis, *A imitação de Cristo*, II, 10, 5. http://www.culturabrasil.pro.br/imitacao.htm
[4] Albert Einstein, *Come io vedo il mondo* [1949], trad. ital. de Remo Valori, Roma, Newton Compton, 1992⁴, p. 28.

IX. Itinerário da mente para Deus

A primeira pessoa do singular à qual me refiro, porém, não se identifica com este primeiro e imediato uso do pronome pessoal eu, do qual é realmente preciso libertar-se porque talvez não haja prisão pior. Para explicar a qual profundidade pretendo me referir, faço minhas estas palavras de Pierre Hadot: "Em geral, tenderei a representar-me a escolha filosófica fundamental, portanto, o esforço para a sabedoria, como uma superação do eu parcial, particular, egocêntrico, egoísta, para atingir o nível de um eu superior que vê todas as coisas na perspectiva da universalidade e da totalidade, que toma consciência de si como parte do cosmo, que abraça então a totalidade das coisas".[5]

Se não há dúvidas de que o ponto de vista do ego seja facilmente levado a desembocar no egoísmo, em minha opinião isto não significa que a sua estrutura seja totalmente negativa e seja aniquilada, "descriada", como diria Simone Weil. Foram necessários milhares de anos de incessante trabalho cósmico para que um ser vivo pudesse chegar a pronunciar conscientemente "eu", e creio que se trata de um trabalho precioso. O Eu não é anulado, é antes educado, purificado, por vezes severamente disciplinado, para chegar àquela pureza para a qual está realmente predisposto e que a tradição judaica e a cristã exprimem dizendo que o ser humano é "imagem e semelhança de Deus". O Eu que vê as coisas na perspectiva da universalidade, abraçando a totalidade dos seres e querendo o bem e a justiça por si mesmos, sai do interesse e entra no *inter-esse*, alcançando o mais alto fenômeno espiritual, aquilo que a tradição cristã chama de "santidade". Com isto entendo a mente que não só vê, mas também *quer* o bem daquilo que vê, esforçando-se para introduzir ordem e harmonia lá onde se encontra: e assim fazendo vai além da simples "mente" para chegar ao nível mais alto da vida humana, que pela tradição é chamado de "coração". O Eu ao qual me refiro como órgão privilegiado do discurso sobre Deus se exprime melhor dizendo "coração", entendendo com isso aquela dimensão integral do ser humano no qual a inteligência e a vontade são unificadas pelo

---

[5] Pierre Hadot, *La filosofia come modo di vivere. Conversazioni con Jeannie Carlier e Arnold I. Davidson* [2001], trad. de Anna Chiara Peduzzi e Laura Cremonesi, Torino, Einaudi, 2008, p. 117.

sentimento do bem, o mais alto nível, em minha opinião, daquilo que chamamos "humanidade".

Sustentando que é preciso falar de Deus em primeira pessoa do singular, pretendo, também, superar aquele ar de misteriosa separação que comumente cerca discursos e textos sagrados, e remeter ao profano desta vida na sua concretude, apelando para a inteligência, para a capacidade de raciocinar e, sobretudo, para os grandes valores da alma humana, como a veneração do bem, a atração para a beleza, o desejo de justiça, o absoluto do amor.

Hoje é particularmente necessário que cada um diga a si mesmo por que crê e por que crê da maneira como crê. O primeiro e o último tribunal é a consciência em relação a si mesma. Faz algumas décadas, um jovem teólogo de nome Joseph Ratzinger escrevia: "Acima do papa, como expressão do direito vinculante da autoridade eclesiástica, está ainda a consciência individual, à qual acima de tudo é preciso obedecer, em caso de necessidade também contra a injunção da autoridade eclesiástica".[6]

Cada um perante a sua consciência se pergunta em torno de qual centro gravita, qual é a força que suscita e atrai as suas energias, com base em quais objetivos estrutura a sua vida, qual é o ideal que dá forma aos seus dias e, consequentemente, à sua personalidade, e ao responder descobrirá quem é, ou o que é, o seu *deus*. Ensinam isto as seguintes palavras límpidas:

- Jesus-Yeshua: "Onde estiver o teu tesouro, aí estará o teu coração";[7]
- Marco Aurélio: "Cada um vale tanto quanto as coisas pelas quais se interessa";[8]
- Johann Fichte: "A filosofia que se tem depende do homem que se é";[9]

---

[6] Joseph Ratzinger, *Das Zweite Vatikanische Konzil. Dokumente und Komentare*, Freiburg-Basel-Wien, Herder, 1962-1965; citado por Hans Küng, *La mia battaglia per la libertà. Memorie* [2002], trad. de Francesco e Guido Ghia, Reggio Emilia, Diabasis, 2008, p. 511-512.
[7] Mateus 6,21.
[8] Marco Aurélio, *Pensamentos*, VII, 3.
[9] Johann Fichte, *Dottrina della scienza. Prima Introduzione* [1797]; citado por Sofia Vanni Rovighi, *Elementi di filosofia*, vol. I: *Introduzione, Logica, Teoria della conoscenza*, Brescia, La Scuola,

– Benedetto Croce: "Cada um tem a filosofia e a religião de que é digno".[10]

57. "Mas não sem ele"

Só comigo mesmo, como tantos outros antes e depois de mim, me encontro, como me despertando, na presença da vida. Eu e a vida, ou seja, eu e a questão de Deus, do fundamento, nascente, luz, princípio, fim, da vida. Do diário do cabo Ludwig Wittgenstein, 11 de junho de 1916, na frente oriental da Primeira Guerra Mundial: "O sentido da vida, ou seja, o sentido do mundo, podemos chamá-lo de Deus".[11]

Na minha mente, apenas duas certezas. Primeira certeza: eu respiro. Respiro, logo existo. Ao contrário da célebre máxima de Descartes: "Penso, logo existo", que me refere a mim mesmo e me fecha em mim mesmo, a consciência da respiração e do ar com base no qual vivo e sem o qual em poucos segundos morreria, me refere ao mundo e me abre ao mundo. Compreendo que é a relação com o mundo que me mantém em vida: respiro, e só graças a isto existo. Da consciência da respiração se origina aquilo que me parece o primeiro ponto capital de toda verdadeira filosofia: o mundo me faz viver. Este mundo, em cada instante, me mantém no ser. Mundo feliz e pátria, *natura naturans*. Quanto mais expando a minha relação com o mundo, mais a minha vida aumenta e existe. "Respira com o diafragma", me dizia um amigo jesuíta, "assim banhas com o ar a ti mesmo todo". Mundo bendito, mãe natureza, criação contínua.

Segunda certeza: eu não respirarei mais. Exatamente porque respiro, não existirei mais. A mesma relação com o mundo que me trouxe à existência e agora me mantém nela me levará à morte. Antes, me conduz já agora para a morte. Eu posso viver só sob a condição de

---

1964², p. 11.
[10] Benedetto Croce, *Verità e moralità* [1924]. Apareceu primeiro avulso, depois em *Frammenti di etica*, o ensaio agora está em Benedetto Croce, *Etica e politica*, Giuseppe Galasso (org.), Milano, Adelphi, 1994, p. 56.
[11] Ludwig Wittgenstein, *Quaderni 1914-1916*, in *Tractatus logico-philosophicus e Quaderni 1914-1916*, Amedeo G. Conte (org.), Torino, Einaudi, 1998, p. 217.

progredir, respiração após respiração, rumo à morte. Diz um texto de cerca de três mil anos atrás encontrado na antiga cidade de Ugarit (para compreender o texto é preciso saber que Ereshkigal era a Deusa dos infernos): "No momento em que olhamos o sol, no mesmo instante já estamos na sombra. Todo homem adormece perto de Ereshkigal, e nós mesmos somos feitos para nos tornar seus filhos".[12] Mundo cruel e estranho. Quanto mais expando a minha relação com o mundo, mais a minha vida se consome e não é. Mundo sem bênção, natureza madrasta, descriação contínua.

São estas, portanto, as minhas únicas certezas: respiro e não respirarei mais. E nesta antinomia que aperta a minha mente e pesa no meu coração vou em busca do último porquê, para tornar a minha respiração mais profunda e mais lenta, até quando, com o seu mistério, a morte vier.

Sinto, porém, que não sou neutro, e me pergunto por que não sou imparcial diante das antinomias. Por que, mesmo reconhecendo e aceitando o direito do negativo, sinto dentro de mim que estou do lado do polo positivo e quero a sua vitória? Sinto agitar-se dentro de mim a paixão pelo bem e pela justiça, e a indignação contra o mal e a injustiça, e me pergunto se não é esta tendência da minha personalidade que constitui o motivo da fé em Deus, tão radicada em mim. Pergunto-me se não é a vontade de otimismo, o desejo de que vença o bem e que se cumpra a justiça que me leva a "fabricar" um Deus para mim. Além disso, descubro que não sei responder com certeza ao porquê da minha fé. Em certo sentido, posso escolher não crer, mas não posso escolher crer. Conheço quem escolheu parar de crer, mas não conheço ninguém que escolheu começar a crer, porque os que viveram a passagem da não fé para a fé não falam de escolha, mas de conversão, designando uma coisa diferente, onde a liberdade ligada à escolha parece ceder passagem a outra dimensão da qual tradicionalmente se fala como *graça*, embora ninguém saiba bem o que seja. Por isso é muito mais simples responder às motivações da não fé do que às motivações da fé.

---

[12] Citado por Massimo Baldacci, *La socoperta di Ugarit. La città-stato ai primordi della Bibbia*, Casale Monferrato, Piemme, 1996, p. 91.

No entanto, a fé em Deus está enraizada em mim como um patrimônio ideal com o qual estou feliz e do qual vivo. E é nesta perspectiva, embora consciente da imensa distância que me separa da sua santidade, que faço minhas estas palavras de Mahatma Gandhi: "Estou mais seguro da Sua existência que do fato de que vocês e eu estamos nesta sala. Posso até atestar que poderia viver talvez sem ar e sem água, mas não sem Ele. Vocês poderiam arrancar meus olhos, mas isso não poderia matar-me. Poderiam cortar o meu nariz, mas nem isso me mataria. Destruam, porém, a minha fé em Deus, e estarei morto".[13] O mesmo, se me for permitido, vale para mim. Não me lembro de um só instante da minha vida em que tenha duvidado de Deus. Duvidei e duvido da possibilidade do pensamento humano conhecer e nomear adequadamente a sua existência, duvidei e duvido das pretensões das religiões de encerrá-lo nas suas doutrinas, duvidei e duvido de muitas outras coisas, mas de Deus e da possibilidade de participar no seu mistério de vida infinita que Jesus-Yeshua chamava "reino" nunca duvidei e espero que nunca duvide até o último dos meus dias. E baseado nessa experiência tentarei agora formular o motivo que leva a minha liberdade a viver na fé.

58. POR QUE CREIO

A motivação da minha fé é a seguinte: creio em Deus porque isso permite que eu una o sentimento do bem e da justiça dentro de mim com o sentido do mundo fora de mim. Afirmar com a minha mente e com o meu coração a existência de uma dimensão primeira e última do ser que é bem e justiça (pelos homens convencionalmente chamada Deus) significa para mim dar a primazia ontológica, além de axiológica, ao sentimento do bem e da justiça que me anima e que vejo animar muitos outros seres humanos. Significa avaliar esse sentimento não como a ingenuidade infantil de quem ainda não se despertou para o princípio de realidade, obstinando-se a crer em fábulas, mas como a luz que indica a verdade definitiva do mundo. Mais em particular, crer na

---

[13] Do semanário *Harijan* de 14 de maio de 1938; agora em Mohandas K. Gandhi, *Il mio credo, il mio pensiero*, trad. ital. de Lucio Angelini, Roma, Newton Compton, 2008, p. 75.

existência de Deus significa, para mim, pôr o amor como a respiração do ser. A ideia de Deus é a ponte que permite que eu una o sentimento e a espera do bem *dentro* de mim com o sentido último do mundo *fora* de mim. Por isso, retomando um termo da religião romana, depois feito seu pelos papas, falo de Deus como "pontífice", construtor de pontes: *Deus pontifex maximus*.

Na célebre conclusão da *Crítica da razão prática*, Kant fala das duas realidades que enchiam a sua mente de maravilha, o céu estrelado e a lei moral: "Duas coisas enchem meu espírito de admiração e de veneração sempre novas e crescentes, quanto mais frequente e longamente se reflete sobre elas: o céu estrelado acima de mim e a lei moral dentro de mim" (notar a primeira pessoa do singular).[14] Se seguirmos a atestação dos sentidos e a análise da razão na sua pureza analítica, entre essas duas dimensões, entre a lógica exterior que move o céu estrelado e a lógica interior que faz surgir a lei moral, se encontrará sempre uma dolorosa cisão. Elas de fato podem ser lidas como estando em harmonia, como faziam, por exemplo, Kepler e Newton e em geral a maioria do pensamento filosófico e científico da antiguidade; mas podem ser lidas com igual legitimidade em oposição radical, como é levada a fazer em sua maioria a mentalidade científica contemporânea sob o signo do reducionismo. Esta dupla possibilidade contrastante de ler a relação entre lógica física da natureza e lógica moral da tensão ética está radicada ultimamente na natureza contraditória da vida, no princípio de antinomia. Portanto, só pondo outro princípio, mais alto com respeito à vida imediata, é que a dimensão física e a dimensão ética podem unir-se em harmonia, fazendo com que a lei moral apareça verdadeiramente como a lei fundamental do mundo, como a lógica-*logos* que dá vida e sustém cada coisa, e os honestos e os justos se tornarão verdadeiramente como aqueles que realizam o sentido do seu ser aqui, e os desonestos e os malvados só como ignorantes. A ideia de Deus é a ponte que permite unir o pilar da natureza com o pilar da ética. *Deus pontifex maximus*.

Creio em Deus porque intuo que o ideal do bem e da justiça que se move dentro de mim não é apenas um sentimento subjetivo, uma ilusão

---

[14] Immanuel Kant, *Crítica da razão prática*, A 288.

piedosa, mas é a verdade última da lógica do mundo. Sei perfeitamente que não é possível demonstrar isso e desta intuição sobre a lógica do mundo chegar diretamente ao conhecimento certo de Deus. Mas exatamente dentro de um mundo em evolução e, portanto, nem sempre coerente, uma filosofia de vida que queira cultivar a dedicação coerente ao bem e à justiça requer um investimento emotivo, um ímpeto ideal, um excedente de trabalho, que se chama fé.

De fato, para mim não corresponde à verdade aquilo que Spinoza escreve, ou seja, que "realidade e perfeição são a mesma coisa", convicção repetida por Hegel ao dizer que "o real é racional e o racional é real".[15] Vejo um desvio insuperável entre o mundo como deveria ser e o mundo como é, e penso que é precisamente esse desvio que gera a evolução, o movimento, a tensão que invade o ser e o leva continuamente ao devir, criando novas formas e desagregando outras. A filosofia de Spinoza supõe um universo estacionário, não evolutivo. A realidade, porém, mostra que há como que uma insatisfação difusa nas coisas, nas fibras do ser-energia, que o torna inquieto, sempre em trabalho.

Pois bem, crer em Deus é para mim a modalidade de encher essa diferença entre *realitas* e *perfectio* antes de tudo dentro de mim, entre o que sou de fato na minha cotidianidade e o que sou em alguns momentos mais altos, quando sinto a paixão leal pelo bem e a justiça, pela verdade e a honestidade, que me invadem. Interpreto esses momentos vivificados pelo espírito, esses "furores heroicos", usando a expressão de Giordano Bruno, não como ilusão, mas como sinal do mais alto nível do ser que é o divino. As mais belas palavras que conheço a este respeito foram escritas por Goethe, quando chegou a falar do "estremecimento" (*das Schaudern*) como cume do ser homens:

> Mas eu não busco a salvação na indiferença:
> o estremecimento é a melhor parte da humanidade.

---

[15] Baruch Spinoza, *Ética* [1677], II, Definição sexta (ed. ital. in *Opere*, Filippo Mignini (org.), Milano, Mondadori, 2007, p. 836). A frase exata é: "Por realidade e perfeição entendo a mesma coisa". A frase de Hegel é tirada de *Lineamenti di filosofia del diritto* [1820], Vincenzo Cicero (org.), Milano, Rusconi, 1998², p. 59.

Porquanto o mundo faça pagar caro o sentimento,
o homem, em estando comovido, sente na profundeza a imensidade.[16]

Na mesma linha Cesare Beccaria, na Introdução a *Dos delitos e das penas*, escreve que se considerará feliz se puder "inspirar aquele doce estremecimento com o qual as almas sensíveis respondem a quem sustenta os interesses da humanidade".[17] Quando estava no fronte, nas trincheiras da Primeira Guerra Mundial, Teilhard de Chardin escrevia para a prima: "Um dos sinais mais certos da verdade da religião se tem observando até que ponto ela leva à ação, ou seja, em que medida ela consegue fazer brotar, das nascentes profundas que estão em cada um de nós, um máximo de energia e esforço".[18] Nas palavras de Goethe, Beccaria e Teilhard de Chardin capto a essência da espiritualidade ocidental, que consiste em pensar que para chegar ao auge espiritual não se deve anular o Eu, mas potenciá-lo, educando-o a um sentir mais alto, a uma espiritualidade como gosto e paixão de viver, alegria de agir e de trabalhar. Esta é também a minha emoção vital. Crer na existência de Deus significa atribuir a tais momentos de "estremecimento" o estatuto não de emoções fugazes e enganadoras, mas de revelações: elas revelam o verdadeiro rosto do ser, o eterno presente nas fibras do tempo.

Para sustentar o primado desses momentos verificados pelo espírito baseio-me na sua melhor produtividade. Quando se entra naquela dimensão, a mente elabora, a mão corre, a vista resplandece, transmite-se energia diferente, melhor, mais rica, dentro e fora de nós. Também o tempo toma um peso diferente, passa rápido, quase nem se sente que passa. Abraçando os grandes valores desde sempre ouvidos e reconhecidos pela humanidade (o verdadeiro, o bom, o justo, o belo), e dedicando-se incondicionalmente a eles, se entra numa dimensão mais profunda e mais luminosa da vida. Experimenta-se o eterno, e os

---

[16] Johann W. Goethe, *Faust* [1831, *Finstere Galerie* (Galeria escura), v. 6272-6274, Guido Manacorda (org.), Milano, Bur, 2005, p. 473.
[17] Cesare Beccaria, *Dei delitti e delle pene* [1764], Franco Venturi (org.), Torino, Einaudi, 1994, p. 11.
[18] Pierre Teilhard de Chardin, carta de 4 de julho de 1915 a Marguerite Teillard-Chambon (Claude Aragonnès), citada por Jacques Arnould, *Teilhard de Chardin. Eretico o profeta* [2005], trad. ital. de Lucilla Congiu, Torino, Lindau, 2009, p. 102.

grandes entre nós, que o sentiram, souberam exprimi-lo de novo graças aos talentos recebidos e nos colocaram, por nossa vez, em condição de senti-lo. Por isso gostamos da música, da arte, da literatura e dos artistas que as encarnaram.

Crer em Deus, porém, significa também outra coisa: significa encher a distância entre *realitas* e *perfectio* para o processo total do mundo. Ao crer em Deus, eu creio que aquela dimensão do ser manifestada pela tensão para a organização e a totalidade não é uma ilusão, mas a última, a mais fundamental dimensão do ser-energia, e que ela é o destino do mundo. Crendo em Deus, afirmo a existência de uma pátria, de um porto, de um ancoradouro ao qual o trabalho do ser-energia está destinado. Quer dizer, creio que o processo ininterrupto da vida do mundo é um pouco como uma odisseia: destinado a vagar por terra e por mar, e pelas galáxias infinitas, mas, no fim, beneficiado pela possibilidade de chegar em casa. Deus como casa. Eu penso em Deus como uma casa. Não como um ponto isolado lá no alto, mas como a morada do nível mais refinado do ser-energia, que chamo de *espírito*, porque quando chegamos aí é que "nele vivemos, nos movemos e existimos" (*Atos* 17,28).

Ao crer em Deus, eu não creio na existência de um ente separado em algum lugar lá no alto; creio antes numa dimensão do ser mais profunda do que aparece na superfície, mais verdadeira do que aparece na superfície, qualitativamente mais refinada do que aparece na superfície, capaz de conter a nossa interioridade e de produzir já agora energia vital mais preciosa, porque quando a alcançamos, recebemos a sua luz, força, vontade de viver, desejo de honestidade. Para mim, afirmar a existência de Deus significa crer que essa dimensão, invisível aos olhos, mas essencial ao coração, existe, e é a casa da justiça, do bem, da beleza perfeita, da realidade definitiva.

59. A VIDA COMO PERGUNTA

"What was the question?" – alguém escrevera no muro do metrô de Nova York debaixo do anúncio de Deus como resposta. Ao procurar a pergunta que poderia ter Deus como resposta, certo dia, de repente, pensei: e se Deus não fosse uma resposta, e sim uma *pergunta*? Uma pergunta para as respostas tranquilizantes que organizam a realidade à nossa imagem e semelhança? Deus como pergunta: talvez seja esta a mudança de perspectiva necessária. Deus como pergunta, ou seja, aceitar deixar-se provocar pela realidade que se apresenta aos meus olhos com todas as suas potencialidades de sentido que esperam ser expressas.

Passei a folhear a Bíblia em busca das perguntas que os textos atribuem a Deus e, entre as que encontrei, achei duas mais interessantes que as outras, como se ainda hoje fossem feitas a mim:

– O que estás vendo?
– Onde está o teu irmão?

A primeira pergunta é dirigida ao profeta Jeremias: "O que estás vendo, Jeremias?" (*Jeremias* 1,11.13). A segunda, a Caim, depois de matar o irmão: "Onde está teu irmão Abel?" (*Gênesis* 4,9). Há outras perguntas atribuídas a Deus nas páginas bíblicas, mas estas me tocaram mais, levando-me a refletir sobre o que procuro, o que quero desta minha vida, e qual lugar têm os outros nesta minha busca, sobre que importância tem para mim a *fraternité*, o mais esquecido dos ideais da tríade revolucionária de 1789. Deus como pergunta sobre mim ("O que estás vendo?") e como pergunta sobre mim em relação com os outros ("Onde está teu irmão?").

A esta altura alguém poderia se perguntar que sentido tem afligir-se com perguntas, pois é muito mais conveniente viver sem perguntas e sem pensamentos, como nos induz a fazer essa sociedade sempre mais semelhante a um infinito filme publicitário que nos quer todos despreocupados. A resposta é simples: porque a vida humana, na medida em que é *humana*, consiste exatamente em pensar, e a forma privilegiada de pensar é a pergunta, particularmente quando mediante as perguntas nos apaixonamos pela questão do sentido para si e para os outros.

Esta concepção da vida está refletida por uma antiga fábula latina, a fábula número 220 da coletânea de Higino. Devo o conhecimento dessa fábula a Martin Heidegger, que a cita por inteiro no parágrafo 42 de *Ser e tempo*, de onde a retomo por extenso: "Certo dia, ao atravessar um rio, Cuidado viu um pedaço de barro. Logo teve uma ideia inspirada. Tomou um pouco de barro e começou a dar-lhe forma. Enquanto contemplava o que havia feito, apareceu Júpiter. Cuidado pediu-lhe que soprasse espírito nele. O que Júpiter fez de bom grado. Quando, porém, Cuidado quis dar um nome à criatura que havia moldado, Júpiter o proibiu. Exigiu que fosse imposto o seu nome. Enquanto Júpiter e o Cuidado discutiam, surgiu, de repente, a Terra. Quis também ela conferir o seu nome à criatura, pois fora feita de barro, material do corpo da terra. Originou-se então uma discussão generalizada. De comum acordo pediram a Saturno que funcionasse como árbitro. Este tomou a seguinte decisão que pareceu justa: 'Você, Júpiter, deu-lhe o espírito; receberá, pois, de volta este espírito por ocasião da morte dessa criatura. Você, Terra, deu-lhe o corpo; receberá, portanto, também de volta o seu corpo quando essa criatura morrer. Mas como você, Cuidado, foi quem, por primeiro, moldou a criatura, ficará sob seus cuidados enquanto ela viver. E uma vez que entre vocês há acalorada discussão acerca do nome, decido eu: esta criatura será chamada *Homem*, porque é feita de *húmus*, que significa terra fértil'".[19]

Não é difícil verificar duas analogias com o relato bíblico de Gênesis 2, no qual se diz que o homem é um ser formado pela terra e pelo sopro divino. Na fábula de Higino, porém, se diz algo mais: diz-se que esse ser, composto de dois elementos tão discordantes entre eles, não é redutível nem ao primeiro elemento (a terra) nem ao segundo (o espírito), mas às mãos de quem o formou, ao misterioso personagem chamado Cuidado, ou, saindo da metáfora, à inquietação que nasce do encontro de dois elementos entre si discordantes, a dimensão da terra e a dimensão do espírito. Daqui aparece que a essência humana consiste na relação em que se toma cuidado, que o centro mais íntimo de nós mesmos pode ser definido como relações, ligações, laços amoráveis. O que cada um quer senão atenção amorável por parte dos outros? E o que dar aos outros senão a mesma atenção amorável desejada para nós?

I care era o moto de Dom Lorenzo Milani, formulado contra o "estou me lixando" dos fascistas, sendo que a palavra inglesa *care* deriva

---

[19] Higino, *Fabulae*, n. 220; citada por Martin Heidegger, *Ser e tempo* [1927], § 42. A tradução para o português foi tomada de: http://elogica.br.inter.net/lumigun/fabula.htm

exatamente do latim *cura* (= cuidado). *I care, ego curo, eu cuido*. Esta visão do homem e da vida sustenta que não há primeiro um Eu isolado, uma mônada monacal que depois, num segundo momento, tem relações. Sustenta, pelo contrário, que primeiro há as relações e que com base na natureza de tais relações o sujeito, de vez em quando, se forma: o Eu não tem relações, o Eu é relações, segundo uma visão filosófica que põe na cimeira a categoria de relação destronando a categoria de substância à qual o aristotelismo e o tomismo atribuem a primazia.

Esta paixão pela pergunta, que está dentro de nós e que se diz "cuidado", leva os seres humanos a gerar no seu interior o nascimento da ética, passando do interesse imediato que move cada fenômeno vivo ao menos imediato, mas mais originário *inter-esse*, vendo a verdade de nós mesmos como ligados a cada homem e a cada ser vivo apenas pelo fato de que, como nós, são, existem, respiram. A condição ontológica do nosso ser-relação nos leva a gerar a ética, resumida otimamente na *regra de ouro*. A ética se torna sempre mais madura à medida que estende a condição ontológica do homem como cuidado para além dos âmbitos onde é lógico esperá-la (família, clã, corporação), chegando a sentir o dever de ser justos também para com os estranhos. A ética é cumprida ultrapassado o interesse estreito para o mais amplo *inter-esse*.

60. ÉTICA → RELIGIÃO

Kant escreveu que "a moral conduz inevitavelmente à religião".[20] Isto significa que a pergunta que se diz como cuidado gera em alguns uma dimensão totalmente particular de preocupação ética, uma espécie de ética integral que conduz, exatamente na linha do que é indicado por Kant, a postular a existência de Deus. A religião (pelo menos como eu a entendo, a religião eterna sempre dada ao gênero humano, a religião do bem da qual Albert Schweitzer é um ícone ideal, e junto com ele Etty Hillesum) nasce como extensão a todo o gênero humano, diria a toda forma de vida, da essência humana enquanto cuidado. A religião é

---

[20] Immanuel Kant, *A religião dentro dos limites da simples razão* [1793] (ed. ital. por Vincenzo Cicero, Milano, Rusconi, 1996, p. 51).

cuidado do destino de todos os viventes, paixão da mente e do coração para que o sentido de toda vida seja guardado e a sua existência não tenha sido em vão.

Não estou sustentando que a religião seja a nascente da ética, como quer certa visão do catolicismo segundo a qual é apenas pela graça de Cristo que vem a purificação do coração, que está inevitavelmente corrompido após o pecado original, com a consequência de que apenas os cristãos seriam as pessoas verdadeiramente retas, ao passo que as virtudes daqueles que não conhecem Cristo seriam apenas um engano, *splendida vitia*, como afirma o dito *Virtutes paganorum splendida vitia sunt*, atribuído ora a Tertuliano, ora a Agostinho, segundo a concepção "religião → ética". Ou, mais exatamente: "*Nossa* religião → ética".[21] Afirmo a perspectiva oposta: "Ética → religião".

Ou seja, sustento que a religiosidade autêntica nasce quando em alguns a dimensão ética assume um significado tal que vai além do comportamento pessoal e chega a querer abraçar o sentido abrangente do mundo: chega-se a querer que o mundo em si mesmo seja ético, que a vida em si mesma seja justa, que o sentido total do mundo seja o bem. E assim como o mundo e a vida aqui e agora se fecham e se fecham sempre na antinomia, postula-se na sua consciência o desfecho positivo dessa antinomia ao estabelecer (alguém gostará de dizer "projetar", e eu não faço objeção) a existência de uma dimensão definitiva do ser que garanta a vitória do polo positivo: este é o ato de fé em Deus, ou seja, na existência de uma dimensão definitiva do ser totalmente boa e luminosa.

Como Kant já ensinou, faz-se o bem por amor do bem e pelo senso do dever que é congênito à nossa essência de seres humanos pensantes, não porque a Bíblia ou a Igreja ou qualquer outro diz. Antes, às vezes se faz o bem ao contrário de tudo o que a Bíblia ou a Igreja ou qualquer outra autoridade constituída pode ordenar, por exemplo, recusando-se

---

[21] O dito se encontra noutras formas, entre as quais "Virtutes ethnicorum splendida vitia" e "Virtutes gentium splendida vitia". Há uma passagem de *De civitate Dei* cujo significado é equivalente: "As virtudes que a alma acredita ter e para as quais comanda o corpo e os vícios, qualquer que seja o fim a conquistar e a possuir, se não são referidas a Deus, também elas são vícios, mais do que virtudes". Agostinho, *De civitate Dei*, XIX, 25.

a ler o episódio do sacrifício do filho por Abraão como exemplar para a figura da fé, ou gerando a vida mediante a fecundação assistida apesar da proibição do Magistério, ou continuando a crer em Deus mesmo quando o Estado impõe o ateísmo como acontecia sob os regimes comunistas. Mas exatamente ao fazer o bem por amor do bem e da nossa condição de homens surge uma pergunta, diria uma exigência, que a vida aqui e agora nunca satisfará, ou seja, a pergunta-exigência de verdadeira justiça. Exatamente como Kant pensava: "Visto que a prescrição moral é a minha máxima (a razão manda realmente que seja assim), terei fé na existência de Deus e numa vida futura, e tenho a certeza de que nada poderá nunca enfraquecer esta fé, porque nesse caso seriam tirados aqueles princípios morais aos quais não posso renunciar sem parecer desprezível aos meus próprios olhos".[22]

Um ser humano deve respeitar a justiça independentemente de fés e não fés. Mas exatamente este imperativo ético que surge do sentido mais autêntico do ser homem se desenvolve no coração de alguns como desejo de respiração maior do que a simples realização, pretende uma primazia ontológica, exige que a ética seja o sentido total do ser e não apenas da boa conduta. Por isso que Kant escreve que os seus princípios morais, sem fé em Deus e na imortalidade da alma, seriam "tirados": não no sentido de que ele não os teria mais respeitado, mas no sentido de que a sua vontade de bem e de retidão seria tirada do trono do mundo, onde, ao contrário, a fé em Deus e na vida futura a mantém firme. Essa fé atesta que há uma dimensão do ser que constitui o pressuposto ontológico do sentir ético, quer dizer, que a vida em si mesma vem pela justiça e vai para a justiça. Aliás, só assim eu explico para mim o surgimento do dever ético: se a vida, de fato, não fosse orientada para a justiça, onde surgiria o sentimento do dever dentro de nós, e em todas as grandes tradições espirituais da humanidade que desde sempre a exprimiram? E por que se deveria perceber esse sentimento como obrigatório e justo? Creio que a ética seja o aflorar à consciência de uma lógica relacional mais ampla e mais harmoniosa que nos trouxe e nos mantém na existência.

---

[22] Immanuel Kant, *Crítica da razão pura*, B 856 – A 828.

É preciso fazer o bem por ele mesmo, mas exatamente ao fazer o bem por ele mesmo se é referido a uma lógica que vai além do interesse pessoal e que atinge um *inter-esse*, um ser-com, uma relacionalidade, que aspira a uma dimensão universal, cósmica, percebida pela mente humana de todos os tempos e chamada "divindade".

Que o mundo seja justo. Que a vida seja justa. Que haja justiça. Esta é a prece do ser que se concretiza no ato de fé em Deus. Não se busca a simples legalidade, que é a justiça dos homens, a qual nem sempre é justiça nem sempre real. Não se busca a lei, *lex-legis*. Busca-se o direito, *ius-iuris*, a justiça como dimensão intrínseca da realidade, como verdadeiro rosto da vida humana, para o qual o verdadeiro homem é o homem justo e bom, e não há nada mais importante e mais belo do que ser justo e bom, do que cultivar dentro de si uma relação com a realidade sob o signo de um radical *inter-esse*, da relação harmoniosa. Crer em Deus significa estender esta filosofia de vida para a história e a natureza, significa atribuir a esta perspectiva um fôlego histórico e cósmico, significa manter este sentimento relacional de *inter-esse* com cada fenômeno que vive a a dimensão mais bela e definitiva da vida.

61. Pensar pela metade, pensar por inteiro

Até quando se observar o mundo pelo que ele é, a fé em Deus pode muito bem não surgir nem como resposta, nem como desejo, nem como exigência, nem sequer como hipótese, segundo o que declarou o físico Giorgio Parisi a "Repubblica": "Deus para mim não é sequer uma hipótese" (31 de dezembro de 2010). Estou certo de que isso não impede Parisi e outros como ele de viver uma dimensão espiritual da vida, cultivando a música, a literatura, as artes. Simplesmente não surge neles, de modo algum, a necessidade de uma realidade como dimensão última do ser tradicionalmente chamada "Deus".

O curioso é que a entrevista foi feita para celebrar a entrega ao físico italiano da prestigiosa Medalha Planck para o ano de 2010, concedida anualmente pela Deutsche Physikalische Gesellschaft em honra do físico alemão Max Planck, que não só era um crente convicto, mas uma vez chegou a declarar: "São aqueles que pensam pela metade que se tornam ateus; aqueles que vão até o fundo com o seu pensamento e veem as relações maravilhosas entre as leis universais, reconhecem uma potência criadora".[23]

Mas como entender esse pensar "pela metade"? Talvez Parisi utilize o poder lógico da mente de modo menos completo do que Planck? Obviamente não. Entendo a expressão de Planck como se referindo não ao pensamento que surge da razão pura, mas ao pensamento que surge da dimensão ética, para a precisão pela projeção que desde o sentir ético vaza sobre a realidade como um todo, revestindo-a com uma origem e uma finalidade dotadas de sentido último, e que a mente tradicionalmente denomina *Deus*. Exatamente como Planck, um cientista ateu vê "as relações maravilhosas entre as leis universais", mas nem por isso sente a necessidade de remontar a Deus. A simples visão das relações entre as leis físicas nunca engendrará a fé em Deus. Pode-se vê-lo, admirá-lo, maravilhar-se com ele, mas limitar-se a falar de *acaso*, e não há nada a fazer para convencer quem pensa assim: para ele, Deus não se torna sequer uma hipótese.

A necessidade de uma realidade viva que tenha o nome *Deus* surge em alguns quando, pela consideração do mundo do ponto de vista lógico, passam, na maioria das vezes inconscientemente, para uma consideração do mundo do ponto de vista ético. É de querer que o mundo em si mesmo esteja eticamente informado e eticamente orientado que nasce na mente e no coração o desejo de crer em Deus. Parece-me que este é o sentido da célebre afirmação de Albert Einstein: "A ciência sem a religião é coxa, a religião sem a ciência é cega".[24] O dito de Einstein, aliás grande amigo de Planck, significa que para ele um ser humano é completo se souber unir dentro de si a ciência, que abre o entendimento para as coisas como realmente são, e a religião, que orienta o caminho

---

[23] Tiro a citação de Plank de uma intervenção de Ellen Juhnke em Werner Heisenberg, Erwin Schrödinger, Max Born & Pierre Auger, *Discussione sulla fisica moderna* [1952-1958], trad. de Adolfo Verson, Torino, Bollati Boringhieri, 2002, p. 26.
[24] Albert Einstein, intervenção no simpósio "Science, Philosophy and Religion", publicado pela Conference on Science, Philosophy and Religion in Their Relation to the Democratic Way of Life, Inc., New York, 1941, agora em *Out of My Later Years*, New York, 1956 (ed. ital. *Pensieri, idee, opinioni*, trad. de Lucio Angelini, Roma, Newton Compton, 2006, p. 29).

na direção certa para as coisas, se souber unir, noutros termos, ciência e consciência, conhecimento racional e sabedoria sapiencial, mente e coração. Não basta conhecer, é preciso utilizar o conhecimento a fim de aumentar o bem e a justiça.

Einstein vivia a sua religiosidade particular como adesão a uma divindade cósmica por ele definida como extrapessoal (*ausserpersönlich*). Planck, ao contrário, tinha fé num Deus pessoal, mas essa diferença, neste nível do discurso que se ocupa com o fundamento da religiosidade, é secundária. Aqui procuro antes investigar o motivo que leva um ser humano a ligar-se a um sentido que ele nunca poderá dominar e, portanto, nunca poderá demonstrar, mas que percebe, pelo contrário, que é dominado por ele, ou até fascinado. A peculiaridade dessa dominação-fascinação divina consiste no fato de que ela é percebida pela consciência como certamente maior do que ela, mas de maneira alguma estranha, antes como a dimensão original à qual pertence desde sempre. Talvez seja por isso que o judaísmo, o cristianismo e outras espiritualidades falam da divindade como de um "pai" ou de uma "mãe". A criança percebe que os pais são maiores e mais fortes do que ela, mas, ao mesmo tempo, que não lhe são estranhos.

Alguém objetará: mas por que o mundo deveria parecer governado por uma mente paterna ou materna? Esta não é exatamente a projeção do desejo de desvelar o sentido infantil e ilusório da religião? Respondo: afinal, quem disse que o sentimento da infância é uma ilusão, ao passo que o desencanto da idade adulta é a realidade? E se fosse o contrário? A idade adulta é frequentemente uma traição daquela potencialidade extraordinária de ser que a infância contém, um empobrecimento da maravilha original com a qual as crianças se admiram com a chuva, com o sol e o vento, para chegar, quando adultos, a não se admirar e a não se comover mais com nada. Quem disse que a capacidade de admiração, a alegria infantil pela natureza, a ingenuidade inocente da mente, a felicidade só pelo fato de existir, a facilidade de chegar às lágrimas, a vontade de jogar por jogar, e as outras coisas próprias das crianças indicam um estágio do ser menos verdadeiro do que o sério desencantamento dos adultos?

Albert Einstein escreveu: "A mais bela sensação é o lado misterioso da vida. É o sentimento profundo que se encontra sempre no berço da arte e da ciência pura. Quem não está mais em condições de experimentar nem admiração nem surpresa está por assim dizer morto; os seus olhos estão apagados".[25] Narra-se no Evangelho que Jesus "chamou uma criança, colocou-a no meio deles, e disse: Em verdade vos digo que, se não vos converterdes e não vos tornardes como crianças, não entrareis no reino dos céus" (*Mateus* 18,2-4). Penso que estas palavras valem também para o reino da terra. Crer em Deus responsavelmente significa passar do pensar pela metade, que se limita ao raciocínio lógico, ao pensar por inteiro, acrescentando a tensão ética, o cuidado afetuoso pelos outros, a maravilha do ser para o mundo.

62. UMA PESSOA DE BEM

Exatamente enquanto escrevia estas páginas li acerca do funeral de Enzo Bearzot, que morreu com 83 anos depois de uma vida dedicada ao futebol e coroada pelo sucesso no campeonato mundial da Espanha de 1982, quando a Itália foi campeã, e, para não cair na abstração, sempre na retaguarda quando se fala destas coisas, me refiro a essa notícia para explicar melhor o que disse até agora. No funeral dele, celebrado em Milão no dia 23 de dezembro de 2010, estavam presentes quase todos os jogadores da sua grande seleção, e as declarações de alguns deles me impressionaram. "Quando se têm princípios como ele tinha, fica fácil unir um grupo, ele era um exemplo para todos", disse Dino Zoff, o capitão, que depois concluía: "Era um homem verdadeiro, uma grande pessoa". Beppe Bergomi: "O ensinamento dos seus valores foi fundamental para mim e para a minha carreira".

Princípios? Valores? E, além do mais, no mundo do futebol onde, como escrevia Gianni Mura em "Repubblica", "por valor se entende apenas o do rótulo"? No entanto, parece exatamente assim. Gianni Mura concluía o artigo lembrando que três anos antes entrevistara Bearzot

---

[25] Einstein, op. cit., p. 21.

pelo seu aniversário e que à pergunta sobre como ele gostaria de ser lembrado depois da morte ele respondera: "Como uma pessoa de bem".

Uma pessoa de bem. Ou seja, uma pessoa que vive para o bem, e que, vivendo para o bem, sabe organizar a matéria (no seu caso, a matéria humana) de modo a fazê-la funcionar melhor, tornando-a mais produtiva, com maior desempenho, mais dinâmica, pragmaticamente mais carregada de frutos, o primeiro dos quais é a alegria de ser e de trabalhar. Não alegria como simples felicidade, mas como algo mais. Pode-se falar em termos de "plenitude de ser". Há momentos da vida, comumente ligados a relações com pessoas ou a eventos naturais, que nos fazem sentir *mais* do que estar no mundo, nos fazem sentir *mais vivos*. Não brotam da vida biológica, mesmo se sem ela não poderiam ocorrer e interfeririam com ela tornando-a mais fluida. Brotam das emoções, do sentimento, da razão fecundada pela força da vida, pela música da vida que nos invade até quase nos tornar música. Nesses momentos nos sentimos mais vivos, mais cheios de vitalidade, de energia, de vontade de fazer, ou simplesmente de ser. Vontade de ser, desejo de existir. Às vezes também coragem de amar. Momentos nos quais se poderia dizer que alcançamos a plenitude das nossas potencialidades vitais de modo que parece (ou é uma realidade?) que atravessamos o limiar de outra dimensão. Os antigos gregos conheceram e descreveram momentos deste gênero falando deles em termos de *entusiasmo*.

Com este termo hoje se entende um sentimento intenso de alegria ou de admiração, atribuindo a ele um significado apenas psicológico. Originalmente, porém, o termo *entusiasmo* foi cunhado pela mente para dizer algo mais profundo, tinha um valor ontológico preciso, definia um estado particular do ser, anterior à psique, pelo qual a psique era transformada. Essa transformação podia acontecer porque a psique tinha entrado (em sentido ativo), ou tinha sido visitada (em sentido passivo) por essa dimensão particular e superior à qual os gregos se referiam em termos de "divino". Entusiasmo, de fato, vem do verbo grego *enthousiazô*, que por sua vez remete a *entheos*, literalmente, "em Deus", e que, como adjetivo, significa "inspirado, cheio de ardor" e, como substantivo, "inspiração". Entusiasmo indica propriamente o ser invadido por uma força ou por uma música divina.

Infelizmente hoje estamos reduzidos a identificar a dimensão do divino com o papa que aparece na TV no domingo para o *Angelus* na Praça de São Pedro e quando viaja com os cardeais, que falam de política (negando depois que falaram), com os anúncios que pedem com vozes persuasivas a contribuição religiosa, com os debates sobre preservativos, inseminação artificial, eutanásia, casais gays, financiamento às escolas católicas e coisas do gênero, porque é sobre estes chamados "valores não negociáveis" que insiste e volta a voz da hierarquia eclesiástica, de modo que Gianni Vattimo tem razão em denunciar um "cristianismo dogmático e disciplinar" e declarar que "o ensinamento do papa e dos bispos não diz palavras de vida eterna".[26] Ou o divino é associado a alguém que diz que viu Nossas Senhoras que choram, Nossas Senhoras que aparecem, Nossas Senhoras que revelam segredos semelhantes a coisas extraordinárias, das quais não se pode pensar nada a não ser que podem ou não podem ser, nas quais se pode crer ou não, porque a coisa não tem importância nenhuma. Lourdes, Fátima, Loreto, Siracusa, Medjugorje e todos os outros santuários podem ser verdadeiros ou podem ser falsos, assim como podem ser verdadeiros ou podem ser falsos todos os outros santuários das outras religiões que cobrem o mundo. Se devo crer numa menina francesa ou portuguesa que me diz que viu e ouviu Nossa Senhora, por que não devo crer do mesmo modo numa moça indiana ou chinesa que me diz que viu e ouviu uma coisa análoga na sua religião? Estas realidades às vezes podem consolar, às vezes desiludir, mas são totalmente marginais com respeito à lógica-*lógos* da criação divina que ocorre cada dia. O extraordinário, por definição, não toca o que é ordinário, esta vida comum aqui e agora, onde aparecem escritas nos metrôs das nossas cidades às quais é preciso responder em primeira pessoa porque não basta mais fazer referência às experiências, mais ou menos verdadeiras, dos outros. Enquanto o divino permanecer ligado ao extraordinário e ao exterior, não haverá a força necessária para gerar a plenitude do ser no ordinário, *a coragem de existir* nesta existência aqui e agora, sentimento do divino que não é separação e fuga da vida, mas imersão total nela, olhos abertos que veem, sentidos

---

[26] Vattimo, op. cit., p. 58-59.

em ação para não perder sequer uma gota da linfa da vida, mente que investiga e pergunta não pelo gosto de destruir os sagrados ideais, mas pela vontade de torná-los ainda mais sólidos, fundando-os na rocha do ordinário e não na areia do extraordinário. Para dar uma ideia do divino, vale muito mais uma existência como a de Enzo Bearzot e de tantas outras pessoas verdadeiras como ele, servidores do bem e dos valores humanos, fiéis a Deus e fiéis à terra, ao trabalho, aos amigos (antes, fiéis a Deus mesmo enquanto fiéis à terra, ao trabalho e aos amigos), e não vozes enfraquecidas que falam de milagres, visões, estigmas, levitações, aparições, perfumes celestes...

63. Resumo conceitual em doze passos

Apesar da segurança exibida pelo Magistério, as argumentações racionais sobre a existência de Deus a partir da natureza não produzem nenhuma certeza na consciência contemporânea, e o próprio papa Ratzinger não pôde deixar de destacar uma "estranha penumbra", da qual o cardeal Ruini não encontrou outra saída senão distinguir entre *possível* e *atual*. As coisas não melhoram nem para o chamado argumento ontológico, que, como objetava já Gaunilo a Anselmo, funciona perfeitamente para quem já crê, mas não diz nada para quem duvida. Por isso a teologia católica contemporânea acabou seguindo em bloco a via protestante, deixando de referir-se à natureza e à razão para fundamentar o discurso sobre Deus. A maior *summa* do pensamento teológico católico do século XX, o manual de teologia dogmática *Mysterium salutis* em 12 volumes (com nomes autorizados como von Balthasar, Rahner, Metz, Scheffczyk, Häring, Grillmeier, Lehmann) não contém uma única página sobre o conhecimento de Deus "mediante a luz natural da razão humana a partir das coisas criadas": ao contrário, tudo, em perfeita analogia com o pensamento protestante, é apresentado na perspectiva da história, desenvolvendo a dogmática como "teologia da história da salvação". Grande parte dos trabalhos dos teólogos católicos reproduz a mesma impostação. A consequência é que hoje a única base sobre a qual o catolicismo sabe fundar o discurso sobre Deus, a começar pelo catecismo das crianças, é a história bíblica. Mas também neste nível mostrei quão insuperáveis são os obstáculos para chegar a um conhecimento que possa ser definido como certo. Daqui a hodierna redução da fé a uma opinião entre as outras.

É este estado de coisas, totalmente interior à doutrina, o principal motivo do "relativismo" que tanto preocupa Bento XVI. Se a religião estivesse verdadeiramente em condições de alcançar a universalidade, como esteve nos séculos em que sabia conciliar-se com a ciência e com a filosofia, não surgiria nenhum relativismo. Historicamente falando, isto significa que, se a Igreja Católica na época moderna tivesse enfrentado mais seriamente e mais amoravelmente as objeções da ciência e da filosofia em vez de reprimi-la com a violência, opondo a ela uma apologética abstrata e incapaz de comunicar-se com a consciência moderna, hoje a situação espiritual do Ocidente seria melhor.

Há, porém, um dado que não pode deixar de provocar maravilha em quem quiser refletir seriamente. Trata-se da persistência e da universalidade do sentimento religioso, não obstante a incapacidade teológica de lhe dar um fundamento teórico. É preciso, de fato, ter em mente que a necessidade de absoluto no homem permanece e age em nível planetário, chegando ao ponto de que, sem pôr em jogo o fenômeno religioso, muitos aspectos da geopolítica hodierna se tornam incompreensíveis. É dito, ademais, que o sentimento religioso continua a exprimir-se, de modo geral, ainda mediante o conceito "Deus".

Tomando nota da perplexidade da consciência contemporânea dividida entre o sentimento da fé e a incapacidade da razão de fundamentá-lo, propus uma nova teologia fundamental, não mais baseada nas vias tradicionais de fé-revelação-Igreja, as quais não sabem nem conseguem tocar os fundamentos reais do sentimento religioso e por isso produzem uma teologia fundamental que na realidade não é *fundamental*. Nas páginas precedentes propus como fundamento do discurso sobre Deus algumas observações que prefiguram um itinerário que, nas pegadas de Kant, parte da ética e que, além de Kant, chega a ligar-se com a física (entendida não no sentido da disciplina científica, mas da natureza-*physis*). Agora procuro sistematizar o meu pensamento numa sequência de doze passos.

Com esta minha teoria, espiritual e física ao mesmo tempo, pretendo evitar os perigos do acordo falho entre espírito e matéria: de um lado o espiritualismo enquanto degeneração da experiência espiritual, do outro o materialismo enquanto degeneração da experiência científica. Estou de fato convencido de que todo discurso é tanto mais verdadeiro quanto mais é unitário e unificante. E de que, se existe algo de que a consciência contemporânea tem necessidade urgente, é exatamente da aliança entre dimensão humanística e dimensão científica.

Está claro que não penso absolutamente em propor uma nova "prova" para demonstrar a existência de Deus "com certeza", como se Deus pudesse ser demonstrado como um objeto qualquer. Pretendo, antes, oferecer uma perspectiva que justifique, perante o tribunal da minha razão e espero de outros, o porquê e o sentido da fé em Deus.

1) Um dos trechos mais importantes de Kant, decisivo, em minha opinião, para todo o pensamento kantiano, é o seguinte: "Na nossa alma há uma coisa que, se examinada sob a luz justa, não podemos evitar considerá-la com a máxima maravilha (*Verwunderung*), e em relação à qual a nossa admiração (*Bewunderung*) é legítima e, ao mesmo tempo, de grande conforto para a alma: trata-se da disposição moral original que, em geral, está em nós".[27]

Estas palavras indicam o ponto de partida existencial, fenomênico, físico, na base do reto pensamento de Deus na humanidade: o bem. Nem todas as formas de religião nasceram e nascem daqui, mas as autênticas sim. Para Jaspers, nas personalidades decisivas da aventura espiritual da humanidade (que para ele são Sócrates, Buda, Confúcio, Jesus) "se manifesta um amor ilimitado pelos homens".[28] O bem é a centelha da verdadeira religião, a revelação original.

Pode-se falar dele como de um *milagre*. Uso voluntariamente este termo pouco filosófico em homenagem à terminologia de Kant, que fala de *Verwunderung* (maravilha) e de *Bewunderung* (admiração), palavras cuja raiz é *Wunder*, milagre. O fato de num ser biológica e socialmente

---

[27] Kant, *La religião dentro dos limites da simples razão*, cit., p. 139.
[28] Karl Jaspers, *I grandi filosofi* [1957], trad. ital. de Filippo Costa, Milano, Longanesi, 1973, p. 314.

determinado, até corrupto na raiz pelo egoísmo fundamental que o move, poder haver a pura luz do bem é, para Kant (e para mim), fonte de maravilha e admiração: "O que há em nós, seres constantemente dependentes da natureza por causa de tantas necessidades e que, no entanto, nos eleva acima dessas necessidades...? O que nos leva a considerar menos que nada as necessidades naturais no seu conjunto e considerar a nós mesmos indignos de existência, se por acaso, para satisfazer essas necessidades – prazer que é a única coisa que pode tornar a vida desejável para nós –, devêssemos contradizer a lei moral? O que é essa lei...?".[29]

Bem antes da desilusão pós-moderna, Kant tinha qualificado a interioridade humana como "pau torto" (*krummen Holze*),[30] como, aliás, sempre fizeram os mais agudos observadores: "Todos se extraviaram, juntos se corromperam; não há mais quem faça o bem, não há um sequer" (*Salmo* 14,3). Kant, porém, como também o salmista ("pelos santos que estão na terra, homens nobres, é todo o meu amor", *Salmo* 16,3), encontra no ser humano também outra coisa: uma "disposição moral *original*".[31] Ou seja, vê a capacidade de fazer o bem pelo bem, o amor pela lei moral, o ideal, a justiça. O homem é um pau torto, mas às vezes (*Wunder!*) sabe caminhar direito, até "perfeitamente direito" (*völlig Gerades*).[32] Isto é incrível: que de uma coisa *torta* possa provir algo *perfeitamente direito*! Vendo os dois polos da realidade (homem corrompido na raiz e ao mesmo tempo capaz de verdadeiro bem), Kant capta a antinomia que define o ser humano e se coloca a pergunta sobre o que está em condições de elevá-lo acima do egoísmo natural.

2) Kant fala a respeito disso como de um "germe do bem" (*Keim des Guten*), incorruptível e indestrutível, que, ao lado do amor egoísta de si, "fonte de todo mal", está dentro do homem.[33] Mas, bem consciente do egoísmo radical que corrói a interioridade humana, Kant escreve a

---

[29] Kant, op. cit., p. 139.
[30] Ibid., p. 240; a expressão foi retomada por Isaiah Berlin como título de uma célebre coletânea de ensaios, *O pau torto da humanidade*.
[31] Ibid., p. 139, itálico meu.
[32] Ibid., p. 241.
[33] Ibid., p. 129.

propósito desse bem que "a própria impossibilidade de conceber de que está encoberta essa disposição atesta uma origem divina".[34] *Eine göttliche Abkunft*, uma origem divina. Trata-se de uma passagem importante para descobrir a experiência concreta na origem do conceito autêntico de Deus. Do paradoxo que constitui o ser humano – pau torto que pode produzir algo perfeitamente direito –, para Kant se sai apenas postulando outra dimensão do ser, por ele chamada "origem divina", da qual o homem participa mediante a pureza da lei moral. A ética, tomada na sua pureza e na sua incapacidade de ser deduzida, funda a verdadeira religião.

3) Mas o pensamento kantiano vai além. Colocado entre o estado natural, no qual prevalece a máxima do amor de si, e a lei moral que se impõe a ele como do alto, o homem, para Kant (e para mim), é chamado a uma "transformação da intenção moral", a qual deve ser tão poderosa que ataca a própria raiz da sua natureza e muda o seu "fundamento interno supremo".[35] O fenômeno que o cristianismo chama de "conversão", no grego do Novo Testamento *metanoia*, mudança de *nous*, o mesmo fenômeno que o budismo teravada e o budismo mahayana denominam *bodhi* e o budismo zen *satori* (iluminação). Plotino fala disso assim: "A virtude que é gerada na alma junto com a sabedoria é reveladora de Deus".[36] Para os grandes homens espirituais de todos os tempos é a virtude, é o bem, que aparece no homem como se viesse de fora, que produz a reta experiência do divino.

4) Buscando compreender como pode ocorrer a presença do bem num ser corrompido na raiz como é o homem, Kant apresenta uma negação: ele rejeita a ideia de que, para explicar o bem, se deva recorrer à concepção tradicional da graça divina como força que chove verticalmente do alto (cuja imagem mais eficaz é a queda de Saulo-Paulo do cavalo no caminho de Damasco). O motivo é simples: essa concepção da graça torna inútil o trabalho da liberdade, ou seja, a própria vida do homem, e eu penso que a teologia deve ter em mente que o conceito

---

[34] Ibid., p. 139-141.
[35] Ibid., p. 143.
[36] Plotino, *Eneadas*, II, 9, 15, 38-40.

tradicional de graça, elaborado em sua máxima parte por Agostinho, é insustentável. Contra a concepção da religião como oposta à liberdade, Kant concebe a religião como o resultado mais alto do caminho da liberdade: "Essa liberdade é exatamente a única coisa que, uma vez empregada em vista do objeto último da razão prática, isto é, em vista da realização do ideal do fim moral último, nos conduz inevitavelmente para diante dos mistérios sagrados".[37] Kant convida a não limitar a liberdade com nada e, ao mesmo tempo, a orientá-la para o bem e a justiça e, ao fazer isto – escreve –, seremos conduzidos inevitavelmente *auf heilige Geheimnisse*, "aos mistérios sagrados". E continua: "Escancara-se diante do homem o abismo de um mistério sobre a atuação de Deus", no sentido de "Soberano moral do mundo".[38]

É, portanto, o exercício virtuoso da liberdade que se dedica ao bem e à justiça que conduz a consciência à presença do mistério sumo da vida. Exatamente consagrando autonomamente a sua liberdade ao bem e à justiça enquanto nível mais nobre do ser é que se abre à consciência a perspectiva de um sentido do ser que vai além da efêmera mudança das estações, que entrevê aquela dimensão eterna e imutável. O pensamento ocidental não soube designá-la de maneira melhor do que se referindo à luz, de cuja raiz indo-europeia deriva o termo "deus". O conceito de liberdade e o de bem são, portanto, decisivos. A sua união é que leva a Deus.

5) Rejeitada a perspectiva teológica tradicional da graça, em Kant fica, porém, sem resposta a pergunta sobre o que é aquilo a que elevar a liberdade natural, de per si egoisticamente orientada, à pureza do bem. Se não for a graça divina que eleva, o que endireita o pau torto da humanidade? A resposta de Kant deixa um pouco a desejar: "Nós não somos os autores dessa ideia – ao passo que é ela mesma que se instala no homem, e não nos é dado conceber como a natureza humana tem sido apenas capaz de recebê-la".[39]

---

[37] Kant, op. cit., p. 325.
[38] Ibid., p. 327.
[39] Ibid., p. 159. A frase continua assim: "Podemos exprimir-nos melhor assim: aquele modelo *desceu* a nós do céu, ele tomou a natureza humana (é, de fato, muito duro conceber de que modo *o homem*, por natureza *mau*, pode livrar-se do mal e *elevar-se* ao ideal de santidade, mais do que pensar o ideal da perfeição moral no ato de assumir a *natureza humana* – que de per si não é má – e *abaixar-se* até ela)" (itálicos de Kant).

Em minha opinião, a incapacidade de Kant de superar o problema magistralmente configurado está na concepção mecanicista do mundo que recebera da ciência do tempo e que o levava a considerar a liberdade como necessariamente em oposição ao mundo natural (a terceira antinomia da razão é significativa a este respeito). Ao falar da liberdade, ele sustenta, por um lado, que a sua existência "não é absolutamente um mistério", no sentido de que é um fenômeno aos olhos de todos negar o que significaria negar o motor do mundo humano; por outro lado, prossegue, porém, dizendo que "o fundamento para nós imperscrutável dessa propriedade, porém, é um mistério, porque não nos é dado conhecê-lo".[40] Ou seja, o fato da existência da liberdade é evidente, ao passo que a causa da existência de tal fenômeno (dentro de um mundo perfeitamente determinado por uma corrente de ações e reações estreitamente ligadas entre elas) não é evidente. Kant, portanto, não sabe explicar por que o homem tem a possibilidade de sair da corrente das causas e dos efeitos. É a mesma situação em que se encontra hoje a neurociência, com a diferença de que alguns neurocientistas, dada a sua incapacidade de explicar o livre-arbítrio, deduzem a sua inexistência.

6) De modo diferente de Kant, eu não penso a liberdade em contraposição ao mundo, mas de modo unido ao mundo, como fruto mais belo do trabalho do mundo, ao qual o homem nunca cessa de pertencer. Retomo a observação de Schelling sobre a conexão entre liberdade e mundo natural: "A conexão do conceito de liberdade com a representação completa do mundo permanece sempre objeto de um exame necessário, pois sem a sua solução o próprio conceito de liberdade ficaria periclitante, e a filosofia seria inteiramente sem valor".[41]

Vou além de Kant e da sua visão do mundo natural porque acho que para pesquisar o fenômeno físico do bem, que é produzido no homem (fonte do reto discurso sobre Deus), é preciso pôr em jogo uma visão do ser como energia, como trabalho, como rede de relações, da qual emergem níveis sempre mais organizados de ser, dos quais o mais alto

---

[40] Ibid., p. 325.
[41] Friedrich W. J. Schelling, *Ricerche filosofiche sull'essenza della libertà umana e gli oggetti che vi sono connessi* [1809], trad. de Susanna Drago Del Boca, revista por Giuseppe Semerari, Roma-Bari, Laterza, 1974, p. 9.

é tradicionalmente designado mediante o termo "espírito". Esta visão à qual adiro é comumente chamada de "emergentismo", em oposição à perspectiva chamada "reducionismo".

O problema de Deus, no seu nível primordial e fundamental, coincide com o problema do espírito que habita o Eu. Trata-se, portanto, de compreender se é real ou não essa dimensão do ser chamada *espírito*, e nesta perspectiva me pergunto qual é o fenômeno físico original para exprimir esse termo.

7) • Uma pedra é $Et = Em$. O *quantum* de energia que constitui o fenômeno pedra (Et, ou seja, energia total) está completamente traduzido na sua massa corpórea (Em, ou seja, energia traduzida na massa material). A ausência de um excedente de energia livre com respeito à massa corpórea ($Et - Em = 0$) não permite que essa massa se mova e, portanto, dê origem àquele movimento particular que é a vida. Por isso se diz que uma pedra é "in-animada".

• Uma planta e um animal são $Et > Em$. O *quantum* de energia (Et) que constitui o fenômeno planta e o fenômeno animal não se exaure completamente na massa corpórea (Em). Então temos $Et - Em = x$, ou seja, a presença de um excedente de energia livre que permite o movimento da vida. Por isso a planta e o animal são chamados "animais", isto é, viventes. O excedente de energia livre com respeito à massa corpórea é que torna a planta e o animal seres vivos. Esse excedente de energia livre na planta e no animal não alcança, porém, o nível da liberdade em sentido pleno, pois é ainda determinado pelas necessidades e pelos impulsos do corpo. Há vida, mas não há liberdade.

• Um ser humano, por sua vez, é $Et > Em$. No fenômeno natural particular do ser humano se produz, porém, uma diferença entre Et e Em que produz a possibilidade de alcançar a liberdade enquanto autodeterminação, isto é, liberdade não só de mover-se, mas também de mover-se como e aonde se quer, também independentemente da lógica corpórea, até contra a lógica corpórea (álcool, fumo, dependência de tóxico são exemplos de determinação negativa da liberdade). O fenômeno físico da vida toma no homem uma configuração particular dada pelo fato de que a energia livre alcança nele a possibilidade de determinar-se independentemente da lógica da massa corpórea. Para designar essa qualidade particular, a mente cunhou o termo "alma espiritual" ou, simplesmente, "espírito". Referido ao homem, o termo *espírito* designa o específico humano, aquilo que torna o homem um ser físico, mas também meta-físico, se com isto se entende a capacidade de ir além da determinação física e, portanto, de ser realmente dotados de liberdade.

8) A ligação entre vida humana e liberdade aparece pelo fato de que, para designar o fenômeno físico da vida, o pensamento dos antigos recorreu ao símbolo por excelência da liberdade, isto é, o ar, o vento. Tanto o termo "alma" como o termo "espírito" derivam, de fato, das palavras gregas e latinas para designar "ar", "vento". Alma, em latim *anima*, vem de *anemos*, que em grego significa "vento". Espírito vem do latino *spiritus*, cujo primeiro sentido é de "ar que sopra", e em grego se diz *pneuma*, por sua vez, "ar", "vento". As línguas clássicas nos ajudam a entender que o específico da vida humana (alma, espírito) é a liberdade (ar, vento).

9) Com exceção do homem, todos os seres vivos na expressão da sua energia são determinados pela massa corpórea. Também a energia livre com respeito à massa corpórea que produz o movimento, que chamamos vida, se exprime sempre de uma maneira precisa, porque é a natureza que comanda e que guia através dos instintos. Da parte dos seres vivos não humanos não há nenhuma possibilidade de fazer nada imprevisível, criativo, transgressivo-inovador e, de fato, repetem hoje o que faziam no início do seu aparecimento na terra (a menos que a mutação do ambiente os tenha obrigado a mudar, mas também neste caso se trata de mutações induzidas pela necessidade e não são espontâneas, livres).

Também os homens, no tocante às estruturas basilares do seu ser natural, repetem hoje exatamente o que faziam no início do seu aparecimento na terra, mas há algo mais. Este "algo mais" presente no fenômeno humano é o que permitiu o desenvolvimento da civilização em todas as múltiplas manifestações, às vezes no mal, mas, no mais das vezes, no bem. Esse excedente com respeito à dimensão biológica que habita o fenômeno humano se chama *liberdade,* quando analisado em sentido dinâmico ("pragmático", diria Kant), ou *espírito*, se for analisado em sentido ontológico.

10) O Eu que alcança a dimensão do espírito-liberdade pode infringir a estrutura que o gerou e que o mantém na vida, superando a força de gravidade biológica e social. Pode infringi-la no mal e no bem. Quando a infringe no mal, aumentando a desordem e a desarmonia, tem-se o fenômeno dito religiosamente "pecado" e, do ponto de vista leigo, "crime". No mundo dos seres vivos só o homem está em situação de realizar esse aumento consciente da desordem, voltando-se contra a estrutura que o gerou: por isso o mal, no sentido próprio do termo, é um fenômeno tipicamente espiritual, no sentido de que supõe que se chega à dimensão da liberdade (até o gesto mais cruel por parte de um animal não contém malvadeza, porque o animal, na sua inocência, está simplesmente fazendo o seu trabalho, alimenta-se e faz a espécie avançar). O homem, porém, pode infringir a estrutura também no bem, aumentando a sua ordem e harmonia, indo assim além do simples bem natural. Quando o homem realiza a superação da lógica ordinária que o liga à estrutura na direção de um aumento de ordem e de harmonia (fenômenos dos quais a linguagem fala em termos de gratuidade, desinteresse pessoal, solidariedade, caridade), encontra-se na presença de um fenômeno sobre-natural, cuja lógica, não contida enquanto tal na estrutura natural, indica um nível diferente do ser. E o homem, que sabe que é filho da terra (a estrutura), descobre que também é filho de outra dimensão, e para designá-la não soube fazer melhor do que se referir ao "céu", como fazem as grandes tradições espirituais.

Esta frase de Mêncio – nome latinizado de Meng-tzu ou Mengzi, pensador confuciano do século 4 a.C., considerado o maior mestre depois de Confúcio – reflete exatamente o meu pensamento: "Aquele que vai até o fundo do seu coração conhece a sua natureza. Conhecendo a sua natureza, conhece o Céu".[42] Quando o cristianismo fala dos homens como "filhos de Deus", entende a mesma coisa. Essa dimensão alcançada pelo homem *além* de si e ao mesmo tempo *dentro* de si é o

---

[42] *Meng-tzu*, VII, 177, ed. ital. de Fausto Tomassini (org.), Milano, Tea, 1991, p. 173. Para o confucionismo o termo para "céu", *Tian*, é o mesmo para designar o divino: ver o verbete "Tian" em *Dizionario della saggezza orientale* [1986], Kurt Friedrichs, Ingrid Fischer-Schreiber, Franz-Karl Ehrhard, Michael S. Diener (orgs.), trad. de Anna Poletti, Milano, Mondadori, 2007, p. 427.

fenômeno para designar aquilo que se chegou a falar de espírito, ou, o que é o mesmo, do *divino*.

11) "Eu temo que não venhamos a nos ver livres de Deus porque ainda acreditamos na gramática", escreveu Nietzsche não sem um certo enfado, mas com perfeito uso da gramática.[43] O fundamento na base do sentimento religioso da humanidade é querer se ligar (raiz "lg") ao bem e à justiça como sentido do tudo, do qual a gramática, com as suas regras de ordem e de clareza, é uma significativa atestação. Mas esse desejo de ligar-se ao bem não brota nos homens pelo fato de eles, de per si, serem bons, porque os homens de per si não são bons, podem ser ou não ser bons. Se, portanto, brotou neles esse desejo, é por causa do fato de que "a gramática" os precede. Quer dizer, o bem é anterior à bondade. A proporção é anterior ao desenho. A harmonia é anterior à composição. O direito é anterior à lei. A ética é anterior à norma. A beleza, antes de estar na mente dos seres humanos, está na ordem do mundo. Em princípio, portanto, a gramática, ou, o que é o mesmo, o *Lógos*, não por acaso traduzido para o latim por *Verbum* exatamente para sublinhar a dimensão gramatical.

A gramática fundamental dentro da qual estamos inscritos desde sempre é aquela do nosso corpo, constituído pelo entrelaçamento das relações entre partículas subatômicas, átomos, moléculas, células, até ao conjunto do organismo pensante e livre. Essa organização progressiva é possível porque a lei do ser é a relação harmoniosa: é esta a gramática fundamental que nos contém e que nos compõe e, se "cremos ainda na gramática", é porque viemos dali.

O aparecimento da justiça e do bem no interior do homem não cai, portanto, do alto, mas sobe de baixo: é a lógica física da relação harmoniosa que toma consciência de si e se diz ora como direito, ora como ética, estética, religião. O Agostinho neoplatônico intuía essa lógica quando escrevia que "a verdade habita no homem interior".[44] De fato, é na profunda interioridade do homem que aparece a gramática,

---

[43] Friedrich Nietzsche, *Crepúsculo dos ídolos ou como filosofar com o martelo* [1888]: http://www.espacoetica.com.br/midia/livros/idolos.pdf, n. 5, p. 11.
[44] Agostinho, *De vera religione*, 39, 72.

a esfera do ser que permanece além do correr do tempo e constitui a lógica mediante a qual o correr do tempo se dispõe e examina os fenômenos que aparecem. Nos seus auges espirituais, a humanidade viu e nomeou esta dimensão "gramatical" do eterno que inerva e discrimina o tempo, o divino princípio unificador do ser-energia: os gregos o chamaram de *Lógos*, os hindus e budistas de *Dharma*, os chineses de *Tao*, os egípcios de *Maat*, os judeus de *Hokma*. O filósofo japonês Nishida Kitaro escreveu: "uma única força unificadora ainda maior na raiz de natureza e espírito", acrescentando que tal unificação "é Deus".[45] Nos mesmos anos, a grande teologia ortodoxa russa (Soloviev, Bulgakov, Florenski) falava em termos de *Sophia*.[46] São Paulo, no seu discurso em Atenas, disse: "Nele vivemos, nos movemos e existimos" (*Atos* 17,28), com palavras que nomeiam o divino como dimensão que compenetra todo fenômeno e o mantém no ser, como "gramática" do mundo.

A tarefa da teologia do nosso século é a conciliação entre este rosto gramatical do divino e o rosto pessoal mais tradicional e diria conteudístico, porque a linguagem não é feita só de gramática. Este é o desafio que a teologia contemporânea deve enfrentar.

12) É preciso examinar com atenção a relação da mente com a realidade, com o ser que está "lá fora", porque a mente está cheia de ilusões, e a mente religiosa está particularmente sujeita a ela. É preciso, portanto, verificar o acordo entre mente e mundo.

Todo o trabalho da filosofia moderna a partir de Descartes pode ser interpretado como uma elaborada tentativa de verificar o acordo entre a dimensão interior (as ideias, os conceitos, as convicções pessoais) e a realidade. É o problema da ponte: é possível encontrar uma ponte que me faça sair da ilha do ego para não cair prisioneiro do solipsismo e dos fantasmas *à la* Pirandello e tocar a terra firme do real? Depois das perspectivas opostas de empiristas (a ponte é a experiência sensível) e

---

[45] Nishida Kitaro, *Uno studio sul bene* [1911], Enrico Fongaro (org.), Torino, Bollati Boringhieri, 2007, p. 166.
[46] Vale para todos: Sergei Bulgakov, *La sagesse de Dieu. Résumé de sophiologie*, traduzido do russo por Constantin Andronikov, Lausanne, L'Age d'Homme, 1983. A primeira edição da obra foi a tradução inglesa *The Wisdom of God. A Brief Summary of Sophiology*, New York-London, 1937, sendo o original russo ainda inédito.

racionalistas (a ponte são as ideias inatas na mente), Kant estabeleceu que a realidade em si nunca será acessível a nós em toda a sua objetividade, porque chega à nossa mente inevitavelmente marcada pelos esquemas com os quais a percebemos e a compreendemos e sem os quais seríamos cegos. Portanto, a resposta é não: com a mente não é possível sair da ilha do ego. A mente, que produz a consciência e ainda mais a autoconsciência, é a nossa maior riqueza, mas também a nossa prisão.

Penso, porém, que se pode sair de si através da ação. A ação, que surge do coração e nos motiva, põe em movimento as mãos e com elas tocamos a realidade. As mãos nos fazem sair da ilha do ego, as mãos guiadas pelo coração. Sublinho o primado das mãos porque, conhecendo o coração e os seus saltos, se pode estar seguro de que não se trata de "projeção idealizadora" (Feuerbach), de "ópio" (Marx), de "ressentimento dos fracos" (Nietzsche), de "ilusão" infantil (Freud) ou de outra explicação racionalista e reducionista da religião, apenas se baseando na práxis. Se a dimensão do ser que se abre e que age motivado pela fé que surge do seu coração aumenta a organização do ser "aqui dentro" e "lá fora", ou seja, se a ideia é produtiva em termos de harmonia subjetiva e de harmonia intersubjetiva, se a árvore-ideia produz frutos-ações bons, então não se trata de uma projeção indébita, mas de uma projeção devida, legítima, autêntica.

É claro que se trata sempre de uma projeção, pelo simples motivo de que, ao referir o Eu ao mundo, tem-se inevitavelmente a ver com um desequilíbrio, com uma diferença de potencial, visto que há mais ser-energia ordenada *dentro* do ser humano do que ser-energia *lá fora*, porque o ser humano, de modo diferente de todos os outros entes do mundo, chega ao nível do espírito-liberdade. A decisão fundamental que está diante de cada um consiste em escolher entre projetar dentro de si a dimensão do ser menos rica (menos dotada de informação), que caracteriza o mundo material lá fora, optando pelo materialismo, ou projetar para fora de si a dimensão do ser mais rica (mais dotada de informação), que caracteriza o mundo espiritual interior, optando pela espiritualidade. Estas são as duas alternativas de fundo.

Tocar a realidade de modo certo não é possível; no entanto, se eu quiser viver, devo tocá-la, devo construir a ponte entre mim e o mundo.

Portanto, de qualquer maneira devo fazer uma projeção. Mas em que direção? Projeto o espírito que há dentro de mim na matéria fora de mim dando a primazia ao espírito, ou projeto a matéria que há fora de mim no espírito dentro de mim dando a primazia à matéria? A minha projeção será sob o signo do sinal *mais* (emergentismo) ou do sinal *menos* (reducionismo)?

Eu opto pela primeira alternativa. Acho que o homem não deve reduzir-se à ausência de espírito e de liberdade do mundo material, mas deve, ao contrário, espiritualizar o mundo material (também o mundo vegetal e animal, que nos parece sem espírito, em algumas espécies animais mais evoluídas talvez possam conhecer a possibilidade de chegar à dimensão do espírito, e até as plantas reconhecem e sentem a harmonia musical). Oriento-me neste sentido porque, tendo conhecido verdadeiros homens espirituais, experimentei que a autêntica ideia de religiosidade sabe plasmar a realidade de modo rico e harmonioso, e isto porque, tirando energia de dentro de si, coloca ordem e harmonia também onde estão totalmente ausentes no mundo da experiência, e até onde não mereceriam ser imersos se tivesse de haver em referência à realidade uma relação simplesmente baseada no cálculo e no útil. Por essa possibilidade de tirar energia de outra dimensão e derramá-la no sistema mundo, a fé em Deus me parece mais frutuosa, e diria até salvífica, no sentido de que pode ajudar o sujeito a libertar-se das insídias e da neblina da ilha do ego.

Todo ser humano que se coloca em relação com a realidade fora dele está destinado à projeção (ou, o que dá no mesmo, à fé). Trata-se de escolher: ou considerar lógico o movimento evolutivo da matéria-*mater* que da ausência de espírito conduz ao espírito, aceitar esse movimento e incrementá-lo; ou, ao contrário, considerá-lo vazio, e reduzir-se à matéria que não conhece o espírito, mas apenas a psique. Estou dizendo, em certo sentido, que Deus existe apenas para quem o faz existir. Quem o fizer existir terá encontrado a ponte entre a sua fome e sede de justiça e o sentido último do mundo: *verus pontifex maximus*.

X. Uma fé mais humana

64. Sobre a inteligência que se submete espontaneamente à beleza e à verdade

Segundo a doutrina católica, o elemento fundamental da fé consiste no obséquio, adesão ou submissão da inteligência e da vontade. É esse *obsequium intellectus et voluntatis* que define o ato de fé, como ensina o Concílio Vaticano I, e reforça o atual Catecismo: "Somos obrigados a prestar, pela fé, a Deus que se revela, plena adesão do intelecto e da vontade" (DH 3008; Catecismo n. 154-155).* Basta, porém, refletir um pouco para entender que, na realidade, o *obsequium* não pode referir-se à inteligência, mas apenas à vontade, porque só a vontade pode submeter-se e, depois, obrigar a inteligência a se submeter. De fato, quando reconhece a verdade, a inteligência adere espontaneamente a ela, diria alegremente, sendo feita exatamente para aderir a ela, sendo constitucionalmente desejosa da verdade. Quando a inteligência reconhece a verdade, não há nenhum *obsequium* ou submissão de sua parte, porque ela está feita de modo tal que busca a verdade e, ao encontrá-la, adere por si a ela. A inteligência vive de um *respectus* intrínseco para com a verdade, o qual é uma coisa bem diferente de *obsequium*. O *respectus*

---

* A palavra latina *obsequium* é traduzida pelos documentos, para o português, por "adesão", mas o seu sentido primeiro é "complacência, deferência" e, daí, "obediência, submissão". Em português tem mais o sentido de "favor, deferência, gentileza". Quando usado nesta tradução, significa "adesão submissa" [N.T.].

é "respeito, consideração, estima". Exprime, certamente, uma relação subordinada, mas de uma subordinação que surge espontânea, assim como a estima surge espontaneamente, porque ninguém, por mais poder e dinheiro que tenha, pode impor ou comprar a estima. A estima vive da dimensão mais livre que mora dentro de nós, que é exatamente a inteligência. A estima é um ato de devoção da inteligência.

Diante de alguém que se respeita, além da estima nasce fácil e espontaneamente também a obediência, porque é um grande prazer obedecer a quem merece, diria até que a alma busca essa obediência, tem fome e sede dela, como o corpo tem fome e sede de alimentos e de bebida. O ser humano está constitucionalmente em busca de um princípio ao qual se ligar, princípio como *archê*, como início, fundamento e fim. Na sua constituição íntima, o ser humano não é de modo algum anárquico (privado de *archê*), pelo contrário, deseja encontrar algo por que viver, a estrela em torno da qual gravitar, a paixão fundamental da vida. A liberdade, enfim, não quer ser perenemente livre no sentido de desatada, desprendida, solta, mas quer, pelo contrário, doar-se, comprometer-se seriamente, apaixonar-se e, portanto, ligar-se. Poder-se-ia dizer *consagrar-se*, no sentido de quem encontrou algo ao qual entregar feliz o seu total *respectus*, e que, portanto, experimenta como *sagrado*.

Penso que muitos fizeram uma experiência semelhante diante da beleza, do encanto da beleza. Pode tratar-se da natureza (o mar bravio, a montanha altaneira, o encanto da floresta), de uma cidade (a luz das praças de Roma, Veneza que surge da água), de uma música que desce na alma e parece lavá-la, de um rosto de mulher, de mil outras coisas. Sempre, de qualquer maneira, a beleza realmente percebida domina. Se não se percebe um sentido de pequenez e, ousaria dizer, de indignidade porque se percebe que está diante de algo muito maior do que nós, não há verdadeira experiência estética. Mas há o estetismo, que é totalmente outra coisa, porque no estetismo é ainda o sujeito que domina o objeto, o compreende, o capta no sentido de que o arranca, o captura, se compraz com ele, se gloria dele, tira lucro. O estetismo é *divertissement*, e, como tal, é dominar; a experiência estética é seriedade e, como tal, é ser dominado. Acontece que, na presença de uma autêntica experiência estética, o objeto se impõe a tal ponto dentro de nós que faz surgir inevitavelmente um sentido não só de admiração, mas também de desproporção e de indignidade. Assim acontece na presença da natureza e do céu infinito, da arte, da grande música, das personalidades excepcionais. "É um encanto", costuma-se dizer do objeto que se admira. Encanto vem de "encantar", o verbo das artes mágicas. A beleza como encanto, porém, de modo diferente do encantamento, não precisa de nenhum sortilégio, impõe-se por si, arrebata, é um processo natural. Por isso a beleza não precisa mandar nada, porque atrai, cativa, ata, pelo simples fato de ser.

Agora se preste atenção porque introduzo uma passagem importante transferindo as anotações sobre a beleza para o conceito de verdade. Estou realmente convencido que dizer "beleza" e dizer "verdade" é a mesma coisa, como ensina a filosofia escolástica com a doutrina dos transcendentais do ser, segundo a qual *ens, unum, verum, bonum et pulchrum convertuntur*. Por "transcendentais" se entendem aquelas propriedades que pertencem a todo ser pelo simples fato de que é, e que se distinguem das "categorias" que, ao contrário, exprimem propriedades peculiares e individuais dos entes. Essas propriedades gerais são ditas "transcendentais" (*transcendentalia*) exatamente porque "transcendem" as propriedades específicas expressas pelas categorias. Um homem, uma árvore, uma estrela e os infinitos outros entes, pelo próprio fato de ser (*ens*), são também unitários (*unum*), verdadeiros e efetivos (*verum*), ontologicamente bons (*bonum*), belos (*pulchrum*). Esta perspectiva ontológica sustenta que tudo o que existe, pelo próprio fato de existir, é bom e é belo. Trata-se de um grande ato de otimismo intelectual que exprime uma confiança tão absoluta na vida, que se torna até um pouco ingênua. Mas, vendo os seus limites (que são superados ao introduzir nessa visão estática o movimento da dialética, a única que está em condições de explicar o negativo), este ponto de vista ainda é para mim o mais adequado para considerar o mundo.

Volto à perspectiva geral segundo a qual dizer "beleza" e dizer "verdade" é a mesma coisa, porque *verum et pulchrum convertuntur*. Essa perspectiva entrou na teologia católica graças a um dos maiores teólogos católicos do século XX, o suíço Hans Urs von Balthasar, que, com a sua ponderosa "estética teológica" em sete volumes, lutou para revalorizar a beleza como categoria que pertence ao ser e ao seu esplendor exatamente do mesmo modo que a verdade e o bem. Tomás de Aquino, de fato, e por isso a grande parte da teologia católica tradicional, excluía o *pulchrum* dos transcendentais do ser, porque para ele o homem é intelecto e vontade e nada mais e, enquanto intelecto, capta o ser sob o transcendental do *verum* e, enquanto vontade, sob o transcendental do *bonum*.

O ser humano, porém, não é apenas intelecto e vontade, mas é também sentimento, ao contrário do que pensava Tomás e do que a pedagogia católica ensinou por séculos (inclusive aquela pedagogia nos meus tempos no Seminário de Milão, onde o reitor do biênio filosófico falava da emotividade e do sentimento mais ou menos como de doenças das quais se cuidar). E, enquanto sentimento, ao homem o ser se manifesta sob o transcendental do *pulchrum*. O sentimento do qual se fala aqui, de fato, não está limitado aos "sentimentos", ou seja, só à dimensão emotiva, porque ele abrange todo o nosso sentir produzindo a estética, termo que não por acaso vem do grego *aisthesis*, isto é, "percepção com os sentidos". Nesta perspectiva a estética se torna, para Balthasar, uma via privilegiada, pelo menos igual à ontológica e à ética, para fundar o discurso sobre Deus, e daqui a sua empresa de estética teológica.

Mas, se Balthasar foi um pioneiro no campo da teologia católica, certamente não foi o primeiro a sublinhar a ligação intrínseca entre verdade e beleza. Toda a estética clássica vivia dessa ligação e, para chegar à época moderna, Hegel ensinava nos seus cursos de estética – dados primeiro em Heidelberg e depois em Berlim entre 1817 e 1829 – que "a beleza é apenas um gênero determinado de expressão e representação do verdadeiro".[1] No mesmo período, precisamente em 1819, o poeta inglês John Keats exprimia o mesmo conceito no célebre verso da sua *Ode sobre uma urna grega*:

> Beauty is truth, truth beauty, – that is all
> ye know on earth, and all ye need to know.

---

[1] George W. F. Hegel, *Estética* [1823-1826], ed. ital. de Nicolao Merker (org.), trad. de Nicolao Merker e Nicola Vaccaro, Torino, Einaudi, 1997, tomo I, p. 107.

ou seja:

Beleza é verdade, verdade é beleza; isto é
tudo o que sabeis, e tudo o que deveis saber.[2]

Quais são os caracteres intrínsecos da beleza, isto é, aquelas características em presença das quais dizemos que uma coisa é bela e, faltando elas, não podemos dizer o mesmo? Segundo Tomás de Aquino, são três, *claritas, integritas, proportio*. Ou seja, que o objeto seja inteligível (*claritas*), que seja completo com relação à ideia que quer exprimir (*integritas*), que seja dotado de harmonia entre as partes que o compõem e em relação ao todo (*proportio*).[3] Pois bem, devido ao princípio basilar dos transcendentais do ser lembrado acima (*ens, unum, verum, bonum et pulchrum convertuntur*), se estas características ontológicas valem para a *pulchritudo*, devem valer igualmente para a *veritas*. Também a verdade, para ser verdadeiramente tal, deve ter *claritas* (ser inteligível), *integritas* (ser completa, atingindo a universalidade), *proportio* (ser dotada de harmonia).

Qual *obsequium* ou submissão se pode ter, portanto, diante da verdade? Nenhum. O único *obsequium* autêntico é aquele que equivale ao *respectus*, ao respeito que surge da estima. Pode haver *obsequium* ("submissão, obediência, subordinação") apenas na ausência da luz da inteligência, apenas quando a inteligência vacila e é suprida pela vontade, apenas quando a luz da beleza está ausente.

Pois bem, a essência da fé católico-romana, assim como foi configurada a partir do Concílio de Trento e particularmente do Vaticano I, concerne à vontade: é pensada como um ato que dirige voluntariamente a inteligência a aderir a coisas que não só por si não compreende (e isto é óbvio, porque se as compreendesse não haveria fé, mas saber), mas pelas quis sequer prova atração, das quais não sente provir nenhum fascínio, e ao aceitá-las dentro de si não se sente elevar-se, mas, ao contrário, suprimir, não recebendo um impulso para o alto, mas antes uma

---

[2] John Keats, *Ode on a Grecian Urn* [1819]; texto original e trad. ital. in Elido Fazi, *Bright Star: La vita autentica di John Keats*, Roma, Fazi Editore, 2010, p. 161 e 266.
[3] Sofia Vanni Rovighi, *Elementi di filosofia*, vol. II: *Metafisica*, Brescia, La Scuola, 1964², p. 203.

pressão para baixo. E produzindo nas almas mais desejosas do belo e do verdadeiro a seguinte reação: "Quando leio o catecismo do Concílio de Trento, parece-me que ele não tem nada em comum com a religião que ali é exposta". Assim escreveu Simone Weil, que logo depois acrescentava: "Quando leio o Novo Testamento, os místicos, a liturgia, quando vejo celebrar a missa, sinto uma espécie de certeza de que essa fé é a minha".[4]

Há todo o peso da arquitetura eclesiástica pós-tridentina que prova o que digo: vá a qualquer das quatro maiores basílicas romanas (São Pedro, São João de Latrão, Santa Maria Maior, São Paulo Extramuros) e procure elementos leves, graciosos, airosos, que exprimam a graça e a liberdade do espírito... O que encontrará quase em toda parte é peso, poderio, fausto, expressões do poder e do seu totalitarismo.

A propósito da adesão da inteligência, Simone Weil escreveu que ela "nunca é algo voluntário", tirando depois as consequências em relação à fé: "Quando se procura provocar em si voluntariamente uma adesão da inteligência, o que acontece não é uma adesão da inteligência, é sugestão". E ainda: "Nada mais do que a falsa concepção de uma obrigação da inteligência contribuiu para enfraquecer a fé e difundir a incredulidade. Toda obrigação diferente da atenção, imposta à inteligência no exercício da sua função, sufoca a alma".[5]

Nesta perspectiva penso que foi totalmente errado o Juramento antimodernista imposto por Pio X, em 1910, a todos os teólogos católicos, quando os obrigava a jurar: "A fé não é um cego sentimento religioso que irrompe dos esconderijos do subconsciente, por impulso do coração e inclinação da vontade moralmente formada, mas verdadeiro assentimento do intelecto à verdade recebida de fora, pela auscultação, pela qual cremos ser verdadeiro tudo o que foi dito, atestado e revelado pelo Deus pessoal, Criador e Senhor nosso, e o cremos por causa da autoridade de Deus, soberanamente veraz" (DH 3542). Penso que é errado opor a dimensão pessoal-emotiva à dimensão institucional-racional,

---

[4] Simone Weil, *Carta a um religioso* [1942], ed. ital. (*Lettera a un religioso*) de Giancarlo Gaeta (org.), Milano, Adelphi, 1996, p. 11.
[5] Ibid., p. 62.

que, em vez, são vistas em harmonia, com a primazia, porém, da dimensão pessoal, porque só sob esta condição a fé é verdadeira comunhão do coração com Deus, e não obediência militar a uma instituição de homens. Penso que a fé é, antes de tudo, um sentimento (e não certamente um sentimento "cego", porque o coração tem uma capacidade de ver também mais profundamente que a razão) e penso que esse sentimento "irrompe" [no texto latino: *erumpentem*] (querendo usar este verbo um tanto retórico para dizer "emergir") exatamente "por impulso do coração e por inclinação da vontade moralmente formada". Exato, caro Santo Ofício, é exatamente assim: do coração e da vontade ética incondicional de fazer o bem e só o bem nasce uma projeção sobre o mundo na sua globalidade, porque ele no seu conjunto vem do bem e vai para o bem. E depois a esta altura, só a esta altura, o intelecto chega a dar o seu assentimento, alegre por reconhecer, naquilo que lhe é dito por outros, a correspondência com a sua opção interior. Neste ponto, a fé é cega, mas é natural, parece bela, de maneira que não é sequer obediência, mas familiaridade; se respirar o ar da casa, estaremos em casa.

65. A FÉ NÃO DOGMÁTICA

Há dois modos diferentes de viver a fé em Deus: há a fé dogmática, baseada na autoridade de quem fala, prescindindo do conteúdo que é afirmado, e há a fé não dogmática, baseada no conteúdo que é afirmado, prescindindo da autoridade de quem fala. De um lado se acentua a autoridade, do outro a autenticidade; de um lado o pensamento reto, do outro o bem prático; de um lado a ortodoxia, do outro a ortopráxis.

Albert Schweitzer, pai nobre da fé não dogmática do século XX, escreveu: "Na religião há duas correntes diferentes: uma não dogmática e a outra dogmática. Aquela que não é dogmática se baseia na pregação de Jesus; a dogmática se baseia no credo da Igreja antiga e da Reforma. A religião não dogmática é até certo ponto a herdeira da religião racionalista. É ética, limita-se às verdades éticas fundamentais, e se esforça à medida que está em seu poder por permanecer em boas relações com o pensamento. Quer realizar no mundo parte do Reino de Deus. Considera-se idêntica à religião de Jesus".⁶

Aqueles que aderem à religião não dogmática se recusam a aceitar uma ideia ou um preceito sem pensar, recusam-se a obedecer sem refletir, recusam-se a dobrar *a priori* a razão à autoridade do dogma. A fé não dogmática não coloca o dogma (a ideia de Deus e as doutrinas que lhe dizem respeito e que foram feitas pelos homens) como absoluto, mas o bem concreto. O seu estatuto verdadeiro não é de tipo doutrinal, mas pragmático, portanto, muito próximo do pragmatismo.

O pragmatismo é uma corrente filosófica de origem norte-americana, segundo a qual a verdade de uma proposição depende da praxe que gera: "O significado de um conceito está na diferença concreta que o seu ser verdadeiro produzirá para alguém".⁷ Um célebre expoente do pragmatismo, William James, desempenha um papel importante para a filosofia da religião e para a teologia norte-americana, e não é por acaso, porque um dos primeiros pragmáticos foi Jesus, que falava da árvore que se reconhece pelos frutos ("pelo fruto se conhece a árvore", *Mateus* 12,33) e do homem que é julgado com base nas suas ações ("Por seus frutos os conhecereis. Porventura colhem-se uvas de espinhos, ou figos de urtigas?" – *Mateus* 7,16). Não é por acaso que James, ao apresentar o pragmatismo, o definia como "a new name for old ways of thinking", um nome novo para maneiras antigas de pensar.⁸

Com efeito, para a grande parte das questões fundamentais da vida não temos nenhuma outra possibilidade de verificação. Quem pode dizer se existe um Deus pessoal ou não? Se é uno e trino ou apenas um? Se criou o mundo e a vida ou se tudo é apenas um acaso fortuito? Se revelou a si mesmo apenas ao povo hebreu ou também aos apóstolos, ou também a Maomé, ou também aos místicos e aos espirituais de todas as

---

⁶ Albert Schweitzer, *La religione e la civiltà moderna*, citado na antologia *Rispetto per la vita* [1947], Charles R. Joy (org.), trad. de Constanza Walter, Milano, Edizioni di Comunità, 1957, p. 275.

⁷ Palavras de Charles Sanders Peirce citadas por William James, *Umanismo e verità* [1904], in *Il significato della verità. Una prosecuzione di Pragmatismo* [1909], ed. ital. de Francesca Bordogna (org.), trad. de Stefania Scardicchio, Torino, Nino Aragno Editore, 2010, p. 43.

⁸ William James, *Pragmatism. A New Name for Old Ways of Thinking. Popular Lectures on Philosophy*, New York, Longmans, 1907.

religiões? Ninguém pode responder com certeza a estas e a muitas outras perguntas. O pragmatismo sustenta que a única chance para ir ver os escritos que alguém diz que tem na mão é observar as consequências práticas daquilo que professa por palavra para a sua vida e a dos outros. William James afirma: "A verdade de cada proposição *consiste* nas suas consequências, e mais particularmente em serem consequências boas".[9] Estamos, pois, diante do verdadeiro critério: o bem. Um bem prático, concreto, humano, produtivo para a vida aqui e agora. Esse bem há de ser entendido em nível teórico, como ideias mais coerentes e em melhor condição de produzir harmonia e energia vital positiva (naturalmente sempre a submeter à verificação), ou em nível prático, como ações justas na situação concreta em que cada um se encontra. Trata-se de uma perspectiva exemplificada da melhor maneira por estas palavras de Lessing, já citadas atrás, mas que desejo propor de novo por serem muito claras: "A religião não é verdadeira porque os evangelistas e os apóstolos a ensinaram; mas eles a ensinaram porque é verdadeira. As tradições escritas devem ser explicadas partindo-se da verdade interna da religião, e todas as tradições escritas não podem dar a ela nenhuma verdade interna se ela está privada dela".[10]

Verdade *interna*: é tal que até um homem numa ilha deserta pode percebê-la, tal que até os bilhões de homens que nunca ouviram falar de Jesus Cristo, e menos ainda da Igreja Católica, podem percebê-la e praticá-la; tal que constitui verdadeiramente o fundamento daquilo que Santo Agostinho chamava *ecclesia ab Abel*, "igreja desde Abel". Santo Agostinho diz: "O corpo dessa cabeça é a Igreja: não aquela que se encontra neste lugar, mas aquela que está neste lugar e em todo o mundo; não apenas aquela que existe nos nossos tempos, mas aquela que existiu desde os tempos de Abel".[11] Palavras santas que estruturam a Igreja como comunidade invisível dos justos, que existe desde o início do gênero humano (*communio sanctorum*) sob o signo da primeira proprie-

---

[9] James, *Umanismo e verità*, cit., p. 44.
[10] Gotthold E. Lessing, *Antitesi ai frammenti dell'anonimo di Wolfenbüttel* [1777], in *Opere filosofiche*, Guido Ghia (org.), Torino, Utet, 2008, p. 492; cf. também *Axiomata*, n. 9-10 [1778], ed. ital. in *Religione e libertà*, Guido Ghia (org.), Brescia, Morcelliana, 2000, p. 150-151.
[11] Agostinho, *Exposição sobre os Salmos*, salmo 90, II, 1, 3.

dade ontológica fundamental que compete à verdade: a universalidade. Nessa mesma direção dizia o apóstolo Pedro: "Agora reconheço de fato que Deus não faz distinção de pessoas; ao contrário, quem o teme e pratica a justiça, em qualquer nação, é aceito por ele" (*Atos* 10,34-35). Podemos dizer "em qualquer religião", e o resultado não muda.

Trata-se, portanto, de passar do cristianismo identitário para o cristianismo dialógico. Defino como *identitário* o cristianismo que identifica a verdade do mundo e da vida com a sua identidade, entendendo-a como doutrina garantida pelo Magistério pontifício (ou como tradição dos santos Padres para os ortodoxos, ou como revelação depositada na Bíblia para os protestantes). Esse cristianismo identitário é o cristianismo mais difuso, majoritário no presente, no passado e certamente também no futuro imediato, porque está crescendo. Quem adere a ele deseja ser antes de tudo e ao fim de tudo um *cristão*, e interpreta o sentido do seu ser homem como destinado a ser cristão.

Defino *dialógico* o cristianismo que concebe a verdade do mundo e da vida como maior que a sua identidade, porque pensa a verdade não em termos de doutrina estática, mas como processo dinâmico e relacional sempre em ato, como lógica da vida concreta. Com respeito a tal verdade concreta da vida, a sua identidade cristã é interpretada como método para introduzir mais harmonia e mais organização no processo vital. Quem adere a ele deseja ser antes de tudo e no final de tudo um *homem*, e interpreta o sentido do seu ser cristão como destinado a ser homem da maneira mais autêntica possível.

Na primeira perspectiva, a verdade é uma doutrina que se professa; na segunda, é a lógica que aumenta a vida. Eu pertenço à perspectiva não dogmática e penso que esta perspectiva interpreta melhor a intenção de Jesus, pois senão ele não teria falado de *fazer* a verdade ("quem faz a verdade vem à luz", João 3,21 [as nossas versões traduzem o *poiein* por "praticar"]) e não teria posto o critério do juízo final das ações concretamente realizadas e não nas ideias professadas por palavras: "Não quem diz 'Senhor, Senhor', mas quem faz..." (*Mateus* 7,21).

A verdade cristã autêntica é que melhor incrementa a relação harmoniosa em que consiste a vida, e há, portanto, de ser entendida sempre em função do mundo e da sua evolução criadora da qual vem a vida, o pensamento, a liberdade; nunca, porém, contra o bem do mundo. Nesta perspectiva faço minhas as seguintes palavras de Kant: "Nós nos consideraremos ao serviço da vontade divina apenas à medida que promovermos em nós mesmos e nos outros o bem do mundo".[12]

66. A VERDADE É MAIOR QUE A DOUTRINA

Esta impostação atribui o primado à vida, tirando-o da doutrina. Ela supera a equação teológica fundamental que atua na grande parte dos homens de Igreja quando falam de *verdade*, ou seja, "verdade = doutrina", onde por doutrina entendem algo estático e imutável, segundo o axioma que remonta a Vicente de Lérins: "Quod ubique, quod semper, quod ab omnibus" ("o que em toda parte, o que sempre, o que por todos" – subentendido – "é professado"). A fé não dogmática coloca, porém, esta outra concepção libertadora: "Verdade > doutrina". Quer dizer: "Verdade = vida justa e boa".

É exatamente isso que a Bíblia afirma quando fala de verdade. Para a Bíblia, a verdade não é uma doutrina, muito menos um sistema, mas é algo vital com o qual poder caminhar, pão para comer, água para beber, algo que se pode fazer. Para Jesus e para toda a linguagem bíblica, o termo verdade se insere no horizonte da praxe, da processualidade da vida, da justiça a realizar, do amor a gerar, e mais precisamente remete à solução concreta que nas ocasiões particulares está em condições de introduzir mais bem, mais justiça, mais amor, mais paz, mais harmonia. Verdade é o que a tradição chama de "frutos do Espírito Santo", referindo-se a São Paulo: "Os frutos do Espírito são: amor, alegria, paz, paciência, afabilidade, bondade, fidelidade, mansidão, continência", acrescentando: "Contra estes não há Lei" (*Gálatas* 5,22-23).

Com isso sustento que a experiência espiritual tem mais valor que a doutrina, que o primado não é da dogmática, mas da espiritualidade, e que os verdadeiros mestres da fé não são os vigias da ortodoxia doutrinal, mas os santos e os justos. O catolicismo hoje deve encontrar e pôr

---

[12] Immanuel Kant, *Crítica da razão pura*, B 487 – A 819.

no primeiro lugar o significado bíblico da verdade, privilegiando-o com respeito ao significado doutrinal e chegando assim a cultivar uma visão dinâmica e não mais estática da verdade. Penso que a causa principal da crise que a partir da época moderna não cessou de interessar ao catolicismo e que nos nossos dias se manifesta de formas dramáticas seja exatamente a perda do estatuto dinâmico da verdade, ou seja, da ligação orgânica entre a mente e a vida concreta. Exatamente por essa distância da vida concreta, por essa sua incapacidade de entender o mundo real, o catolicismo atual, de modo diferente do passado, não sabe mais produzir arte, música, poesia, não sabe mais gerar beleza.

No tempo da pós-modernidade, onde tudo é discutido e deve dar publicamente razão de si, a doutrina com a sua autoridade não pode mais ser o horizonte dentro do qual pensar a verdade. A verdade deve voltar a ser pensada no horizonte da autenticidade. Acontece que o critério de verdade das afirmações de fé não deve ser colocado mais no interior da própria fé e dos seus documentos, gerando assim uma espécie de círculo fechado dentro do qual a mente perambula como numa prisão, mas fora, na vida. Uma afirmação doutrinal será verdadeira não porque corresponde a algum versículo bíblico ou a algum dogma eclesiástico, mas porque não contradiz a vida, e muito mais: porque serve à vida introduzindo nela mais ordem, mais harmonia, mais bem. Exatamente segundo o que prevê a grande teologia católica: "Actus credentis non terminatur ad enuntiabile, sed ad rem". Onde a *res* é a vida. Quer dizer: *ubi vita, ibi veritas*.

Ao privilegiar não o enunciado formal, mas a vida, em teologia se trata de passar do sistema fechado e autorreferencial que raciocina com base na lógica do "ortodoxo/heterodoxo" para o sistema aberto e referido à vida que raciocina segundo a lógica do "verdadeiro/falso", onde dizer *verdadeiro* equivale a dizer *bom* e *belo* (porque "ens, bonum, verum et pulchrum convertuntur"). O que determina a verdade de uma afirmação é a vida, e é só pensando a vida que a teologia permanece fiel à sua vocação de ser pensamento do Deus vivo, e não de um deus de papel, de selos, de timbres.

Dietrich Bonhoeffer, ao sublinhar a necessidade de "honestidade em relação a nós mesmos", acrescentava: "Não podemos identificar-nos simplesmente com a Igreja, como os católicos".[13] Vem o tempo que também para os católicos a honestidade para consigo comporta a impossibilidade de identificar a fé em Deus com a obediente submissão à Igreja. É preciso passar do princípio autoridade para o princípio autenticidade, e é preciso fazer isso depressa, porque a situação é exatamente aquela descrita por Simone Weil, há mais de meio século, com estas palavras: "Até nos ambientes e nos corações em que a vida religiosa é sincera e intensa, demasiado frequentemente ela leva no seu próprio centro um princípio impuro por uma insuficiência do espírito de verdade. A realidade da ciência confere uma má consciência aos cristãos. Poucos deles ousam estar certos de que, se partissem do zero e se considerassem todos os problemas abolindo toda preferência, com espírito crítico absolutamente imparcial, o dogma cristão lhes pareceria verdade manifesta e total".[14]

Para que não seja a obediência à autoridade, mas o espírito de verdade a poder voltar a ser a dimensão constitutiva em torno da qual gira o ser crente, é preciso que em cada católico, no primeiro lugar da consciência, não haja o desejo de ser católico. Não se trata de ser católico; trata-se muito mais radicalmente de cultivar uma liberdade que sem rótulos e exageros busque viver e pensar a vida à luz do primado ontológico e moral do amor, com todo o espírito de verdade e de sinceridade de que se é capaz. Isto significa, em minha opinião, seguir a mensagem de Jesus-Yeshua.

67. SER HOMENS

Todos precisam de uma identidade, entendendo com ela o ponto de apoio da vida, aquele mesmo ponto que Arquimedes buscava para erguer o mundo quando descobriu o princípio da alavanca: *Da ubi consistam et terram caelumque movebo* (dá-me onde me firmar e moverei a terra e o céu). O ato de fé pode traduzir-se fisicamente como o ponto de

---

[13] Dietrich Bonhoeffer, *Progetto per uno studio* [1944], in *Resistenza e resa. Lettere e scritti dal carcere*, ed. ital. de Alberto Gallas (org.), Cinisello Balsamo, San Palo, 1989, p. 463.
[14] Simone Weil, *La prima radice. Preludio a una dichiarazione dei doveri verso l'essere umano* [1942-1943], trad. de Franco Fortini, Milano, Leonardo, 1996, p. 213.

apoio para erguer o único pedaço do mundo que podemos realmente erguer, isto é, a nós mesmos, e assim nos tornar participantes de uma vida diferente, melhor, celeste, divina. Esta é a missão da vida, estamos aqui para isto, para nos elevar a uma vida boa, bela, justa (os antigos gregos teriam dito a esta altura *divina*).

O ponto de apoio (*ubi consistam*) é funcional à alavanca (*movebo*): a identidade é funcional à vida. Guardar a identidade para si mesma não leva a nada, seria como quem, para guardar a sua bela barra de ferro brilhante, para não sujá-la, não toca na terra que teria de mover. Isto significa o seguinte: ser cristãos católicos tem sentido apenas em função da vida no mundo e da vida do mundo.

Permanece indiscutível a importância de ter e de guardar a sua identidade. Penso até que o valor de um homem depende da sua capacidade de estar firme, de opor *resistência*, diria Bonhoeffer, termo que tanto em alemão (*Widerstand*) como nas línguas latinas tem a raiz do verbo *stare*, da imobilidade. Saber resistir ou ser como a casa construída sobre a rocha, no meio de um mundo que contínua e loucamente se move. Ter sempre um ponto firme a partir do qual julgar os acontecimentos da vida e, portanto, depois, saber sempre como agir. Saber, nas diversas circunstâncias e nas diversas épocas da vida, o que fazer de nós mesmos, como empregar o nosso tempo, qual é a meta a alcançar. Ser sólidos, estar, consistir: é nisto que se decide o valor de um homem. Está bastante claro a qualquer um que reflete que não são as coisas exteriores como os bens e o dinheiro que constituem o valor de um homem, mas eu acrescento que tampouco são as coisas sabidas interiormente, nem sequer o saber. Às vezes se encontram intelectuais que sabem tudo e que não sabem viver, são infelizes dentro e fora de si, nervosos, irascíveis, ressentidos. Ao contrário, há pessoas simples, apenas com o ensino básico, que sabem estar no mundo, e se precisares, podes apoiar-te nelas, são sábias e espalham serenidade. E, porque sabem estar firmes, porque têm um ponto firme dentro delas sobre o qual se apoiar, elas levantam o pedaço de mundo que são, o levantam do fluxo do correr do tempo, saltam acima do tempo, naquela dimensão mais real que se chama eternidade. É este ponto firme que pretendo indicar ao falar de *identidade*.

X. Uma fé mais humana

É este que, como pai, quero dar aos meus filhos, um *ubi consistam*, uma consistência.

Neste livro quis examinar a solidez daquilo que pretende ser o ponto firme para construir a minha identidade. Fiz isso com uma série de negações: nem a Igreja (princípio católico) nem a Bíblia (princípio protestante) se mostraram pontos de apoio sólidos para a vida. Trata-se de realidades exteriores com respeito à consciência, e quem entrega a elas a sua liberdade se encontra necessariamente cindido, dividido, inseguro, uma "consciência infeliz". O mundo moderno viu perfeitamente tudo isso: viu que não tem a Igreja (entre os crentes Lutero, Pascal, Kierkegaard, Dostoievski perceberam isso) e viu que não tem a Bíblia (entre os crentes Spinoza, Lessing, Kant perceberam isso). Consciente disso, o mundo moderno recusou-se a colocar o ponto de apoio da liberdade na Igreja ou na Bíblia e o colocou na própria liberdade. A modernidade consistiu especulativamente nessa empresa: fazer do homem livre o ponto de apoio do homem. Se hoje os nossos dias se chamam pós-modernos, é porque aquele sonho fracassou, não sem derramar muito sangue inocente. O fracasso da liberdade está conduzindo ao chamado *post-humanism*, ou seja, à negação da própria ideia de consciência livre e autônoma, para reduzir tudo à necessidade genética, biológica, ambiental, ou talvez apenas digital. Em todo caso, a lição a tirar é que nem sequer é a liberdade que me define em sentido último, porque ela postula uma realização. Eu sou livre, devo sê-lo sempre mais, mas para ligar a minha liberdade a algo maior (mais belo, mais justo, mais verdadeiro) que ela. A liberdade se realiza à medida que adere à verdade enquanto lógica da vida, e essa lógica da vida é a relação harmoniosa. A liberdade se realiza aderindo à vida boa e à vida justa. É este o porto no qual a liberdade deseja aportar. A liberdade se realiza no amor.

"Papai, se Deus mandasse você me matar, você me mataria?" Cada um responda dentro de si a esta pergunta e entenderá de que tipo é a sua fé. Quanto a mim, o ponto firme que constitui a minha verdadeira identidade de homem não me vem de nada exterior. Não pode ser nada exterior que me dirá o que devo fazer e quem eu verdadeiramente sou: nem a Igreja, nem a Bíblia, nem outros catecismos de qualquer espécie. O que me define como homem é algo interior a mim mesmo. Esta interioridade é o espírito, o mesmo princípio que está na origem do bem moral *dentro* de mim e do mundo físico do mesmo modo *dentro* de mim, porque eu também sou mundo.

Sustento que este princípio se manifestou de modo supremo em Jesus-Yeshua, mas não exclusivamente nele. Neste sentido defino a minha identidade *cristã*, ainda que não *exclusivamente* cristã, porque sustento que para ser verdadeiro cristão não se deve excluir, nem mesmo apenas subestimar, a dimensão verdadeira contida na busca espiritual de todos os outros seres humanos. Para todo homem que surge na terra, a partida da vida é sempre entre Mim e Deus.

Bibliografia

Cada uma das complexas temáticas tocadas neste livro apresenta uma literatura que, nestes casos, costuma ser definida como "interminável". Calculando que se trata de termos sobre os quais os seres humanos discutem e escrevem há séculos e, às vezes, há milênios, diria que não se trata de um exagero. Ciente disso, longe de mim querer apresentar aqui uma bibliografia completa (impressa seria praticamente impossível) mas nem sequer exaustiva. Com esta nota pretendo antes atingir dois objetivos mais simples:
– ordenar os principais livros dos quais fiz uso, geralmente, mas nem sempre, citados nas notas (seção 1 e 2 desta nota bibliográfica);
– apresentar possibilidades de aprofundamento sobre o modo de ser cristão sustentado nestas páginas (seção 3).

De modo diferente das notas, nas quais sempre dei indicações dos organizadores e dos tradutores, aqui me limito aos organizadores para maior clareza expositiva. Os títulos são apresentados às vezes em ordem sistemática, às vezes cronológica e, às vezes, alfabética de acordo com a lógica específica da matéria.

Na tradução, são acrescentados muito poucos livros e são citadas algumas traduções, principalmente, das fontes. O leitor brasileiro pode facilmente encontrar o livro pelo nome do autor, por isso não houve preocupação de ir atrás de cada tradução disponível em língua portuguesa. Os nomes mais conhecidos estão em português, ainda que a obra esteja citada em italiano (por exemplo, Dionísio Areopagita).

1. Fontes

Fontes bíblicas

Bíblia de Jerusalém (*La Bible de Jérusalem*, 1973) [1978]. São Paulo: Edições Paulinas, 1985 (foi usada a 5ª impressão de 1991).

Bíblia Sagrada [1982]. Petrópolis: Vozes, 2002[46] (esta tradução é totalmente brasileira, com coordenação geral de Ludovico Garmus, e a maioria dos tradutores foram também tradutores da *Bíblia de Jerusalém*).

Apocrifi del Nuovo Testamento (3 vols.). Luigi Moraldi (org.). Casale Monferrato: Piemme, 1994.

Etz Hayim. Torah and Commentary. The Rabbinical Assembly & The United Synagogue of Conservative Judaism (eds.). New York: The Jewish Publication Society, 2001.

La Sacra Bibbia (versão oficial da Conferência Episcopal Italiana). Roma: Uelci, 2008.

Le parole dimenticate di Gesù. Mauro Pesce (org.). Milano: Mondadori, 2004.

Novum Testamentum Graece et Latine. Augustinus Merk (org.). Roma: Pontifício Instituto Bíblico, 1964[9].

Nuovo Testamento Greco, latino, italiano (com trad. interlinear). Piergiorgio Beretta (org.). Cinisello Balsamo: San Paolo, 2003[4].

The Greek New Testament. Fourth Revised Edition. Barbara Aland, Kurt Aland, Johannes Karavidopoulos, Carlo Maria Martini, Bruce M. Metzger (eds.). Stuttgart: Deutsche Bibelgesellschaft, 1993.

Torah Neviim Ketuvim. N. H. Snaith (ed.). London: The British and Foreign Bible Society, 1958.

Estudos bíblicos e arqueológicos

BIBLIA (Associação leiga italiana de cultura bíblica). *Vademecum per il lettore della Bibbia*. Brescia: Morcelliana, 1996.

BROWN, Raymond E. *La nascita del Messia secondo Matteo e Luca* [1977]. Assisi: Cittadella, 1981 [ed. bras.: *Nascimento do Messias*. São Paulo: Paulinas, 2005].

CANFORA, Luciano. *Filologia e libertà*. Milano: Mondadori, 2008.

CHILDS, Brevard S. *Biblical Theology of the Old and New Testament. Theological Reflection on the Christian Bible*. London: SCM Press, 1992.

Conzelmann, Hans. *Le origini del cristianesimo. I resultati della critica storica* [1969]. Torino: Claudiana, 1976.

Ehrman, Bart D. *Gesù non l'ha mai detto* [2005]. Milano: Mondadori, 2008. Também: *I Cristianesimi perduti. Apocrifi, sette ed eretici nella battaglia per le Sacre Scritture* [2003]. Roma: Carocci, 2008³.

Finkelstein, Israel; Silberman, Neil Asher. *Le tracce di Mosè. La Bibbia tra storia e mito* [2001]. Roma: Carocci, 2002.

Le monde de la Bible. André Lemaire (org.). Paris: Gallimard, 1998.

Liverani, Mario. *Oltre la Bibbia. Storia antica di Israele*. Roma-Bari: Laterza, 2003.

Penna, Romano. *L'ambiente storico-culturale delle origini cristiane. Una documentazione ragionata*. Bologna: EDB, 1984.

Pontifícia Comissão Bíblica. *A interpretação da Bíblia na Igreja*. Cidade do Vaticano: Libreria Editrice Vaticana, 1993 (edição em várias línguas).

Ravasi, Gianfranco. *Il racconto del cielo. Le storie, le idee, i personaggi dell'Antico Testamento*. Milano: Mondadori, 1995. Também: *La buona novella. Le storie, le idee, i personaggi del Nuovo Testamento*. Milano: Mondadori, 1996.

Ribla – *Revista de interpretação bíblica latino-americana*. Edição bilíngue espanhol-português, que vem sendo publicada 3 vezes ao ano desde 1982.

Ska, Jean Louis. *La parola di Dio nei racconti degli uomini*. Assisi: Cittadella, 2010³.

Theissen, Gerd; Merz, Annette. *Il Gesù storico. Un manuale* [1996]. Brescia: Queriniana, 2008⁴.

Fontes magisteriais

Denzinger, Heinrich. *Enchiridion symbolorum, definitionum et declarationum de rebus fidei et morum* (*Compêndio dos símbolos, definições e declarações de fé e moral*). Peter Hünermann (org.). São Paulo: Paulinas; Edições Loyola, 2007.

Enchiridion Vaticanum. Bologna: EDB, 1966ss.

Enchiridion delle Encicliche. Bologna: EDB, 1994ss.

Os textos em latim e em várias línguas, inclusive em português, de muitos documentos eclesiásticos estão disponíveis no site oficial da Santa Sé: <www.vatican.va>.

Estudos sobre o Magistério

DEL COL, Andrea. *L'Inquisizione in Italia. Dal XII al XXI secolo*. Milano: Mondadori, 2006.

Dizionario storico dell'Inquisizione. Adriano Prosperi (org.) com a colaboração de Vincenzo Lavenia e John Tedeschi. Pisa: Edizioni della normale, 2010.

FRAGNITO, Gigliola. *La Bibbia al rogo. La censura ecclesiastica e i volgarizzamenti della Scrittura (1471-1605)*. Bologna: il Mulino, 1997.

Rome Has Spoken. A Guide to Forgotten Papal Statements and How They Have Changed Through the Centuries. Maureen Fiedler & Linda Rabben (eds.). New York: The Crossroad Publishing House, 1998.

SULLIVAN, Francis A. *Il Magistero nella Chiesa cattolica* [1983]. Assisi: Cittadella, 1993².

SULLIVAN, Francis A. *Capire e interpretare il Magistero. Una fedeltà creativa* [1996]. Bologna: EDB, 1996.

2. TEXTOS DE REFERÊNCIA

AGOSTINHO de Hipona. *La città di Dio*. Luigi Alici (org.). Milano: Rusconi, 1992³ (*A Cidade de Deus*. Volume II. Trad. de J. Dias Pereira. Lisboa: Fundação Calouste Goulbekian, 2000); *La vera religione*. Onorato Grassi (org.). Milano: Rusconi, 1997.

ANSELMO de Cantuária (de Aosta). *Proslogion. Con la difesa dell'insipiente di Gaunilone e la risposta di Anselmo*. Lorenzo Pozzi (org.). Milano: Bur, 1992; *Opere filosofiche*. Sofia Vanni Rovighi (org.). Roma-Bari: Laterza, 1969.

ARISTÓTELES. *Metafísica* [ed. ital. Giovanni Reale (org.). Milano: Rusconi, 1984²]; *Da alma* [ed. ital. Renato Laurenti (org.). In: *Opere*, vol. IV. Roma-Bari: Laterza, 2001⁶]; *Ética a Nicômaco* [ed. ital. Marcello Zanatta (org.). Milano: Bur, 1986]; *Organon* [ed. ital. Giorgio Colli (org.). Milano: Adelphi, 2003]. A Universidade de Lisboa está publicando as obras completas de Aristóteles, mas ainda faltam vários livros.

BALTASAR, Hans Urs von. *La percezione della forma*. Vol. I, *Gloria. Una estetica teologica* [1961]. Milano: Jaca Book, 1975; *Solo l'amore è credible* [1963]. Roma: Borla, 1977; *Il tutto nel frammento. Aspetti di teologia della storia* [1963]. Milano: Jaca Book, 1990².

BARTH, Karl. *L'Epistola ai Romani* [19222]. Girovanni Miegge (org.). Milano: Feltrinelli, 1978; *Anselmo d'Aosta. Fides quaerens intellectum. La prova dell'esitenza di Dio secondo Anselmo nel contesto del suo programma teologico* [1931]. Marco Vergottini (org.). Brescia: Morcelliana, 2001; *L'umanità di Dio* [1956]. Torino: Claudiana, 1975.

BERGER, Peter. *Questioni di fede. Una professione scettica del cristianesimo* [2004]. Bologna: il Mulino, 2005.

BOBBIO, Norberto. *De senectute e altri scritti autobiografici*. Torino: Einaudi, 1996; *Autobiografia*. Alberto Papuzzi (org.). Roma-Bari: Laterza, 1997; *Religione e religiosità*, "MicroMega. Almamacco di filosofia", 2/2000; *Ultime volontà*. In: BOBBIO, N. *Etica e politica. Scritti di impegno civile.* Marco Revelli (org.). Milano: Mondadori, 2009. Cf. também PEYRETTI, Enrico. *Dialoghi con Norberto Bobbio su politica, fede, nonviolenza.* Com trinta e nove cartas inéditas do filósofo. Torino: Claudiana, 2011.

BONHOEFFER, Dietrich. *Resistenza e resa. Lettere e scritti dal carcere* [1943-1944]. Alberto Gallas (org.). Cinisello Balsamo: San Paolo, 1989.

BRUNO, Giordano. *Opere italiane*. Textos críticos de Giovanni Aquilecchia, coordenação geral de Nuccio Ordine. Torino: Utet, 2007. Em particular: *Candelaio. Epistola dedicatória alla Signora Morgana B.* [1582]; *La cena de le Ceneri* [1584]; *De la causa, principio et uno* [1584]; *Spaccio de la bestia trionfante* [1584]; *De gli eroici furori* [1585]; cf. também *Prefazione agli Articoli contro i matematici* [1588].

BUBER, Martin. *L'eclissi di Dio. Considerazioni sul rapporto tra religione e filosofia* [1953]. Milano: Mondadori, 1990.

CASTELLION, Sébastien. *La persecuzione degli eretici*. Torino: La Rosa Editrice, 1997; *Contra libellum Calvini in quo ostendere conatur haereticos jure gladii coercendos esse* (Contra o libelo de Calvino no qual se esforça por mostrar que os hereges devem ser coagidos com a espada). Texto latino original em www.archive.org. Cf. também BAINTON, Roland H. *La lotta per la libertà religiosa* [1951]. Bologna: il Mulino, 1963.

CHENU, Marie-Dominique. *La teologia come scienza nel XIII secolo* [1927-1957]. Milano: Jaca Book, 1995³.

CÍCERO, Marco Túlio. *Tuscolane*. Lucia Zuccoli Clerici (org.). Milano: Bur, 2004⁵; *La natura divina*. Cesare Marco Calcante. Milano: Bur, 1992.

CROCE, Benedetto. *Verità e moralità* [1924]. In: *Etica e politica*. Guseppe Galasso (org.). Milano: Adelphi, 1994; *Perché non possiamo non dirci "cristiani"* [1942]. In: *La mia filosofia*. Giuseppe Galasso (org.). Milano: Adelphi, 1993.

CULLMANN, Oscar. *Il mistero della Redenzione nella storia* [1965]. Bologna: il Mulino, 1971².

DIONÍSIO AREOPAGITA. *Teologia mistica* [séc. V]. In: *Tutte le opere*. Milano: Rusconi, 1997³.

EMERSON, Ralph W. *Natura* [1836]. In: *Teologia e natura*. Pier Casale Bori (org.). Genova-Milano: Marietti, 2010².

FICHTE, Johann G. *L'iniziazione alla vita beata ovvero la dottrina della religione* [1806]. In: *La dottrina della religione*. Giovanni Moretto (org.). Napoli: Guida, 1989.

FLORENSKI, Pavel A. *La colonna e il fondamento della verità. Saggio di teodicea ortodossa in dodici lettere* [1914]. Milano: Rusconi, 1998. Nova edição por Natalino Valentini (org.). Cinisello Balsamo: San Paolo, 2010; *La concezione cristiana del mondo* [1921]. Antonio Maccioni (org.). Bologna: Pendragon, 2011.

GOUNELLE, André. *Parlare di Dio* [1997]. Torino: Claudiana, 2006; *Parlare di Cristo* [2003]. Torino: Claudiana, 2008.

HADOT, Pierre. *Esercizi spirituali e filosofia antica* [1981]. Prefácio de Arnold I. Davidson (org.). Torino: Einaudi, 2005; *La filosofia come modo di vivere. Conversazioni con Jeannie Carlier e Arnold I. Davidson* [2001]. Torino: Einaudi, 2008.

HAIGHT, Roger. *Jesus Symbol of God*. Maryknoll: Orbis Books, 1999 [ed. bras: *Jesus símbolo de Deus*. São Paulo: Paulinas, 2005].

HARNACK, Adolf von. *L'essenza del cristianesimo* [1900]. Brescia: Queriniana, 2003³.

HEGEL, Georg W. F. *Habilitationsthesen* [1801]. In: *Jenaer Schriften 1801-1807*. Frankfurt am Main: Suhrkamp, 1986; *Lezioni sulla filosofia della religione* [1821-1831]. Elisa Oberti e Gaetano Borruso (orgs.), 3 vols. Roma-Bari: Laterza, 1983; *Lezioni di filosofia della religione* [1821-1831], parte I: *Introduzione. Il concetto della religione*. Walter Jaeschke (org.). Ed. ital. de Roberto Garaventa e Stefania Archella (orgs.). Napoli: Guida, 2008; *Lineamenti di filosofia del diritto* [1820]. Giuliano Marini (org.). Roma-Bari: Laterza, 1991³. Nova edição de Vincenzo Cicero (org.). Milano: Rusconi, 1998²; *Filosofia della storia universale. Secondo il corso tenuto nel semestre invernale 1822-1823*. K. H. Itling, K. Brehmer e H. N. Seelmann (orgs.). Torino: Einaudi, 2001; *Estetica* [1823-1826]. Nicolao Merker (org.). Torino: Einaudi, 1997; *Lezioni sulle prove dell'existenza di Dio* [1829]. Adriano Tassi (org.). Brescia: Morcelliana, 2009.

HESCHEL, Abraham Joshua. *L'uomo non è solo. Una filosofia della religione* [1951]. Milano: Mondadori, 2001.

HORKHEIMER, Max. *La nostalgia del totalmente Altro* [1970]. Rosino Gibellini (org.). Brescia: Queriniana, 1990⁴.

HUME, David. *Storia naturale della religione* [1757]. Roma-Bari: Laterza, 2007.

JAMES, William. *Umanismo e verità* [1904]. In: *Il significato della verità. Una prosecuzione di Pragmatismo* [1909]. Francesca Bordogna (org.). Torino: Nino Aragno Editore, 2010.

JASPERS, Karl. *I grandi filosofi* [1957]. Milano: Longanesi, 1973; *Cifre della trascendenza* [1970]. Giorgio Penzo (org.). Torino: Marietti, 1974; *La fede filosofica di fronte alla rivelazione* [1962]. Milano: Longanesi, 1970.

JOÃO DA CRUZ. *Subida do Monte Carmelo* [1578]; *Noite escura* [1580]. In: *Obras completas*. Petrópolis: Vozes; Carmelo Descalço do Brasil, 1984; cf. também: STEIN, Edith. *Scientia Crucis. Studio su san Giovanni della Croce* [1941-1942]. Roma-Morena: Edizioni OCD, 2001.

JOÃO PAULO II. *Memoria e identità. Conversazioni a cavallo dei millenni*. Milano: Rizzoli (com escritos de 1993).

JOHNSON, Elizabeth A. *Quest for the Living God. Mapping Frontiers in the Theology of God*. New York-London: Continuum, 2007.

JONAS, Hans. *Homo pictor: della libertà del raffigurare* [1961]. In: *Organismo e libertà. Verso una biologia filosofica*. Paolo Becchi (org.). Torino: Einaudi, 1999.

JUSTINO. *I e II Apologias, Diálogo com Trifão*. São Paulo: Paulus, s/d.

KANT, Immanuel. *Critica della ragion pura* [1781 e 1787]. Pietro Chiodi (org.). Torino: Utet, 2005; *Critica della ragion pratica* [1788]. Pietro Chiodi (org.). Torino: Utet, 2006; *La religione entro i limiti della sola ragione* [1793]. Introdução e aparato crítico de Massimo Roncoroni, trad. e notas de Vincenzo Cicero. Milano: Rusconi, 1996; a mesma obra em *Critica della ragion pratica e altri scritti morali*. Pietro Chiodi (org.). Torino: Utet, 2006; e também por Marco M. Olivetti (org., que revê uma tradução anterior de Alfredo Poggi de 1941). Roma-Bari: Laterza, 1980; *Il conflitto delle facoltà* [1798]. In: *Scritti di filosofia della religione*. Giuseppe Riconda (org.). Milano: Mursia, 1989; *Antropologia dal punto di vista pragmatico* [1798]. Pietro Chiodi (org.). Milano: Tea, 1995.

KASPER, Walter. *Introduzione alla fede* [1972]. Brescia: Queriniana, 1983⁷.

KIERKEGAARD, Søren. *Timore e tremore* [1843] e *Esercizio del cristianesimo* [1850]. In: *Opere*. Cornelio Fabro (org.). Casale Monferrato: Piemme, 1995; edição precedente Firenze: Sansoni, 1972.

KITARO, Nishida. *Uno studio sul bene* [1911]. Enrico Fongaro (org.). Torino: Bollati Boringhieri, 2007.

KNITTER, Paul. *Senza Buddha non potrei essere cristiano* [2009]. Roma: Fazi Editore, 2011.

KÜNG, Hans. *Dio esiste? Risposta al problema di Dio nell'età moderna* [1978]. Milano: Mondadori, 1979; *Credo. La fede, la Chiesa e l'uomo contemporaneo* [1992]. Milano: Bur, 20072; *Cristianesimo. Essenza e storia* [1994]. Milano: Bur, 20085; *La mia battaglia per la libertà. Memorie* [2002]. Reggio Emilia: Diabasis, 2008; *Ciò che credo* [2009]. Milano: Rizzoli, 2010.

LESSING, Gotthold E. *Il testamento di Giovanni* [1777] e *Antitesi ai frammenti dell'Anonimo di Wolfenbüttel* [1977]. In: *Opere filosofiche*. Guido Ghia (org.). Torino: Utet, 2008; *Sul cosiddetto "Argomento dello spirito e della forza"* [1777]. In: *La religione dell'umanità*. Nicolao Merker (org.). Roma-Bari: Laterza, 1991; *Nathan il saggio* [1779]. Leo Lestingi (org.). Bari: Palomar, 2009.

LEVINAS, Emmanuel. *Aimer la Thora plus que Dieu* [1955]. In: *Difficile liberté. Essais sur le judaïsme*. Paris: Albin Michel, 19763; cf. também Azzolino CHIAPPINI. *Amare la Torah più di Dio. Emmanuel Lévinas lettore del Talmud*. Firenze: Giuntina, 1999.

MAIMÔNIDES, Moisés. *O guia dos perplexos* [1190], disponível em português na Internet.

MALEBRANCHE, Nicolas. *La ricerca della verità* [1674-1712]. Maria Garin (org.). Roma-Bari: Laterza, 2007.

MANCINI, Italo. *Frammento su Dio*. Andrea Aguti (org.). Brescia: Morcelliana, 2000.

MARCO AURÉLIO. *Pensieri*. Maristella Ceva (org.). Milano: Mondadori, 1989.

MICKLETHWAIT, John; WOOLDRIDGE, Adrian. *God is Back. How the Global Revival of Faith Will Change the World*. New York: Penguin, 2009; cf. também Osservatorio socio-religioso Triveneto. *C'é campo? Giovani, spiritualità, religione*. A. Castegnaro (org.). Venezia: Marcianum Press, 2010.

MILTON, John. *Areopagitica* [1644]. Milano: Rusconi, 1998.

MOLTMANN, Jürgen. *Scienza e sapienza. Scienza e teologia in dialogo* [2002]. Brescia: Queriniana, 2003.

Nietzsche, F. *Genealogia da moral. Uma polêmica* [1887]. São Paulo: Companhia das Letras, 2009; *O crepúsculo dos ídolos ou como filosofar com o martelo* [1888]. São Paulo: Companhia das Letras, 2006.

Otto, Rudolf. *Il sacro. L'irrazionale nell'ideadel divino e la sua relazione al razionale* [1917]. Milano: Feltrinelli, 1989.

Pareyson, Luigi. *Ontologia della libertà. Il male e la sofferenza* [1979-1991]. Torino: Einaudi, 1995 [póstumo].

Pascal, Blaise. *Pensamentos.* http://www.ebooksbrasil.org/eLibris/pascal.html

Pico della Mirandola, Giovanni. *Oratio de hominis dignitate* [1486]. Eugenio Garin (org.). Pordenone: Edizioni Studio Tesi, 1994.

Platão. *Tutti gli scritti.* Giovanni Reale (org.). Milano: Rusconi, 1994.

Plotino. *Enneadi.* Giuseppe Faggin (org.). Milano: Rusconi, 1992.

Rahner, Karl. *Curso fundamental da fé. Introdução ao conceito de cristianismo* [1976]. São Paulo: Paulus, 1997; entre os numerosos volumes de ensaios indico em particular *Ciência e fé cristã* [1983].

Ratzinger, Joseph. *Introduzione al cristianesimo* [1968]. Brescia: Queriniana, 1974[5]; *Natura e compito della teologia. Il teologo nella disputa contemporanea. Storia e dogma* [1990]. Milano: Jaca Book, 1993; *Fede verità tolleranza. Il cristianesimo e le religioni del mondo.* Siena: Cantagalli, 2003; cf. também a antologia de Umberto Casale (org.), *Fede, ragione, verità e amore. La teologia di Joseph Ratzinger.* Torino: Lindau, 2009.

Ries, Julien. *Il sacro nella storia religiosa dell'umanità* [1978]. Milano: Jaca Book, 1990[2]; *L'uomo e il sacro nella storia dell'umanità* [escritos a partir de 1978]. Milano: Jaca Book, 2007.

Robinson, John A. T. *Dio non è così. Honest to God* [1962]. Firenze: Vallecchi, 1965 (a tradução brasileira foi publicada por Editora Vozes).

Rosenzweig, Franz. *La Stella della redenzione* [1921]. Gianfranco Bonola (org.). Genova: Marietti, 1996[3].

Ruini, Camillo. *Le vie di Dio nella ragione contemporanea.* In: *Dio oggi. Con lui o senza di lui cambia tutto,* com uma mensagem de Bento XVI. Comitato per il Progetto Culturale della Conferenza Episcopale Italiana (org.). Siena: Cantagalli, 2010.

Russell, Bertrand. *Il mio credo* [1925]. In: *Perché non sono cristiano.* Milano, Tea, 2003.

Schelling, Friedrich W. J. *Ricerche filosofiche sull'essenza della libertà umana e gli oggetti che vi sono conessi* [1809]. Trad. de Susanna Drago Del Boca, revista por Giuseppe Semerari. Roma-Bari: Laterza, 1974; a mesma tradução em *Scritti sulla filosofia, la relgione e la libertà*. Luigi Pareyson (org.). Milano: Mursia, 1990.

SESBOÜÉ, Bernard. *La théologie au XXe siècle et l'avenir de la foi. Entretiens avec Marc Leboucher*. Paris: Desclée de Brouwer, 2007.

SILESIUS, Angelus. *Il pellegrino cherubico* [1657]. Giovanna Fozzer e Marco Vannini (orgs.). Cinisello Balsamo: Edizioni Paoline, 1992².

SPAEMANN, Robert. *Der letzte Gottesbeweis*. München: Pattloch, 2007.

SPINOZA, Baruch. *Ética* [1677]. Edição bilíngue latim-português, trad. de Tomaz Tadeu, revisão de Sandra Mara Corazza, edição eletrônica de Conrado Esteves. Belo Horizonte: Autêntica, 2007³.

TILLICH, Paul. *Teologia sistematica* [1951-1963]. Renzo Bertalot (org.). Torino: Claudiana, 1996-2006, 4 volumes; *Il coraggio di existere* [1952]. Roma: Ubaldini, 1968; *Sulla linea di confine. Schizzo autobiografico* [1962]. Brescia: Queriniana, 1969; *L'irrilevanza e la rlevanza del messaggio cristiano per l'umanità d'oggi* [1963]. Bescia: Queriniana, 1998.

TIMOSSI, Roberto G. *Prove logiche dell'esistenza di Dio da anselmo d'Aosta a Kurt Gödel. Storia critica degli argomenti ontologici*. Genova-Milano: Marietti, 2005.

TOMÁS DE AQUINO. *Summa contra gentiles* [1258-1264], ed. ital. *Somma contro i gentili*. Tito S. Centi (org.). Torino: Utet, 1992²; *Summa theologiae* [1265-1273]. Bologna: Edizioni Studio Domenicano, 1984.

VANNI ROVIGHI, Sofia. *Elementi di filosofia*. Brescia: La Scuola, 1964², 3 volumes; *La filosofia e il problema di Dio*. Milano: Vita e Pensiero, 1986.

VATTIMO, Gianni. *Credere di credere*. Milano: Garzanti, 1966.

WEIL, Simone. *Quaderni* (4 vol.) [1941-1942]. Milano: Adelphi, 1997³; *Lettera a un religioso* [1942]. Milano: Adelphi, 1996; *La prima radice. Preludio a una dichiarazione dei doveri verso l'essere umano* [1942-1943]. Milano: Leonardo, 1996; cf. também Sabina Moser. *La fisica soprannaturale. Simone Weil e la scienza*. Cinisello Balsamo: San Paolo, 2011.

WHITEHEAD, Alfred North. *Religion in the Making* [1926]. Cleveland-New York: The World Publishing Company, 1960.

WITTGENSTEIN, Ludwig. *Tractatus logico-philosophicus e Quaderni 1914-1916*. Amedeo G. Conte (org.). Torino: Einaudi, 19986; cf. Ray Monk, *Ludwig Wittgenstein. Il dovere del genio* [1990]. Milano: Bompiani, 2000.

Em particular sobre a ciência em sua relação com a religião

ARNOULD, Jacques. *La teologia dopo Darwin. Elementi per una teologia della creazione in una prospettiva evoluzionista* [1998]. Brescia: Queriniana, 2000.

AYALA, Francisco J. *Il dono di Darwin alla scienza e alla religione* [2007]. Cinisello Balsamo: Jaca Book-San Paolo, 2009.

BARBOUR, Ian G. *Religion in an Age of Science*. London: SCM Press, 1990.

BARROW, John D.; TIPLER, Frank J. *Il principio antropico* [1986]. Milano: Adelphi, 2002.

BARROW, John D. *Teorie del tutto. La ricerca della spiegazione ultima* [1991]. Milano: Adelphi, 1992; *L'Universo come opera d'arte* [1995]. Milano: Bur, 2004².

BERSANELLI, Marco; GARGANTINI, Mario. *Solo lo stupore conosce. L'avventura della ricerca scientifica*. Milano: Bur, 2003.

CAPRA, Fritjof. *Il Tao della fisica* [1975]. Milano: Adelphi, 1998¹⁰; *La rete della vita* [1996]. Milano: Bur, 2006⁴.

COLLINS, Francis S. *Il linguaggio di Dio* [2006]. Milano: Sperling & Kupfer, 2007.

DAVIES, Paul. *La mente di Dio* [1992]. Milano: Mondadori, 1996; *Da dove viene la vita* [2000]. Milano: Mondadori, 2000; *Una fortuna cosmica. La vita nell'universo: coincidenza o progetto divino* [2007], Milano: Mondadori, 2007.

DUVE, Christian de. *Polvere vitale* [1995]. Milano: Longanesi, 1998.

EINSTEIN, Albert. *Come io vedo il mondo* [1949]. In: *Come io vedo il mondo. La teoria della relatività*. Roma: Newton Compton, 1992; *Pensieri, idee, opinioni* [1950]. Roma: Newton Compton, 2006.

FACCHINI, Fiorenzo. *E l'uomo venne sulla terra*. Cinisello Balsamo: San Paolo, 2005.

HEISENBERG, Werner. *Fisica e oltre. Incontri con i protagonisti 1920-1965*. Torino: Bollati Boringhieri, 2008³.

HEISENBERG, W.; SCHRÖDINGER, E.; BORN, M.; AUGER, P. *Discussione sulla fisica moderna* [1952-1958]. Torino: Bollati Boringhieri, 2002.

KAUFFMAN, Stuart. *Reinventare il sacro. Una nuova concezione della scienza, della ragione e della religione* [2008]. Torino: Codice Edizioni, 2010.

MCGRATH, Alister E. *Scienza e fede in dialogo. I fondamenti* [1998]. Aldo Comba e Stefano Frache (orgs.). Torino: Claudiana, 2002; A Fine-Tuned

Universe. The Quest for God in Science and Theology. The 2009 Gifford Lectures. Louisville, KY: Westminster John Knox Press, 2009.

NEWTON, Isaac. *Principi matematici della filosofia natural* [1687]. Torino: Utet, 1965; sobre o cientista inglês cf. GUICCIARDINI, N. *Newton*. Roma: Carocci, 2011, em particular o capítulo "Newton segreto", com os parágrafos "Newton eretico" e "Newton teólogo".

PLANCK, Max. *L'unità dell'immagine fisica del mondo* [1908], *Legge di causalità e libero arbitrio* [1923], *Scienza e fede* [1930], *Origine ed effetti delle idee scientifiche* [1933]. In: *La conoscenza del mondo fisico*. Torino: Bollati Boringhieri, 2009.

POLKINGHORNE, John. *Credere in Dio nell'età della scienza* [1998]. Milano: Raffaello Cortina, 2000.

REES, Martin. *I sei numeri dell'universo. Le forze profonde che spiegano il cosmo* [1999]. Milano: Rizzoli, 2002.

SCHÖNBORN, card. Christoph. *Caso o disegno? Evoluzione e creazione secondo una fede ragionevole* [2007]. Hubert P. Weber (org.). Bologna: Edizioni Studio Domenicano, 2007.

TIMOSSI, Roberto. *Dio e la scienza moderna. Il dilemma della prima mossa*. Milano: Mondadori, 1999; *L'illusione dell'ateismo. Perché la scienza non nega Dio*. Cinisello Balsamo: San Paolo, 2009.

TOMASELLO, Michael. *Altruisti nati. Perché cooperiamo fin da piccolo* [2009]. Torino: Bollati Boringhieri, 2010.

WHITEHEAD, Alfred North. *La scienza e il mondo moderno* [1926]. Torino: Bollati Boringhieri, 2001.

Em particular sobre o Jesus histórico (em ordem cronológica)

VISÃO GERAL

THEISSEN, Gerd; MERZ, Annette. *Il Gesù storico. Un manuale* [1996]. Brescia: Qeriniana, 2008[4].

The Cambridge Companion to Jesus. Markus Bockmuehl (ed.). Cambridge: Cambridge University Press, 2001.

GAETA, Giancarlo. *Il Gesù modern*. Torino: Einaudi, 2009.

Primeira pesquisa (1778-1906) e consequências teóricas

Reimarus, Hermann S. *I frammenti dell'anonimo di Wolfenbüttel pubblicati da G. E. Lessing* [1774-1778]. Napoli: Bibliopolis, 1977.

Schweitzer, Albert. *La vita di Gesù. Il segreto dela messianicità e della passione* [1901]. Francesco Coppelloti (org.). Milano: Christian Marionotti Edizioni, 2000; *Storia della ricerca sulla vita di Gesù* [1906]. Brescia: Paideia, 1986.

Bultmann, Rudolf. *Jesus* [1926]. Brescia: Queriniana, 1975^2; *Nuovo Testamento e mitologia. Il problema della demitizzazione del messaggio neotestamentario* [1941]. Brescia: Queriniana, 1973^4; *Teologia del Nuovo Testamento* [1953]. Brescia: Queriniana, 1985.

Segunda pesquisa (de 1953 aos nossos dias)

Käsemann, Ernest. *Il problema del Gesù storico* [1953]. In: *Saggi esegetici*. Casale Monferrato: Marietti, 1985.

Robinson, James M. *A New Quest of the Historical Jesus*. London: SCM Press, 1959.

Bornkamm, Günther. *Gesù di Nazareth. I risultati di quaranta anni di recherché sul "Gesù della storia"* [1960]. Torino: Claudiana, 1981^2.

Léon-Dufour, Xavier. *I Vangeli e la storia di Gesù* [1963]. Cinisello Balsamo: Edizione Paoline, 1986^5.

Kümmel, Werner Georg. *La teologia del Nuovo Testamento. Gesù, Paolo, Giovanni* [1969]. Brescia: Paideia, 1976.

Latourelle, René. *A Gesù attraverso i Vangeli* [1978]. Assisi: Cittadella, 1979.

Fabris, Rinaldo. *Gesù di Nazareth. Storia e interpretazione*. Assisi: Cittadella, 1983.

Gnilka, Joachim. *Gesù di Nazaret. Annuncio e storia* [1990]. Brescia: Paideia, 1993.

Schnackenburg, Rudlof. *La persona di Gesù Cristo nei quattro Vangeli* [1993]. Brescia: Paideia, 1995.

Penna, Romano. *I ritratti originali di Gesù il Cristo. Inizi e sviluppi della cristologia neotestamentaria*. Cinisello Balsamo: San Paolo, 1996-1998, 2 vols.

Maggioni, Bruno. *Era veramente uomo. Revisitando la figura de Gesù nei Vangeli*. Milano: Àncora, 2001.

Dunn, James D. G. *Gli albori del cristianesimo. La memoria di Gesù* [2003]. Brescia: Paideia, 2006.

PENNA, Romano. *Il Dna del cristianesimo. L'identità cristiana allo stato nascente*. Cinisello Balsamo: San Paolo, 2004.

BERGER, Klaus. *Gesù* [2004]. Brescia: Queriniana, 2006.

JOSSA, Giorgio. *Giudei o cristiani? I seguaci di Gesù in cerca di una propria identitá*. Brescia: Paideia, 2004; *Gesù Messia? Un dilemma storico*. Roma: Carocci, 2006; *Il cristianesimo ha tradito Gesù?* Roma: Carocci, 2008.

RATZINGER J. / Bento XVI. *Gesù di Nazaret*. Milano: Rizzoli, 2007; *Gesù di Nazaret. Seconda parte. Dall'ingresso in Gerusalemme fino alla rissurrezione*. Città del Vaticano: Libreria editrice vaticana, 2011.

TERCEIRA PESQUISA, O JESUS JUDEU (AUTORES DO LADO JUDEU)

KLAUSNER, Joseph. *Jesus of Nazareth. His Life, Times and Teaching* [1922]. New York: Bloch Publishing Company, 1989.

BAECK, Leo. *Il Vangelo: un document ebraico* [1937]. Firenze: Giuntina, 2004.

ZOLLI, Eugenio. *Il Nazareno. Studio di esegesi neotestamentaria alla luce dell'aramaico e del pensiero rabbinico*. Cinisello Balsamo: San Paolo, 2009 [primeira edição, Udine, 1938].

ISAAC, Jules. *Gesù e Israele* [1948]. Genova: Marietti, 2001^2.

CHORIN, Schalom Ben. *Fratello Gesù. Un punto di vista ebraico sul Nazareno* [1967]. Milano: Tea, 1991.

FLUSSER, David. *Jesus* [1968]. Brescia: Morcelliana, 2008^2.

VERMES, Geza. *Gesù l'ebreo* [1973]. Roma: Borla, 1883; *La religione di Gesù l'ebreo* [1993]. Assisi: Cittadella, 2002; *I volti di Gesù*. Milano: Bompiani, 2000; cf. também o ensaio *La religione di Gesù l'ebreo*. In: *Il "Gesù storico". Problema della modernità*. Casale Monferrato: Piemme, 1988.

FALK, Harvey. *Jesus the Pharisee. A New Look at the Jewishness of Jesus*. New York: Paulist Press, 1985.

NEUWNER, Jacob. *Un rabbino parla con Gesù* [1993]. Cinisello Balsamo: San Paolo, 2007.

CHOURAQUI, André. *Gesù e Paolo. Figli di Israele* [1988]. Bose: Qiqajon, 2000.

CALIMANI, Riccardo. *Gesù ebreo*. Milano: Mondadori, 1998.

MALKA, Salomon. *Gesù rconsegnato ali ebrei* [1999]. Casale Monferrato: Piemme, 2000.

MORSELLI, Marco. *I passi del Messia. Per una teologia ebraica del cristianesimo*. Genova-Milano: Marietti, 2007.

BLOOM, Harold. *Gesù e Yahvè. La frattura originaria tra Ebraismo e Cristianesimo* [2005] Milano: Rizzoli, 2006.

TERCEIRA PESQUISA, O JESUS JUDEU (AUTORES DO LADO CRISTÃO)

MEIER, John P. *Un ebreo marginale. Ripensare il Gesù storico* [1991-2009]. Brescia: Queriniana, 2003-2009, 4 volumes.

KÜNG, Hans. *Ebraismo* [1991]. Milano: Bur, 2007[4].

SANDERS, Ed P. *Gesù. La verità storica* [1993]. Milano: Mondadori, 1995.

ROSSI DE GASPERIS, Francesco. *Cominciando da Gerusalemme. La sorgente della fede e dell1esitenza cristiana*. Casale Monferrato: Piemme, 1994.

CHILTON, Bruce. *Rabbi Jesus. An Intimate Biography*. New York: Doubleday, 2000.

BARBAGLIO, Giuseppe. *Gesù ebreo di Galilea. Indagine storica*. Bologna: EDB, 2002 [ed. bras.: *Jesus, hebreu da Galileia*. São Paulo: Paulinas, 2011].

MARTINI, Carlo Maria. *Verso Gerusalemme*. Milano: Feltrinelli, 2002.

SACCHI, Paolo. *Gesù e la sua gente*. Cinisello Balsamo: San Paolo, 2003.

AUGIAS, Corrado; PESCE, Mauro. *Inchiesta su Gesù. Chi era l'uomo che ha cambiato il mondo*. Milano: Mondadori, 2006.

DESTRO, Adriana; PESCE, Mauro. *L'uomo Gesù. Giorni, luoghi, incontri di una vita*. Milano: Mondadori, 2008.

Em particular sobre a teologia fundamental (em ordem cronológica)

ROUSSELOT, Pierre. *Gi occhi della fede* [1910]. Milano: Jaca Book, 1977.

AUBERT, Roger. *Le problème de l'acte de foi. Données traditionnelles et résultats de controverses récentes*. Louvain-Paris: Nauwelaetts, 1945, 1958[3].

MOUROUX, Jean. *Io credo in te: struttura personale dell'atto di fede* [1948]. Brescia: Morcelliana, 1966.

BALTHASAR, Hans Urs von. *Fides Christi* [1961]. In: *Sponsa Verbi. Saggi teologici – II*. Brescia: Morcelliana, 1972.

ALFARO, Juan. *Rivelazione cristiana, fede e teologia* [1985]. Brescia: Queriniana, 1986.

FRIES, Heinrich. *Teologia fondamentale* [1985]. Brescia: Queriniana, 1987.

ARDUSSO, Franco. *Imparare a credere. Le ragioni della fede cristiana*. Cinisello Balsamo: San Paolo, 1992; *Fede*. In: *Teologia*. Giuseppe Barbaglio, Giampiero Bof e Severino Dianich (orgs.). Cinisello Balsamo: San Paolo, 2002.

FISICHELLA, Rino. *Introduzione alla Teologia fondamentale*. Casale Monferrato: Piemme, 1992; *La Rivelazione: evento e credibilità. Saggio di teologia fondamentale*. Bologna: EDB, 2002; *La fede como risposta di senso. Abbandonarsi al mistero*. Milano: Edizioni Paoline, 2005.

SEQUERI, Pierangelo. *Il Dio affidabile. Saggio di teologia fondamentale*. Brescia: Queriniana, 1996; *L'idea della fede. Trattato di teologia fondamentale*. Milano: Glossa, 2002.

THEOBALD, Christoph. *Il cristianesimo come stile. Un modo di fare teologia nella postmodernità* [2007]. Bologna: EDB, 2010².

EPIS, Massimo. *Teologia fondamentale. La* ratio *della fede cristiana*. Brescia: Queriniana, 2009.

3. PARA UM CRISTIANISMO DIALÓGICO

Os mestres do século 20

ABBÉ PIERRE. *Testamento* [1994]. Casale Monferrato: Piemme, 1994; *Mémoire d'un croyant*. Paris: Fayard, 1997.

BONHOEFFER, Dietrich. *Resistenza e resa. Lettere e scritti dal carcere* [1943-1944]. Alberto Gallas (org.). Cinisello Balsamo: San Paolo, 1989; *Lettere alla fidanzata, cella 92. Dietrich Bonhoeffer Maria von Wedemeyer. 1943-1945*. Ruth-Alice von Bismarck e Ulrich Kabitz (orgs.). Brescia: Queriniana, 2004⁴; *Etica*. Brescia: Queriniana, 2005²; cf. também BETHGE, Eberhard. *Dietrich Bonhoeffer. Teologo cristiano contempraneo. Una biografia* [1970]. Brescia: Queriniana, 1975; AFFINATI, Eraldo. *Un teologo contro Hitler. Sulle tracce di Dietrich Bonhoeffer*. Milano: Mondadori, 2002; METAXAS, Eric. *Bonhoeffer. Pastor, Martyr, Prophet, Spy. A Righteous Gentile vs. The Third Reich*. Nashville: Thomas Nelson, 2010.

BULGAKOV, Sergei. *La luce senza tramonto* [1916]. Roma: Lipa, 2002.

CÂMARA, Hélder. *Vaticano: Correspondência conciliar. Circulares à Família de São Joaquim*. Luiz Carlos Marques (org.). Recife: Instituto Dom Hélder Câmara-Editora Universitária UFPE, 2004; traduzido para o francês como *Lettres conciliaires, 1962-1965*. José de Broucker (org.). Paris: Cerf, 2006; traduzido para o italiano como *Roma, due del mattino. Lettere dal Concilio Vaticano II*, Sandra Biondo (org.). Cinisello Balsamo: San Paolo, 2008.

DE MELLO, Anthony. *Messaggio per un'aquila che si crede un pollo. La lezione spirituale della consapevolezza* [1990, título original *Awareness*]. Casale Monferrato, Piemme, 1995; *L'incontro con Dio* [1990]. Milano: Edizioni Paoline, 1997².

FLORENSKI, Pavel A. *La colonna e il fondamento della verità. Saggio di teodicea ortodossa in dodici lettere* [1914]. Milano: Rusconi, 1998 (nova ed. org. por Natalino Valentini. Cinisello Balsamo: San Paolo, 2010); *La concezione cristiana del mondo* [1921]. Antonio Maccioni (org.). Bologna: Pendragon, 2011; *Ai miei figli. Memorie di giorni passati* [1916-1925]. Natalino Valentini e Lubomir Zak (orgs.). Milano: Mondadori, 2003; *Non dimenticatemi. Lettere dal gulag* [1933-1937]. Natalino Valentini e Lubomir Zak (orgs.). Milano: Mondadori, 2000. Cf. também PYMAN, Avril. *Pavel Florenskij. La prima biografia di un grande genio cristiano del XX secolo*. Torino: Lindau, 2010.

GRIFFITHS, Bede. *Una nuova visione della realtà. Scienza occidentale, misticismo orientale e fede cristiana* [1992]. Roma: Edizioni Appunti di Viaggio, 2005.

HILLESUM, Etty. *Diario. 1941-1943*. J. G. Gaarlandt (org.). Milano: Adelphi, 2004⁴; *Lettere. 1942-1943*. Chiara Passanti (org.). Milano: Adelphi, 1998²; *Pagine mistiche*. Cristiana Dobner (org.). Milano: Àncora, 2007; em português: *Uma vida interrompida – os diários de Etty Hillesum 1941-43*. São Paulo: Record, 1981.

MERTON, Thomas. *A montanha dos sete patamares* [1949]. Petrópolis: Vozes, 2005; cf. SOUZA E SILVA, Ir. Maria Emmanuel. *Thomas Merton. O homem que aprendeu a ser feliz*. Petrópolis: Vozes, 1997.

PANIKKAR, Raimon. *La dimora della saggezza* [1991]. Milano: Mondadori, 2005; *Vita e parola. La mia Opera*. Milena Carrara Pavan (org.). Milano: Jaca Book, 2010.

ROMERO, Oscar. *Il mio sangue per la libertà di El Salvador. Le omelie dell'arcivescovo di San Salvador ucciso nella cattedrale*. Milano: Eurostudio, 1980; cf. também MASINA, Ettore. *L'arcivescovo deve morire. Oscar Romero e il suo popolo*. Trento: Il Margine, 2011.

SCHWEITZER, Albert. *My Life and Thought. An Autobiography* [1931]. London: Guild Books, 1955; *Rispetto per la vita* [1947]. Charles R. Joy (org.).

Milano: Edizioni di Communità, 1957; *Rispetto per la vita. Gli scritti più importanti nell'arco di un cinquantennio raccolti da Hans W. Bähr* [1966]. Torino: Claudiana, 1994.

TEILHARD DE CHARDIN, Pierre. *La mia fede. Scritti teologici* [1920-1953]. Brescia: Queriniana, 1993; *L'ambiente divino. Saggio di vita interiore* [1926]. Brescia: Queriniana, 2009[5]; *Il fenomeno umano* [1938-1940]. Brescia: Queriniana, 2001[2]; *Il cuore della materia* [1950]. Brescia: Queriniana, 2007[3]; cf. também sobre Teilhard: VIGORELLI, Giancarlo. *Il gesuita proibito. Vita e opere di P. Teilhard de Chardin*. Milano: il Saggiatore, 1963; ARNOUD, Jacques. *Teilhard de Chardin. Eretico o profeta?* [2005]. Torino: Lindau, 2009.

WEIL, Simone. *Quaderni* (4 vol.) [1941-1942]. Milano: Adelphi, 1997[3]; *Lettera a un religioso* [1942]. Milano: Adelphi, 1996; *Attesa di Dio* [1942]. Maria Concetta Sala (org.). Milano: Adelphi, 2008; *La prima radice. Preludio a una dichiarazione dei doveri verso l'essere umano* [1942-1943]. Milano: Leonardo, 1996.

Autores italianos para um cristianismo dialógico

BALDUCCI, Ernesto. *L'uomo planetario*. Firenze: Cultura della Pace, 1990; *La terra del tramonto*. Firenze: Cultura della Pace, 1992; cf. também CAMAIANI, Bruna Bocchini. *Ernesto Balducci. La Chiesa e la modernità*. Roma-Bari: Laterza, 2002.

BALLETTO, Antonio. *Tra i tempi*. Reggio Emilia: Diabasis, 2009.

BELLO, Antonio. *Insieme alla sequela di Cristo sul passo degli ultimi. Progetto pastorale*. Molfetta: Edizioni La Meridiana, 1985; *Sui sentieri di Isaia*. Molfetta: Edizioni La Meridiana, 1989; *La bisaccia del cercatore. Scarti minimi per il futuro*. Molfetta: Edizioni La Meridiana, 2007 (texto de 1992); cf. também *Don Tonino. Vescovo secondo il Concilio*. Atti a 10 anni dalla scomparsa di mons. Antonio Bello, Molfetta 24-26 de abril de 2003 (com participação de Bettazzi, Bregantini, Caselli, Cassano, Ciotti, Pansini, Ragaini, Scoppola, Zanotelli, Zizola). Domenico Amato (org.). Molfetta: Edizioni La Meridiana, 2004.

BERGAMASCHI, Aldo. *Quale cristianesimo?* Reggio Emilia: Diabasis, 2005.

BETTAZZI, Luigi. *Non spegnere lo Spirito. Continuità e descontinuità del Concilio Vaticano II*. Brescia: Queriniana, 2006; *In dialogo con i lontani. Me-*

morie e riflessioni di un vescovo un po' laico. Roma: Alberti, 2008; *Vescovo e laico? Una spiegazione per gli amici*. Bologna: EDB, 2010.

Bianchi, Enzo. *Dio, dove sei?* Milano: Rizzoli, 2008; *Il pane di ieri*. Torino: Einaudi, 2008.

Brovelli, Franco. *La scommessa di Paolo: essere apostoli nella dispersione*. Milano: Àncora, 2008.

Buonaiuti, Ernesto. *Lettere di un prete modernista* [1908]. Roma: Universale di Roma, 1948; *Pellegrino di Roma* [1945]. Roma: Gaffi Editore, 2008.

Capitini, Aldo. *Religione aperta* [1955]. In: *Scritti filosofici e religiosi*. Mario Martini (org.). Perugia: Fondazione Centro Studi Aldo Capitini, 1988.

Caracciolo, Alberto. *Principio della libertà e principio della confessione nell'itinerario religioso* [1968]. In: *Religione ed eticità. Studi di filosofi della religione*. Genova: Il Melangolo, 1999.

Carretto, Carlo. *Lettere dal deserto*. Brescia: La Scuola, 2008 (ed. original 1964); *Ciò che conta è amare*. Roma: Ave, 1966; *Al di là delle cose*. Assisi: Cittadella, 2003 (ed. original 1969); *Io, Francesco*. Padova: EMP, 2007 (ed. original 1980).

Celada Ballanti, Roberto. *Pensiero religioso liberale. Lineamenti, figure, prospettive*. Brescia: Morcelliana, 2009.

Ciotti, Luigi. *Una chiesa dei poveri o una chiesa povera?* Torino: Gruppo Abelle, 1999.

De Benedetti, Paolo. *Quale Dio? Una domanda dalla storia*. Brescia: Morcelliana, 1996.

De Monticelli, Roberta. *Sullo spirito e l'ideologia. Lettera ai cristiani*. Milano: Baldini Castoldi Dalai, 2007; *La questione morale*. Raffaello Cortina, 2010.

Di Piazza, Pierluigi. Nel cuore dell'umanità. Zugliano: Centro di accoglienza e di promozione culturale "E. Balducci" Editrice, 2007^2.

Do, Michele. *Per un'immagine creativa del cristianesimo*. Pro manuscripto, sem data.

Dossetti, Giuseppe. *Con Dio e con la storia. Una vicenda di cristiano e di uomo*. Angelina e Giuseppe Alberigo (orgs.). Genova: Marietti, 1988; *La coscienza del fine. Appunti spirituali 1939-1955*. Milano: Edizioni Paoline, 2010; *L'identità del cristiano* [1969]. Bologna: EDB, 2001.

Fabbretti, Nazareno. *Giovanni XXIII e il Concilio*. Vicenza: La Locusta, 1963; *Don Mazzolari, don Milani: i desobbedienti*. Milano: Bompiani, 1972; *Francesco e gli amici*. Milano: Rusconi, 1981.

FARINELLA, Paolo. *Il Padre che fu madre. Una lettura moderna della parabola del Figliol Prodigo*. S. Pietro in Cariano: Gabrielli Editori, 2010.

FAUSTI, Silvano. *Elogio del nostro tempo. Modernità, libertà e cristianesimo*. Casale Monferrato: Piemme, 1996; *Per una lettura laica della Bibbia*. Milano: Àncora-EDB, 2008; *Terra appesa al cielo*. Milano: Àncora, 2011.

FORMIGONI, Guido. *Alla prova della democrazia. Chiesa, cattolici e modernità nell'Italia del '900*. Trento: Il Margine, 2008.

GAETA, Giancarlo. *Le cose come sono. Etica, politica, religione*. Milano: Scheiwiller, 2008.

GALLO, Andrea. *Così in terra, come in cielo* (com Simona Orlando). Milano: Mondadori, 2010.

GRAMPA, Giuseppe. *La schiena di Dio. L'esperienza religiosa in tempi di fanatismo*. Milano: Centro Ambrosiano, 2006.

JEMOLO, Arturo Carlo. *Coscienza laica* [1946-1955]. Carlo Fantappiè (org.). Brescia: Morcelliana, 2008.

LA PIRA, Giorgio. *L'attesa della povera gente*. Firenze: Libreria Editrice Fiorentina, 1951; *Così in terra come in cielo*. Milano: O.R., 1977; *Lettere al Carmelo*. Milano: Vita e Pensiero, 1985.

LA VALLE, Raniero. *Paradiso e libertà*. Milano: Ponte alle Grazie, 2010.

LAZZATI, Giuseppe. *Laici cristiani nella città dell'uomo. Scritti ecclesiali e politici 1945-1986*. Guido Formigoni (org.). Cinisello Balsamo: San Paolo, 2009.

LEVI, Abramo. *Missione a Ninive: il libro di Giona letto da un prete d'oggi ai preti suoi fratelli*. Torino: Gribaudi, 1968; *Oscar A Romero, un vescovo fatto popolo*. Brescia: Morcelliana, 1981.

MANCINI, Roberto. *Il senso della fede. Una lettura del cristianesimo*. Brescia: Queriniana, 2010.

MARTINI, Carlo Maria. *Sulla giustizia*. Milano: Mondadori, 1999; *Il Discorso della montagna*. Milano: Mondadori, 2006; *Conversazioni notturne a Gerusalemme. Sul rischio della fede* (com Georg Sporschill). Milano: Mondadori, 2008; *Qualcosa in cui credere. Ritrovare la fiducia e superare l'angoscia del tempo presente*. Milano: Piemme, 2010; *Qualcosa di lcosì personale. Meditazioni sulla prehiera*. Milano: Mondadori, 2009.

MAZZOLARI, Primo. *Il compagno Cristo*. Bologna: EDB, 2000 (ed. original 1945); *La pieve sull'argine. L'uomo di nessuno*. Bologna: EDB, 2008 (ed. original 1952); *Discorsi*. Paolo Trionfini (org.), ed. crítica. Bologna: EDB, 2006 (ed. original 1968).

MELLONI, Alberto. *Chiesa madre, chiesa matrigna. Un discorso storico sul cristianesimo che cambia*. Torino: Einaudi, 2004.

MILANI, Lorenzo. *Esperienze pastorali*. Fizenze: Libreria Editrice Fiorentina, 1957; cf. também: *L'obbedienza non é più una virtù. Documenti del processo di Don Milani*. Fizenze: Libreria Editrice Fiorentina, 1965; e Scuola di Barbiana. *Lettere a una professoressa*. Fizenze: Libreria Editrice Fiorentina, 1967.

MOLARI, Carlo. *Credenti laicamente nel mondo*. Assisi: Cittadella, 2006; *Per una spiritualità adulta*. Assisi: Cittadella, 2007.

OLIVERO, Ernesto. *Per una chiesa scalza*. Ivrea: Priuli & Verlucca, 2010.

PAOLI, Arturo. *Ricerca di una spiritualità per l'uomo d'oggi*. Assisi: Cittadella, 1984; *"Vivo sotto la tenda". Lettere ad Adele Toscano*. Pier Giorgio Camaiani e Paola Paterni (orgs.). Cinisello Balsamo: San Paolo, 2006.

PRINI, Pietro. *Lo scisma sommerso*. Milano: Garzanti, 1999.

QUINZIO, Sergio. *Diario profetico* [1958]. Milano: Adelphi, 1996; *Silenzio di Dio. È ancora possibile credere?* Milano: Mondadori, 1982; *Radici ebraiche del moderno*. Milano: Adelphi, 1990; *La sconfitta di Dio*. Milano: Adelphi, 1992; *Mysterium iniquitatis*. Milano: Adelphi, 1995.

RIZZI, Armido. *Gesù e la salvezza. Tra fede religioni e laicità*. Roma: Città Nuova, 2001; *Dio a immagine dell'uomo?* Bose: Qiqajon, 2009.

SALTINI, Zeno. *Lettere da una vita (1900-1952)*. Bologna: EDB, 1998.

SCIORTINO, Antonio. *La famiglia cristiana. Una risorsa ignorata*. Milano: Mondadori, 2009.

SCOPPOLA, Pietro. *Un cattolico a modo suo*. Brescia: Morcelliana, 2008; *La coscienza e il potere*. Roma-Bari: Laterza, 2007.

SERENTHÀ, Luigi. *La storia degli uomini e il Dio della storia*. Milano: Edizioni O.R.-In Dialogo, 1987.

TARTAGLIA, Ferdinando. *La religione del cuore* [1945]. Milano: Adelphi, 2008; *Tesi per la fine del problema di Dio* [1949]. Milano: Adelphi, 2002.

TETTAMANZI, Dionigi. *Non c'è futuro senza solidarietà*. Cinisello Balsamo: San Paolo, 2009; *Nessuno sia solo*. Milano: Rizzoli, 2010; *Dalla tua mano: San Carlo un riformatore inattuale*. Milano: Rizzoli, 2010.

THELLUNG, Antonio. *Una saldissima fede incerta. Che cosa si può credere oggi?* Milano: Edizioni Paoline, 2011.

TUROLDO, David Maria. *Anche Dio è infelice*. Casale Monferrato: Piemme, 1991; *La mia vita per gli amici. Vocazione e resistenza*. Milano: Mondadori,

2001 (ed. original 1989); *Il dramma è Dio. Il divino la fede la poesia*. Milano: Bur, 1996 (ed. original 1991).

VANNINI, Marco. *Tesi per una riforma religiosa*. Firenze: Le Lettere, 2006; *La religione della ragione*. Milano: Bruno Mondadori, 2007.

VANNUCCI, Giovanni. *Meditazioni cristiane*. Torino: Gribaudi, 1972; *Libertà dello Spirito*. Cernusco sul Naviglio: Cens, 1993; *L'era dello spirito: archetipi, metafore, simboli per un tempo nuovo*. Sotto il Monte: Servitium, 1999. Cf. Orlandi, Massimo. *Giovanni Vannucci custode della luce*. Pratovecchio, Romena, 2010².

VATTIMO, Gianni. *Credere di credere*. Milano: Garzanti, 1996; *Dopo la cristianità*. Milano: Garzanti, 2002.

VERDI, Luigi. *La realtà sa di pane*. Pratovecchio: Romena, 2008⁴.

ZANOTELLI, Alex. *Leggere l'impero: il potere tra l'Apocalisse e l'Esodo*. Molfetta: Edizioni La Meridiana, 2002.

ZARRI, Adriana. *Monismo e Trinità*. Torino: Borla, 1964; *Teologia del probabile. Riflessioni sul postconcilio*. Torino: Borla, 1967; *Nostro Signore del deserto: teologia e ontologia della preghiera*. Assisi: Cittadella, 1984²; *Questio 98: nudi senza vergogna*. Milano: Camunia, 1994; *Un eremo non é un guscio di lumaca*. Torino: Einaudi, 2011 (póstumo).

De denúncia e dissensão (em ordem cronológica, limitando-me às publicações mais recentes)

SALAS, Gumersindo Lorenzo. *Una fede incredibile nel secolo XXI. Il mito del cristianesimo ecclesiastico* [2001]. Bolsena: Massari Editore, 2008.

SPONG, John S. *Un cristianesimo nuovo per un mondo nuovo. Perché muore la fede tradizionale e come ne nasce una nuova* [2002]. Bolsena: Massari Editore, 2010.

Vaticano: un futuro dimenticato? Alberto Melloni e Christoph Theobald (orgs.). "Concilium" ano XLI, n. 4 (2005).

Sulla Chiesa povera. Com participação de Vittorio Bellavite, Luisito Bianchi, Tersa Ciccolini, Roberto Fiorini, Rosanna Virgili. Prefácio de Armido Rizzi. Molfetta: Edizioni La Meridiana, 2008.

CAVADI, Augusto. *In verità ci disse altro. Oltre i fondamentalismi cristiani*. Reggio Calabria: Falzea Editore, 2008.

Castillo, José M. *La Chiesa e i diritti umani* [2008]. S. Pietro in Cariano: Gabrielli Editori, 2009.

Valli, Aldo Maria; Bettazzi, Luiggi. *Difendere il concilio*. Cinisello Balsamo: San Paolo, 2008.

Matteo, Armando. *Come foresieri. Perché il cristianesmimo è diventato estraneo agli uomini e alle donne del nostro tempo*. Soveria Mannelli: Rubbettino, 2008.

Cappelli, Piero. *Lo scisma silenzioso. Dalla casta clericale alla profezia della fede*. S. Pietro in Cariano: Gabrielli Editori, 2009.

Chiaberge, Riccardo. *Lo scisma. Cattolici senza papa*. Milano: Longanesi, 2009.

Per un cristianesimo adulto. 28 entrevistas sob a coordenação de Giorgio Pilastro. Trieste: Abiblio, 2009.

Lenaers, Roger. *Il sogno di Nabucodonosor o la fine di una Chiesa mediveale* [2009]. Balsena: Massari Editore, 2009.

Politi, Marco. *La Chiesa del No. Indagine sugli italiani e la libertà di coscienza*. Milano: Mondadori, 2009.

Chi ha paura del Vaticano II? Alberto Melloni e Giuseppe Ruggieri (orgs.) (com escritos de Peter Hünermann, Joseph A. Komonchac, Alberto Melloni, Giuseppe Ruggeri, Cristoph Theobald). Roma: Carocci, 2009.

Gigante, Valerio. *Paraventi sacri. Il "ventennio" della Chiesa cattolica dietro il ritratto dei suoi protagonisti*. Trapani: Di Girolamo, 2010.

Ferrara, Gianluca. *Nonostante il Vaticano*. Roma: Castelvecchi, 2010.

Fox, Matthew. *In principio era la gioia. Original Blessing* [1983]. Roma: Fazi Editore, 2011; *The Pope's War: Why Ratzinger's Secret Crusade Has Imperiled the Church and How It Can Be Saved*. New York: Sterling Ethos, 2011.

Xeres, Saverio; Campanini, Giorgio. *Manca il respire. Un prete e un laico reflettono sulla Chiesa italiana*. Milano: Àncora, 2011.

Índice onomástico

A

Abelardo, Pedro 290
Adams, John 29
Adda, Carlos de 343
Adeodato (filho de Agostinho de Hipona) 245
Agnoletto, Attilio 343
Agostinho de Hipona 90, 334
Aland, Bárbara 294
Aland, Kurt 294
Alberigo, Giuseppe 343
Alberto Magno 179
Alembert, Jean le Rond d' 203
Alfaro, Juan 322
Alfieri, Vittorio 202
Alici, Luigi 101
Amaldi, Edoardo 114
Amaldi, Ugo 78, 227
Anastácio II 178
Anaxágoras 62
Anaximandro 62
Andronikov, Constantin 382
Angelini, Lucio 37, 94, 355, 366
Anselmo de Cantuária (de Aosta) 164
Antiseri, Dario 343
Antônio 30
Aqiba, rabi 255, 268

Aquilecchia, Giovanni 118, 125
Ardigò, Roberto 206
Ardusso, Franco 322, 323, 324
Arendt, Hannah 114
Aristóteles 46, 62, 68, 83, 149, 150, 163, 179, 249, 316
Arnould, Jacques 358
Arrupe, Pedro 339
Atatürk, Kemal 26
Aubert, Roger 322
Auger, Pierre 366
Augias, Corrado 106, 270, 336
Azzaro, Pierluca 214, 272

B

Bach, Johann Sebastian 13
Bacon, Francis 202
Baeck, Leo 264
Balasuriya, Tissa 341
Baldacci, Massimo 354
Balducci, Ernesto 339
Balthasar, Hans Urs von 45, 248, 322, 323, 371, 387, 388
Balzac, Honoré de 202
Báñez, Domingos 291
Banfi, Antonio 37
Barbaccia, Giuseppe 343

Barbaglio, Giuseppe 258, 269, 270, 277, 322, 343
Barbareschi, Giovanni 172
Barbato, Antonio 308
Barbour, Ian 78
Barrow, John 78, 111
Barth, Karl 76, 159, 223, 250
Bartocci, Bartolomeo 190
Bartocci, Cláudio 116
Bartolomei, Maria Cristina 343
Bassi, Fábio 343
Battelli, Giuseppe 343
Baudelaire, Charles 41, 192
Bautain, Louis Eugène 73
Bayle, Pierre 203
Bearzot, Enzo 368, 371
Beauvoir, Simone de 202
Beccaria, Cesare 203, 358
Becchi, Paolo 45
Belarmino, Roberto 112
Bellini, Enzo 87
Bello, Antonio (Tonino) 319, 334, 339
Ben Chorin, Schalom 268, 273
Benedetti, Paolo de 15, 269, 270, 334
Benozzo, Gozzoli 316
Bentham, Jeremy 203
Bento XIII 212
Bento XIV 212
Bento XVI (ver também Ratzinger, Joseph) 28, 92, 96, 183, 187, 193, 214, 217, 222, 226, 228, 242, 246, 255, 256, 272, 276, 278, 281, 284, 287, 288, 289, 297, 300, 303, 309, 317, 318, 319, 325, 331, 336, 337, 348, 372
Benvenuto, Edoardo 343
Berdiaev, Nicolai Aleksandrovich 41
Beretta, Piergiorgio 294
Bergamaschi, Aldo 339
Berger, Klaus 262
Bergman, Ingmar 159
Bergomi, Beppe 368
Bergson, Henri 203, 310
Berkeley, George 203
Berlin, Isaiah 374
Bernardini, Piero 114
Bertucci, Dora 224
Bettazzi, Luigi 339
Beza, Teodoro 196, 197
Bianchi, Enzo 343
Bianchi, Francesco 272
Bianco, Franco 259
Bigazzi, Giancarlo 143
Bin Laden, Osama 193
Biondi, Mario 36
Blair, Tony 28
Bloch, Ernst 107, 265
Bloom, Harold 268, 269
Bobbio, Norberto 19, 20, 24, 43, 107, 108, 134, 164, 331
Boccaccio, Giovanni 201, 206
Bocchini, Bruna 343
Böckle, Franz 343
Bodei, Remo 46
Bof, Giampiero 322, 329, 343
Boff, Leonardo 341
Bohr, Niels 88
Bolgiani, Franco 343
Bonelli, Giacomo 190
Bonhoeffer, Dietrich 160, 181, 334, 396, 397, 398
Bonifácio VIII 178
Bonola, Gianfranco 48, 264
Bordogna, Francesca 392
Borgonovo, Gianantonio 228, 343
Born, Max 366
Bornkamm, Günther 260, 262
Borruso, Gaetano 51, 131
Borsellino, Paolo 114, 165
Brahe, Tycho 143

Brambilla, Franco Giulio 343
Brehmer, K. 333
Brémond, Henri 205
Briend, Jacques 234, 242
Brovelli, Franco 172
Brown, Gordon 28
Brown, Raymond E. 241
Brucioli, Antonio 295
Bruno, Giordano 53, 79, 111, 118, 125, 139, 153, 168, 169, 179, 190, 202, 348, 357
Buber, Martin 65, 156, 161, 162, 273
Bujanda, J. M. de 201
Bulgakov, Sergei 47, 382
Bultmann, Rudolf 222, 250, 258, 259, 260, 261, 262, 291
Buonaiuti, Ernesto 49, 205
Buratti Cantarelli, Tina 164
Burger, Christoph 241
Burgess, Anthony 121
Burini, Clara 70
Burini, Marco 176
Bush, George 29
Bush, George W. 29, 324
Busi, Anna 113
Buzzetti, Barbara 330

C

Cabianca, Domenico 190
Cacitti, Remo 270, 343
Caio Plínio Segundo, dito Plínio o Jovem 254
Calati, Dom Benedetto 339
Calimani, Ricardo 268
Calvino, João 196, 197
Camaiani, Pier Giorgio 343
Câmara, Hélder 339
Cameron, David 28
Campatelli, Maria 47
Campion, C. T. 177

Camus, Albert 348
Cannillo, Tullio 111
Canobbio, Giacomo 343
Capon, Laura 115
Caravaggio 157, 158, 291
Carleton Paget, James 266
Carretto, Carlo 339
Carter, Jimmy 29
Casale, Umberto 319
Casini, Paolo 82
Cassiano, João 326
Castelfranchi Finzi, Ebe 267
Castellion, Sébastien 160, 196, 197
Castellucci, Erio 180
Celada Ballanti, Roberto 169
Celestino V 178
Cellario, Francesco 190
Celso 282
Centanni, Monica 48
Cereti, Giovanni 343
Chenu, Marie-Dominique 102, 160, 205, 340
Chiappini, Azzolino 163
Chiavacci, Enrico 343
Childs, Brevard S. 297
Chiodi, Pietro 39, 78, 152
Chouraqui, André 268
Cícero, Marco Túlio 81
Cicero, Vincenzo 160, 357, 362
Cilento, Vincenzo 43
Cingolani, Sergio 294
Cipriani, Settimio 343
Citrini, Tullio 343
Civalleri, Luigi 116, 117
Clemente 232
Clemente V 178
Clemente XI 211, 212
Clemente XIII 198, 199
Clinton, Bill 29
Colella, Pasquale 343

Collin, Thibaud 28
Collins, Francis 78, 113
Colombi, Giulio 323
Colonna, Aristide 282
Comblin, José 340
Comte, Augusto 203
Condillac, Étienne Bonnot de 203
Condorcet (Jean-Antoine-Nicolas de Caritat) 203
Confúcio 59, 247, 373, 380
Congar, Yves 160, 340
Conigliano, Franco 343
Conte, Amedeo G. 44, 66, 135, 353
Conte, Gino 222
Conzelmann, Hans 260, 278
Copérnico, Nicolau 62, 143, 149, 201
Coppellotti, Francesco 255, 257, 263
Corte, Giorgio 59, 113
Costa, Eugenio 255, 343
Costa, Filippo 126, 373
Cova, Davide 112
Coyne, George 78
Cremonesi, Laura 125, 351
Crisógono 232
Croce, Benedetto 40, 203, 353
Crossan, John Dominic 293
Cullmann, Oscar 221, 222, 223
Cuminetti, Mario 339
Cunz, Martin 268
Curran, Charles 341, 342
Cusa, Nicolau de 99, 160, 197

D

Dalla, Lucio 167, 253
Dalla Vecchia, Flavio 253
Daly, Mary 341
Danby, Herbert 265
Darwin, Charles 204, 348
Darwin, Erasmus 204
Dati, Beppe 143

Davidson, Arnold I. 125, 351
Davies, Paul 42
Davi, rei 78, 162, 236, 237, 238, 239, 240
Dawkins, Richard 25, 59, 113
Degli Alberti, Vera 45
Degli Innocenti, Mario 343
Del Col, Andrea 189, 295
Della Torre, Luigi 343
Dellavalle, Sergio 333
Dennet, Daniel 25
Denzinger, Heinrich 11
Depuis, Jacques 341
Descartes, René 39, 76, 202, 353, 382
Destro, Adriana 269, 270
Diana, Emilio 99
Dianich, Severino 322, 343
Didero, Daniele 269
Diderot, Denis 203
Di Donato, Riccardo 105
Diener, Michael S. 380
Diodati, Giovanni 204
Diógenes Laércio 163
Dionísio Areopagita 87, 401
Do, Michele 187, 339
Dodds, Eric R. 105
Döllinger, Ignaz von 204
Donzellini, Girolamo 190
Dossetti, Giuseppe 339
Dostoievski, Fyodor 22, 41, 85, 147, 399
Drago Del Boca, Susanna 69, 377
Dragoni, Giorgio 113
Drewermann, Eugen 341
Duchesne, Louis 204
Dumas, Alexandre 202
Dumas, Alexandre (pai) 202
Dunn, James 262
Durrwell, François-Xavier 279
Duve, Christian de 112, 113

Du Verger de Hauranne, Jean (abade de Saint-Cyran) 204
Dyson, Freeeman 112

E

Ebeling, Gerhard 260
Eddington, Arthur 117
Ehrhard, Franz-Karl 380
Ehrman, Bart D. 294
Eicher, Peter 343
Eichmann, Adolf 113, 114
Einstein, Albert 37, 94, 116, 117, 118, 143, 350, 366, 367, 368
Ellacuría, Ignacio 341
Emerson, Ralph Waldo 78
Epicuro 38
Erasmo de Roterdã 160, 197, 201, 294, 297
Erba, Achille 343
Erígena, João Escoto 53, 62, 204
Ésquilo 48, 348

F

Fabbretti, Nazareno 339
Fabre d'Olivet, Antoine 204
Fabris, Rinaldo 262, 343
Fabro, Cornelio 158, 250
Facchini, Fiorenzo 43
Falcone, Giovanni 165
Falconi, Giovanni 204
Falk, Harvey 268
Fallaci, Oriana 181
Fanini, Fanino 190
Faraday, Michael 63, 143
Fausto de Riez 326
Fava, Angelo 204
Fazi, Elido 389
Fedeli, Carlo 55, 172, 342
Fédier, François 24

Fénelon, François de 204, 207
Fermi, Enrico 55, 114
Ferraresi, Silvio 109
Ferretti, Giovanni 343
Ferri, Corrado 113
Feuerbach, Ludwig 103, 141, 206, 383
Fichte, Johann 46, 60, 83, 84, 160, 206, 222, 352
Ficino, Marsilio 160
Fiedler, Maureen 216
Filangieri, Gaetano 203
Filippini, Roberto 343
Filippino Lippi 316
Finkelstein, Israel 224, 230, 231, 232, 234, 235, 237, 240, 242
Finzi, Mario 267
Fischer-Schreiber, Ingrid 380
Fisichella, Rino 175
Flaubert, Gustave 202, 206
Flávio Josefo 254, 284
Florenski, Pavel 47, 48, 87, 89, 134, 382
Flusser, David 268, 273, 277
Fogazzaro, Antonio 202
Fongaro, Enrico 382
Fonzio, Bartolomeo 190
Forte, Bruno 223
Fortini, Franco 397
Forti, Umberto 82
Foscolo, Ugo 202, 206
Fox, Matthew 341
Fragnito, Gigliola 210, 295
France, Anatole 202
Franceschelli, Orlando 106
Francisco de Assis 53, 100, 153, 159, 160, 300
Franco, Francisco 324
Frediani, Simonetta 118
Freud, Sigmund 206, 348, 383
Friedrichs, Kurt 380
Fries, Heinrich 322, 329, 343

Frohschammer, Jacob 204
Funk, Philipp 205, 293
Funk, Robert W. 293

G

Gadamer, Hans Georg 123
Gaeta, Giancarlo 178, 179, 342, 350, 390
Galante Garrone, Alessandro 180
Galasso, Giuseppe 40, 353
Galimberti, Umberto 106
Gallarati Scotti, Tommaso 205
Gallas, Alberto 181, 343, 397
Galli, Chicca 26, 61, 141, 223
Gamba, Augusto 44, 63, 143
Gandhi, Mohandas Karamchand 355
Garin, Eugenio 83
Garin, Maria 77
Gatti, Enzo 97, 253, 260
Gatti, Mariano 208
Gaunilo, monge 76, 371
Genovesi, Antonio 203
Gentile, Giovanni 203
Gentile, Jacobetto 190
Gentiloni Silveri, Filippo 230
Ghia, Guido 170, 257, 352, 393
Ghirlingani, Antenore 190
Giangiulio, Maurizio 124
Giannone, Pietro 203
Giannoni, Paolo 343
Gibbon, Edward 203
Gibellini, Rosino 50, 278, 331, 343
Gide, André 202
Giffords, Gabrielle 174
Gigante, Valerio 175
Gimelli, Francesca 294
Gioberti, Vincenzo 77, 204, 207
Gioia, Melchiorre 204
Girlanda, Antonio 230
Glucker, John 268

Gnilka, Joachim 262
Gödel, Kurt 76, 100, 110, 111
Goethe, Johann Wolfgang von 20, 45, 130, 206, 337, 357, 358
Goldschmidt, L. 254
Gounelle, André 314
Graf Reventlow, Henning 263
Gramick, Jeannine 339
Graves, Robert 46
Greene, Brian 116, 117, 119
Gregório XVI 180, 185, 199, 200
Greinacher, Norbert 343
Grillmeier, Alois 371
Grelot, Pierre 230
Grotius, Hugo 203
Grouès, Henri Antoine, ditto Abbé Pierre 339
Grundmann, Walter 266
Guala, Giorgio 343
Guasco, Maurilio 343
Guccini, Francesco 143
Guerriero, Elio 55, 172, 223, 342
Guicciardini, Francesco 202
Gutiérrez, Gustavo 340
Guyon, Madame de 204, 207

H

Haag, Herbert 341
Hadot, Pierre 125, 351
Haight, Roger 104, 341
Häring, Bernard 341, 343, 371
Harnack, Adolf von 160, 263, 264
Harris, Sam 25
Hawking, Stephen 110, 111
Hegel, Georg W. F. 39, 46, 49, 51, 60, 62, 70, 76, 84, 88, 123, 131, 133, 160, 206, 266, 332, 333, 334, 337, 357, 388
Heidegger, Martin 24, 46, 49, 62, 360, 361

Heisenberg, Werner 111, 366
Heráclito 62
Heschel, Abraham J. 240, 241
Higino 229, 360, 361
Hillel, rabi 59
Hillesum, Etty 334, 362
Hipátia de Alexandria 184
Hitchens, Christopher 25
Hitler, Adolf 188, 206, 267, 324
Hobbes, Thomas 202, 297, 315
Hoenig, Sidney B. 265
Holbach, Paul Henri Thiry d' 206
Homero 56
Hoover, Roy W. 293
Horkheimer, Max 50, 107
Hoyle, Fred 43
Hugo, Victor 202, 203
Hume, David 82, 203
Hünermann, Peter 11, 343
Huntington, Samuel 181
Hus, Jan 193
Husserl, Edmund 49
Huygens, Christian 63, 143

I

Ilting, K. H. 333
Inácio de Loyola 174
Inocêncio XIII 212
Isaac, Jules 267, 273, 277
Isaías 51, 78, 214, 240, 267

J

Jaeschke, Walter 84
James, William 392, 393
Jansênio (Cornelius Otto Jansen) 204
Jaspers, Karl 62, 82, 99, 126, 373
Jefferson, Thomas 29
Jeremias 240, 360
Jerônimo 169, 170, 210, 295

Jesus (ver também Yeshua ben Yosef)
  22, 29, 32, 33, 40, 74, 78, 96, 99,
  104, 130, 139, 143, 147, 155, 167,
  168, 174, 176, 182, 183, 187, 189,
  197, 205, 210, 218, 219, 221, 222,
  224, 225, 226, 228, 241, 242,
  243, 244, 245, 246, 247, 248,
  249, 250, 251, 252, 253, 254,
  255, 256, 257, 258, 259, 260, 261,
  262, 263, 264, 265, 266, 267,
  268, 269, 270, 271, 272, 273, 274,
  275, 276, 277, 278, 279, 280, 281,
  282, 283, 284, 285, 286, 287,
  288, 289, 290, 291, 292, 293,
  294, 295, 297, 298, 299, 300, 301,
  302, 303, 304, 305, 306, 308,
  309, 310, 316, 317, 321, 322, 323,
  324, 327, 328, 329, 352, 355, 368,
  373, 391, 392, 393, 394, 395, 397,
  400
João da Cruz 87, 91, 345, 346
João Evangelista 169
João Paulo II 30, 170, 172, 175, 178,
  191, 207, 215, 217, 316, 330, 336,
  337, 339, 340, 348
João XXII 195, 197, 198, 217
João XXIII 197, 198, 217
Joaquim de Fiore 178
Johnson, Elizabeth 341
Jonas, Hans 45, 115
Josias, rei 238
Jossa, Giorgio 262, 301, 343
Joy, Charles R. 132, 135, 218, 392
Juhnke, Ellen 366
Jung, Matthias 50
Justino 69, 70

K

Kaiser, Walter C. jr. 230
Kant, Immanuel 3, 5, 39, 60, 62, 75,

431

76, 77, 78, 85, 86, 87, 88, 89, 97, 102, 152, 160, 161, 165, 197, 203, 206, 290, 296, 307, 346, 356, 362, 363, 364, 372, 373, 374, 375, 376, 377, 379, 383, 395, 399
Karavidopoulos, Johannes 294
Käsemann, Ernst 259, 260
Kasper, Walter 278, 322, 331
Kauffman, Stuart 109
Keats, John 388, 389
Kelly, John N. D. 180
Kepler, João 62, 118, 143, 144, 356
Kierkegaard, Soren 41, 50, 85, 158, 159, 160, 161, 250, 259, 399
Kitaro, Nishida 382
Klausner, Joseph 265, 266, 273
Knitter, Paul 341
Kowalska, Faustina 207
Küfferle, Rinaldo 147
Kundera, Milan 308
Küng, Hans 24, 26, 61, 141, 160, 264, 270, 340, 343, 352

L

Laberthonnière, Lucien 205
La Fontaine, Jean de 202
Lamennais, Félicité Robert de 185, 204
Lapide, Pinchas 268
Lavater, Johann Kaspar 307
Lavenia, Vincenzo 201, 295
Leão XIII 186, 187, 216
Lehmann, Karl 371
Leibniz, Gottfried Wilhelm von 39, 62, 76, 93, 334
Lemaire, André 234
Léon-Dufour, Xavier 262
Leopardi, Giacomo 107, 144, 202

Lessing, Gotthold Efraim 60, 83, 160, 165, 168, 170, 197, 203, 249, 250, 253, 256, 257, 393, 399
Lestingi, Leo 165
Levi, Abramo 339
Lévinas, Emmanuel 163
Levi, Primo 31
Lineu, Carlos 201
Liverani, Mario 231, 234, 237, 242
Locke, John 203
Loewenthal, Helena 265
Loisy, Alfred 204, 207
Lombardini, Siro 343
Lubac, Henri de 340
Lucas 59, 205, 283, 292, 293, 301, 302, 303, 321
Lucas 282
Lúcio III 184
Lucrécio, Tito Caro 52, 107
Lutero, Martinho 219, 295, 310, 399
Lyonnet, Stanislas 341

M

Maccioni, Antonio 134
Mafai, Miriam 114
Maggi, Alberto 341
Maggioni, Bruno 230, 262
Magnavacca, Marco 190
Maimônides, Moisés 21, 201, 227
Majorana, Ettore 113, 114
Malaparte, Curzio 202
Malebranche, Nicolas 76, 77, 203
Malka, Salomon 268
Manacorda, Guido 358
Mancini, Italo 22, 258, 343
Mandeville, Bernard de 203
Manzoni, Alexandre 180
Maomé 392
Maquiavel, Nicolau 201
Mara bar Sarapion 254

Marcel, Gabriel 41
Marco Aurélio 62, 83, 352
Marco Polo 121
Marconi, Guglielmo 103
Marcos 214, 253, 282, 283, 292, 293, 301, 302, 303, 323
Marini, Giuliano 133
Marino, Giovanni Battista 202
Maroncelli, Piero 203
Marqual, Lucia 295
Marsílio de Pádua 194, 195, 197
Martinelli, Edoardo 244
Martinetti, Piero 203
Martini, Carlo Maria 107, 108, 172, 269, 270, 277, 294, 307, 339
Martini, Luciano 343
Marx, Karl 206, 383
Masini, Mario 97
Mateus 32, 59, 74, 176, 214, 219, 241, 266, 267, 282, 283, 292, 301, 302, 303, 304, 316, 324, 352, 368, 392, 394
Maupassant, Guy de 206
Mauro, Ezio 24, 25
Maxwell, James Clerk 144
Mazzarol, Ricardo 55, 172, 342
Mazzolari, Primo 339
McGrath, Alister 79
McKenzie, John L. 230
Meier, John P. 269
Mello, Anthony de 339
Melloni, Alberto 343
Mêncio (Meng-tzu) 380
Merkel, Angela 28
Merker, Nicolao 46, 249, 388
Merlo, Saverio 159
Merton, Thomas 339
Merz, Annette 253, 254
Metz, Johann Baptist 334, 343, 371
Metzger, Bruce M. 294

Meucci, Antonio 103
Micklethwait, John 26, 30
Miegge, Giovanni 159
Mieth, Dietmar 343
Mignini, Filippo 357
Milani, Lorenzo 339, 361
Milton, John 208, 209
Minucci, Sergio 181
Modesto, Pietro 47, 87
Molari, Carlo 341, 343
Molinos, Miguel de 204
Moltmann, Jürgen 334
Moltmann, Wolfgang 79
Monk, Ray 66
Monnier, Henri 267
Monod, Jacques 112, 113
Montaigne, Michel de 202
Montesquieu (Charles-Louis de Secondat) 203
Monti, Vincenzo 202
Moraldi, Luigi 281
Moravia, Alberto 202
Moretto, Giovanni 24, 84, 222, 264
Morpurgo, Elisa 46
Morselli, Marco 266
Mortara Di Veroli, Elena 241
Mortara, Lisa 241
Mozart, Wolfgang Amadeus 112
Munch, Edvard 101
Mura, Gianni 368
Murri, Romolo 207
Mussolini, Benito 324

N

Nacci, Bruno 41, 84, 232
Nasser, Gamal Abdel 26
Natalini, Giampaolo 241
Natoli, Salvatore 106
Nehru, Jawaharlal 26

Neusner, Jacob 272, 273, 274, 275, 277, 278
Newton, Isaac 63, 69, 70, 118, 143, 356
Nicolau III 178
Nicoletti, Michele 194
Nicolosi, Mauro 343
Nietzsche, Friedrich 16, 62, 167, 168, 206, 348, 381, 383
Nixon, Richard 29
Nowak, Martin 78
Nugent, Robert 339
Nuzzi, Gianluigi 175

O

Obama, Barack 29, 174
Oberti, Elisa 51, 131
Olivoni, Adele 144
Onado, Marco 61
Onfray, Michel 25
Oppenheimer, Robert 115
Ordine, Nuccio 118, 125
Oriani, Alfredo 206
Orígenes 282, 296
Ortensio da Spinetoli 341
Otto, Rudolf 49, 50
Ovídio 229
Oz, Amós 265

P

Pajer, Flavio 343
Pala, Alberto 69
Panikkar, Raimon 98, 341
Pannenberg, Wolfhart 79, 223
Pansini, Ignazio 319
Paoli, Arturo 171, 334, 339
Pareyson, Luigi 41
Parisi, Giorgio 365, 366
Pascal, Blaise 84, 85, 99, 109, 110, 128, 203, 207, 231, 232, 307, 399

Pascale, Giovan Luigi 190
Pasquale Cati de Jesi, pintor 315
Paulo 31, 90, 96, 132, 178, 215, 224, 228, 246, 252, 261, 270, 273, 279, 281, 283, 284, 285, 286, 288, 304, 337, 338, 375, 382, 390, 395
Paulo III 149, 189, 196
Paulo IV 197, 201, 205
Paulo VI 74, 201, 208, 342
Pavelic, Ante 324
Peacocke, Arthur 78
Pedriali, Donatella 314
Pedro, o Eremita 181
Peduzzi, Anna Chiara 125, 351
Peirce, Charles Sanders 392
Penna, Romano 254, 284
Penzo, Giorgio 82
Perlitt, Lothar 263
Persico, Enrico 44, 63, 143
Pesce, Mauro 253, 254, 269, 270
Petrarca, Francesco 201
Petrucci, Pier Matteo 204
Pezzetta, Dino 329
Phan, Peter 341
Piana, Giannino 343
Piaz, Camillo de 339
Pico della Mirandola, Giovanni 83, 160, 197
Pinchetti, Balilla 52
Pinochet, Augusto José Ramón 175, 324
Pio IX 180, 185, 186, 216
Pio V 192, 193, 197, 198, 199
Pio VII 198, 199
Pio X 74, 91, 92, 96, 98, 213, 215, 216, 390
Pio XI 217
Pio XII 96, 198, 201, 202, 227, 317, 340
Pirandello, Luigi 206, 382

Pirola, Giuseppe 255, 263
Pitágoras 124, 163
Planck, Max 44, 54, 62, 63, 113, 143, 365, 366, 367
Platão 48, 62, 75, 78, 81, 82, 83, 228, 229, 316
Plotino 60, 142, 375
Plutarco de Queroneia 43
Poletti, Anna 380
Polito, Pietro 164
Polkinghorne, John 78
Poma, Andrea 161
Pôncio Pilatos 284
Pontecorvo, Bruno 114
Pontiggia, Gouseppe 313, 314
Porfírio 124
Prini, Pietro 41, 338
Prodi, Paolo 343
Prosperi, Adriano 201, 295
Proudhon, Pierre-Joseph 206
Pucci, Francesco 190
Pufendorf, Samuel von 203

Q

Quesnel, Pasquier 204, 211, 212
Quinzio, Sergio 85, 331, 332, 334

R

Rabben, Linda 216
Radice, Roberto 75
Raffo, Giuliano 174
Rahner, Karl 160, 322, 371
Ramsés II 232
Ratzinger, Joseph (ver também Bento XVI) 55, 91, 92, 172, 214, 215, 223, 226, 243, 244, 247, 250, 251, 262, 271, 272, 273, 275, 276, 277, 278, 281, 287, 289, 298, 300, 303, 316, 319, 337, 341, 342, 352, 371
Ravasi, Gianfranco 226, 227, 228
Reagan, Ronald 29
Reale, Giovanni 83
Rees, Martin 99
Reeves, Hubert 112
Regehly, Thomas 50
Reimarus, Hermann Samuel 256, 257, 263, 267
Rembrandt, Harmenszoon van Rijn 157
Renan, Ernest 204, 207, 257, 262
Restani, Daria 113
Revelli, Marco 19, 331
Riccio, Antonella 180
Richard, Simon 204, 207, 297
Ricoeur, Paul 41
Riconda, Giuseppe 161
Riemer, Friedrich Wilhelm 45
Rizzetto, Antonio 190
Rizzi, Armido 259, 343
Robinson, James M. 260
Romero, Oscar Arnulfo 339
Roncoroni, Massimo 160
Rosenberg, Alfred 206
Rosenzweig, Franz 47, 48
Rosmini, Antonio 204, 207, 341
Rossano, Piero 230
Rossi, Giuseppe de 57, 207, 269, 270, 277
Rossi, Paolo 57, 207, 269, 270, 277
Rossi de Gasperis, Francesco 269, 270, 277
Rousseau, Jean-Jacques 203
Rousselot, Pierre 322
Ruggieri, Giuseppe 343
Ruini, Camillo 91, 92, 93, 94, 95, 96, 97, 175, 176, 371
Russell, Bertrand 111, 163, 164, 348

S

Sabato, Giovanni 42
Sacchi, Paolo 269
Sade, Donatien-Alphonse-Franpois de 206
Saliceti, Giacomo 190
Salomão, rei 236, 237, 238, 240
Salomone, Stefania 330
Saltini, Zeno 339
Sanders, Ed P. 269, 392
Sansonetti, Giuliano 343
Sarkozy, Nicolas 28
Sarpi, Paolo 204
Sartori, Luigi 343
Sartre, Jean-Paul 203
Savonarola, Girolamo 207
Scalfari, Eugenio 35, 164
Scardicchio, Stefania 392
Scazzoso, Piero 87
Scheffczyk, Leo 371
Schelling, Friedrich W. J. 46, 60, 69, 160, 206, 377
Schillebeeckx, Edward 160, 340
Schiller, Friedrich 266
Schleiermacher, Friedrich 60, 160
Schlier, Heinrich 96, 97
Schnabel, Ursula 65, 156
Schnackenburg, Rudolf 262
Schoonenberg, Piet 340
Schrödinger, Erwin 366
Schultz, Hans Jürgen 41, 263
Schweitzer, Albert 3, 5, 53, 119, 120, 132, 135, 144, 177, 197, 218, 222, 257, 258, 362, 391, 392
Sciascia, Leonardo 114
Scordato, Cosimo 343
Seckler, Max 322
Seelmann, H. N. 333
Semerari, Giuseppe 69, 377
Sequeri, Laura 248
Sequeri, Pieragnelo 248, 322
Serenthà, Mario 343
Serra, Adriana 59, 113
Serveto, Miguel 196
Sesboüé, Bernard 289
Settembrini, Luigi 202
Shakespeare, William 131
Siena, Paolo 111
Silesius, Angelus 145
Simonetta, Stefano 118
Singer, Isaac Bashevis 36
Ska, Jean Louis 228, 231, 233, 236, 237, 238, 239, 242
Smolin, Lee 117, 118
Snell, Bruno 45
Sobrino, Jon 341
Sodano, Angelo 175
Söding, Thomas 262, 288
Sölle, Dorothee 334
Solmi Marietti, Ana 45
Soloviev, Vladimir Sergeievitch 382
Sosio, Libero 112, 113
Spinoza, Baruch 53, 98, 203, 297, 357, 399
Spong, John S. 330
Spranzi, Marta 102
Stampa, Ingrid 27, 214, 223, 272
Stefani, Piero 269, 270, 277
Stendhal (Marie-Heri Beyele) 202
Stille, Alexander 174
Strauss, David Friedrich 204, 207, 257
Strube, Claudius 50
Sudati, Ferdinando 330
Suetônio Caio Tranquilo 254
Surin, Jean-Joseph 204

T

Tácito, Públio Cornélio 122, 229, 254, 284
Tales 62, 206

Tedeschi, John 201, 295
Teilhard de Chardin, Pierre 160, 171, 197, 334, 340, 358
Teillard-Chambon, Marguerite (Claude Aragonnès) 358
Tempier, Étienne 178
Tertuliano 363
Theissen, Gerd 253, 254
Tiago 74, 253, 283, 284
Tibério Júlio César Augusto 122, 284
Tillich, Paul 160, 197, 248
Timossi, Roberto 79, 100, 112, 117, 118
Timóteo 215
Tipler, Frank 78
Tissoni, Adria 117
Tito, Jozef 324
Tomás de Aquino 67, 76, 78, 79, 86, 93, 99, 102, 160, 173, 179, 190, 191, 194, 195, 279, 334, 341, 388, 389
Tomasello, Michael 113
Tomasoni, Francesco 260
Tomassini, Fausto 380
Tomé 253, 284, 293
Tommaseo, Niccolò 202
Toschi, Massimo 343
Tosti, Luciano 259
Troeltsch, Ernst 160
Turoldo, David Maria 106, 334, 339, 343

U

Unamuno, Miguel de 203
Ussher, James 32

V

Vacca De Bosis, Virginia 105
Vaccaro, Nicola 46, 388
Valadier, Paul 341
Valla, Lorenzo 201, 297
Valori, Remo 350
Val, Simon du 178
Valsecchi, Ambrogio 341
Vanini, Giulio Cesare 190
Vannini, Marco 142
Vanni Rovighi, Sofia 76, 352, 389
Vannucci, Giovanni 339
Vanzan, Piersandro 41, 263
Vattimo, Gianni 25, 305, 349, 370
Venter, Craig 34, 113
Venturi, Franco 358
Verdin, Philippe 28
Vermes, Geza 255, 268, 273, 277
Verri, Pietro 203
Verson, Adolfo 366
Vico, Giambattista 57
Vidal, Marciano 341
Vigevani, Marco 102
Vingiani, Maria, 343
Viola, Giovanni 45
Vivarelli, Umberto 339
Volpi, Franco 49
Volta, Alessandro 38, 44, 103, 149, 251
Voltaire (François-Marie Arouet) 203, 207

W

Walter, Costanza 120, 132, 135, 218, 392
Weil, Simone 178, 179, 342, 350, 351, 390, 397
Weinberg, Steven 112
Welby, Piergiorgio 175
Wellhausen, Julius 263, 267
Werbick, Jürgen 343
Whitehead, Alfred North 37, 111
Wilkens, Ulrich 288
Wilson, Ian 230
Wittgenstein, Ludwig 44, 66, 135, 353

Wooldridge, Adrian 26, 30
Wrede, William 257

Y

Yeshua ben Yosef (ver também Jesus) 246, 252, 255, 263

Z

Zaccaria, Gino 24
Zagrebelsky, Gustavo 25, 180, 194
Zampa, Giorgio 139
Zanatta, Marcello 163
Zanchini, Francesco 343
Zarone, Guseppe 343
Zarri, Adriana 341
Zola, Émile 202
Zonta, Mauro 21
Zuccoli Clerici, Lucia 81
Zuppet, Roberta 223

Impresso na gráfica da
Pia Sociedade Filhas de São Paulo
Via Raposo Tavares, km 19,145
05577-300 - São Paulo, SP - Brasil - 2014